SHANSHUI YUNNAN
山水云南

山水云南

SHANSHUI YUNNAN

陈应松◎著

云南出版集团
云南人民出版社

图书在版编目（CIP）数据

山水云南 / 陈应松著. — 昆明：云南人民出版社，2019. 3

ISBN 978-7-222-18338-4

Ⅰ.①山… Ⅱ.①陈… Ⅲ.①山－介绍－云南 ②水－介绍－云南 Ⅳ.①K928.3 ②K928.4

中国版本图书馆CIP数据核字（2019）第053303号

云南省文艺精品创作扶持资金资助项目

出 品 人：李　维　赵石定
责任编辑：马　非　范晓芬　朱　颖
责任校对：周　彦　董郎文清
装帧设计：马　滨
责任印制：李寒东

山水云南

陈应松　著

出　版　云南出版集团　云南人民出版社
发　行　云南人民出版社
社　址　昆明市环城西路609号
邮　编　650034
网　址　www.ynpph.com.cn
E-mail　ynrms@sina.com
开　本　720mm×1010mm　1/16
印　张　22
字　数　300千
版　次　2019年3月第1版第1次印刷
印　刷　云南新华印刷二厂有限责任公司
书　号　ISBN 978-7-222-18338-4
定　价　98.00元

如需购买图书、反馈意见，请与我社联系
总编室：0871-64109126　发行部：0871-64108507
审校部：0871-64164626　印制部：0871-64191534

云南人民出版社公众微信号

内容简介

彩云之南，万绿之宗。云岭乡村，田园阡陌，林果满山，如诗如画。从滇池之滨到珠江源头，从怒江大峡谷到金沙江畔，从茶乡普洱到神奇西双版纳……彩云之南处处皆美景。把云南建设成为全国最美丽省份，是云南提出的响亮口号。云南的生态文明建设始终走在全国前列，云南山水奇美，卡瓦格博峰为我国藏区八大神山之首，白马雪山、哈巴雪山、玉龙雪山，都在世界闻名的世界自然遗产三江并流的怒江、澜沧江、金沙江地区，长江、珠江、红河、澜沧江、怒江、伊洛瓦底江六大水系，是她的血脉。九大高原湖泊如滇池、抚仙湖、洱海、泸沽湖为世界瞩目。水资源量森林贮藏量稳居全国前茅。云南是我国生物多样性最丰富的地区，被称为地球动植物最后的挪亚方舟。

本书是一部为云南山水立传和讴歌之作。作家满怀激情，用滚烫深情的诗一般的文字，描绘和赞美了云南大地的生态文明，雄奇景色，书写了为保护生态而作出杰出贡献的云南人，也描绘了这里各族人民奇异的风土人情、风俗习惯、生态信仰。

作者简介

陈应松，1956年生于湖北公安，武汉大学中文系毕业。出版有长篇小说《还魂记》《猎人峰》《到天边收割》《魂不守舍》《失语的村庄》，小说集、散文集、诗歌集等100余部，《陈应松文集》40卷，《陈应松神农架系列小说全集》3卷。小说曾获鲁迅文学奖、中国小说学会大奖、《小说月报》《中篇小说选刊》《小说选刊》小说奖、全国环境文学奖、上海中长篇小说大奖、人民文学奖、十月文学奖、梁斌文学奖、北京文学奖、华文成就奖（加拿大）、湖北文学奖等。2015年被湖北省政府授予“湖北文化名家”称号。其作品被翻译成英、法、俄、波兰、罗马尼亚、日、韩等多种文字到国外。中篇小说曾七年进入中国小说学会的“中国小说排行榜”。曾任湖北作协副主席、文学院院长，现为中国作协全委会委员，一级作家。

目录

第一章
彩云之南，上天之宠

一　云雨梦乡

2018年的夏天，是云南的雨季，我在这片大地上行走。这里空气凉爽，云雨翻腾，鲜花盛开，植物绿得像是抹过油、上过釉似的，连我每天吃的蔬菜也像染过色一样，绿得有点虚假。我记不清我这是第几次在云南行走，但行走的感觉总是与天地接触时才产生的。天空有高耸的云，带着突兀膨胀的重量，层次分明，体积庞大，飞腾和拥挤在这片美丽大地的上空。有一阵一阵的大云，有无数的群山在云下聚首，仿佛远古滇人的列阵，也像是众神在此。云彩有如此的气象，在这个世界上是罕见的。沈从文可能没有了其他言辞来形容云南的云，他写道："见过云南的云，便觉天下无云。"他还说："云南的云似乎是用西藏高山的冰雪，和南海长年的热浪，两种原料经过一种神奇的手续完成的。色调出奇的单纯。唯其单纯反而见出伟大。尤以天时晴明的黄昏前后，光景异常动人。"这光景真的动人。他还说到云南傍晚黑云压城的景象，说这样的云不会有暴雨。

我也多次见到这层层黑云，而不是晚霞，这也是云南云气所积的独特天象，好像地底和山腹间突然冲出的大群野象。没有舒卷的云，没有懒洋洋的云。云如冲天凤羽，云如沸腾鼎锅。

想起“滇”这个字的发音，清脆，飞扬，轻巧，神秘。当云南的朋友说到滇东、滇西北、滇西南、滇东南、滇中的时候，我感到这些方位的大地与山水，有被云彩推拥渐渐幻化成凤羽和沸水蒸腾的感觉。大地腾跃起来，云南的所有植物和动物都随之腾跃，就像云南河流中奔腾的水。云南，这个巨型的亚洲水塔，正蓄满了上苍所积蓄的水乳，向那些等待滋养的土地、天空和人民，输送去他们生命的必须，并且塑造着亚洲的体魄、气质和灵魂。

但彩云之南的云，因为常与那些高大的雪山相伴，比如梅里雪山、白马雪山、哈巴雪山、玉龙雪山，它们也染上了雪山的气质。有一次我从外地采访回昆明，看到了那拥挤的、冲腾的、浩荡的云彩，在更深邃更高远的地方，我看到的是一座座雪山样的云，凝止不动，雪山耸立，高大庄严，这样的云就是活脱脱神话中的宫殿和城堡。这让人幻想莫测的云，是属于云南的，是云南人独享的天空幻境、精神大餐。

在去滇西采访的路上，我这样感叹：“往滇西之路天色放晴，太阳恍出，光影相送，云如跑马，山势森严，雾气相激似蒸锅，雨后青山如绢拭，柔碧袭人，缱绻万端，不可名状。”云与山如此庄严大气，天空如此开阔高远。她来自西南暖湿气流（也叫孟加拉湾暖湿气流），和中国另一支降水水源太平洋暖湿气流，两支气流在此盘桓流连、潴积相亲、缠绵难舍，终于形成了亚洲的水塔。

当我第一次听到“亚洲的水塔”这个词时，我正在雨季扰人的雨水中，每天看着那24小时不断的雨，是怎样拼命地浇灌和洗濯这块土地，也折磨着我这个湖北人的神经。没有看到过如此漫长的雨，没有看到过这么汹涌澎湃的雨，就像老话形容的：天上挖开了个大口子；天河决堤。比如在保山的五六天里，雨没有一刻停下。腾冲的朋友告诉我，在他们那里，有时会连续下一个月的雨。

想想那会是一种什么样的无奈心情？

但充沛的雨水将大地滋养得碧绿蓊翠，葳蕤蓬松。整座整座的山峰、整条整条的山脉都像是因为人工浇灌而树木繁茂，高大的树们和植物像是堆砌的，大地的空间太少，而植物太多，它们只好像春节火车站前的乘客，推拥着、吵嚷着、堆叠着生长，仿佛不要土地也能在山岭上树立一千年。在西双版纳，一个朋友说，他们那儿有个故事：一个人去赶街，要挑担子，随便折了一根竹子当扁担，下了山，将折断的竹子插到地上，过了几天，这根断竹又长成了竹子。还有一种说法：在云南，你就是插根筷子它也能发芽。

在这里，平均1500～2700毫米的年降雨量，有的地方可能会是3000毫米。我想到有一年去南疆，在吐鲁番，下了几分钟的稀落小雨，迎接我们的朋友说，你们是我们的福星。我们问为什么，他们说，因为你们带来了阴天，还下起了雨。难道因为天阴了我们就是给他们带来了好运？正是。因为那个地方年降雨量只有不到50毫米，几乎整年不下雨，连阴天都是极少的，没有人家备雨伞，不像云南这地方，出门必带雨伞，而且总会碰到雨。

上苍垂青云南，这个中国的云雨梦乡。

云与水，云与雨，云与山，是结伴相生的。云南的多水，云南的四季春色，云南的花香满地，云南的古树满山，云南的烟与茶，云南的中草药，都是上天赐予和奖赏给他的人民的珍宝。

腾冲的秃杉王、大杜鹃王，都是千年之树。而在布朗族聚居的景迈翁基村，我看到了有2700年的古柏，在勐海县南糯山和镇沅县千家寨竟然有2700年的野生茶树。也就是说，在春秋战国时代这些茶树就在滋润中国人的喉舌。随便走到抚仙湖边的禄充渔村，会看到一排排的古榕树遮天蔽日，在另一岸边路居镇，看到了有1200年的古榕树和与它一同生长的同样岁数的黄葛树，树根将一座古石桥生生地撬起来，并长到挡住了桥口的路。在景迈茶山，我看到了漫山遍野的28000亩古茶树，还有造型美丽奇特高雅绝世的古[illegible]移树。而南糯山成片的千年古茶树就像南方水乡的杨柳一样平常，西双版纳有6座古茶山，全是数百年和千年古茶树。在漾濞县的光明村，整个村都是几百年上千年的古核桃树，一家门口就有四棵500年以上的古核桃树，所有做篱笆的院树也是古核桃。在路边，那些古核桃树新结的青果子垂落地上，可称得上是名副其实的果实累累。而在洱源县茈碧湖边安静的古梨树村，村里有一万余棵几百年上千年的古梨树，在唐朝就开始结果，如今依然青果满枝，依然甜蜜如初。一棵树会有如此旺盛的生命力不说，而且这些古树都深藏在云南少数民族如白族、彝族、傣族、布朗族等村落和山沟里，没有人砍伐，人们爱树如他们的血脉和生命，如一个村庄和民族的祖灵。

在屡屡被破坏和惊扰的农耕文明中，能够保存如此多的古树木，只有云南人民。这些生长的力量和环境，也只有在云南才能找到。

我在云南时，一路吃得最多的是野生菌。那么多种可食野生菌或不可食野生菌，但可吃的居多。在路途上，走到哪儿都是卖野生菌的农民。那么多的森林，那么多的雨水，那么多的高山，人间美味野生菌如松露、松茸、牛肝菌、干巴菌、羊肚菌、块菌、鸡㙡菌，还有遍地的便宜又好吃的青头菌、血菌、奶浆菌、铜绿菌等等，随便在街头可吃上一锅。还有煤炭菌，10元称一堆，烧熟了黑乎乎的。云南不仅是动植物王国，也是野生菌王国……

那些滇金丝猴、黑颈鹤，都出现在云南的山水间。还有中国最大的野兽亚洲野象，这些巨兽徜徉在云南西双版纳和普洱的热带雨林里，他们从长江流域甚至黄河流域被一路追赶，被时间、被破坏的植被、被食物的匮乏和人类的捕杀所逼，来到了云南大地喘息并找到了热情接纳它们的生存空间。还有白颊长臂猿、黑冠长臂猿，这些人类的近亲，它们在林中的树枝上跳跃腾飞，让我们依稀看到了远古人类祖先的影子，可它们竟然还存活在云南的密林深处。

二　河·湖·山

彩云之南，万绿之宗。

云南的生态多样性在全国乃至全世界都非常独特，一切当然得益于雨水的恩赐，以及地理位置的优越。气候的多样性带来了生物的多样性。

你从云南旅游回来，你会带一些鲜花回家吗？你会带一些鲜花饼分送给亲朋好友吗？你会带上一些云南奇特的野生菌吗？在机场，会有许多鲜活的盆栽植物也在勾引你的购买欲，因为，云南的植物太可爱了。当然，你也少不了带些云南普洱茶与家人朋友分享，无论是生普还是熟普，是红茶还是绿茶，是古树茶还是台地茶，是高山茶还是平坝茶。还有云南的野生药材，也是外地人喜爱的。

在鲜花市场，享有“金斗南”之称的昆明“斗南花卉市场”，每天人头攒动，花香弥漫。怎么来形容这浪漫的、奔向世界各地的花海？这大自然纷繁的色彩，这艳丽的、水灵灵的尤物，这被云南花农精心莳弄的花圃。在云南，太阳照射出的丰富色彩，编织成云南每天发生的盛大花事，难道还有比这更赏心悦目的吗？这里是中国乃至亚洲最大的鲜花交易市场。它占据了全国70%的市场份额，并出口46个国家和地区。有一种说法，全国10枝鲜切花就有7枝产自云南。斗南花卉市场连续近20年交易量、交易额、现金量、人流量和出口额居全国第一。云南的鲜花承担国家赋予的“带动全国、影响世界”的重大责任和使命。难怪云南被称为中国的“天然花园”。

这个花园有39.4万平方公里。

也因为此，1999年，世界园艺博览会在昆明东郊金殿国家森林公园举办。云南将这个占地2.18平方公里的会址，建设成为永久性的“昆明世界园艺博览园”，简称“世博园”。

每日上市鲜切花100个大类1000多个品种，平均每天有800吨鲜花销往中国各地，并远销50多个国家和地区。2000余家花卉经营户、上万名花卉经纪人、46家大型包装物流企业在这里驻扎。2017年1月24日，国务院总理李克强夜访斗南花卉市场，他说：“现在斗南花卉市场已经是中国第一、亚洲第一，希望你们向世界第一迈进。”斗南人被总理的话激励起信心，斗南花卉小镇不远将会成为名副其实的“中国花卉第一镇”。

而在全国最大的野生菌批发市场——木水花野生菌市场——笔者在写这些文字的时候，正是野生菌上市最盛的日子，那么多从云南山林的雨季中拱出的神秘植物，带着奇异的香气，汇集在这里。它们简直是森林中的精灵，那么美丽。这里的交易量占云南省的90%，占全国野生菌交易的70%，也就是说，中国人吃进的野生菌，大部分是云南的菌子。而且这里的野生菌远销到日本、韩国、法国、意大利等几十个国家，从这里走出国门的野生菌份额，占海外市场的60%。比如说吧，日本人待客的最佳菜肴松茸，几乎都来自中国云南。

云南除了这些，还向国内外众多城市提供种类繁多的无公害高原农业产品，如高原蔬菜、普洱茶、小粒咖啡、林果、猪牛羊肉等等。云南省制定了《高原特色现代农业产业发展规划（2016～2020年）》，加快推进生猪、牛羊、蔬菜、中药材、茶叶、花卉、核桃、水果、咖啡、食用菌十大重点产业发展，到2020年，这十大重点产业综合产值将达8100亿元，全省农村一二三产业综合产值达1万亿元以上。全省农业增加值达3000亿元，其中十大重点产业的农业增加值达2200亿元。农村常住居民人均可支配收入中直接来自十大重点产业的收入达5000元左右。同时，到2020年，在80个现代农业产业重点县建成一批优势特色产业基地，蔬菜、花卉、茶叶、水果、中药材、咖啡等产业标准化种植基地面积3000万亩，核桃种植面积稳定在4200万亩……

云南在中国有着“动植物王国”的首要地位。据调查统计，全省有药用植物4758种，矿物药32种。云南省自然条件具有明显的立体型特征，动植物垂直差异十分明显，大量珍贵稀有药材适合生长，是真正的“灵药宝库”。比如“生打熟补”的云南三七，平肝息风的云南天麻，滋阴壮阳的冬虫夏草，还有补血活血、调经止痛的当归，抗癌的美登木，治疗高血压的萝芙木，治疗心脏病的黄花夹竹桃和羊角拗，治疗肝炎的青叶胆，消炎止痛的雪上一枝蒿，抗菌消炎和治疗麻风的雪胆，治疗风湿的千年健，驱虫的槟榔，治疗神经衰弱、失眠、消化不良的灵芝等，都是著名的药材。以云南三七为主要配料制作的“云南白药”“三七冠心宁”，以萝芙木为主配制的“降压灵”，人工合成的“天麻素”“山海棠”等，都是国内外患者的常用药。我在云南采访林下经济时，发现山区农民大量种植滇重楼、白及、天麻、石斛、当归等，形成了庞大的产业。

云南的地理位置决定了它能汇集从热带、亚热带至温带甚至寒带的植物品种。在全国约3万种高等植物中，云南已经发现了274科2076属1.7万种。我们熟知的西双版纳的望天树，高达80多米，在高达30米的空中走廊上行走，朝下看地上，目眩；朝上看树冠，头晕。还有独特的跳舞草、丽江云杉、橡胶树、油棕、马尾松、云南松、西南桦等。云南特有的气候与环境，成为诸多动物的避难所和寒、温、热带动物的交汇地，动物种类为全国之冠。有脊椎动物2273种，占全国52.1％。其中，鸟类793种，占63.7％；兽类300种，占51.1％；鱼类366种，占45.7％；爬行类143种，占37.6％；两栖类102种，占46.4％。全国见于名录的2.5万种昆虫类中，云南有1万余种。列入国家一、二级重点保护的物种有146种。珍稀动物有滇金丝猴、蜂猴、亚洲野象、爪哇野牛、长臂猿、印度支那虎、白尾梢虹雉、绿孔雀、蟒蛇等46种，属国家一级保护动物。熊猴、猕猴、灰叶猴、穿山甲、小熊猫等154种，属国家二级保护动物。此外，还有大量小型珍稀动物种类。云南珍稀保护动物较多，许多动物在国内仅分布于云南。这些占有率无疑在全国都达到了半数或以上，是最能说明问题的。

在腾冲，高黎贡保护区的专家告诉我，高黎贡被世界公认为动植物“最后的挪亚方舟”，即使全世界其他地方物种大灭绝，但有高黎贡山脉，这里的动植物可以复苏一个地球的生机。

早在19世纪，云南的植物就引起了西欧各国关注，先后有英国、美国、德国、奥地利、瑞士等国数十人次来到云南大量采集植物标本和名花种苗。有个叫傅礼士的英国人，在云南待了28年，先后采集了上千种花栽植物回英国，现在英国皇家植物园和爱丁堡皇家植物园，就栽培有从云南采集的杜鹃200余种、报春100多种。

在植物中，经济作物烟叶、茶叶、甘蔗、橡胶、咖啡、漆树、金鸡纳、黑节草都在全国名列前茅。如烟叶产量居全国第二位，色香味绝佳。“贵州的酒，云南的烟”，家喻户晓。一个湖北的烟草老总告诉我，“黄鹤楼1916”里面必须要加入云南烟叶，否则就到不了这个价。我国的“中华”“熊猫”“南京”“和天下”等名牌香烟中，云南烤烟是必不可少的配料。

云南茶叶与云烟齐名，记得前几年云南普洱茶突然炒到了天价，全国亢奋异常。云南茶有着悠久的历史，制作工艺独特精湛，色艳、味浓、汤酽、耐泡，味醇回甘，自古以来就在世界各地特别是南亚和东南亚一带声誉极高。在云南，屡尝到正宗古树茶，在南糯山、景迈茶山、普洱，其醇香深邃的意境和古老山林的气息，让人回味无穷，也才知，各地卖的古树茶，也许是台地茶或平坝茶呢。世界上有380多种茶科植物，云南就有260多种。在西双版纳州勐海县南糯山，有一株古茶树，高32.1米，胸径1.03米，树龄在1700年以上。而在普洱千家寨发现的两棵茶树王，虽然高度略低于南糯山茶树，高20.35米，直径0.9米，但这两株“茶树王”分别有2700年、2600年历史，是迄今为止世界上发现的最古老野生茶树。茶叶的故乡在中国云南确凿无疑，树的年轮不会说谎。

橡胶在云南有120余万亩，是我国第二大天然橡胶生产基地。能提取樟脑和各种樟油的樟属植物全国有46种，云南就有26种，云南樟脑年产量占全国的一半。

全国有香料植物500多种，云南有365种。如桂花、玫瑰、素馨、茉莉、香茅、龙脑香、香英兰、黄兰等等都可提取名贵香料。常用的调味品有花椒、八角、草果、胡椒等。经济价值较高的有依兰香、校叶油、香叶油、松节油、树苔和橡苔等。

油料植物资源在云南也非常丰富，全省有用的野生油料植物共87种，其中一部分可以食用。除油菜、花生、核桃、向日葵等外，还有油桐、油茶、油棕、油瓜、油芦子、香果、贺得木等等。

云南的贵重木材有黑黄檀、铁力木、柚木、楸木、樟木、楠木、红椿等。奇特林木有望天树、榕树王、团花树、轻木、见血封喉、董棕、斯叶黑、桫椤树、“树上植物园”等等。“树上植物园”发现在西双版纳，那儿有一棵大树，寄生着几百株植物，这些寄生植物强夺这棵大树的养分，甚至使它逐渐枯萎而死去。古茶树也很奇特，上面会生长一种珍贵药材“螃蟹脚”，治糖尿病、胃病，并有防癌保健功能。

观赏植物，我们在云南任何地方都会看到茶花、樱花、兰花、琼花、桂花、菊花、梅花、玫瑰花、月季花、灯笼花、玉兰、海棠、缅桂、杜鹃、报春、君子兰等等。云南有“八大名花”：花中之王茶花、木本花王杜鹃、报春、木兰、百合、兰花、龙胆、绿绒蒿。

据2016年的权威统计，云南森林面积为2273.56万公顷，居全国第二位；森林覆盖率59.3%，活立木总蓄积量19.13亿立方米，占全国活立木总蓄积量的11.4%。“植物王国”“动物王国”“药物宝库”“天然花园”“香料之乡”“动植物基因库”……各种赞美这块土地的誉辞都汇聚在这里，它们独属云南。

云南在云贵高原上俯瞰着祖国大地、长江黄河，她有一部分是青藏高原的南延段。这里有海拔6740米的卡瓦格博峰，她是横断山脉梅里雪山十三峰的主峰，我国藏区八大神山之首，是全世界公认的最美“雪山之神”。还有白马雪山、哈巴雪山、玉龙雪山，都在世界闻名的世界自然遗产“三江并流”的怒江、澜沧江、金沙江地区，她们的海拔都在4000米左右。而高黎贡、怒山、云岭等巨大山系和三江并流自北向南排列。南部海拔3000米左右还排列有壮丽神秘的哀牢山、无量山、邦马山等。

长江、珠江、红河、澜沧江、怒江、伊洛瓦底江六大水系，交织成云南的动脉血管，成为她活力的源泉。这六大水系构成了傲人的“亚洲水塔”。在云南境内，径流面积在100平方公里以上的河流有889条。红河和珠江发源于云南境内，其余为过境河流，但也是长江、怒江、澜沧江的上游。除了金沙江、珠江外，其他均为跨国河流，这些河流分别流入南中国海和印度洋。

属长江水系的有金沙江、泸沽湖、螳螂川、小江等。昆明滇池属于长江水系。

珠江发源于云南曲靖，在云南境内的一段称作南盘江，最终流向广东、香港、澳门等地。中国最深湖泊抚仙湖属珠江水系。

红河（元江或者珈河），发源于大理白族自治州的巍山县境内，从红河的河口流入越南，注入北部湾。

澜沧江，发源于青海玉树，经西藏流入云南，由西双版纳傣族自治州磨憨出境后经老挝、缅甸、泰国、柬埔寨、越南注入中国南海，出国后叫湄公河。洱海属于澜沧江水系。

怒江发源于西藏，从云南出境后经缅甸注入印度洋的安达曼海。

伊洛瓦底江，其实它有数条小支流发源于云南的德宏景颇族傣族自治州，比如大盈江、瑞丽江等，发源不久后即出境进入缅甸。

我走过这六大水系的许多地方。澜沧江清晨的雾气和雾中流响的声音，和江边一丛丛的凤尾竹，都是画境。怒江的湍急汹涌和壮丽景色，还有独龙江的绿色水流，我称它为“奔跑的翡翠”。怒江据说是中国唯一没有修建水电站的河流，它能看到河流原始的走向，能听到河流自然流淌的声音，是我们人类对河流乡愁的最好寄托处。金沙江我写过文字：“虎跳峡谷，万兽犹斗。纵然荒吼，群山不应。长江万里，唯你血性。水尤如此，人何以堪……”

大盈江和瑞丽江美丽的热带风光，浓密的热带雨林气息，像玉一样温润清婉。

高原湖泊是云南的眼睛，九大高原湖泊奇光异彩，卓尔不群，每一个几乎都为世界瞩目。滇池、抚仙湖、泸沽湖、洱海、阳宗海、程海、杞麓湖、异龙湖。这是大湖，其实云南全省有高原湖泊40多个，这些湖泊多数为断陷型湖泊，所以湖水深邃。被称为“琉璃万顷”的抚仙湖，最深处达159米，为中国人每人储备淡水15.8吨。泸沽湖仅次于抚仙湖，最深处有90多米。这些高原湖泊的水深不可测，传说更加神秘神奇。云南湖泊的总蓄水量约300亿立方米。滇池为面积最大的，约300平方公里，历史上则更大，有“五百里滇池”之说。洱海次之，面积约250平方公里，抚仙湖约212平方公里。但我在抚仙湖看到的景象已够壮观，沿湖达93公里，当地文联的赵丽兰主席带我沿湖开车走了一趟，东南西北岸的风光完全不同，村落与小镇的情调也迥异。

云南水资源总量仅次于西藏、四川，排名全国第三，水气充盈，水声响亮，水色旖旎，水面辽阔。2016年统计的全省水资源总量为2089亿立方米，水能资源蕴藏量达1.04亿千瓦，居全国第三位，可开发装机容量0.98亿千瓦，则居全国第二位。其中，82.5%的水能资源蕴藏于金沙江、澜沧江、怒江三大水系，尤以金沙江蕴藏量最大，占全省水能资源总量的38.9%。

云南的矿产资源极为丰富，尤以有色金属及磷矿闻名，有“有色金属王国”之称，是矿产资源的风水宝地。云南矿产资源的表现为矿种全，已发现的矿产有143种，已探明储量的有86种。另外，矿产分布广，金属矿遍及108个县（市、区），煤矿在116个县（市、区）有发现，其他非金属矿产各县都有。再是共生、伴生矿多，利用价值非常高。全省共生、伴生矿床约占矿床总量的31%。云南有61个矿种的保有储量居全国前十位，其中铅、锌、锡、磷、铜、银等25种矿产含量分别居全国前三位。云南水能与煤炭资源储量之大，开发条件之优越，无处可比。地热能、太阳能、风能、生物质能都蕴藏在这块大地上，开发前景乐观。煤炭储量达240亿吨，居全国第九位，烟煤、无烟煤、褐煤品种齐全。地热资源以滇西腾冲地区的分布最为集中有名，全省有露出地面的天然温热泉约700处，居全国之冠，年出水量3.6亿立方米，水温最低为25度，最高达100度。在温泉中煮鸡蛋，是腾冲奇事之一。而在洱源，我早餐吃到了当地温泉中煮的气磺蛋。就是把鸡蛋用纱布包好，放入温泉里约20分钟，捞出来，在鸡蛋上打个孔，插入吸管，放点糖，吸食半熟的蛋汁，有硫黄味，但口感如豆花般腻滑爽口鲜美。因地处高原，云南的太阳能资源也很丰富，仅次于西藏、青海、内蒙古。这儿除了下雨，就是阳光灿烂，风和日丽……

关于云南物产之丰富，唐代樊绰有一本奇书叫《蛮书》，内有一章“云南管内物产”，有相当精细的记录与描述。他观察到云南人种田的技艺十分高，“蛮治山田，殊为精好”。各种粮食作物有豆、黍、稷、水稻、小麦、大麦等，粮食吃不完，用来酿酒。此外，云南在唐代就广泛种植蔬菜、鲜花、咖啡、茶叶、药物等，在唐代就已经养桑、刺绣及织布。云南地区没有桑树，农民种植柘树以养蚕。“蛮地无桑，悉养柘，蚕绕树。村邑人家，柘林多者数顷，耸干数丈。”如此之多且如此之高大的蚕和柘树，不能不说是奇观。

云南茶叶在《蛮书》有“茶出银生城界诸山，散收无采造法。蒙舍蛮以椒、姜、桂和烹而饮之”的记载，可能是作者采访不细，所到之处较少，对普洱茶的历史尚无了解，但将茶做出一种复合饮料，在唐代出现也是有趣的。《蛮书》记载云南的水果种类很多，比如有荔枝、槟榔、诃黎勒、椰子、桄榔、柑橘、波罗蜜果等，那时的云南就是“水果王国”了。《蛮书》里记载的云南木材，拣有特色的写了一些，像青木香、獇歌诺木、藤、孟滩竹、野桑木等。他写獇歌诺木：“丈夫妇女久患腰脚者，浸酒服之，立见效验”；孟滩竹“柔细可为索，亦以皮为麻”；野桑木“断取为弓，不施筋漆，而劲利过于筋弓”。他说的是这些植物的独特用处，但其魅力可见一斑。金银矿藏，在此书中记载有金、银、锡、琥珀等。金的品质比较好，“春冬间先于山上掘坑，深丈余，阔数十步。夏月水潦降时，添其泥土入坑，即于添土之所沙石中披拣。有得片块，大者重一斤，或至二斤，小者三两五两，价贵于麸金数倍。”这就是传说中的“狗头金”，大金块。琥珀也是一奇，“片块大重二十余斤”，只要在林中挖掘，均有所得。“贞元十年，南诏蒙异牟寻进献一块，大者重二十六斤，当日以为罕有也。”

云南动物在《蛮书》中记载也蔚为大观，野川上有“日行数百里”的良马，有捕杀时“天雨震雷暴作”的犀牛，有“赤黑文深，炳然可爱”的老虎，有大量林麝马麝取麝香，有常见的一千两千为一群的野水牛，有成群的鹿，有“大者重五斤”的鲫鱼，重十余斤、嘴距劲利、可以猎杀“鹳、鹗、鹊、凫、鸽、鸲、鹆”的神奇“大鸡”。“西洱河及昆池之南接滇池，冬月，鱼、雁、鸭、丰雉、水扎鸟遍于野中水际。”“沙牛，云南及西爨故地并只生沙牛，俱绿地多瘴，草深肥，牛更蕃生犊子。天宝中，一家便有数十头。”“弥诺江巴西出牦牛，开南巴南养处，大于水牛。一家数头养之，代牛耕也。”“南诏养鹿处，要则取之。览赕有织和川及鹿川。龙足鹿白昼三十五十，群行啮草。”“象，开南、巴南多有之，或捉得，人家多养之……”

动物之多，说明这里是它们的乐园，而且没有被人猎杀的现象，可以想见，成千的野牛、成群的鹿在山野间啮草，无人去扰，这真是人与兽和谐相处的美好画面。

在云南的行走，感受最深切的是：到处都是少数民族，到处都是艳丽奇异的服装，到处都是奇特有趣的风俗。还有那些与汉族完全不同的生活方式、居住房屋、生活习惯、生存环境。那么多民族聚集在一块地方生存，历史上曾经有过纷争，比如争坝子、争水源，但无论是在高山上还是在坝子里生活，无论是在河流边还是在森林里生活，水是不缺的。我在红河的元阳见到高山上数万亩的梯田，在海拔近2000米的地方，有大量丰富的流水、泉眼，有大量肥沃的土壤。如果是一座座石头山，无论如何是不可能开垦出这么丰饶的梯田的。谷子和鱼虾都在高山上生活，这不能不说是一个神话，但在云南这就是平凡的农家生活。当地的朋友告诉我，在那个法国人让·欧也纳博士发现并将元阳梯田介绍到西方之前（只是一说），人们认为这不是什么上帝或者人类创造的奇迹，这就是哈尼人世世代代在这儿的寻常生活，不值得大惊小怪，长跪不起。

云南自谦是一个农业省份，但她的茶、林、果等等又是中国人生活的必需，她的经济是资源性的经济，生物资源是其最大的资源。而且生物资源的利用和开发在云南经济发展中占有据绝对优势。

说白了，云南的优势就是生态优势。

无论是白族，是傣族，是布朗族，是彝族，是哈尼族，是怒族，还是独龙族，全国56个民族中，云南就有52个，其中人口在5000人以上的民族有26个，这26个民族占云南总人口的33.39%，包括特有民族、跨境民族、世居民族等都是这块土地的主人，靠云南的山水为生；他们不仅与其他民族和睦相处，也与山水自然和睦相处，对自然、对他人、对天地存友善之心、敬畏之情。这里的每个民族都有自己的禁忌，有自己的神祇，有智慧的仁心。

壮美的大自然造就了耀眼的人文胜景，而人文生态又增添了自然的美丽。雪山下的藏族村庄，雨林中的傣族村寨，茶山上的布朗山乡，海子边的白族村，深山里的佤族村，原始森林中独龙族村、彝族村等等，像是世外桃源的神话蜃景，让现代城市人悄然走进传说中的神仙生活。云南有数不胜数的高山峡谷、现代冰川、高原湖泊、喀斯特地貌、火山地热、原始森林、文物古迹、传统园林及少数民族风情等为特色的旅游景区。全省有景区、景点200多个，国家级A级以上景区有134个，其中列为国家级风景名胜区的有石林、大理、西双版纳、三江并流、昆明滇池、丽江玉龙雪山、腾冲地热火山、瑞丽江、大盈江、宜良九乡、建水等12处，列为省级风景名胜区的有陆良彩色沙林、禄劝轿子雪山等53处；拥有昆明、大理、丽江、建水、巍山等5座国家级历史文化名城，腾冲、威信、保山、会泽、石屏、香格里拉等11座省级历史文化名城，禄丰县黑井镇、会泽县娜姑镇白雾街村、剑川县沙溪镇、腾冲市和顺镇等8座国家历史文化名镇名村。还有14个省级历史文化名镇、14个省级历史文化名村和1个省级历史文化街区。

云南省共有各级自然保护区160个，总面积为286.25万公顷，占全省总面积的7.3%，其中国家级自然保护区21个。国家级自然保护区中，森林生态系统类的最多（13个），其次是野生动物类（6个）、湿地类型（2个）。西双版纳和高黎贡山2个自然保护区被列入“世界人与自然保护区网络”；昭通大山包、香格里拉纳帕海和碧塔海、丽江拉市海4个自然保护区被列入“国际重要湿地名录”；滇西北“三江并流”地区和石林被列为世界自然遗产地。景迈茶山等也在争取进入世界自然和文化遗产……

1867年法国湄公河考察队《加内报告》里，写到法国人在滇南看到的景象：“山越来越高，山上密布松树。这种树使景色大变样，也使这个地区变成了世界上最美丽的风景。峡谷里水流湍急，时不时掩隐在巨树组成的屏障之后，一片一片荞麦地在阳光下闪烁，像是化不尽的雪地，松林里气味让人心旷神怡……”法国人亨利·奥尔良在1895年4月的《澜沧江考察记》中写道：“我们从湄公河一条支流的河谷进入另外一条支流的河谷。高处苍松莽莽，绿草如毯，山下稻田交错。”

关于香格里拉的传说，更是给云南增添了神话般的光晕。英国人詹姆斯·希尔顿写过一本小说，叫《消失的地平线》，小说讲的是几位西方人，在战时从南亚次大陆一个叫巴司库的地方，在乘机转移去白沙瓦时，被一个神秘的东方劫机者劫往香格里拉蓝月山谷的神奇经历。小说中出现的香格里拉，就是世外桃源，到处是基督教堂、佛教寺庙、道观和儒教祠堂，人们虽信仰不同，但和谐相处。在这个“香格里拉”，雪山、冰川、峡谷、森林、草甸、湖泊和金矿以及纯净空气，人们想要的全都有，这里远离人烟，生活闲逸宁静，就像天堂一样，是人类理想的归宿。这个地方，正好是在云南的迪庆、丽江、泸沽湖、梅里雪山、虎跳峡，一部分在川藏地区如四川的贡嘎山、丹巴美人谷、太阳谷，西藏的芒康、昌都、波密、墨脱、雅鲁藏布江等。香格里拉，就是圣境，就是人们心中的圣殿，心中的香巴拉，精神的教堂，也是他们生活的现实。云南的美是大美，是圣洁的、神圣的美，让全世界倾倒并膜拜。

昆明被称为“春城”，其实云南的大部分地方也是春城。丰富多彩的地质地貌加上各民族多姿多彩的生活，造就了云南旅游资源的绝对优势。中国人的旅游首选目的地，一般会是云南。无论是北半球最南端的多座雪山，还是保存完好的原始森林，无论是汹涌澎湃的河流，还是神秘深邃的峡谷，还有美丽清澈的高原湖泊，风情万种的古镇古村，更有谜一样蜿蜒掩埋在密林高山深处的茶马古道，神秘的南诏国和古滇国，与老挝、越南、缅甸等接壤的无数边境线……有一种说法：云南几乎囊括了从海南岛到黑龙江中国大地上所有气候类型和风景景观——热带雨林、雪域草原、雪峰冰川、石林、三江并流奇观，是中原文化、藏文化、东南亚文化、西方文化的交汇点。

我去过“三江并流”的中心，翻越过白马雪山，到达了梅里雪山，倾听过虎跳峡的狮吼虎啸，登上过4000多米的玉龙雪山——它是世界上纬度最低的冰川。我沿着壮丽的“东方大峡谷”——310公里的怒江大峡谷，一直走进独龙江畔的独龙乡，到达丙中洛。这条大峡谷平均深度2000米，远深于美国的科罗拉多大峡谷，是中国更是世界著名的大峡谷。我也去过地处印度与欧亚大陆两大板块边缘的腾冲，在她的热泉边流连忘返……

三　古老的认知与智慧

不可否认的是，云南省因为地处高原，自然生态环境多样且脆弱，比如高原湖泊的补水和置换非常缓慢，几无出处，抚仙湖水的自然置换一次竟然要167年，也就是说，现在抚仙湖的水，有三分之一还是百年前清时期的水。加上资源型粗放经营的经济增长模式还没有实现根本转变，城市化进程在这片高原上不可遏止，步履飞快，城市膨胀、人口增加，许多都是以侵占湿地、破坏植被、浪费资源、水土流失、水质污染为代价的。笔者才几年未去洱海，当2018年6月再到洱海，看到洱海周边矗立起了数百座高楼，全是沿湖而建。而双廊镇玉矶岛等地方，房子已经建上了礁石，延伸进洱海，挤得密不透风，如杨丽萍的太阳宫、月亮宫等。20世纪的砍伐留下了触目惊心的伤疤，在曲靖、大理、个旧等地，矿山开发将山体挖得千疮百孔，生态恢复虽然已经启动且成效不错，但依然任重道远。

云南各民族的生态保护是有历史的。因为云南的资源，明清资本主义的萌芽，与邻国的被殖民，曾进行了大规模的开发。在外国人当时的记录中也可以看到。如1867年法国湄公河考察队《加内报告》中，记述到了普洱看到的情景："过了一片松林我们就到了普洱。这片松林被砍得乱七八糟，要不了多久，这个地方的森林会被都砍光掉。"

云南丰富的矿藏、众多的动植物资源，在未被保护的年月，遭受过重创。懂得生态学的人知道，有的生态破坏后，是无法再恢复的，是不可逆转的。如水体的污染，森林的砍伐。但各族人民在他们漫长的生活实践中，明白了许多生态循环的道理，保护的直觉和出于防灾减灾的目的，历代官员都有意种植经济果林，修筑堤坝并栽上树以护堤保水、防风止沙。有些地方官府还颁布禁采令。

楚雄保存有一块石碑，在南华县城北10公里见性山麓的响水河龙潭源头，为清乾隆四年（1739）二月二十八日勒石封山护林碑。碑文为："此地龙潭响水，树木茂盛，拥护林泉，今被居民砍伐，渐次稀少……凡近龙潭前55丈之内，概不得樵采，如敢违禁，斯携斧行入山上，即行扭禀。"

禁伐令在云南的史志中和石碑上多有记载，地方官府还倡导植树以恢复生态，如大理下关旧铺村清代有块《护松碑》说：“以余村居赤浦，虽曰倚麓山而对玉案，尚惜主山有缺陷，宜用人力以补之。而所以补其缺陷者，贵乎林木之荫翳。因上宪劝民种植，合村众志一举，与乾隆三十八年奋然种松。”

剑川县清代的《保护公山碑记》说：“查老君山为合州来脉，栽种水源所关，统宜共为保全，为自己受用之地，安容任意侵踏，以败万姓养命之源。”《新仁里乡规碑》也规定：“遇山林，斧斤时入，王道之本。近有非时入山，肆行砍伐，害田苗而不顾，甚至盗砍面山，徒为己便，忍伐童松，实属昧良！此后如有故犯者，定即从重公罚。禁日后，犹不准砍竹下山。”

大理市凤仪镇有一块清代《仪山种树记碑》，碑文记述了培养人才和培育树木的重要性。“世道之盛在人才，士风之淳在学校，然必囊衷诸圣人之道乃不朽。”“盖培学必先培山，培学必先栽树。”

在云南保存的大量古代乡规民约碑中，都有禁伐的规定，而且惩罚甚严，如“遇有松园，只得抓取松毛，倘盗刊（砍）枝叶，罚银五两”“查获放火烧山，罚银五两”“查获盗刊（砍）河埂柳茨，罚银五两”等等。靠民族的信仰和敬畏保护是不够的，虽然云南各民族都有自己的禁忌，有对山、树、水等的原始崇拜和各自的原始宗教。

从19世纪末至20世纪初，滇越铁路的建成和通车，打通了云南通往世界的路，把云南拽入了近代化的进程，但资源开发加快，生态失衡，环境撕裂了大创口。到了20世纪，生态破坏更是空前，在人定胜天的口号下，在支援社会主义经济建设的号召下，云南向国家提供了上百万方木材，支援了22个省的建设。60年代，全国设立有2个会战指挥部，1个在大兴安岭，1个在云南；在云南的叫西南会战指挥部，指挥部设在楚雄的东瓜镇，由林业部两个副部长亲自挂帅为指挥长，从东北抽调了大批的林业技术人员和工人。当时云南森工企业就有8万名职工，这些全是吃木头饭的。在丽江、在中甸（现香格里拉）、在金沙江两岸、在楚雄、在曲靖、在大理，051油锯一片喧嚣，千年古木纷纷倒下，树脂和锯末的香味让人醉倒，这叫“醉木”。现今在许多林场，形成了一个讲东北话的小气候，感觉到了东北。在小中甸，有了第四代林业人，称为“林四代”，还是讲东北话。我在许多林场采访，恍似到了东北的大兴安岭。林场成了东北的“飞地”。

在支边的年月、知青下放的年月，从北京、上海、湖南、四川等地来的知青们，被撵到深山密林中，先砍树，再栽种橡胶林。《西双版纳报》的玉康龙副总编回忆，他们的傣族寨子旁专门作柴薪林的黑心树林、有神树的“竜林”和芒果林，就是被那些支边的知青们砍伐，成为橡胶林。

过去云南的山上遍地是古茶树，后来号召砍去不好采摘的古茶树，种粮，种橡胶，种台地茶。当地人有这样一种说法，那些懒人才没有砍古茶树，如今留着的古茶树已经是很少了，但正因为懒，而让古茶树的拥有者们发了大财。所以，坏事也是好事。现在有古茶树的人家，一年会有一两百万的收入。一斤古树茶几千上万元，而台地茶不过几百元一斤，差别是太大了。

为了抵挡滇池洪水对城市的入侵，人们筑坝造田，将大片湿地变成了道路和城市。老昆明人告诉我，其实现在昆明的城市中心当年还是滇池沼泽湿地。

因为云南到处是喀斯特地貌，石漠化也在加剧，干热河谷区域不断增加。我到过的干热河谷包括山崖寸草不生，大量湖面萎缩，外来物种入侵，使云南的生态环境及生态系统的平衡稳定遭到了前所未有的破坏，生态的可持续发展受到巨大威胁。

生物多样性包括物种多样性、遗传多样性、生态系统多样性与景观多样性。生物多样性是一个广义的概念，它反映了基因、物种和生态系统的相互关系。基因组成物种，物种组成生态系统。“物种”作为人们可观可感的现实存在，对于生物多样性的研究起着至关重要的作用。一个物种是一种活的历史形态，它通过代代相传的有机个体而得到繁殖。罗尔斯顿说：“人们应该尊重的是那些被保存于种系演变历史中的动态的生命形态，是那些借助生命短暂的个体使其基因在数百年中得以保存下来的生命信息过程。”对物种的保存也就是对生命的保存。

人们对自然的过度滥权利用及开发经济所带来的恶果，就是生物的栖息地七零八落，破碎不堪，无情的杀戮则是直接抹去生物物种的存在。在过去60万年间地球消失了10万种左右的物种，而现在每一个小时就会消失一种生物，自1600年以来，人类已经导致75%的物种灭绝，生物多样性保护已经是危如累卵，迫在眉睫。

人与自然共生，森林同人类同存，没有森林生态，人类将如孤儿。

在《孟子·告子篇》有这样的认识：“牛山之木尝美矣，以其郊于大国也，斧斤伐之，可以为美乎。是其日夜之所息，雨露之所润，非无萌蘖之生焉，牛羊又从而牧之，是以若彼濯濯也。”“若彼濯濯”，就是荒山秃岭。《淮南子》中有几个金句成了成语：“构木为台，焚林而田，竭泽而渔。”但它的原意就是要说明这些行为是使“万物不繁”如此，“焚林而猎”“烧燎大木”将有亡国之虞。《荀子·劝学篇》中有“草木畴生，禽兽群焉”句。柳宗元在《封建论》中有“草木榛榛，鹿豕狉狉”句，说的都是草木茂盛，动物才会群聚。

聪明的哈尼族在建造梯田时就为自己的村庄之上设置了不能动刀的林，还在山林中广种一种能涵养水源的水冬瓜树。水冬瓜树就是桤木，它根系发达，具有根瘤或菌根，能固沙保土保水，增加土壤肥力。哈尼族就是这样来对抗梯田开垦后的水土流失。哈尼族利用山顶的水，流入村庄，再流入水田，再流入河谷中的河流。河流蒸发的水分上山顶，再进入村庄，如此循环，永续利用。在独龙江沿岸，很少看到开垦的农田和坡田，整个流域的植被处于原始状态，因此独龙江的水无论天晴还是下雨，都清澈如玉。而有些河流因为坡地全是农田，下雨则将泥土冲刷下来，流入河道，挟带大量泥沙，土地越种越薄，山冈越来越秃，生态越来越坏。

四　生态立省之路

生态文明建设，对云南是重中之重。

早在2006年，云南省委、省政府就坚定确立了“生态立省、环境优先”的发展战略。这是一个有先见之明的决定，为云南以后成为全国“生态文明建设排头兵”奠定了坚实的基础。

2007年，全省启动了七彩云南保护行动，从七个方面全面推进生态环保工作。

一是环境法治行动，包括完善、修订一批地方性法规、规章、政策，把环境保护纳入法制化轨道。二是环境治理行动，以保障人民群众饮用水安全和九大高原湖泊水污染综合防治为重点，开展水污染防治，继续加大以滇池为重点的九大高原湖泊水污染综合治理力度。进一步修改完善各大湖泊保护条例。在云南，每一个高原湖泊都有它自己量身定做的保护条例。同时治理污染严重的入湖河道，后来发展到全面治理所有入湖河道甚至包括小沟渠，全面实施“三退三还”工程，建设湖滨生态带，恢复湿地。加快滇池引水入湖工程建设。关闭所有流向河流和湖泊的排污口。开展农村环境整治，降低农业面源污染。三是环境阳光行动。提倡公众参与，让云南的生态环保在阳光下被监督。四是生态保护行动，全面开展全省自然生态现状调查，科学编制生态功能区划。全面推行集体林权制度及配套措施改革，继续实施天然林保护、退耕还林还草、石漠化治理和小流域综合整治等生态建设工程。五是绿色创建行动。让生态保护理念进学校、进社区、进家庭、进机关、进农村、进公共场所。六是绿色传播行动。加大生态环境保护宣传教育。比如，设立云南环保“绿孔雀”奖和“七彩云南、我的家园”年度好新闻奖，开展百名记者、书画家、书法家、摄影家“走进七彩云南”活动。开办“七彩云南”国际环境与发展论坛，“七彩云南夏令营”“七彩云南冬令营”活动。七是节能降耗行动。调整产业结构，转变经济增长方式……

云南生态文明建设的起步期是在2007～2009年，如抚仙湖—星云湖生态湖建设、丽江环境保护与治理、迪庆和谐生态文明建设。“七彩云南保护行动”启动之后，又在全国率先实施生物多样性保护十大工程。2008年，“滇西北生物多样性保护行动”正式实施。2009年，云南省出台建设“森林云南”的决定，同时颁布了《七彩云南生态文明建设规划纲要（2009～2020）》。

关于云南“生态文明建设排头兵”的提出，源于2008年11月，时任国家副主席的习近平视察云南时，对云南省提出了“努力争当生态文明建设排头兵”的殷切希望。2009年2月19日，云南省召开了第一次环保工作大会，确定了云南省环保工作的重点是“抓好争当全国生态文明建设排头兵工作”。同年制定了发展规划，包括十大工程23项考核指标，创建了中国大陆第一个国家试点公园——普达措国家公园，成为中国首个国家公园建设试点省。

2010年至2012年，云南生态文明经过四年的实践，成效与经验显著。各市（州）生态文明建设规划与措施逐步落实。2011年9月，《云南省环境保护“十二五”规划》颁布。2012年，云南省发布《云南省生物多样性保护西双版纳约定》，2013年出台《云南省湿地保护条例》，使得云南在生态文明制度建设上率先走在了全国前列。在《版纳约定》中说：“加快建设我国重要的生物多样性宝库和西南生态安全屏障是我省实施桥头堡建设的重要内容。时值我国加入《生物多样性公约》20周年之际，在2008年《滇西北生物多样性保护丽江宣言》《2010国际生物多样性年云南行动腾冲纲领》的基础上，云南生物多样性保护重点区域的各级政府和各界人士，相约在美丽神奇的西双版纳，共谋生物多样性保护大计，就全面推进生物多样性保护作出如下约定……”

上面提到的《丽江宣言》和《腾冲纲领》，加上《版纳约定》，为云南三个生态保护的纲领性文件。《丽江宣言》是关于云南省滇西北生物多样性保护的宣言：“地处青藏高原与云贵高原之间的滇西北地区，山峦高耸，峡谷深嵌，江河跌宕，源远流长。这里有中国1/3以上的高等植物和动物种数，是世界上分布海拔最高的珍稀灵长类动物——滇金丝猴的主要栖息地，也是全球景观类型、生态系统类型和生物特种最丰富、特有物种最集中的地区。这里有风俗各异的民族兄弟和丰富多样的民族文化，有‘三江并流’世界自然遗产和丽江古城世界文化遗产，这里是全人类共同的绿色家园。为了进一步保护好滇西北生物多样性这份大自然赋予我们的珍贵财富，我们参加云南省人民政府滇西北生物多样性保护工作会议以及相关主题活动的各级政府和社会各界人士共同发布《滇西北生物多样性保护丽江宣言》，以铭此志……”

《腾冲纲领》是《丽江宣言》的升级版。其开宗明义说：“2007年2月全面实施七彩云南保护行动以来，省委、省政府坚定不移地贯彻落实科学发展观，坚持生态立省、环境优先的理念，正确处理保护与发展的关系。以滇西北生物多样性保护《丽江宣言》为标志，云南生物多样性保护经过全省各族各界的共同努力，取得了明显成效。‘生物多样性是生命，生物多样性就是我们的生命。’今年，是联合国确定的国际生物多样性年，为推进云南生物多样性保护工作不断深入开展，省人民政府、滇西北、滇西南9州（市）、18县（市、区）人民政府的负责人，省属大型企业、部分中央驻滇企业，省内生物多样性保护方面的专家学者和部分环保民间组织的代表250余人相聚祖国的西南边陲重镇——腾冲，共议云南生物多样性保护事业，形成2010国际生物多样性年云南行动《腾冲纲领》。”

《腾冲纲领》扩大了滇西北生物多样性保护重点区域，增加德宏州、版纳州、临沧市、普洱市，使云南生物多样性保护重点区域由滇西北扩大到滇西南，由5州市18个县（市区）扩大到9州市44个县（市区）抓好落实《滇西北生物多样性保护行动计划》中的八个部分。

2013年至2014年，是云南生态文明建设全面启动阶段。

2014年4月，云南发改委、云南环境科学研究院联合编制《云南省生态文明先行示范区建设实施方案》，提出“把云南省建设成为生态屏障建设先导区、发展方式转变先行区、边疆脱贫稳定模范区、制度改革创新实验区、民族生态文化传承区，成为全国生态文明建设排头兵”的发展目标；12月，国家发改委联合财政部、国土资源部等六部委正式签署同意实施。

在生态文明排头兵建设中，云南省行动迅速，继《丽江宣言》《腾冲纲领》《西双版纳约定》之后，又制定了《云南省生物多样性保护战略与行动计划（2012～2030年）》，使生物多样性保护范围逐渐覆盖全省。同时，省政府还设立专项资金，成立了云南省生物多样性保护基金会；组织实施“云南省生物多样性评价指标体系试点及物种资源调查项目”，在全国首次以县域为单位对全省生物多样性进行评价。建立了“云南滇金丝猴研究中心”“国家林业局高黎贡山生物多样性保护和研究中心”和“国家高原湿地研究中心”。“中国西南野生生物种质资源库”“西南生物多样性实验室”项目建成。

在各地生态文明建设的主题词上，云南发挥想象力，将每一个地方赋予了独特的定位，也是展现云南千姿百态的生态情景：

幸福昆明。魅力德宏。妙曼普洱。和谐楚雄。宜居大理。梦想红河。神奇文山。幸福玉溪。活力曲靖。神奇西双版纳。好梦丽江。生态怒江。和谐迪庆。绿色临沧。奋进昭通。温润保山……

2014年1月，云南提出实施生态文明建设林业十大行动计划：生态红线保护行动、陡坡地生态治理行动、生态公益林保护行动、重点区域生态保护与修复行动、物种零灭绝行动、高原湿地保护与恢复行动、森林生态服务功能提升行动、林业产业振兴行动、森林灾害防控行动、生态文化建设行动。4月，云南省被国家发改委列为全国四个生态文明先行示范区。11月，省政府将昆明市和西双版纳州的8个县（市、区）作为第一批云南省生态文明县（市、区）。

2015年1月，习总书记考察云南时强调，良好的生态环境是云南的宝贵财富，也是全国的宝贵财富，并明确要求云南加强生态文明建设，争当全国生态文明建设排头兵。

事实上，云南的生态文明建设已经积累了相当多的经验，取得了很大的成绩，总书记的指示更加增添了云南干部群众生态建设的热情。尔后，云南将生态文明体制改革单列出来，成立生态文明体制改革专项小组，高位推动各项改革工作并出台全面深化生态文明体制改革总体实施方案。

截至笔者写作的目前，云南生态文明体制改革的总体方案和实施意见、主体功能区规划、环境污染第三方治理、河长制、环境监管执法、生态环境损害责任追究、不动产登记、生态补偿、生态环境监测网络建设等“四梁八柱”已现雏形，为生态文明建设排头兵提供坚实的制度保障。

省生态文明建设排头兵工作领导小组由省委书记任组长、省长任常务副组长、相关省领导任副组长；九大高原湖泊水污染防治工作领导小组、云南省环境保护督察工作领导小组由省长任组长；云南省环境污染防治工作领导小组由分管副省长任组长。强有力的领导是生态文明建设的保证。

环境保护“党政同责、一岗双责”在2010年就被提出了，2015年省委九届十次全会进一步明确。问责制度是铁的纪律，没有讨价还价的空间，一旦环保失职，严肃问责处理。

云南还在全国率先出台了《云南省县域生态环境质量监测评价与考核办法》，与生态转移支付资金分配挂钩，同时，省委组织部在“县（市、区）为书记工作实绩量化考核指标”中“县域生态环境质量考核结果”权重调整为9分，成为除县域经济指标之外，最大的得分指标。由省财政厅会同省环保厅等部门每年对全省各县（区）进行生态环境监测与评估，根据评估结果奖惩。生态环境变好的的县，适当增加转移支付，反之则扣减转移支付。其中，对年度生态环境“明显变差”“一般变差”“轻微变差”的县（区），分别按当年测算生态功能价值补偿性补助资金量的100％、65％、35％扣减转移支付。

全省近年建成国家级生态示范区10个、乡镇85个、村3个，省级生态文明州1个、县21个、乡镇615个、村29个，省级绿色学校825个、社区262个、环境教育基地54个。这些国家级的生态示范点，带动了全省的生态建设，预示着云南美好的明天。

2015年云南发改委印发了《中共云南省委、云南省人民政府〈关于加快推进生态文明建设排头兵的实施意见〉》。这份16000多字的文件，我认真研读，它体现了云南省委、省政府深入思考和决策的能力，主要的要求就是：深入贯彻习近平总书记系列重要讲话和考察云南重要讲话精神，把生态文明建设放在更加突出的战略位置，以生态文明先行示范区建设为抓手，以健全生态文明制度体系为重点，加快建设美丽云南，使云南的天更蓝、水更清、山更绿、空气更清新，成为全国生态文明建设排头兵。不辜负总书记对云南的期望和嘱托。

这份“实施意见”规划：“到2020年，资源节约型和环境友好型社会建设取得重大进展，主体功能区布局基本形成，经济发展质量和效益显著提高，民族生态文化得到传承和弘扬，生态文明意识全面提升，生态文明先行示范区建设各项目标全面完成，努力成为全国生态屏障建设先导区、绿色生态和谐宜居区、边疆脱贫稳定模范区、民族生态文化传承区和制度改革创新实验区。”其目标是：“重要江河湖泊水功能区水质达标率提高到87％以上，森林覆盖率和蓄积量分别达60％（含一般灌木林）和18.53亿立方米，自然湿地面积不低于42万公顷，草原综合植被覆盖度达到58％。主要生态系统步入良性循环，城乡人居环境不断优化，国家西南生态安全屏障和生物多样性宝库更加巩固。”

这份文件在大力发展绿色产业，加强生态保护与建设方面的实施意见里，提出了“提高森林生态保护与建设水平。深入推进‘森林云南’建设，全力实施云南生态文明建设林业十大行动计划。”力争到2020年对全省86.67万公顷25度以上陡坡地、15～25度重要水源地及石漠化严重地区坡耕地、特殊生态脆弱区坡耕地实施生态修复和治理；以六大水系、九大高原湖泊、大中型水库面山等为重点，加速推进以保持水土、护坡护岸、涵养水源为主要目的的防护林体系建设。到2020年全省林地面积不低于2487万公顷，森林面积不低于2143万公顷。

关于提高草原、农田、水域生态保护与建设水平，关于积极推进国家公园建设，关于加快防灾减灾体系建设，关于全面推进污染防治方面，主要是加强九大高原湖泊及重点流域水污染综合防治，关于大气、土壤、重金属、农业面源污染与治理，关于健全生态文明制度体系，对法规、规章、产权制度、监管制度、生态红线、补偿制度、考核制度、追究制度，都有详细的量化指标和说明。

我还仔细阅读了约33000字的《云南省生态文明建设排头兵规划（2016～2020年）》（以下简称《规划》）。这份《规划》洋洋洒洒，提出了“十三五”时期云南省生态文明建设排头兵工作的指导思想、基本原则、建设目标、主要任务、保障措施和重点工程，对“十三五”时期生态文明建设进行具体部署，事无巨细，深思熟虑。《规划》中对筑牢国家生态安全屏障着力很深，要求建设以青藏高原东南缘生态屏障、哀牢山—无量山生态屏障、南部边境生态屏障、滇东—滇东南喀斯特地带、干热河谷地带、高原湖泊区和其他点块状分布的重要生态区域为核心的“三屏两带一区多点”生态安全屏障，划定并严守生态保护红线。全面提升森林、湿地、草原、农田、水域等自然生态系统功能，加大生物多样性保护力度，推进重点地区生态治理，加强防灾减灾体系建设，积极应对气候变化。对环境质量全面改善、对打好水、土壤、大气污染防治三大战役，对建立生态文明制度体系和保障措施等都有论述。

未雨绸缪，任重道远！

五　拯救与治理

人类像一匹野马，随着科学技术的飞速发展，对自然资源的掠夺和挥霍空前未有，地球的环境污染，资源枯竭，道德沦丧，造成了人类生存还是灭亡的大危机，生态向人类敲响了警钟甚至丧钟。但人类在对自己的蹂躏和毁灭中觉醒，生态保护意识崛起。生态意识是反映人与自然环境和谐发展的新的价值观，是现代社会人类文明的重要标志。

《敬畏生命》的作者、诺贝尔和平奖获得者阿尔贝特·施韦泽认为："善是保存和促进生命，恶是阻碍和毁灭生命。如果我们摆脱自己的偏见，抛弃我们对其他生命的疏远性，与我们周围的生命休戚与共，那么我们就是道德的。"美国新环境理论的创始者、生态伦理之父利奥波德在《沙乡年鉴》的英文版序言中说："土地是一个共同体的观念，是生态学的基本概念，但是，土地应该被热爱和被尊敬，却是一个伦理观念的延伸。"阿尔贝特·施韦泽认为："人与自然之间最大的区别在于人是有理性的，人能够对各种生命形式施加影响，而自然则受制于一种盲目的利己主义，它不会敬畏生命，也不能体验发生在其中的一切，它使得一种生命必须以其他生命为代价才能生存下来。而人类应当认识到，只有自己才能做到敬畏生命，才能够认识到休戚与共，能够摆脱其余生物苦陷其中的无知。"

生态拯救是一种责任，也是一种觉醒。是一种痛彻的经验，也是一种悔悟。何况，生态拯救与保护，面临的困难很多。

云南的森林面积在这些年的"天保工程"和退耕还林工程实施后虽有增加，但在河谷地带及湖泊面山，人类为了生存，活动频繁，加之历史上的砍伐欠债太多，森林覆盖率还较低，不足以发挥其维持生态良性循环的功能。草地退化严重，全省83.45万公顷的草地有不同程度的退化，其中中度以上退化的占48.7%。

作为一个多山省份，云南山地占土地总面积的94%，人们的生存比较艰难。山林是生存的主要地方，人均耕地很少，人口与环境资源的矛盾难以解决。为了生存，人们向山地陡坡要粮，在全省9632万亩耕地中，大于25度的有1121.33万亩，占11.65%，一些地州50%的耕地坡度都在25度以上。

云南是我国生物多样性最丰富的省份，自然保护区列全国第一位；但自然保护区不仅面积小，而且投入少，基础设施建设严重滞后，无法保护应该保护的珍稀野生动植物。许多野生动植物的生活生长环境越来越小，被人类排挤，岛屿化、生境破碎化，加之一些动物对人类生产生活的破坏，如大象毁坏庄稼，伤人伤畜，补偿很少，挫伤了群众保护野生动物的积极性。

农村生态环境污染日益严重。乡镇企业、畜禽养殖业的发展，农药、化肥、农用薄膜的滥用，造成的农业面源污染难以控制。

水土流失仍很严重，云南是全国水土流失最严重的省份之一，全省水土流失面积14.13万平方公里，占土地面积的36.9%，每年流失土壤5亿多吨，是全国年流失土壤量的十分之一，而且流失的土壤多是适宜耕作或植物生长的优质表土。一到下雨，雨水刮走地表土，致江河浑黄。云南也是全国自然灾害最为严重的省份之一，灾害种类多，干旱、洪涝、地震、泥石流和滑坡等灾害频发。全省地质灾害点有20余万处，其中有危害7000余处。近些年，平均每年有6.7万公顷以上的农田和20余座中、小型水电站被淹埋或冲毁。因发生山体滑坡、崩塌和泥石流灾害而撤并了1个县的建制，有4个县的县城因灾易地重建。

全国关注的云南九大高原湖泊虽然在全面治理和保护中，但生态环境脆弱，流域生态系统退化，流域森林植被遭到破坏，目前九湖流域森林覆盖率才20%。流域林种单一，其针叶林涵养水分保土能力差，水土流失严重。九大湖均为封闭或半封闭湖泊，无过境河流，大多要依靠回归水的循环和外流域调水才能维持水量平衡。由于长期以来大量泥沙和污染物排入湖中，加上“围湖造田”等不合理的开发活动，致使湖面缩小，湖床淤积，一些湖泊出现沼泽化趋势。九大湖泊的水生植物，据50年代调查，其种类和数量都很丰富，尤其是浅水湖水草茂密。随着湖泊自然生态环境的破坏，各种水生植物退出湖泊。原滇池草海水草十分丰富，至少有8种轮藻植物，海菜花开满全湖，外海沿岸及出口处水草也较多。目前滇池水生植物减少了15种，原来生长繁茂的轮藻、海菜花、水毛莨等在滇池已绝迹，金鱼藻、黑藻等已多年采不到标本。杞麓湖原有的海菜花群落消失，轮藻群落已绝迹，苦草群落已不复存在，马来眼子菜稀少，而狐尾藻则大量繁殖，成为全湖的优势种群，菹草、红线草逐渐形成群落。异龙湖原沉水植物繁盛，遍布全湖。现在海菜花已绝迹多年。洱海的红线草、金鱼藻、大钱藻数量减少。滇池的植被面积减少了70%，沉水植物分布深度从4米退到2米，现存植物群落，如菹草、马来眼子菜、穿叶眼子菜群落密度下降，直接影响草上产卵鱼类的繁殖及净化水质的作用。

我国的生态安全，其主要的战略高地在青藏高原，云南则是重要的延伸地带，直接影响我国西南地区和东南地区，对南亚和东南亚的影响也很大。从大处说，这里良好的生态环境和生态资源，是国家的战略储备，是中国乃至世界未来生物技术产业发展的重大基因资源宝库，是中国崛起的有力支撑，也是解决我国资源问题的重要基地。

在水电清洁能源上，云南也是重点基地，虽然水电资源丰富，但目前的开发率不足10%，开发潜力巨大。已经开发的溪洛渡、向家坝等水电站，其发电总量早已经超过了三峡水电站。

生态产品是世界消费的潮流，自然食品、水、氧气、木材、纤维是人类的主要生存物质。人类的生活在正常状态，需要好的气候、减少污染、保持水土、防风固沙。当务之急是修复生态，以此保证人们的消费水平和自然资源的再生。云南是生态产品输出大省，因为云南森林覆盖率高于全国平均水平1倍以上，森林和湿地生态系统的“水塔”“碳库”“绿色银行”名实相符，绿水青山就是金山银山，全省森林生态系统年服务功能价值达1.48万亿元，稳居全国首位。自然保护区提供的森林生态服务价值达2009.02亿元。云南虽然开发程度较低，但保存了最好的生态环境，维持了自己的生态优势，她已经或即将是我国生态消费时代的新宠。

好在当代人已经深刻认识到人类自身的命运，是与大自然的命运绑在一起的。保护生态，就得紧急行动，云南是我国生态保护治理的先觉者、先行者。

为了保护好云南的野生动植物资源，全省已建成各种类型的自然保护区152个，保护区面积达285.3万公顷，虽然面积还不够大，但成了大部分野生动植物的避难所、庇护所和生活天堂。

如何保护，保护区人民付出的代价怎么补偿，是一个问题。比方说国家一级保护动物亚洲象，当地的百姓认为在不远的过去猎杀过它们，它们糟蹋庄稼和伤人都是对人类的报复。黑颈鹤也是我国一级保护动物，但是它们的正常栖息地被破坏、丧失，冬季缺少食物，黑颈鹤延长了吃草根的时间，到处在庄稼地中啄食荞麦、萝卜和马铃薯，它们若飞临，常常会把一块地里的庄稼吃个精光，片甲不留。农民辛辛苦苦种下的粮食全部落入它们的嗉囊，遭到农民的痛恨。

如何实现生态保护和保护区社区（乡村）同时发展，国家公园展开了这方面的探索。如何在保护中脱贫，云南省从滇西南的高黎贡山到滇东北的大山包，整个的国家公园试点全面铺开。砍树的成了护林员，狩猎的成了护猴人，打鸟的成了爱鸟者。放下斧头，放下猎枪，放下锄头，护山，护兽，护鸟，护鱼，护一草一木。少数民族过去放火烧山垦荒，靠山吃山，靠水吃水的观念有了转变。靠山不是与山中的鸟兽草木为敌，而是养山养水，让山变绿，水变清，绿水青山，成为永远可以利用的金山银山，在保护生态中实现了脱贫。

我国第一个国家公园普达措国家公园对保护区里面的社区农民进行年年的反哺不低于200万元，人均5000元，户均19000元。这是必须拿出的，另外雇用村民工作，奖励考取的大中专学生，扶持农民办民宿和农家乐、卖土特产，使保护与致富比翼双飞。

在滇金丝猴活动区的白马雪山自然保护区各个社区，让农民在保护好生态后有获得感。通过推广新能源，用水泥瓦、金刚瓦来取代木板等方式，为农民补贴盖房，减少木材的损耗，将野生菌团保护好，引导农民合理采集野生菌等，村镇开办野生菌市场，保护农民利益，同时实现菌类资源的永续利用。还让农民做民宿、做餐饮，让他们明白，生态保护好，生计就会好。

云南是长江上游和珠江发源地，而“长三角”和“珠三角”是中国经济的腾飞地，活力源，核心区。

2018年1月，习总书记冒着深冬的严寒考察了长江，并在重庆对长江的生态保护做出了重要指示，他说，长江拥有独特的生态系统，是我国重要的生态宝库。当前和今后相当长一个时期，要把修复长江生态环境摆在压倒性位置，共抓大保护，不搞大开发。要把实施重大生态修复工程作为推动长江经济带发展项目的优先选项，实施好长江防护林体系建设、水土流失及岩溶地区石漠化治理、退耕还林还草、水土保持、河湖和湿地生态保护修复等工程，增强水源涵养、水土保持等生态功能……

金沙江是长江的上游河段，在云南的流域面积达10.95万平方公里。珠江在云南叫南盘江，流域面积4.33万平方公里。没有金沙江、南盘江丰沛的水源就不会有下流经济的繁荣，但水源是靠树木涵养的。就在20年前，丽江的林业产值是全市GDP的1/4，是主要的支柱产业。大规模的林木输出导致森林覆盖率下降，水土流失日益加剧，为了保护恢复长江上游的生态屏障功能，从20世纪末，天保工程的实施，天然林全面禁伐，关停并转了所有森工、造纸企业。5家重点森工企业的2000多名员工，全部从砍树人变成了种树人。在黑白水林业局，为恢复2001年森林大火烧毁的玉龙山的森林，这些年他们栽种了万亩树苗，恢复了整个玉龙山的植被生态。

滇池亦为金沙江水系，通过环湖截污、入湖河道整治、湿地建设、引牛栏江补水置换后，滇池水体白浪碧波重现，每年冬季，红嘴鸥便从遥远的大洋彼岸飞来越冬，滇池成了它们的故乡。大理的苍山洱海在生态保护上一直紧绷着弦，才有了一湖清水，满山白云。普达措国家公园作为香格里拉的生态符号，其湖水、雪山、森林、藏村、牧场，让人沉醉。杜鹃花开，松萝飘曳，美色无限。而白马雪山和梅里雪山依然以其人迹罕至的神秘吸引着人们趋之若鹜，那里有仙子般的滇金丝猴在原始森林中跳跃的身影。

在林业厅采访，才知他们也成立了一个湿地处，以加强对云南湿地的保护。

云南已有18个国家级湿地公园，如红河哈尼梯田国家湿地公园、普者黑喀斯特国家湿地公园、晋宁南滇池国家湿地公园、盈江国家湿地公园、洱源西湖湿地公园、鹤庆东草海国家湿地公园、蒙自长桥海国家湿地公园、云南石屏异龙湖国家湿地公园、通海杞麓湖国家湿地公园、沾益西河国家湿地公园、玉溪抚仙湖国家湿地公园、保山青华海国家湿地公园、西黄草洲国家湿地公园、兰坪箐花甸国家湿地公园、江川星云湖国家湿地公园、普洱五湖国家湿地公园、丽江拉市海湿地公园等。

省级第一批湿地沾益海峰、腾冲北海、丽江老君山九十九龙潭、丘北普者黑、洱源茈碧湖、洱源西湖、剑川剑湖等7处公布后，第二批省级重要湿地已经公布，包括巧家马树、富源小海子、鹤庆草海、盈江、宁蒗青龙海、宁蒗拉伯、兰坪菁花甸、香格里拉千湖山等8处湿地。

湿地是地球之肾，是不可多得的珍贵的自然资源，也是重要的生态循环系统，对保护生物多样性，调节径流，改善水质，调节小气候，以及提供食物、工业原料，提供旅游资源，起到重要作用。在云南的高原湖泊周围，在水源污染的情况下，为了治理湖泊，就得恢复湿地，重建湿地生态系统。云南的湿地认定已经进行多年，认定后的湿地，可采取建立自然保护区、国家公园、湿地公园、湿地保护小区等保护形式，开展分类保护，认定公布的湿地范围还将作为云南省生态红线的重要组成部分。

2013年颁布的《云南省湿地保护条例》中，明确了湿地范围内的禁止行为，如擅自新建建筑物，擅自改变湿地用途，倾倒或堆置废弃物，擅自挖砂、采石、取土、烧荒规模化养殖畜禽，擅自猎捕野生动物，非法捕捞鱼类等，违者将承担相应法律责任。

河长制的创立对中国的水资源保护起到了巨大的作用，后来发展到湖长、山长，这是对各地主要负责人的硬要求，在云南实行的是五级河长制和三级督察体系，做到河湖库渠全覆盖，即省、州（市）、县、镇、村主要负责人为当地最大河湖的责任人。

河长制覆盖全省7127条河流、41个湖泊、7103座水库、7992座塘坝、4549条渠道，云南的湖长制在全国率先落实。云南省六大水系及牛栏江、九大高原湖泊全部设省级湖长，全省67928名河长全面到位开展巡河巡湖。

长江、珠江、杞麓湖等12个省级河（湖）长会议先后召开，省级河（湖）长全面开展巡河巡湖，调研督办河（湖）长制工作。由省委、省政府主要领导亲自挂帅，抚仙湖、洱海、滇池、异龙湖等重点河（湖）积极行动，全面落实河长制湖长制六大任务，推进了一批关键性的综合治理工程。抚仙湖的百日雷霆行动，关闭径流区企业26家、磷矿点14个、采砂石场49个，强化了红线管控；搬迁沿湖群众8122人，拆除房屋92万平方米；建成污水处理厂4个，沿岸村庄污水收集全覆盖，没有遗漏和死角，农村生活垃圾处置率达80%以上；实施流域绿色农业示范工程，拆除塑料大棚4827亩，实施退田还湖3528

亩，建成人工湿地2395亩、湖滨缓冲带7425亩，为抚仙湖一类水质给予强有力保障。洱海实施截污、河道整治、违建清理、客栈餐饮整改管理等“七大行动”，标明“雷霆”，实则是雷霆集束，持久不懈，实现了148公里环湖岸线和29条入湖河流岸上、水面、流域网格化管理全覆盖。影响洱海水质的磷、氮等主要指标逐月下降，水体透明度达到了1.9米，非常适宜水藻生长，水质为2000年以来最好水平。异龙湖加快了生态湿地和补水工程建设，实施生态补水，置换和澄清水质。

云南省的河（湖）长制风生水起，抓得实在，抓得认真，没有虚拳，一步一个脚印，步步为营。

2018年1月，云南省全面建立河长制工作顺利通过水利部中期评估核查。2018年2月，云南省委、省政府将云南省全面推行河长制工作向党中央、国务院做了专题报告。2018年3月28日，云南省印发了《2018年云南省全面推行河（湖）长制工作要点》，并以总河长第2号令的形式印发，明确了2018年云南省全面推行河（湖）长制工作的指导思想、主要目标和主要工作，并把任务分解细化到省级各相关厅局，让工作有抓手，落实有效果，各负其责。省里又出台了《云南省全面贯彻落实湖长制的实施方案》，对湖长制目标任务做进一步的深化和细化，相关责任分解细化到各级党委、政府及相关权责部门。制定了《2018年云南省全面推行河（湖）长制考核工作方案》《2018年云南省全面推行河（湖）长制督察工作方案》《2018年云南省全面推行河（湖）长制省级监测方案》，为开展考核、督察和监测提供依据。制定了九大高原湖泊、六大水系和牛栏江等16个省级河长湖长的工作要点。

通过河长制，领导层层亲临河湖现场，发现突出问题即当场拍板进行专项整治，行动迅捷，没有谁敢互相推诿踢皮球。河长清河行动、水污染防治行动、入河排污口清理整治行动、“剿灭”黑臭水体行动、河道采砂清理整治行动、水源地综合保护行动、乡村“七改三清”行动、水资源“双控”行动、水域岸线保护行动、地下水清理整治行动、水生态修复行动、河湖联合执法行动等12项专项行动都扎实推进。

河长制就是把保护河湖的工作推向了前沿阵地，各地一把手领导前线指挥，身先士卒，就是一场云南的河湖保卫战，打就打得硝烟弥漫，真刀真枪。云南省的河长制有其鲜明的高原和边疆特色，比如由省委书记、省长、省委副书记除了分别担任总河长、副总河长、总督察之外，还担任了治理保护任务艰巨的抚仙湖、洱海和异龙湖三个湖泊的河长。

云南省明确提出，实行五级河长，河、湖、库、渠必须全面覆盖到位，保证每一条河都有河长，湖长、库长、渠长、塘长、坝长统称河长，体现河长管护河、湖、库、渠水系流域的完整性、系统性和科学性。六大水系、牛栏江及九大高原湖泊设省级河长。《云南省水功能区划》确定的162条河流、22个湖泊和71座水库，《云南省水污染防治目标责任书》确定考核的18个不达标水体，大型水库（含水电站）设立州（市）级河长。其他河、湖、库、渠纳入州（市）、县（市、区）、乡（镇）、村各级河长管理。

省、州（市）、县（市、区）三级督察体系全部建立。分别由党委副书记担任总督察，人大、政协主要负责同志担任副总督察。总督察、副总督察协助总河长、副总河长对河长制实施情况和各级河长履职情况进行督察、督导。各级总督察、副总督察已积极开展督察工作，省人大、政协领导带头履行督察职责。

2017年8月24日，云南又印发了《云南省全面推行河长制行动计划（2017～2020年）》。将每个年度的目标和任务，分解到领导小组成员单位责任，使得河长制六大任务责任落实的可考核、可追责。

抚仙湖全面推行河长制以来，强化源头治理，关闭径流区企业、砂石场、磷矿点；建设污水处理，铺设污水收集管网，实现村庄污水收集全覆盖；实施高效节水减排和退田还湖项目；对抚澄河、山冲河、梁王河等8条河道实施综合整治，每条河流入湖水质均达到了三类，抚仙湖稳定保持一类水质。洱海流域通过全面推行河长制，开展洱海保护治理“七大行动”，茈碧湖、三岔河、海西海“三库连通”洱海应急补水项目，茈碧湖到洱海42公里的“清水入湖”工程已实现通水。

昭通市采取无人机参与河湖监控，下达“河长令”。德宏州河长公示牌结合民族特色，成为河、湖、库、渠边的一道亮丽风景，在农场和园区也设立河长办，把河湖管理列入村规民约。丽江市、保山市、普洱市、昆明市等州（市），引入“企业河长”“民间河长”“学生河长”等方式参与落实河长制。南涧县创新推出河长制、山长制、街长制“三长制”，形成了河长护水、山长护林、街长保洁的“三长制”联治共管生态文明的新方式。

生态保护是一个复杂的系统工程，所涉面广，各个领域的科学专业和专家，各个部门的配合与作为，需多管齐下，同时使力，才可能将一个地区、一个种群的生态进行保护、恢复和发展。云南在多个自然保护区先后启动了亚洲象、滇金丝猴、黑颈鹤、豚鹿、白颊长臂猿和黑冠长臂猿、绿孔雀，以及松茸、兰科植物、巧家五针松、苏铁等物种的调查和科研、监测项目，并取得丰硕成果。

云南西双版纳亚洲象种源繁育基地、云南野生苏铁就地保护和野生古茶树（古茶园）保护与利用研究项目进展顺利。中国野生动物保护协会授予昭通“黑颈鹤之乡”、昆明“红嘴鸥之乡”、景东“长臂猿之乡”、迪庆州“滇金丝猴之乡”的称号。2007～2017年十年间，云南省亚洲象由250头增加到300头左右，白马雪山自然保护区内的滇金丝猴数量由1400只增加到2500只，黑冠长臂猿由50多只增加到500余只，黑颈鹤由1200多只增加到1300多只。

建立植物园、树木园、动物园、珍稀濒危植物迁地保护区，是生物多样性保护的重要补充措施。截至2016年底，云南省通过国家认定和投资建设的林木种质资源异地保存库共9处475公顷，收集保存树种（含近缘种）310个、种源252个、品种（无性系）155个、优树（优良单株）974株、类型53个；林木良种基地优树收集区20余处，总面积150公顷，收集保存优树1800多株、优良无性系2000余个。云南入选国家林木种质资源库4处，分别为腾冲市腾冲红花油茶国家林木种质资源库、德宏州珍贵用材树种国家林木种质资源库、瑞丽市石料国家林木种质资源库、红河州柚木国家林木种质资源库，总面积100公顷。收集保存树种（含近缘种）30个、种源84个、品种（天性系）105个、优树（优良单株）100株、类型50个，对提升林木种质资源保护利用起到了重要作用。

国家重大科学工程“中国西南野生生物种质资源库”由中国科学院和云南省联合建成，落户昆明。西南野生生物种质资源库是我国唯一的国家级野生生物种质资源库，世界上两个按国际标准建立的野生生物种质资源保藏设施之一。短短数年间，中国西南野生生物种质资源库的种子藏量追平了有着40多年历史、目前世界上野生植物种子藏量最大的英国千年种子库。我们的资源库截至2015年底，保藏的种子份数已达67869份，占全国种子植物种类的31%，其中包括大量珍稀、濒危和有重要经济价值的植物种子。中国野生植物种子“方舟”使我国众多宝贵的植物资源得到了恒久而安全的保护，为我们将来进一步开发和利用这些资源，造福人类提供了储备底气和坚固保障。

云南省还率先在国内提出了需要优先保护的“极小种群物种”，组织编制实施《云南省特有野生动植物极小种群保护工程项目建议书》《云南省极小种群物种拯救保护紧急行动计划（2010～2015年）》等。投入极小种群野生植物拯救保护专项资金1089万元，实施拯救保护项目47个，针对28种极小种群野生植物实施了专项调查、就地保护、迁地保护、种质资源保存、野外回归和监测等拯救保护措施。对大树杜鹃、华盖木、滇桐、多歧苏铁、景东翅子树、弥勒苣苔6个物种的补充调查，发现了4个物种的新分布，其中弥勒苣苔的分布点由原来的1个增加至2个，分布面积由150亩扩大至300亩。开展了弥勒苣苔、华盖木、景东翅子树、萼翅藤、滇桐、云南蓝果树、漾濞槭7个物种的就地保护，共建设14个就地保护小区（点），确保在保护地外极小种群野生植物的种群数量稳定。通过在昆明、玉溪、大理、保山、德宏、西双版纳等地建设极小种群野生植物近地（迁地）保护园6个，物种回归实验基地，开展华盖木、漾擤槭、毛枝五针松、巧家五针松、文山兜兰、滇桐、单性木兰、观光木等23种极小种群野生植物的人工繁育与迁地保护，成功繁育人工种苗10万多株。

云南蓝果树，生长在西双版纳普文和勐罕等地海拔500～1100米的山谷密林中，我国特有种，云南特有植物。蓝果树云南保护小区，是我国首个极小种群野生植物保护小区。云南蓝果树为国家一级重点保护野生植物，目前已知存活的云南蓝果树不足20株。作为第一批被选中建立保护小区的极小种群之一，云南省制订了《极小种群云南蓝果树保护行动计划》，并在普文试验林场的天然林区内划了49.46公顷作为云南蓝果树保护小区，有针对性地探索不同保护小区（点）及近地保护园建设、管护模式和补偿。云南省极小种群野生植物保护的经验和成效，得到国家林业局高度肯定，并被树立为典型向全国推广。

云南地理区位独特，内与西藏、四川、贵州、广西四省（区）毗邻，外与越南、缅甸和老挝三国接壤，与泰国、柬埔寨、孟加拉国、印度等国也相距不远，与邻国边境线总长达4060公里。随着“一带一路”的发展，云南与周边省份和邻国的旅游、商贸往来快速增长，外来物种进入云南的通道敞开，致使云南成为我国遭受外来生物入侵最为严重的地区之一。云南省共查明外来入侵物种199种，其中，植物142种，无脊椎动物28种，病原微生物13种，脊椎动物16种。

面对此严峻形势，云南实施了一系列生物安全防控措施。如实施滇西北、滇西南生物多样性保护等一系列生态建设工程，加大生物多样性的系统保护，通过大力发展优良乡土物种，提高当地生态系统的稳定性和竞争力。建立一支云南省农业有害生物应急防治队伍，大力发展农作物病虫害专业化服务组织，建立健全了省、州（市）、县、乡、村五级农作物病虫害监测系统。编制了云南口岸入境植物检疫截获有害生物名录，建立了云南省外来入侵物种信息平台系统和云南外来入侵有害生物多指标综合评价体系。

滇西北三江并流区是全球34个生物多样性热点地区和233个优先保护生态区之一，是中国生物多样性资源最为丰富的地区之一。目前滇西北三江并流区共建有自然保护区22个，其中国家级自然保护区3个、省级5个、市县级14个，总面积8326平方公里。在该区域建立了多个省级国家公园，如普达措国家公园、梅里雪山国家公园、维西塔城滇金丝猴国家公园、巴拉格宗香格里拉大峡谷国家公园、丽江老君山国家公园等，总面积为2648平方公里。

云南省境内的金沙江是长江干流上游河段，奔腾1560多公里，流域面积达10.95万平方公里，是长江上游重要的生态安全屏障。“一江清水出云南”，是云南的生态目标，从2005年开始，云南和四川两省协商确定了在泸沽湖流域、金沙江下游开展联合保护工作，一直坚持到如今。

澜沧江-湄公河是发源于中国青藏高原的一条国际河流，中国境内段称为澜沧江，从云南西双版纳州出境后称为湄公河，总长4800多公里。这条河流形成了云南与多个东南亚国家的自然的通道。云南省实施了澜沧江经济带的生态环境保护和治理专项行动，重点开展了澜沧江渔业和特色畜禽资源保护、生态公益林恢复以及流域植被矿山保护等，明确澜沧江干流两岸非平地段第一道分水岭以内、两岸平地500米以内及其一级支流两岸200米以内的区域，为生态公益林地范围。

怒江是流经云南省的三大国际河流之一，发源于青藏高原唐古拉山南麓，经西藏流入怒江傈僳族自治州境内，一路经贡山、福贡、泸水等县流经保山市出境，境外称为萨尔温江（或丹伦江），最后入安达曼海。怒江处于横断山脉的核心位置，其中上游流域是全球地形最崎岖险峻的地区之一。正是由于地理上的封闭性，至今未进行大规模的经济开发，全流域的自然生态系统保存较完整。至今在干流上仍没有一座电站，没有一道拦河坝，是我国仅存的两条至今保留着天然特色的江河之一（另一条是雅鲁藏布江）。正是由于怒江的原始性，怒江大峡谷成为全球25个生物多样性最丰富的热点区域之一，同时也是“三江并流”世界自然遗产地的核心部分，因此具有无可替代的科学研究价值和环境保护价值。

地处怒江腹地的怒江州，推进“两江”流域生态修复和绿色经济发展行动，在怒江沿岸打造美丽的“怒江花谷”风景线。在天然林保护、防护林建设、退耕还林、退牧还草、陡坡地和退耕地治理等重点生态工程上结合当地实际，有许多独特的做法。

云南省有多条过境国际河流，近年来国家和云南针对国际河流上的水电站建设所产生的生态影响及生态恢复做了大量的工作，如实施了澜沧江珍稀土著鱼种丝尾鳠、叉尾鲶、鲱鱼、山瑞鳖等鱼苗人工孵化研究，中国每年在西双版纳、普洱、临沧等地开展澜沧江鱼类资源增殖放流活动，采用人工方式向江河、水库等公共水域投放水生生物苗种或亲体。糯扎渡水电站成立了珍稀鱼类增殖放流站，每年向水库投放数百万条土著鱼类和经济鱼类，以改善流域和库区生物种群结构，维护生物多样性。

珠江是我国华南的第一大河流，干流全长2219公里，流经云南、贵州、广西、广东、湖南、江西六省区。珠江源头的曲靖市沾益区，主要的工作重点是加强珠江源省级自然保护区、海峰湿地省级自然保护区、牛过河饮用水源保护区等重要生态功能区、重要水源地的保护与管理，实施退耕还林及陡坡地生态治理，成了著名的国家级森林公园。2017年6月30日，珠江流域水环境联合研究院宣告成立。珠江流域六省区参加建立，旨在围绕流域生态环境保护战略规划及标准体系、流域环境监管和行政执法支撑技术体系、流域重大生态环境问题系统解决方案、流域生态环境保护体制机制等方面开展研究工作，并不定期开展珠江流域水环境形势分析，共同出台珠江流域水环境现状与对策年度报告，针对跨界水环境管理问题开展调研，拟定相关政策建议并报送环保部。

云南的森林生态保护对当地农民带来了一些困扰和困难，树不准砍，土不准动。脱贫问题成了山区的头等大事。云南全省林地面积高达3.75亿亩，森林蓄积量高达17亿立方米。为什么说绿水青山就是金山银山？山区有绿色，如何能脱贫？经济果林和林下经济是政府引导，农民自愿种植，但政府另一个扶持办法就是聘请生态护林员，让他们直接有生态保护获得感。

生态护林员每年给1万元管护补助，如果三口之家，人均就可得到3000多元，四口之家也有人均2500元，基本生活保障就有了，全家人就脱贫了。参与植树造林等生态建设工程，还带来打工收入。有的农民依托国家公园等发展林业生态旅游，让“青山变金山、活树变活钱、资源变资本”，社区群众收入更高致富门路更广。

仅2016年，林业厅安排贡山独龙族怒族自治县1060名（户）生态护林员，帮助他们增收。林业厅每年安排贡山县的天保工程部分国有林管护资金和部分生态公益林补偿资金，每年安排940名（户）生态护林员，实现了贡山县2000户建档立卡贫困户脱贫摘帽。文山州砚山县属于重度石漠化地区，国家和省级公益林共计100多万亩。从2015年开始，每3500亩林地配备一名护林员，每月800元，一人参与护林，全家随即脱贫。2016年，省林业厅就在全省选聘了生态护林员25万人。

第一轮自2008年在云南试点的天保工程2014年结束，第二轮天保工程和退耕还林重新开始，云南全省88个贫困县规划实施退耕还林还草1188.5万亩，就给林区群众带来48亿元的现金补助。“十三五”期间，云南将争取25度以上坡耕地实现应退尽退，力争实施1000万亩还林还草任务。退耕还林一亩补助1500元（包括300元林苗款），退耕还草是每亩1000元。

钱粮补贴、林下收益、劳务所得、流转收入，退耕还林带给农民长期的收益。还有公益林补偿、公益林建设、国有林管护，农民尝到了保护生态的甜头。

目前，云南共区划公益林1.88亿亩，占全省森林面积的50.2%，在天保工程和退耕还林工程这20年间，使得野生动物亚洲象、黑熊、猕猴、野猪、蛇类和鸟类增多肇事，造成了严重的经济损失甚至人畜伤害。云南省在全国最早开展了野生动物肇事补偿工作。人员死亡案件一次性赔偿20万元（2017年普洱市已提高到40万元）；人员受伤案件，除支付医药费外，按合同约定支付护理费和伤残补偿金等有关费用。财产损失案件按照保险合同约定标准赔偿，保险赔偿标准是原政府补偿办法标准的4倍左右。

生态公益林的补偿制度健全，根据《国家级公益林区划界定办法》，按照林地保护等级划分标准，将国家级公益林划分为一级国家级公益林和二级国家级公益林。其补偿办法为2014年执行国有国家级公益林管护费补助每亩5元、集体及个人国家级公益林生态效益补偿每亩15元、国有省级公益林管护费补助每亩5元、集体及个人省级公益林生态效益补偿每亩15元标准。这是补偿之初，到了2017年，执行国有国家级公益林管护费补助每亩10元、集体及个人国家级公益林生态效益补偿每亩15元、国有省级公益林管护费补助每亩8元、集体及个人省级公益林生态效益补偿每亩15元标准。林业部门创新公益林经营、管护方式，允许公益林以转包、出租入股等形式吸引社会资本发展林下经济，形成了“树头摘林果，树上捆石斛，树下种药材、采菌子、养家禽”的立体种植开发模式，林农的回报是丰厚的。比如流转的树林，农民还可以在林下栽种药材，养禽放牧，等于依然属于自己。

我采访的众多林区山区，林下经济热气腾腾，各种产业随市场需求应运而生，如竹产业、木本油料产业、林下种植产业、林下养殖、观赏苗木、生态旅游、绿色食品、生态养生等，不仅农民有积极性，各林场、各商界人士、企业大户，都在大力投资，有的企业家动辄流转土地几千亩，投入绿色产品开发。

全省大力推进核桃、澳洲坚果、油茶、油橄榄等木本油料产业发展，新增木本油料种植面积1900万亩，种植面积已达到4900万亩，实现产值290亿元，其中核桃种植面积4230万亩、澳洲坚果种植面积160万亩，这两个产业的面积、产量和产值均居全国第一。云南成为全国重要的木本油料产业基地、全球最大的澳洲坚果种植基地。全省林下经济经营面积达6500万亩，产值达600亿元，野生菌、石斛、重楼、松子等成为山民增收的重要来源。

有了良好的生态，就有了美丽的风景，青山绿水，是城市向往的。丘北县仙人洞村位于国家湿地公园普者黑核心区，这是一个彝族支系撒尼人的村寨，“普者黑”意为盛满鱼虾的湖泊。这里的水上田园、彝家水乡、岩溶湿地、荷花世界、湖泊峰林、鱼鸟天堂等景观独异，312座孤峰，万亩荷塘，54个湖泊相连互通，是世所罕见的、中国独一无二的喀斯特山水田园风光。绿水与青山他们都占了，大力开发旅游，将彝族民居和风俗人情呈现到世人面前，196户人家，家家做旅游，一年就达到接待游客300万人次，综合收入达3000万元以上。景迈茶山翁基村是个千年布朗古寨，他们的旅游也红红火火。还有我到过的元阳梯田里的土锅寨村、洱源县的古梨树村，都住满了外地人，享受着世外桃源般的生活，呼吸着丰富的负氧离子空气，在绝无雾霾的环境中，与山水相乐相亲，林下听鸟，临水看云。

为保护云南的生态，云南人民是做出了牺牲的。我在南盘江采访，在金沙江采访，在丽江采访，都听到当地人呼吁，他们为珠江下游，为长江中下游的繁荣守护着青山绿水，上游不能动一草一木，中下游的开发却如火如荼，如何给上游人民以补偿，不能让他们守着富山穷下去。说得好听是“西南生态安全屏障”“生物多样性宝库”，

“承担着维护区域、国家乃至国际生态安全的战略任务”，但让受益者付费、保护者得到合理补偿势在必行。

草原生态保护补助奖励也制度化，扩大天然草原退牧还草工程和岩溶地区草地治理工程，推动农牧交错带已垦草原治理、牧区草原畜牧业转型示范、南方现代草地畜牧业建设，改善人工饲草地、舍饲棚圈、青贮窖和储草棚等草原基础设施，充实草原管护公益岗位等都已实行。

在推进大山包、纳帕海国际重要湿地退耕还湿试点建设基础上，适时扩大试点范围，建立九大高原湖泊等重要湿地退耕还湿占用基本农田的动态调整机制。积极申报国家湿地公园，争取国家在云南国家级湿地自然保护区、国际重要湿地、国家重要湿地率先开展补偿试点。

以六大水系、九大高原湖泊、具有重要生态功能的大型水库以及集中式饮用水水源地为重点，全面开展生态保护补偿，加大水土保持生态效益补偿资金筹集力度。支持纳入国家和省级规划、具有重要饮用水源和重要生态功能的湖泊制定生态保护补偿办法。

建立以绿色生态为导向的农业支持保护补贴制度，对拥有耕地承包权的种地农民给予资金补助。开展生态严重退化的石漠化地区耕地轮作休耕试点。严格执行占用耕地补偿制度，积极开展耕地开垦费调整更新。加大退化、污染、损毁农田改良和修复力度，推行土壤环境保护试点示范和“以奖促保”试点。

建立生态保护补偿资金投入机制。完善生态功能区转移支付制度。按年度动态计算全省16个州（市）、129个县（市、区）的生态价值，据此公平分配省级生态保护补偿资金。生态保护支出责任较大的以滇西北三江并流生态屏障、哀牢山—无量山生态屏障、南部边境生态屏障、滇东—滇东南喀斯特地带、干热河谷地带、高原湖泊区和其他点块状分布的重要生态区域为核心的“三屏两带一区多点”生态安全屏障地区，给予政策性补助。适当提高省级支持的重点生态功能区建设项目财政补贴标准，将生态保护补偿作为生态保护红线管控政策的重要内容……

云南在云贵高原上，资源丰富，但9600多万亩耕地中就有6100多万亩坡耕地，其实云南面临严峻的水土流失防治形势。2015年，全省水土流失普查显示，全省水土流失面积达10.47万平方公里，占土地面积的27.33%，年土壤侵蚀总量约4.7亿多吨，是全国年土壤侵蚀总量的10%。按目前年均治理5000平方公里计算，初步治理一遍尚需20年。与此同时，加快发展与保护环境的双重压力，呼唤云南加快水土流失防治必须积极作为。

从2010年开始，云南就确定了昌宁、红河、文山、洱源、云县等5个县首批启动实施了坡耕地水土流失综合治理试点工程。5个项目县分属云南西南诸河的红河、澜沧江、怒江流域，包含了高原湖泊径流区、喀斯特地区、干热河谷区等不同的地形区域，气候、降水、土壤、水源等条件各有特点，涵盖了云南坡耕地分布广泛区域的各种类型，对全省全面启动坡耕地水土流失综合治理有代表性和示范性。

项目启动伊始，采取以小流域为单元，从坡到沟、从山脚到山顶、从上游到下游，合理布设生物、工程、农耕措施，进行山水林田路综合防治。不仅生态效益显著，农民得到的实惠也不小。

探索出了经验，加快治理步伐，云南从最初的5个县扩大到目前的41个县91条小流域。在政府投入资金不足的情况下，鼓励和引导社会资本以独资、合资、合作、联合、项目融资等方式，参与水土流失治理工程。昌宁县的做法是吸引有实力的龙头企业、农业产销大户的参与，共同进行坡耕地水土流失综合治理，治理好后，大家都有效益。卡斯镇小赤田坡耕地水土流失的综合治理，工程覆盖柯街镇和卡斯镇的5个村32个村民小组，项目总投资2867万元，规划治理水土流失面积12500亩。他们采取“各司其职、各负其责、各记其功”的原则，除中央、省级财政投入外，县财政配套88万元，整合香料烟公司投入396万元，群众投工投劳，将6000亩水土流失严重的坡地改成梯田。以前，这片区域都是“十沟九坡头”的坡耕地，耕种还是祖先开垦时的原始状态，散乱在山头，粗放耕作，只能种一些甘蔗等农作物，产量极低，无法阻挡水旱二灾。现在则是梯田整齐，成为农耕美景，现代农业，面貌一新。坡改梯后，甘蔗亩产从改前的3～4吨增加到改后的7～8吨，增加4吨左右，年亩均土地综合收入从500元增加至I500元，农村经济总收入从400万元增加到900万元以上。新小流域坡耕地水土流失治理，引入玉溪红河谷果业有限公司投入7000万元参与治理开发，建成了4000亩连片种植“沃柑”的大果园，昔日的流失区，如今山绿农民富。

新平彝族傣族自治县党独箐小流域坡耕地整治项目，涉及漠沙镇和新化乡，这里过去主要经济作物为甘蔗，但因缺水，道路交通条件差，甘蔗收成较差，整治工程总投资1250万元，综合整治面积3576.9亩。流域内大部分土地完成流转，利用社会资金600多万元，完成供水管道建设，将水引到项目区，并新建了3座蓄水坝塘，由过去“跑土、跑水、跑肥”的“三跑地”变成现在“保土、保水、保肥”的“三保地”，整治改好的梯地上，进行产业结构的调整，及时种上了褚橙。

还有漠沙镇怕纳箐、平掌乡李仙江支流班江东曼干河等的综合治理，引水、修池、筑路，为实现农业产业化打下了坚实基础。小流域坡耕地整治后，土地即开始开始流转，交给有关企业来经营管理。租地费第一个5年租金为每亩500元，5年租金一次付清；每5年为一租期，自第二个5年开始在上一个租期基础上增长100元，到了第六个5年租期，每亩地的租金为1000元，5年租金一次付清。过去没整理的土地，村民辛苦经营一年，每亩地的收益仅为100元。整理后的土地进行流转，每亩地租赁费就是500元。农民还可为租赁企业打工，成为长期收入。像党独箐项目区农民为企业管护果树，每户收入可达2万～4万元左右。以上两项收入项目区群众每户每年估算有4万～6万元收入。

企业看准了产业投资，比如党独箐的褚橙，2014年底完成坡改梯后开始种植，2016年开始挂果，2017年产量达2500吨左右，该地块的总收入达1500万元，企业短期内就可获利。

生态质量一定要与财政扶持挂钩，奖惩分明，这是云南省在保护生态工作上的切实体会，有奖有罚，才有工作积极性，才能调动各地政府及官员生态保护的热情和主动精神。云南在全省129个县（市、区）开展县域生态环境质量监测评价与量化考核，并将考核结果作为生态功能区财政转移支付资金分配的重要依据，生态好的，转移支付资金就多。截至2016年底，云南拨付给全省的生态转移支付资金就达202亿元。

生态文明绩效评价成了重要的政绩考核的“指挥棒”，云南省对限制开发区和生态脆弱的19个一类贫困县取消GDP考核，对二类贫困县弱化GDP考核。对资源消耗、环境损害、生态效益等生态文明建设指标的考核力度不断加大，并全力推进自然资源资产负债表编制试点和领导干部自然资源资产离任审计试点。

对环保违法严惩不贷，敢于亮剑。新的《环境保护法》实施后，云南省执法果断，严肃查办了一批环境违法案件。2016年，全省就查处各类环境违法案件1279件，共处罚款7195.39万元，查处适用新《环境保护法》及四个配套办法的违法典型案件137件。2017年上半年，全省查处各类环境违法案件694件，共处罚款6975.41万元，查处适用新《环境保护法》及四个配套办法的违法典型案件145件。2017年4月，红河州开出了云南省自新修订的《环境保护法》实施以来处罚金额最大的罚单，个案按日计罚款2300万元。这无疑是一记重拳，警告和提醒那些胆敢破坏生态环境和制造污染的单位，让社会更加关注和爱护我们的环境。

环保专项行动的开展紧锣密鼓，近5年来，云南重点开展了对昆明东川区小江流域污染整治，全省涉重金属企业、医药制造企业专项整治，全省钢铁行业、水泥制造行业、平板玻璃制造行业和污水处理厂专项监察，全省涉危险废物环境违法犯罪专项行动，垃圾焚烧发电行业企业专项行动，九湖流域专项执法检查，长江经济带云南省范围内饮用水水源地环境保护执法专项行动等重点区域、重点行业专项行动等等，每一个行动都是铁腕与力度的并用。

把九大高原湖泊的治理作为生态的重中之重。大理提出了“抢救洱海，刻不容缓”“抢救洱海，拼死一战”的严峻口号。抢救模式有紧迫感，危机感，就是表明，洱海有病，急需抢救，否则性命堪忧。

云南的空气质量从来就很好，“云南蓝”是全国向往的天空，云南人在满世界的雾霾熏蒸下，独自悠哉游哉地享受着他们空气澄明、安宁祥和的日子，就像在另一个时空中。为了这片“云南蓝”，云南人做出了他们的努力。我在采访中，反复听到他们将此叫作“蓝天工程”，也是“民心工程”。比如开展燃煤电厂超低排放改造，挖掘新领域二氧化硫工程减排空间，继续淘汰落后产能，加大置换淘汰燃煤锅炉力度。加强城市扬尘污染控制，强化机动车污染防治等，云南所有城市空气平均优良天数竟达到98％以上。

云南在生态保护上有许多独到的探索，特别是在制度法规方面，往往走在全国前列。他们的八大体系，即环境质量目标、环境法规制度、环境风险防控、自然生态保护、环境综合治理、环境监管执法、环境保护责任和能力建设保障等体系，采取了“八严”（严标、严测、严规、严审、严管、严查、严督、严处）的落实办法。

云南，在拯救与保护上，是动了真格的。

第二章

滇池云水间

一　雨暮·长联

接受云南省委宣传部的写作任务，飞到昆明，入住昆明温泉花园国际大酒店，这里紧傍滇池海埂公园，西山在窗外。

晚餐后范稳开车带我与北京作家曾哲游滇池，西山睡美人躺在浩大滇池眠床之上。云气鼓荡，山势谲异，烟水迷茫。远处烟火似城，雨村如梦，山色荡虹影，灯火入荒烟，滇池真如海，神在云水间。

这是云南雨季到来的雨，密集迅猛，植物疯长。特别是巨大的热带植物，张扬着它们奇怪的枝叶。但又似乎有江南的雨韵，不过那种暮色到来的凉寂却又是高原特有的。

我被草海大坝的壮观和宽阔镇住了，这相当于一个2.4公里的广场，石板铺路，路灯像莲花瓣，也像海鸥的翅膀，想起每年冬季到来的10万只红嘴鸥，它们遮天蔽日的倩影像是三月密集的活纸鸢，昆明滇池的冬季也有早春丽日的景象。这美丽的春城，因红嘴鸥的聚集，给昆明人送来了一个翅膀上的春天，一个美丽如童话的冬天。那些漂亮的海鸥，不是它们选择越冬的地方，而是上苍送给昆明的。

此刻，草海和滇池外海在暮色中的雨雾里，呈现出它的浩大寂静，这种浩大的寂静傍在西山脚下，真仿佛是西山睡美人宽畅的眠床，一湖烟水做了纱帐。云雾在洗得如翡翠的西山散漫蒸腾，就像是烟浪溅上山巅，又被风吹散。西山有更浓烈的云团从崖后喷涌而出，一直拖曳至湖上，像是那个睡美人扬起的浓密鬓鬟。滇池就是大海，是甜蜜清澈的大海，一座昆明人蓝色液体荡漾的心灵教堂，乡愁教堂。

我们行走在草海大坝的暮雨中，五月底的天气有着湖边特有的潮湿凉意，或者离愁，或者别绪，或者物喜，或者己悲，或者家国情怀，或者个人情仇，高原之湖，不致如此浅浅而生，这一池大水，盛着高原的魂灵，是我们能够祈祷、敬畏、寄托，也能够遥望、洗濯和啜饮的地方。

在雨中，范稳兄给我翻看他拍摄的滇池晚霞的照片，被黛色西山隔开的天空与湖面，在现实和幻觉中交替飞翔。天空的云彩相激躁跃、飞如凤翥，而波光粼粼的湖面似乎提前进入了冥想。布满天空的云霞把遥远的山岫推向梦境的边缘，而滇池那细碎波纹布置出的金黄仿佛是天上遗落的麦浪。如此中庸厚道和柔和的傍晚，你滇池的名分怎么拔高都不为过。这就是五百里滇池形成之初的景色和宗教吗？它的确是一种宗教，那么浩荡无边的碧水，一定是一切宗教之母，是我们所有心灵的浴场与储藏之所。

夜半闯入梦境的滇池，只能似梦似幻。一旦晴天丽日，便是万千气象。

海埂公园，早晨的滇池已经开始了不知疲倦的动荡，水从很远的地方赶来，不停拍击着石岸。天晴了，云彩厚重沉浓，天空高远，使得滇池更加辽阔，风带来浪的寒意，所有的路都被它粗暴地溅湿了，仿佛它对陆地怀着敌意。但滇池有让人眺望的心境和空间，滇池属于远古的哲学和意境，它所有的声音都属于那些眺望者沉默的语言。

水不太清澈，有些蓝藻。有一些老者在这儿钓鱼，他们将钓竿放进水里，几秒钟就会咬钩，是一种很小的白鱼，不一会儿，一个老者就钓起了数十条，可以做上一碗鱼肴来几口小酒了。滇池鱼很多。

早餐后昆明市作协主席、著名作家张庆国非得要亲自陪我去大观楼，我也很想再看一下那个有名的长联。多年前来过，印象已经淡漠。去时才知道这淡漠的原因。虽然大观楼公园里荷花盛开，但登楼之后，确实看不到“五百里滇池”。这里是大观河入滇池的河口，有许多人在钓鱼，荷池并不壮阔，原因都是滇池缩小的结果？作为土生土长的昆明人，庆国告诉我，这里曾是草海的一部分，就是城中的翠湖公园，过去也是可以坐船直通滇池的，昆明在历史上是一座水城。过去的大观河水运兴盛，滇池周边产一种香稻，就是靠大观河运出去的。

运粮河有两条，其中一条由翠湖经菱角塘、红联、积善、明波流入滇池，全长12公里。明末清初，滇池沿岸供应昆明的粮食就是经这条河运入昆明的。在元朝初期，滇池与翠湖相连，滇池水位约1892米，但由于疏挖海口河后水位下降，明朝驻守云南的右副将军沐英不得不疏挖沼泽地，形成经过菱角塘的运粮河。后来随着滇池水位继续下降，这条运粮河变得不能通航。到清朝康熙年间，吴三桂于1673年又开挖了第三条运粮河，即现在的大观河，并在小西门外、现今的仓储里修建篆塘建盖粮仓，叫作小西仓。资料记载，元初赛典赤治理滇池，曾大力疏浚入滇河道，此后才有了关于篆塘河的记载。经过几个朝代的治理修缮，篆塘河逐渐变宽，并且在清代达到了它的巅峰，自元代开凿以后就承担着昆明运粮河的作用。清康熙年间，云南巡抚王继文在近华浦建楼二层，题名“大观楼”，从篆塘码头入草海一段河道遂改称为大观河。

在篆塘河怀旧的文章中，这里被描述为千帆林立的河市，是明清时繁荣异常的粮食交易码头，从晋宁、昆阳等地驶来的运粮船经过滇池和大观楼，运往各地。

篆塘河消失于20世纪90年代，因为它成了臭水河，最简单的办法一封了之，让它在地下臭去。2016年，觉醒的人们才知道河流在城市中间流过是一种绝美的景观，于是借助地铁1号线西北延长线的建设，这条河“出土”了，又现身成为一条美丽的明河。

滇池的“滇”，一个省的简称以一个湖泊为名，可见这个湖泊在这个省的分量。“滇”究竟是什么意思呢？晋人常璩《华阳国志·南中志》这样说：“滇，池县，郡治，故滇国也；有泽，水周围二百里，所出深广，下流浅狭，如倒流，故曰滇池。”那么就是颠倒之意。另一种说法是谐音：“滇颠也，言最高之顶。”就是高原高地之水，还有的认为是彝族话die（甸）的谐音，即大坝子。第三种是从民族称谓来考查，《史记·西南夷列传》有记载，“滇”，在古代是这一地区最大的部落名称，也叫“滇棘”，楚将庄蹻入滇后，变服随俗称滇王，建滇国，也才有了滇池之名。

滇池是云南九大高原湖泊之首，湖面海拔1886米，面积330平方公里，平均水深5米，最深8米。有35条河流注入，以盘龙江为最大。湖水在西南海口被狠狠泄出，称螳螂川，为金沙江支流普渡河上源。

早时滇池湖面之辽阔，之广大，古人谓之巨浸、巨津、巨流。唐代有史料记载，在昆明的螺山，挖掘发现，遍地是螺蛤之壳。在贝丘遗址，螺壳堆积厚达9米，而贝丘遗址现距滇池10多公里，这个遗址距今约4260年。也就是说，滇池在4000多年中，退了10多公里。

关于滇池历史上的富饶，不是传说与想象，有《后汉书·西南夷传》为证：“滇池周围土地平敞，多见鹦鹉、孔雀，有盐池田渔之饶，金银畜产之富，习尚豪奢，居官者皆富及累世。”

滇池因为水位甚高，昆明人深受其害，夏季洪水暴涨，侵入城内，人畜无安。元代时的行省长官赛典赤·瞻思丁想办点事为昆明人解水患之苦，他以盘龙江为重点，在上游筑松华坝，下游建南坝闸，雨季关闸闭水，缺则放水浇溉。并沟通金汁河与盘龙江，减少盘龙江涨水的压力。又沿金汁河建戴金箔、大小韩冕等八闸，疏浚上游其他河流。这三年的治理，滇池不再泛滥，还获地一万余顷，却对滇池造成了最初的伤害，滇池坝成为行省屯田的重点，明代，沐英镇守云南垦田至100万余亩，其中一部分在滇池坝。滇池周围当时真是鱼米之乡，产鱼量甚大，鲜美的金线鲃和肥白的发鱼，还有长达数寸的大虾。“滇池多巨螺，渔人剔螺取肉，挑担叫卖于市，滇人以为味美天下所无。”

昆明是水城，如果把滇池比作昆明的心脏，有许多粗壮的血管布满身体：金汁河、银棱河、玉带河、宝象河、采莲河、永畅河、西坝河，这些河流穿城而过，又有数不尽的石桥卧在河上，得胜桥、双龙桥、霖雨桥、桂林桥、鸡鸣桥、吴溪桥、玉带桥、宝象桥……让昆明浸泡在碧波云水中。

> 五百里滇池，奔来眼底，披襟岸帻，喜茫茫空阔无边。看东骧神骏，西翥灵仪，北走蜿蜒，南翔缟素。高人韵士，何妨选胜登临。趁蟹屿螺洲，梳裹就风鬟雾鬓；更蘋天苇地，点缀些翠羽丹霞。莫辜负四围香稻，万顷晴沙，九夏芙蓉，三春杨柳。数千年往事，注到心头，把酒凌虚，叹滚滚英雄谁在？想汉习楼船，唐标铁柱，宋挥玉斧，元跨革囊。伟烈丰功，费尽移山心力。尽珠帘画栋，卷不及暮雨朝云；便断碣残碑，都付与苍烟落照。只赢得：几杵疏钟，半江渔火，两行秋雁，一枕清霜。

这天下第一长联作者孙髯翁虽才高八斗，也不过是个破落高士，一生不得志，仅因为科考搜身，此兄觉是对知识分子的羞辱，于是拂袖而去，最后沦为寺庙门口算命先生。但孙君不是颓废昏噩混点酒喝之人，胸怀阔大，才华及天。此联气势弘阔，心有千秋，苍茫兼苍凉，孤寂且孤傲。张庆国主席说他看到资料，是一行文人登西山后，孙便写了此联。那时候，还没有大观楼，是先有联而后有大观楼。因为只有西山才能见五百里滇池奔来眼底，一个“奔”字，气象极大。后人多有仿长联，甚至比此联更长，但都不过是拨弄辞藻，故作清愁，怀中无物，亵玩神境。虽写在大观楼内，只能是自取其辱。为何你们不学学太白先生，不道眼前景，只因崔颢诗，再题多少也是白搭。人家把眼前景，胸中事写尽了，把天与地，古与今打通了，你再写也没啥意思。何况你腹中无才，想与髯翁一较高下，那不是自讨没趣，落下笑柄？

我特欣赏下联，下联的怀古，他只写滇中之事，不写国运更迭，比起空而大的咏古，多了几分实在，而将滇池千秋景色，悉数道尽了。天下总会有冷不丁冒出一个为天地万物命名的，孙髯翁算一个。

又是秋雁，又是清霜，此联的怀古有些悲沉，似乎都是怀古，好景不再，一语成谶，如今是再也看不到四围稻香、半江渔火。没有了稻田，也少有了渔人，只能是一种遥远的念想。在夜晚，滇池的波浪、星月与滩渚无人相陪相伴，夜晚的湖水太空阔荒寂。

不过，据说孙髯翁是懂风水的，他的联也将昆明的独特风水写出来了。昆明在建造之初就是要的滇池水，四面山。“东骧神骏”——金马山；“西翥灵仪”——罗汉山（即现在的西山）；“北走蜿蜒”——长虫山；“南翔缟素”——梁王山。昆明山环水抱，藏风聚气，是难得的风水宝地。古城坐北朝南，后有玄武长虫山、前有朱雀梁王山、左有青龙金马山、右有白虎罗汉山、中有“洋洋大海作明堂”碧波浩荡的滇池，这种风水据说天下难觅，因此有人说昆明是世界所有城市中的上上品。不可不信。那个专门弄风水的明代学者、堪舆大家汪湛海不仅规划设计了昆明，也精心设计了“龟蛇相交”的“山龙地脉”，并预言：“五百年后，昆明赛江南”。

他言中了。

昆明春城，有滇池水气荡漾，有西山美人安卧，雨水充沛，风景殊异，说昆明是从滇池中退出的一个城市，也是说得通的。因此烟水灵灵，仿佛出浴美人，出水芙蓉。一半水一半城的说法，你若是从呈贡湖边往昆明看，这个城市就浮在水上。

二　滇池的记忆

滇池边的老人给我说，过去滇池的水是可以直接喝的，这在他们做小孩的时候是如此，水草是那么碧绿茂盛，鱼虾在水中悠游，水清澈见底，到处是渔家。

公元1284年，意大利人马可·波罗来到昆明，他的游记掩饰不住对昆明的赞美："达到省会，名雅歧，系一壮丽的大城！……城大而名贵，商工甚众，本地米麦的生产甚丰，此有一湖甚大，广有百里，出产各种鱼类；有些鱼的体积甚大，盖世界最良之鱼也。"这些最好的鱼有"滇池金线鲃""滇池高背鲫"，是为云南六大名鱼。当年依靠滇池养活的渔民有多少，有人估算少说也有几千条渔船。但没听说滇池的鱼被捕绝的，这证明滇池的渔产丰富，能够供给昆明人的需求。

可是据渔政部门统计，1980年，滇池的水产品还有1万吨，到了1999年就只有5600吨了。以后，滇池要每年大量投放鱼苗。

50年前，草海的浅滩到处是，海菜花在水中遍布，植被占水面90%以上，浅水区就叫湿地。而且湿地曲折蜿蜒，成为湖岸秀丽逶迤的景观，符合人们眺望的视线美。但如今这片湿地只剩下11平方公里了。在滇池的周围，现在已不闻稻花飘香，不见稻浪翻滚，只有高楼林立，马路宽阔。在围海造田的年月，将水边两米深的浅水区围起来成为田，而这些水面恰好是净化水体最强的地方，也是能让鱼产卵繁殖的地方。滇池的许多土著鱼是靠在水草上产卵繁殖的。

20世纪90年代流行一首民谣：50年代淘米洗菜，60年代洗衣灌溉，70年代水质变坏，80年代鱼虾绝代，90年代正在受害。

滇池的真正噩梦是从20世纪开始的。

为什么要围湖造田？因为当时全国的围湖、围海造田成了政治任务，这就是为落实毛主席"备战备荒为人民"的指示。"看一座座山头崩塌，一只只帆船满载石、土乘风破浪，一块块巨石投入大海，溅起一柱柱浪花。”这是50年前，云南省当时的报纸上歌颂滇池“围海造田”的诗歌。

1969年12月28日，云南省革委和昆明市革委在昆明东风广场召开10万军民参加的“围海造田誓师大会”，号召“向滇池进军，向滇池要粮”，强调“这是改天换地，为民谋利，造福子孙的大事。各部门，各单位及沿湖县区，都要全力以赴，出人、出钱、出物，在这项工程中为人民再立新功”，并要求“当年围海，当年造田，当年受益”。

在山呼海啸的口号声中，人们举着毛主席画像、卷着裤腿、背着锹、挑着畚箕，走向滇池，杀气腾腾，到处都是红旗招展，锣鼓喧天，厄运降临到滇池这个古老美丽湖泊的头上。人们腰斩滇池，掏她的心，挖她的肝，砍残她的四肢，炸碧鸡山取土，水路、陆路同时运石填土，把海埂以北几万亩美丽的渔场，变成不长庄稼的死寂沼泽地。

围海造田，每天至少有10万人在往滇池里倾倒石头和泥土，经过筑堤、排水、填土造田三大“战役”，历时8个月，滇池柳堤的水很快就不见了，昆明八景之一的“坝桥烟柳”变成了坝桥淤泥。最终，围湖造田面积3万亩。围海造田后滇池比清朝时期缩小了20平方公里。

填滇池成了当时的“政绩”，是革命和英雄行为。为了这滇池围垦出的“万亩良田”成为新粮仓，省市把插秧机、收割机、拖拉机、进口化肥，凡是最先进的农业机械和生产物资都调到这个全省瞩目的现代化农场上，各路农业专家也都被调来指导生产。在围湖造出的两万亩田地上，进行革命和生产试验。

挑土填湖一旦完成，就开始种第一季稻谷。革命的浪漫幻想烧灼着人们的大脑与神经，人们想象这里将是一片风吹稻花香两岸的百万吨粮仓。定下的生产目标是“大小春亩产双千斤，鸡鸭成群鱼满塘，牛羊遍地猪满圈”。但填的田中，有的是死沙地，有的是胶泥地，下雨一包糟，天干火可烧，因为违背了自然规律，这些“水田”根本不适宜种水稻，后来围子里成了一片沼泽。又因千年的腐殖质，还撒下外国化肥，太过肥沃，栽下的水稻秧苗疯长，只长稻草，不长谷穗，几乎颗粒无收。被围垦出的7500亩耕地，属高度腐殖型土壤（可燃海煤），最好的亩产仅54公斤，就算有稻穗和麦穗都是空壳。从1970年至1982年的12年间，累计产粮407万公斤，不及当年围海造田大军用粮的四分之一。

专家说，滇池本来就属于风烛残年的老化湖泊，20世纪的填湖造田，加速这个老年湖泊的衰老。

为了给庄稼提供肥料又引进了水葫芦这种水生植物，结果水葫芦不可遏制地疯长，成了滇池最大的污染源。这个浩劫生生地破坏了滇池的自然生态，更破坏了这里的原始环境。生态的破坏是不可逆的，这是悲惨疯狂的自然掠夺和凌辱。无论做什么样的补救，投入多少钱，无论怎样忏悔，草海再也不是40年前曲线婀娜，柔美清澈，白鹅凫水，鱼肥水清的草海了。退田还湖是一部分，已经填上土的低洼地早就变成了别墅区、疗养地和大酒店，它们庞大的躯体占据了滇池，滇池无法驱逐它们。

滇池在现代大规模围湖造田共有4次。1958年造田11200亩；1963年冬，造田1000亩；1964年，造田1134亩；1969、1972年，造田1000亩。

那个时代的狂热是全国性的，不仅是滇池，中国的其他湖泊也在遭受着同样的戕害，洞庭湖、鄱阳湖、太湖，都因为围湖造田而使水面大幅减少。这场席卷全国的造田运动，直到1972年后才渐渐退烧。人类的短视和政治因素下的狂热，对滇池的伤害不可弥合。鸟飞了，鱼没了，水草不见了，柳烟消失了……

昆明虽在高原之上，但它的近现代化脚步从来不落人后，飞速的发展在城市的美丽大气上可见一斑。可是因为忽略了污染的迅猛，仿佛在一夜之间，滇池就成了蓝藻的天堂，蓝藻的频繁暴发成为全国最严重的污染事件。1999年滇池水华覆盖面积达到20平方公里，厚度达到几十厘米，昆明市第三自来水厂因蓝藻而被迫停产。我在藻水分离站采访时，看到他们分离出来的蓝藻像绿色的粪便一样堆积在水面上。他们告诉我，当年蓝藻暴发时，滇池的藻厚就是这样。想想都可怕。

汹涌的城市生活污水、农牧业有机污染物、重金属……滇池成了昆明藏污纳垢的化粪池，成为全国污染最严重的湖泊之一。

滇池没有任何反抗就遭受了灭顶之灾，90年代滇池就完全丧失了饮用水功能。1996年，“2258”工程开始启动，昆明的饮用水要在周边调水了。也没有市民敢喝一口滇池水，这个数千年的母亲湖，被她的子孙给糟践了。

从此，滇池与昆明人，身在咫尺，却天涯般远隔。尽管她波浪依旧，涛声熟悉，但人们会躲她远远的，对她掩鼻而过。她的海菜花呢？她的稻花香呢？她的白鹭黑雁呢？她的白帆渔歌呢？她的万顷晴沙与九夏芙蓉呢？……

三　让滇池重生

云南的一位诗人曾经痛彻心扉地喊出：滇池死了。没有这样的棒喝，滇池不会醒来。对生态已经觉醒的昆明人，不会坐视滇池死去，作为昆明人心中教堂一样的水，她不容许被玷污，被废弃，被亵渎。政府应当勇敢担责。

1988年，昆明市颁布了《滇池保护条例》，1990年成立了昆明市滇池保护委员会及其办公室。1993年4月，云南省政府在海埂召开治理滇池现场办公会，决定用18年时间，投入30亿元，分3个阶段完成滇池流域的根本治理。2003年，滇池被列为“九五”期间国家重点治理的“三河二湖”之一。4个五年规划，实际实施247个项目，总投资

509.18亿元，规模宏大的环湖截污工程、入湖河道整治工程、农业农村面源治理工程、生态修复与建设工程、生态清淤内源治理工程、外流域引水及节水工程“六大工程”基本完成。

1991年和1995年，昆明市第一、第二污水处理厂相继建成投入运行。“九五”期间，昆明市关停取缔了一批污染企业，至世纪之初，列入重点考核的399家工业企业实现达标排放。这期间修建了第三、第四污水处理厂，完成了滇池草海底泥疏浚一期及继续疏浚工程，疏浚污染底泥640万立方米。清除蓝藻，打捞水葫芦，取缔网箱养鱼，开展盘龙江中段、大观河等河道综合治理工程，完成草海人工出水口西园隧道工程。建成了昆明东郊、西郊垃圾卫生填埋场。

“十五”期间，2003年国务院确定了“污染控制、生态修复、资源调配、监督管理、科技示范”的滇池水污染综合防治方针，第五、第六污水处理厂建成，呈贡和晋宁污水处理厂建成，并对第一、第二污水处理厂改扩建。开展滇池草海底泥疏浚二期工程，疏浚污染底泥370万立方米。完成采莲河、盘龙江上段、明道河下段（大清河）、枧槽河、乌龙河、船房河综合整治。在官渡、西山、呈贡、晋宁及晋宁沿湖县区启动了湖滨生态湿地建设，完成了湖滨生态恢复与建设3.3平方公里，建成草海生态示范区3平方公里。开展雨水（污水）资源化利用、秸秆直接还田等科技示范。完善了《滇池流域产业结构调整》《滇池湖滨带调查与建设规划》等一系列滇池保护的政策及规划。

“十一五”期间，“六大工程”提出，加速污水处理厂及配套管网建设，完成主城区8座污水处理厂新建、扩建和升级改造，所有污水处理厂从一级B标升级到了一级A标，污水处理能力合计达到每天110.5万立方米；建设环滇池截污干渠工程，东岸、南岸截污干渠实现闭合贯通。在滇池湖滨33.3平方公里全面开展“四退三还一护”，首次实现“人退湖进”。建立“河（段）长负责制”，对36条出入滇池主要河道和支流开展综合整治，出台了《昆明市河道管理条例》，修订了《昆明市城市排水管理条例》。削减农业农村面源污染，开始滇池流域内重点集镇和村庄生活污水收集处理。实施底泥疏浚二期工程，在草海南部及外海、盘龙江、大清河入湖口疏浚污染底泥370万立方米。加大滇池“封湖禁渔”力度，取消每年两个月的开湖捕鱼期，实施禁止燃油机动船入湖。启动“牛栏江—滇池补水工程”。

“十二五”期间，六大工程继续推进，建成市政排水管网3700公里，建成环湖截污主干渠（管）97公里。相继建成了第九、十、十一、十二等4座地埋式城市污水处理厂，新增日处理规模36万立方米，污水日处理能力增加到191万立方米。完成了17座调蓄池建设，可有效收集45.5平方公里的老城区合流制区域雨污混合水。2013年12月29日，牛栏江—滇池补水工程正式通水，每年可补水5.66亿立方米。继续对36条主要入湖河道及84条支流进行综合整治。深化实施“四退三还一护”及生态湿地建设，累计建成5.4万亩生态湿地，一期拆除滇池外海防浪堤43.12公里，增加滇池水域面积11.51平方公里。在滇池外海主要入湖河口实施第三期污染底泥疏浚工程，疏浚504万立方米污染底泥。

“十三五”期间，建成市政排水管网5720公里，已建成运行的14座城镇污水处理厂处理能力达到每天149.5万立方米，环湖截污配套的雨污水处理厂10座，每天处理能力55.5万立方米，6座园区污水处理厂，处理能力达到每天12.5万立方米。开展36条主要入湖河道及部分支流沟渠综合整治。开展滇池内源治理，完成底泥疏浚1370万立方米。

在全面截污阶段，沿湖4县区及3个开发区，在长达100公里的工地上，一天同时施工的人员最多时能达到8000多人。滇池截污干渠（管）长达100公里，为全国最大的截污干渠。而且干管宽6米，高4.5米，里面可以划成双向车道，驶两辆小汽车。这样的干管达40多公里长，是全国最大的截污管道。因滇池土质特殊，地下水位很浅，周围软土深厚，为避免开挖出现塌方，开挖前必须打混凝土灌注桩或拉伸钢板桩支护，为避免基础产生沉陷，要保证所有干渠基础采取桩基处理好。

环湖截污工程作为末端截污工程，与其余的片区截污、村镇截污和河道截污三个层次，形成一个管渠相连相通的系统，把基石打在每一个可能有污染的片区（区域）、村镇及河道，构成一个有机相连的环湖截污治污体系，达到让洁净雨水能直接流进河里、汇入滇池里；让污水和降雨初期的污染雨水流进管渠里，进入污水处理厂。

通过20多年的不懈努力，滇池流域水环境、生态环境和水资源状况显著改善，水质企稳向好。2016年滇池外海和草海水质类别均由劣五类好转为五类。草海达到了四类水质。

预算达55亿元，工程结束时，总投入估计超60亿元。环湖截污这样大的手笔，在整个滇池治理中并不多见，但截污是保护滇池的首要手段。

环湖截污工程太复杂，太艰困，但昆明人还是完成了这一工作，通过片区截污、河道截污、集镇及村庄截污、干渠干管截污，至2017年底，昆明已建设起可最大限度截流片区点源、城市面源、农村面源污水的整套工业生活污水收集、处理基础设施及配套管网，经处理过的污水经河道、湿地进入滇池，入湖污染的负荷减至最小。

滇池不再吞下一滴未经处理的城市污水。

治理农业面源污染，就是全面禁养。昆明主城城市规划区620平方公里范围内，呈贡区城市规划区160平方公里范围内，滇池水体及滇池环湖公路面湖一侧区域（含湖面），36条出入滇河流及河道两侧各200米范围内，除主城规划控制区、呈贡新城规划控制区以外县（市）区的城区规划建城区范围及流经县（市）区城区的河流及河道两侧各200米范围内实施全面禁养。同时划定集中养殖区域，实行畜禽相对集中饲养。

在畜禽粪便资源化利用方面，重点在规模畜禽养殖场（户）饲养场地建设清污分流、污水沉淀池、沼气池、贮粪池等污水处理设施，统一对污水、粪尿进行集中处理，沉淀后的液态物质用于种植作物的灌溉。

原来在昆明城郊（滇池流域）的蔬菜花卉虽然是昆明市的招牌产品，但为了有效治理好滇池，最大限度减少农业面源污染，同时将这一产业优势继续做大做强，昆明市提出了“东移北扩”战略，在滇池流域实行“禁花减菜”工程，将这些产业转移到东部和北部县区。

畜禽粪便资源化利用，此项目从2011年开始实施，各子项目都严格按初步设计方案开展建设，获国家批准的云南省昆明羊甫联合牧业有限公司生态畜牧小区1968立方米、云南农生种猪科技有限公司种猪场809立方米、昆明广旭宇畜牧有限公司600立方米、云南海潮集团天牧肉生产业有限公司850立方米，4个项目都已于2014年10月前全部建成投入使用。此外，昆明市立项的多个项目也已建成投入使用。

2013年，滇池流域农田面源污染综合控制示范工程在晋宁县上蒜镇安乐村启动，该项目集成农田污染负荷削减技术、农田径流污染控制技术、农田废水收集与处理技术、少废农田工程技术及农田废弃物低成本综合处置技术等，构建连片农田面源污染控制体系，并通过万亩大面积工程示范，取得降低连片农田面源污染的效果。这一工程完成后，示范区农田径流氮磷流失降低30％以上，减少农田氮磷肥施用20％以上，农作物秸秆废弃污染物排放量削减35％以上，示范区域农业综合效益增加。

进行湖滨湿地和湖滨林带建设，形成水陆间的有效缓冲区，对于丰富湖滨生物多样性、逐步改善滇池水质、健全湖泊生态系统是重要的一环。2002年云南省第九届人民代表大会常务委员会第二十六次会议批准了《昆明市人大常委会关于修改〈滇池保护条例〉的决定》。修订后的条例明确规定滇池正常高水位1887.4米水位线向陆地延伸100米至湖内1885.5米之间的区域（防浪堤外延100米）为湖滨带，该面积约为15.3平方公里，属滇池水体保护范围，其间不得有围湖造田、围堰养殖及其他侵占或缩小滇池的行为，只能进行有关湖滨湿地恢复的生态建设工作。

2008年7月2日和4日，昆明市政府常务会和市委第55次常委会最终审定通过了以滇池保护界桩外延100米为滇池外海环湖生态修复的核心区（约50000亩）的湿地建设方案，通过退塘、退耕、退人、退房，实现还湖、还林、还湿地，结合湖内湿地恢复，建设湖岸亲水型湿地和湖滨林带。以此为标志，一场以首先进行“两退两还”（退塘、退田和还湿、还湖），然后开展“四退三还”（退塘、退田、退人、退房和还湿、还林、还湖）为标志的滇池湖滨生态修复与建设工程会战在滇池湖滨全面展开。

滇池位于流域的最低处，才会接纳各地河流入湖，形成大水体。也致沿岸农业发达，人口集中，而且滇池湖滨的土地利用形式多为蔬菜、花卉种植，以及用作鱼塘养殖，各种形式的农业生产是繁荣的标志。农村面源污染严重，农村生活污水、生产性固体有机废弃物直接排放，都进入了滇池水体，成为滇池的常年持续污染源。

2008年昆明市滇池流域综合整治指挥部办公室制定并下达了《滇池环湖生态建设两年闭合实施方案》和《滇池外海“两退两还”生态建设实施方案》，自2008年底开始，以沿湖各县区为主在滇池保护界桩向陆域外延100米范围内开展了大规模的退塘、退田行动。

这就是滇池的红线。

西山区片区退16600亩。官渡区片区退8000亩。呈贡县片区退6500亩。晋宁县片区退18900亩。共50000亩，包括湖内湿地10460亩，湖滨湿地20640亩，湖滨林带18900亩。

仅在“十一五”期间滇池周边沿湖各县区采用一次性补偿及租用等方式共计完成“两退两还”约30000亩。

20世纪“围海造田”填出来的土地，让当地农民耕种和居住，同时近水楼台先得月的是部分中央、省、市属企、事业单位。但“四退三还”将不管你单位级别多高，只要此红线范围，必须退出。

在“两退两还”的基础上，按照昆明市委、市政府关于“一湖三环，两年闭合”的要求，至今共完成退房145.3万平方米，退人25000人，共搬迁省属及驻昆部队单位4家、市属、县（区）属及以下企事业单位46家。

昆明市在全国较早实施河长责任制并将其纳入地方法规，2008年3月成立市委书记担任政委、市长担任指挥长、分管副市长担任常务副指挥长的“昆明市滇池流域水环境综合治理指挥部”，制定出台《滇池主要入湖河道综合环境控制目标及河（段）长责任制管理办法（试行）》，由市级领导担任河长，河道流经县区领导担任段长，对辖区水质目标及截污目标负总责，实行分段监控、分段管理、分段考核、分段问责的河（段）长责任制。云南省政府滇池水污染防治专家督导组16名成员担任滇池主要入湖河道的督导长，监督检查指导河道综合整治工作。

2010年5月，昆明市人大颁布了《昆明市河道管理条例》，将“河长制”纳入这部法规，以法规的形式明确“河长”在河道整治中的责任。

每个市民不但是滇池治理的受益者，同时也是滇池污染的责任者和见证者。在河长制运行一年后的2009年7月，昆明市滇池管理局、昆明日报社联合发起了“市民河长”征集活动，最终在600余报名者中遴选出36名“市民河长”，参与多次巡查河道并参观考察滇池治理各项相关工作，而此项活动也作为一项内容被纳入了政府工作报告。2017年，在2009年和2013年两届“市民河长”活动成功举办的基础上，昆明市滇池管理局、昆明日报社再次联合发起“保护母亲湖，‘市民河长’在行动”活动，更加广泛地发动群众参与滇池保护治理，感受、见证河道整治带来的变化，并给保护治理工作提出建议和意见。

2017年，由昆明市滇池管理局、农工民主党昆明市委等单位发起，云南大象教育发展有限公司策划执行了学生河长系列活动，2017年11月，明通小学（北辰校区）、金康园小学、昌乐实验中学、红旗小学（布新校区）作为首批试点学校被授牌并开展活动，云南农业大学、云南大学部分社团参与活动，参与师生及带动家长近万人。

学生河长是在市民河长的基础上催生的一种生态环保从娃娃抓起的活动，以学生为主体，通过巡查河道、主题班会、科学放生、发放宣传资料等一系列主题活动，使学生认识到滇池水环境的改善与昆明的发展和每个人的生活质量息息相关，在学生心中种下保护滇池、保护生态环境的种子，从而宣传和动员身边的家人、朋友、市民在工作、学习和生活中通过举手之劳，节约用水、垃圾分类、绿色消费等，通过环保文明的生活习惯保护母亲湖，为擦亮滇池做出自己的贡献。

学生河长活动内容丰富，比如由中科院昆明动物研究所在学校内开展科学探究的实验：环滇池生态圈生物多样性科学保护实践活动——我为金线鲃做个家，通过对活体金线鲃的长期养殖与观察进行探究性人工洞穴设计与繁殖。在校内开展滇池污染座谈会，通过举例、讨论、说明、互动让家长和孩子知道目前滇池污染的地理地质成因、城市高速扩长、人口增长、生态环境改变等污染成因，以及我可以为滇池污染做些什么的主题活动。还有关于滇池保护的主题班会、主题黑板报。特别是在滇池边的每周“学生河长”亲子巡河，学生河长每月组织一次师生、家长对盘龙江增殖放流金线鲃，特别在教师节隆重开展。

滇池淤泥以每年2.7厘米的速度在上涨，经测算，滇池中的污泥达8000万至1.2亿立方米左右。1998年，国务院批准实施了滇池草海污染淤泥疏挖及处置一期工程。

一期工程位于内草海及外草海西北部，疏浚面积2828平方公里，疏浚工程量432.26万立方米，投资2.5亿元。工程采用绞吸式挖泥船进行底泥疏挖，泥浆通过管道输送至明波、运粮河东西、柳苑、东风坝北5个堆场。在堆场吹填完毕后，经过一段时间风干后，选用水陆两用车载入用手摇播种机撒播草籽，进行堆场植草作业。

为巩固一期疏浚工程实施效果，昆明市委、市政府又于2001年1月5日，组织实施滇池草海污染淤泥继续疏浚工程，并于次年1月25日顺利完工。先后疏浚污染淤泥共计642万立方米。

一期及继续疏浚工程实施后，滇池草海变深了，水体环境好转了，黑臭现象不断减轻，蓝藻暴发趋势开始减弱，水体透明度增加到水下1至2米。这完全有助于轮藻等优良水草的生长。

滇池草海两期疏浚工程还成为中国内陆湖泊大规模环保疏浚工程的首例。2009年5月，滇池污染底泥疏挖及处置二期工程开工，于2010年9月30日全部完工。工程疏浚水域面积共422.80万平方米，疏浚总工程量340.24万方。工程采用环保型绞吸式挖泥船进行底泥疏挖施工，结合滇池环湖生态带的建设，底泥疏挖后通过排泥管道分别输送到西山区柳苑、官渡区福保塘和福保湾3个基底修复区，进行自然干化处置。

二期疏浚工程中使用的土工管袋围堰，以7公里的总长创造了世界之最。“土工管袋”围堰技术是国际最先进的技术。所谓“土工管袋”，就是淤泥疏浚到管袋后，里面所含的水会自行渗漏，待淤泥板结后便可形成坚固的坝体。土工管袋本身就装进了3万立方米淤泥，相当于减少了3万立方米原本要用来筑土坝的砂石料。

二期工程的科技创新是采用环保疏挖技术。湖泊淤泥由上到下通常由污染层、过渡层和正常湖泊沉积物层共3层组成。为尽量保护湖底过渡层和正常层，不破坏水底植物生长的环境，滇池淤泥疏浚中采用了国际先进的环保疏挖法，从荷兰引进4艘环保型绞吸式挖泥船，利用全球卫星定位仪，准确定位疏挖的深度和面积，疏浚的超挖深度不会超过污染层下15厘米。

2010年12月31日，滇池外海主要入湖口及重点区域淤泥疏浚三期工程正式开工。三期底泥疏浚工程区域为外海北部、宝象河河口及宝丰湾，疏浚总工程量为503.83万立方米。从1998年起开始滇池底泥疏浚，三期工程一共从滇池里挖出1517万立方米的污泥。如果说滇池草海的库容为2500万立方米，先后三期的疏浚，相当于挖出了大半个草海的库容。

面对淤泥堆场用地紧缺的局面，三期工程突破性地采用了机械化脱水技术处置淤泥。这项占地小、脱水率高的先进技术的成功运用，使三期工程创造了全球处理量最大的湖泊治理机械化脱水工程。除了宝羊湾疏浚底泥输送到福保塘基底修复区自然干化处置，其余疏浚底泥输送到西山区大咀子处置场采用机械脱水后，运至海口街道办事处小黑荞存泥场进行堆储处置。二期工程需要占地1900亩存放底泥，而到了三期只需要500亩了。

在滇池北岸的龙门藻水分离站，我看到了从未见过的蓝藻处理工厂。这个工厂的工作就是将滇池的蓝藻从水体中分离出来，将其运走处理，减少蓝藻在滇池的暴发。说白了，这也是滇池沿岸中的一个特殊的污水处理厂。

站址在龙门村南部场地，背后就是西山，在睡美人的头部之下，旁边竟然是一个香火鼎盛的庙宇，叫龙王庙。2010年8月15日该站建设完成，面积约4.3亩，面向滇池，主要对滇池外海北岸山邑村沿岸700米、近岸50米范围内水域蓝藻水华进行应急清除。

为什么要将此站建在这里？多年来，滇池富营养化之后，水体不透明，水草无法生长，蓝藻取代了水草，它成为滇池外海藻类植物的主要优势种。每年夏季滇池水域生长的蓝藻——主要种类为铜绿微囊藻，细胞中分布有微小的腔囊，在风平浪静且阳光充足的条件下，从水底上浮。滇池的自然风常年是西南风，加上湖流的共同作用，将蓝藻冲向北岸，所以在海埂公园看到的湖水充满了蓝藻。海埂公园自然是蓝藻集中的地方，照理说藻水分离站应建在那儿，但要在海埂弄出一个几亩地建藻水分离站，几乎是不可能的，于是就只好在西北这儿找了这块地。

藻水分离站主要设施包括蓝藻收集系统、藻水分离系统、藻渣脱水系统、藻泥储运系统、电控系统、监控调度系统及水电配套设施，主要构筑物与建筑物为藻浆与藻渣调节池、藻水分离池基础、定型设备基础、管道沟等。

我们爬上蓝藻处理的沉淀池，它的运行原理与污水处理方式差不多。在分离站前湖中，利用风力和湖流作用或采用船只机械围捕，将水面浮藻向浓藻浆抽吸点聚集，因为蓝藻是浮在水面的。水底不多，有5个吸藻头将蓝藻吸入管道使水面浮藻堆积后开始采用大功率潜水泵提升至藻浆调节池后再泵入平流式气浮池。在平流式气浮池内，高藻水首先进入反应室，与投加的絮凝剂——聚氯化铝和聚丙烯酰胺等让蓝藻形成絮团，形成专业上称为的“矾花”，蓝藻浮在水面5～10厘米厚，经挡板底部进入气浮接触室，也就是专业所说的“气浮工艺”，溶气水在常压下形成的微气泡在上升的过程中将蓝藻凝聚到水面，刮泥机沿液面运行将悬浮藻渣刮到集渣槽，底下的处理过后的清水进入清水槽，然后直接排放回滇池。这时剩余的含水量约97%的藻渣，在藻渣池内经泥浆泵送入卧式卸料离心机脱水分离，使藻渣的含水量由97%降到90%，成为藻泥，外观呈泥饼状，经传送带传到垃圾车中，运出进行填埋。其设计是可以后期加工出生物肥料的，但现在尚未实施。因为蓝藻里面除有叶绿素外，还有一种藻毒素，对庄稼有害。

这个藻水分离站一天分离出的蓝藻有四五十吨，一年一亿多吨。想想都吓人。目前这个分离站共采用8种手段清藻。在我采访的6月，龙门站集中调度现有移动除藻设备，外海北部索道沿线布置清藻船4套，除藻平台6套，重点加强滇池北岸沿线蓝藻收集处置能力。所有除藻设备24小时作业除藻，其中藻水分离站每天最多处理2万方，加上其他的移动除藻船，最多每天可处理4.6万方富藻水。

蓝藻在当地，被俗称为“海油”，藻水分离被称为“吸脂”，就是要抽掉滇池体内多余的脂肪，这很形象。但分离站的技术员给我说，蓝藻这个东西在地球上存在有4亿多年，比人类还古老，我们与蓝藻的搏斗注定是一个漫长的过程。我们目前只能控制，还不能够战胜，但人类最终是能够战胜它的。蓝藻的生长速度可怕，几天就死亡，繁殖太快。一旦湖水被蓝藻占领，就不是一朝一夕能够消灭得了。但我相信科学技术发展到今天，是一定能够战胜蓝藻的。我相信湖水会恢复到儿时记忆的样子，水草丰茂，鱼翔浅底，水清如玉。

四 牛栏江补水·亚洲大瀑布

我站在亚洲最大的人工瀑布前，我听见如雷贯耳之声。在瀑布的上面，还有高大成群的楼房，仿佛它们是建在瀑布之上。矗立的瀑布分成两处，参差直泻，溅起漫天的雨雾。吼声震天，似有千军万马翻越水坝，又浩浩荡荡赶往某个战场。这竟然是人造的景观，它在显示人类对自身命运的安排，但这是合理的。

牛栏江是如何被提升到这里，再如此壮美地汇入滇池？如果是这样的流量，滇池污染水的置换不是很容易吗？

牛栏江滇池引水盘龙江入口段防洪工程，就是现今的昆明瀑布公园，位于牛栏江—滇池补水工程的末端，是连接牛栏江—滇池补水工程与盘龙江的防洪工程。这个大工程于2013年1月16日开工建设，占地475亩，主要建设内容为出水口通道建设、盘龙江河道段整治、金汁河改造、市政污水管线改迁、自来水管线改迁、城市应急供水工程、园林景观、管理服务设施等八个部分，是集引水通道、城市防洪、水质改善、河道整治、城市供水、景观提升等多功能于一体的综合设施建设项目。

牛栏江滇池引水盘龙江入口段防洪工程，一是有效减小了牛栏江来水——最大流量23立方米/秒——的下泄能量，有缓冲和消能的作用，确保输水通道及盘龙江行洪安全、驳岸稳定；二是对项目所在的盘龙江、金汁河段河道整治、污水管线改迁，完善了周边片区的截污系统；三是利用牛栏江出水口和盘龙江的12.5米自然高差，建设上塘、下塘、跌水瀑布，对牛栏江来水进行增氧、沉淀泥沙，起曝气的作用，削减污染改善牛栏江来水水质；四是作为昆明城市应急供水水源，在干旱缺水等极端枯水年，每天可向城市应急供水30万立方米。

这个亚洲最大的瀑布公园，建在一片荒芜地区，出水口工程的上、下池及瀑布堰体、下地盘龙江河道段防护、金汁河改造及分流应急导流明渠、园林景观及配套建筑等，在盘龙江出水及牛栏江瀑布堰体周围，有美丽的步道，在瀑布上方，也有一条步道。最亮眼之处是进入瀑布口下也有一条步道。人走着走着就进入了瀑布中，如进入《西游记》中的花果山水帘洞一样。在震耳欲聋的瀑布声中，看水争先恐后地跌落献身，一股被裹挟的凉气兀然闯入你的体内，水的声音如雷破山，振聋发聩。你在力坠千钧的水城里，感受到自然的伟力与雄浑，感受到千军万马的生命奔涌恣肆的狂欢。水雾像细沙一样溅洒在人的身上，但其气势有淹没你吞噬你的新奇与惊恐。

瀑布宽400米，落差12.5米，围绕着它的有时尚滨水休闲区、瀑布景观区、入口滨水娱乐区、背景山林漫步区、疏林草地休闲区、滨水配套区、城市休闲广场区。公园绿地面积155.77亩，种植有滇朴、香樟、银杏、广玉兰等高大乔木4000余株。水面面积192.5亩，主游路有2350米，并建设了具有中国传统文化元素的九龙广场和徐霞客广场。公园在周末及节假日日均接待游客约1万人，因为它大手笔独特的景观，成了昆明市民休闲旅游的热点场所。云南乃至全国关注的牛栏江引水入滇，竟然这样壮丽。

这只是牛栏江—滇池补水工程的一小部分。

牛栏江—滇池补水工程，是滇池水污染综合治理想象力和创造力的一次显示。近期任务就是向滇池补水，置换滇池的污染水体，并具备为昆明市应急供水的能力。远期任务主要是向曲靖市供水，并与金沙江调水工程共同向滇池补水，同时作为昆明市的备用水源。

牛栏江—滇池补水工程的想象就是引入牛栏江丰沛的水源接济饥渴和污染的滇池。其主要是德泽水库水源枢纽工程、干河提水泵站工程及输水线路工程组成。在德泽大桥上游4.2公里的牛栏江干流上修建坝高142米、总库容4.48亿立方米的德泽水库；在距大坝17.3公里的库区建设装机9.2万千瓦、扬程233米的干河提水泵站；建设总长为115.85公里的输水线路，由泵站提水送到输水线路渠首，输水线路落点在盘龙江松华坝水库下游2.2公里处，利用盘龙江河道输水到滇池。设计引水流量为每秒23立方米，每年平均向滇池补水5.72亿立方米。按四年建成的总体要求，施工总工期为48个月。

大家都知道的是，在高原湖泊中，补水和水体置换是一个难题。好在在21世纪，人类的科学技术已经可以随意调遣江河，南水北调、引江济汉等等工程在过去是无法想象的，但都顺利完成。为了拯救滇池，经过广泛调查论证，引牛栏江水补滇就提上了议事日程。之前，技术人员对昆明市附近可能的调水方案进行了大量研究，包括掌鸠河调水、清水海调水、乌东德调水、柴石滩调水、牛栏江调水等。

掌鸠河引水工程和清水海调水工程在此之前已完工，但这两项工程的调水主要用于生产生活用水。经过反复论证和比选，大家认为牛栏江调水是解决滇池水污染问题的主要水源之一，并提出了牛栏江引水方案。

2009年5月初，国家发展改革委、环境保护部、水利部、住房和城乡建设部批复《滇池流域水污染防治规划（2006～2010年）补充报告》，牛栏江—滇池补水工程被补充列入该规划报告。5月底，水利部批复牛栏江—滇池补水工程规划。

2012年1月，国家发展改革委核定牛栏江—滇池补水工程初步设计概算。水利部于2月中旬批复初步设计报告，核定工程静态总投资为81.28亿元，总投资为84.26亿元，2月底批复工程开工报告。

主要工程有德泽水库枢纽，它位于曲靖市沾益县境内的牛栏江干流上，距离昆明173公里，水库枢纽由大坝、溢洪道、导流泄洪隧洞、发电放空隧洞、坝后电站组成。德泽水库正常蓄水位为1790米，设计洪水位为1791.49米，总库容为4.48亿立方米，最大坝高142.4米，坝顶长386.9米，溢洪道为开敞式实用堰，最大泄量为1148立方米/秒，坝后电站装机容量2000万瓦，多年平均发电量0.92亿度。

干河泵站，也是补水的重大工程。选址在曲靖市会泽县田坝乡和昆明市寻甸县河口乡交界的干河村附近，安装4台机组，水泵单机功率2250万瓦，总装机9000万瓦，设计流量为23立方米/秒。

输水线路，布置于牛栏江左岸，总体西南走向，线路起点为干河隧洞进口，末端为松华坝下游盘龙江。输水线路总长115.85公里，主要由隧洞、箱涵、倒虹吸、渡槽等组成，其中，隧洞有10条，渠道有6条，倒虹吸3座，渡槽2座。

牛栏江—滇池补水工程于2008年12月30日开工建设，2013年建成。

2012年12月1日起，《云南省牛栏江保护条例》正式实施。但困难重重，牛栏江—滇池补水工程长达256公里，其中德泽水库以上长155公里的上游河段经过嵩明、寻甸两县，平坝较多。补水工程沿线涉及3个县（区）、9个乡镇、141个村委会，总人口57.04万人，其中寻甸段全长87公里，径流面积1133平方公里；嵩明段25公里，径流面积733.07平方公里。面对如此广泛的流域面积，要确保做到注重流域断面水质控制面源污染绝非易事。

让为牛栏江水入滇为清水而非污水，就要增加河道的自然性、生态性和景观性，利用这一工程，把盘龙江美化成又一景观江流，成为昆明的“生态绿色走廊”。

清水通道工程的建设于2013年5月20日正式开工，5万余方底泥需进行疏浚，包括盘龙江清水通道提升改造和清水河、海明河、枧槽河、大清河建设两个子项工程。

提升改造，就是在对河道堤岸实施硬化工程的同时，同步开展配套设施完善工程及沿线景观提升工程。同时为确保第五污水处理厂尾水改线外排，以及第十污水处理厂尾水排入金汁河及其下游的清水河、海明河、枧槽河、大清河4条河道，使之形成河道补水通道。分别将实施截污节点改造、阻水段河道拓宽、分段重点清淤工程。

盘龙江沿线建7座调蓄池，分别是学府路、教场北沟、核桃箐、圆通沟、白云路、麻线沟、金色大道调蓄池，总容积7.01万立方米。

干河泵站，被誉为“亚洲第一泵”。深入地下的机房，牛栏江水通过泵站被提升到这里后流向下游，通过输水管道，直奔滇池。从泵站的引水隧道到出水池垂直距离有221.2米。干河泵站位于曲靖市会泽县田坝乡和昆明市寻甸县河口乡交界的干河村附近，采取单级提水方式一级提水，安装4台（1台备用）机组，水泵单机功率22.5兆瓦，总装机90兆瓦，设计流量为每秒23立方米，设计扬程221.2米，最大提水扬程233.3米。从单机单级程度讲，这个扬程高度为亚洲之最。

从2010年1月7日施工人员正式入场，到4号机组带水测试提水成功，共历时3年零9个月，终于将德泽水库库区的牛栏江水直接提升221.2米，可以通过输水通道自流到盘龙江，最终流入滇池。

位于干河左岸半山腰的副厂房及变电站是干河泵站唯一能见到的地面建筑，泵站的主体建筑主厂房和附属洞室以及引水隧洞施工都在地底下，德泽水库蓄水到1790米后，泵站大部分建筑都将处于淹没区。

从副厂房一楼进入电梯，按下了负11层，可直接进入主厂房的电机层。这台电梯也是施工人员的工作竖井通道，从副厂房电梯口到负11层主厂房电机层，垂直高度为114米。另外，还有一条主交通道联通主厂房的电机层，电机层由主机段和安装间段组成，车辆可直接开到电机层的安装车间。

在电机层下面还有中间层和水泵层、球阀层，密密麻麻布满了各种管道。为了防止江水渗透保护厂房内的设备不受积水浸入，在主厂房外修筑了3道灌浆廊道，主要用于排水和通风。每一条灌浆廊道都围绕主厂房一圈，再加上主厂房内其他辅助洞室，进入其间就如闯入迷宫。

机组工作产生的噪声都在地下，而主操控室都在副厂房，正常运行后对操作人员不会有任何影响，更别说是在距离副厂房300多米远的出水池了，一点机器轰鸣声都听不到。设计十分精巧和人性化。

不说最大扬程233米的干河提水泵站设计施工等诸多难题，在被称为“水利工程禁区”的喀斯特地貌区，打通的隧洞比例高达90%，创造了中国水利工程的奇迹，于2013年12月28日建成投入运行，哗哗流淌的牛栏江清水注入了沉寂的滇池，滇池开始了久旱逢甘霖般的开怀畅饮。

我这里得到的数据是：仅2017年度，牛栏江—滇池补水工程共向滇池补水6.05亿立方米，其中向草海补水3.15亿立方米、向滇池外海补水2.9亿立方米。自2013年12月29日牛栏江—滇池补水工程投入运行，并向滇池补水以来，截至2017年12月31日，牛栏江总共向滇池补水23.06亿立方米，其中补水草海8.11亿立方米，补水外海14.95亿立方米。

2017年度，根据昆明市环境监测中心出具的水质监测报告，牛栏江来水水质25项指标的平均值除总氮、总磷以外，其余各项指标均满足《地表水环境质量标准（GB3838-2002）》中三类水各项水质指标的限值要求。

牛栏江—滇池补水工程引发了一系列蝴蝶效应，在牛栏江—滇池补水工程正式通水通过盘龙江补给滇池外海、污水处理厂尾水外排及资源化利用工程接入运行的基础上，昆明市也完成了牛栏江—草海补水通道工程，对玉带河、篆塘河、大观河、西坝河进行清淤除障和节点改造，每天约52万立方米的牛栏江水从盘龙江通过玉带河、繁塘河引入大观河、西坝河补充草海生态用水。通水数月后，草海水质改善明显，牛栏江—滇池补水工程来水，对滇池草海已经完成了4个完整的水体置换，不良水体被逐出了草海。

而牛栏江流经的各县区，河道沿线的生态环境得到了脱胎换骨的改善。如嵩明县经过综合整治，牛栏江河岸两边的田地和湿地里，出现了一群群的白鹭，在这片整治过后愈加美丽的地方悠闲地觅食踱步，然后悄然翩飞于风中。寻甸县通过牛栏江综合治理，沿河4个乡镇和街道32个村委会151个自然村，建设了污水深度处理设施、“三池”、生态塘等污水处理系统，堵住了村庄的生活污水。乡村的环境终于配得上牛栏江的美名。

五　风情万种的滇池湿地

我来到了捞渔河湿地，这是捞渔河进入滇池的河口。这是湿地吗，还是一个公园？它有公园的所有元素。但它是湿地。是滇池红线100米内的一级保护区。

结构精巧的水质净化功能区，布水沟渠，有大量的支、次布水系统，导流沟将水引入生态林带，经主干渠、支次渠、毛细渠布水，形成鸟足状水系，使湿地成为布水均匀、全面连通的一个庞大复杂的水网。

布水堰位于湿地入口处，呈齿槽带状堰口，是分水和布水的主要设施。上游主要来水后，进入湿地，在这里利用原有高差实行分水布水，然后进入各导流沟及叶脉状的布水沟渠。河水流入的响声铿锵有力，水流很大，一下子进入了中山杉林，里面有石砌的步墩。这片杉林中的湿地，水在树下流淌，里面阴凉袭人，水下有水草、游鱼，令我大开眼界。这个水上森林，也是闻所未闻，身临其境，顿感滇池有救。杉是什么杉呢？我知道水杉是不怕水的，在我居住的武汉东湖水边，就生长着水杉，它们把根扎在水中。他们告诉我，这叫中山杉，是落羽杉与池杉杂交的一种树种，不怕水，而且生长速度快，成活率很高。这个设计是大手笔，这片水上森林有300亩、7万多株，已经有

8个年头，树干有20厘米粗。它的作用就是人工造成湿地，设计者将进入湿地的水经过沟渠自然引流到各级地势形成的水塘，由于地势之间的落差形成地表水径流，从而形成湿地内水的自然流淌，完成第一次净化过程。与之前进入湿地的浑浊污水相比，这一过程中的水明显清澈了不少。在不太深的水里，有足够的时间和路程让水中污染物沉淀，过滤分解，让水中树根和大量的微生物吸收，何况水中有鱼，水流回环，让流入这里的水充分曝气，增加水中氧气。

我走在水上的森林中，突然想起在土耳其看到的耶莱巴坦地下水宫，那是人造的，这是自然的。在浓密的、不见天日的杉林中，水声潺潺，有大鱼在水中打旋奔跃，头顶传来鸟的密集叫声，给人神秘的、梦幻的穿越感。这片森林里，现在藏匿着5000多只白鹭。还有一些别的鸟，在树上人工挂的鸟巢里生活。

捞渔河进入这里的水是五类水质，可是流入滇池时成了三类水。这百米的曲折之路，竟然让水质净化得这么好，真是太有匠心了。

赏心悦目的水上森林之旅，到处都是流水，到处都是鸟鸣，风吹来时，湿润的空气里是草木的香味。

这片水上森林之后，水还会旋转在此处，进入一片芦苇荡中，我看到了大片的白鹭和翠鸟，鱼在芦苇丛中拱动和繁殖。风吹芦荡，气势滔滔。水很清澈，植物很茂盛，还有各种亲水植物都坚挺在这片湿地上得意摇曳。这里是它们的天堂——无论是鸟类、鱼类和植物。

在芦苇荡的这片水域，称为二次均质调节塘，就是将水上森林净化过的水和末端河道自然收集来的水，进入以草本植物为主的240亩均质调节塘缓冲，由于地势不同，湿地内部被划分成几个区域，有的是荷花塘，还有的是浮萍塘。靠一条条土渠连通了湿地里不同区域和不同地势之间的水，经过各区域发挥净化水的不同作用，形成了湿地内特别设计的布水系统，最终将净化完成的水排入滇池。

捞渔河湿地已被国家林业局批准为国家湿地公园建设试点，此刻有蜂拥而来的游客，不仅在这里带着孩子钓小龙虾捞鱼儿，还带着他们观赏这儿的湿地景色，让他们亲水爱水。

那些美丽的落羽杉、中山杉、杨树、芦苇、香蒲、菱草、蒲苇、滇杨、滇朴、香蒲、水葱、纸莎草、千屈菜、再力花，组成的捞渔河湿地，还有在那儿举办的大丽花、唐菖蒲花展，万紫千红，吸引了许多爱花人。唐菖蒲这么多颜色，只有云南才能长出这么鲜艳的花。

同时这里还设计了步行系统。整个步行系统分别由3米宽15000米长的湖滨步道、6米宽1000米长的自行车道、3米宽700米长的林间栈道和3米宽300余米长的观景长廊。在捞渔河湿地，一步一景，应接不暇，接近大自然的本色。

市委宣传部的周海燕处长建议我一定要去古滇湿地看看。对于这个湿地，我看到网上的许多评论，“昆明湿地公园中的佼佼者”“与其他湿地公园不一样，恐怕到了欧洲景致也不过如此”等等，这么高的赞扬已经超出了对一个湿地的评价。

老远就看到一种奇怪的建筑，这就是古滇国的黄色屋顶建筑，长脊短檐，线条流利，雄壮神秘，有高原之上的大气象。古滇湿地公园占地1100余亩，是在原有的200亩自然湿地基础上改造扩建成的生态湿地。这个湿地因为民营资本的介入，处处显示着它的豪华与气派。它位于滇池南岸、长腰山西侧。如果说捞渔河湿地保持了质朴自然的属性，这里就是精心设计、精心打造的，投入也更大，目前为止已投资100亿，也包括其他的设施与园区。

古滇码头大厅前面是广场，可以看到华丽壮美的古滇博物院屹立在对面的山上，大厅后面是一圈环绕在古渡码头旁的水榭长廊，全是用大竹编织而成。想象力奇崛，造型粗犷，却又典雅时尚。它叫“古滇艺海大码头”，向滇池里延伸百余米，设计更有脱颖而出、跃入滇池之感。水上还有古船，是古滇国的建筑造型。在这个湿地周围有许多此类宏伟的建筑。码头东西两头还沿滇池岸边修建了绵延数里长的观景大道和数条进入昆明湖、牵星海、采莲塘等的小道及桥廊。大码头的竹环廊建筑，与候船大厅相映成趣，和谐一体。有151艘电力驱动画舫游船泊靠岸边，其中最大的一艘可容纳22人，今后，将有201艘电力驱动画舫游船规模，将成为中国最大的水上游艺码头。这些画舫船全部采用环保经济的电力驱动，轻盈通透，既有江南画舫的浪漫，又有云南元素的神秘。

它似乎离昆明主城区很遥远，从这儿看去，昆明城的建筑群一半漂浮在滇池中。它也是一个河口，同样承担着净化水质、保护湿地的诸多功能。这里的水质本来就比海埂方向（北岸）的水好，清澈，有好闻的水腥味，湖塘广大，芦苇丛生，周边没有建筑物，这个湿地在精心布局中给予了自然最大的尊重。因为拆除了过去的海堤，让湿地与湖水连为一体，有了我们记忆中湖岸的自然曲线，有了湖水延伸的缝隙，一些水生植物在肆意生长，鸟类、蛙类、鱼类有了藏匿和繁育的场所，这也许是当年滇池的原样。这里是垂钓的天堂，是人们怀旧的去处，但又有现代最好的码头，有摩天轮，有各种精制的步道，有一个一个的景观，有大量的花草树木，有各个池塘中的主题植物，有观鱼、观花、观水的去处。比如专门设计的一处水景，观西山睡美人的地方，水瀑分为两层，你走近后拍照，人的下半身像是没入了滇池，在水中行走。移步换景，曲径通幽，柳暗花明，野趣漫漫，这里看滇池视野开阔，水天无限。一些手摇游船划入湿地深处，鸟飞鱼跃，溪涧莲蒲、芦苇水巷、碧波潋滟，坐看云起，何等快哉！

围绕滇池有多少湿地和湿地公园，我问了许多人，没有谁能说清楚。因为36条入湖河流的整治中，也建有许多湿地公园，小型的太多太多。湿地和湿地公园是治理滇池后送给昆明人的巨大生态礼物。像一个城市有这么多与水有关的湿地公园，在全世界怕也是绝无仅有的。昆明作为历史上的水城，现在似乎才真正名实相符。

我们可以经常去的几处大湿地，有五甲塘生态湿地公园，它有白色的鹭鸟，有水面铺就的浮桥,有连片的水面，芦苇遮天蔽日。晋宁昆阳东大河湿地公园，它被称为“水墨画般的湿地公园”。东大河的千亩湿地中，湖水清澈透亮，小河蜿蜒曲折，水鸟悠闲，花木繁茂，水色山光，恍若梦中。它是河口湿地，占地1709亩。本来我应该去东大河，但还是留下了遗憾。只能想象它的美色。

西华湿地公园，在滇池西岸、观音山脚下，在长长的栈道两旁的水面上，芦苇、香蒲、风车草在风中拥护摇动，这里的湿地宛如一位村姑美女，天然去雕饰，原本就有的水生植物在这儿欢腾生长，有完全置身于野湖之畔的感觉，但它就在城市之侧，尽情美丽。

呈贡滇池生态湿地公园，要从斗南花市穿过，在满目鲜花满鼻香味的熏陶下，进入这个湿地，又遭遇沿岸植物的夹击，扑面而来的是大海一般的滇池水，云影苇影，水声鸟声，都是一种身心洗濯。昆明滇池泛亚国际城市湿地公园，这儿离官渡古镇不远，位于滇池北岸西亮塘片区，紧邻宝象河，湿地规模为2360亩，其中湿地公园水质净化区300亩，湿地公园游赏区950亩，湿地公园生态保育区1110亩。该区域属湖滨生态带的建设区域，是湖泊生态系统中重要组成部分。

海东湿地，位于官渡区官渡街道办海东社区西亮塘大片区，占地894亩。湿地公园结合滇池、西山特色，形成不同观景点，利用水生植物和地被，形成自然、开放式环境。按照昆明市滇池治理整体规划，已建成15公里的环形单车道，未来与周边其他相连，形成环滇单车道。

宝丰湿地，位于滇池北岸宝象河入湖口，目前湿地已建成700亩湖滨林带和湿地，东岸主要以林带建设为主，湿地由林杉水岸、观浪厅、观景平台、竹林幽径景观构成。

龙门湿地，位于滇池西岸西山风景名胜区前的龙门湿地公园，面积295亩，通过湖滨生态带的建设，在滇池外海、草海交界处形成山地树林——陆生植物——湿生直物——水生植物——湖泊水体间的生态互补，构建和恢复片区生态系统结构，保护了滇池水体，是一个湿池生态系统的完整呈现。斗南湿地位于呈贡斗南社区环湖东路面湖一侧，完整保留了湿地范围内柳堤的历史原貌。滇池边的2公里柳堤是最大亮点，沿柳堤漫步，听碧浪滔滔，眺西山美人，杨柳岸、晓风残月，古意古景，是滇池的乡愁。

晖湾湿地，位于富善社区高海路以东，湿地面积不大，却成了年轻情侣谈情说爱、婚纱摄影的胜地。它的名气胜过许多大湿地。白渔河河口湿地，位于晋宁上蒜镇石寨村委会白鱼河入湖口两侧，面积703亩，湿地内植物种类丰富，植被非常茂盛。有长长的水上木栈道，有观水平台，是眺望滇池的好去处。

还有盘龙江西岸入湖口湿地、团山生态湿地、王官湿地……

在滇池湖滨带，通过湖内湿地、湖滨湿地、河口湿地和湖滨林带4种模式开展生态修复与建设，共恢复与建设了5.4万亩生态湿地，重建了滇池湖滨生态缓冲区，使滇池良性生态系统得以逐步恢复。

在治理滇池、恢复湿地的战斗中，拆除83.3公里防浪堤是一件不容易的事，由此可使滇池水域面积在原有的基础上增加了11.51平方公里，这无疑是滇池复苏的巨大胜利。目前，滇池外海共完成防浪堤拆除43.12公里。拆除防浪堤，水和陆地形成了充分的接触，滇池水将水体中的漂浮物打向岸边，形成自我净化功能，水与陆地交融的生物多样性也渐渐形成，为水生、陆生、两栖等野生动物提供良好的栖息场所，建立了良性的生物链系统。今天的滇池水边，沟与沟相通、塘与塘相逢，滇池与湿地水体充分交换，滇池被防浪堤紧缚到不能呼吸的状况已经改善，滇池的湖岸线在扩大，茂密自在的水生植物随风摇曳，随水繁殖，滚滚海浪扑向岸边，钻入芦荡的景象仿佛是天地初创时期的记忆。那些浅滩、沙渚、小岛、水埂，是湖在自然形成时的美丽元素。

为了摸清滇池湖滨水生态变化情况，2014年，市滇管局滇池生态研究所组织开展了滇池湖滨带生态调查工作，调查内容包括鸟类、鱼类、水生植物等。在2012年前，根据鸟类学相关专家对分布在滇池周边鸟类调查，当年滇池湖滨共记录鸟类96种，常见鸟类优势种有9种。近年来，随着湖滨湿地的恢复，为鸟类创造了较好的栖息、觅食环境，鸟类物种数量特别是水禽有较为明显增加。2014年共记录鸟类138种，短短两年时间就增加了42种，其中7种为国家二级重点保护鸟类，它们是黑翅鸢、黑鸢、普通鵟、红隼、游隼、草鸮和彩鹮。流域内栖息的野生鸟类种类和数量也明显增多，其中包括戴胜、白鹭、红嘴鸥、喜鹊等。过去昆明没有记录过的紫水鸡、三趾鸥、牛背鹭等鸟已出现在滇池流域，曾经一度消失的黑翅长脚鹬等又再次来到滇池。还有一些过去从未记录过的物种，其中包括多种云南省新记录的鸟类钳嘴鹳、彩鹬、铁嘴沙鸻、蒙古沙鸻、翻石鹬、斑尾塍鹬、黑腹滨鹬、小滨鹬、中杓鹬、反嘴鹬、三趾鸥、白翅浮鸥12种云南新记录水禽。滇池目前有沉水植物、挺水植物、飘浮植物、浮叶植物等27科62种。一些在滇池已消失多年的海菜花等水生植物、金线鲃等土著鱼类又重新出现。

2018年6月27日上午，我参加了滇池2018年鱼苗增殖放流。在高海桥下的湖边，我们8点半到达这里，渔民们已经在这里拉上了横幅："2018年滇池鱼苗鱼种增殖放流"。一辆装载有鱼苗的车停在桥下，鱼苗有100万尾，全是滇池土著鱼高背鲫鱼，这些才3到6厘米的小鱼，被称为"夏花"，密集地盛在鱼围中增氧，它们来自昆明兴滇水产苗种养殖场。高背鲫是吃蓝藻和腐殖碎屑的，这是土著鱼的特点。高背鲫鱼长大后，通过捕捞可带出水体中的氮磷元素，削减滇池水体氮磷含量。这几个渔民过去是在滇池打鱼的，现在主要搞水产鱼苗养殖。我问他们为什么要在西岸放流，他们说这里水浅，放流的鱼苗可以避免被湖浪打回岸上。湖中已经有围网，也是养殖场先前放入的鱼苗。滇池管理局渔政处带来了水桶、塑料盘。按照渔政处以往的办法，将舀入盘子的鱼数数，一盘大约多少尾，另一个工作人员记在本子上，然后将数字相加。这是一个粗略的统计，之后，双方认可，开始投放。

这是放流的第一天，是100万尾，将要连续放流四天，共788万尾，是政府采购招（投）标项目，有几家养殖场中标。到了秋天，还要放流个体100～200克的、130多吨的鲢鳙鱼种，以平衡滇池的鱼类量，鲢鳙鱼也是以蓝藻为食的。

滇池管理局渔政处介绍，随着云南光唇鱼的回归，目前滇池中的渔业资源种类增加到了24种。而2018年，还有两种土著鱼将“回家”。

2017年12月，滇池增殖放流，130吨鲢鳙鱼苗、20万尾滇池金线鲃和10万尾云南光唇鱼进入滇池。

近年来在滇池中采集到的渔业资源种类共有23种，随着滇池流域生态环境的不断改善，新的鱼种肯定会出现。

滇池里生活着的这些鱼有三类，第一类为六大经济渔业资源，包括鲢鳙鱼、鲤鱼、鲫鱼、红鳍原鲌、太湖新银鱼及秀丽白虾；第二类为常见鱼类，即小杂鱼，如间下鱵鱼、麦穗鱼、鰕虎鱼、黄颡鱼、泥鳅和黄鳝等；第三类为珍稀鱼类，如金钱鲃、银白鱼等。

如今所谓的珍稀鱼类如云南光唇鱼，在滇池曾经太普通，但20世纪80年代就基本消失了。2010年云南省水产技术推广站开始在滇池周边收集云南光唇鱼的天然种群。随着收集的天然种群数量增加到几十组，2013年云南光唇鱼的人工繁殖技术逐渐成熟，2016年已能实现规模化繁殖并投放到滇池。

据昆明水产研究所负责同志说，滇池渔业种群完全是人为影响。在滇池污染时期，水草退化，水质浑浊，蓝藻暴发，破坏了草上排卵鱼类的产卵场所，因为水的透明度下降，沉水植物得不到阳光无法生长，部分鱼类的繁殖受到了限制，湖里的生态平衡被破坏，鱼群锐减的恶果显现出来。

随着这几年向滇池投放大量鱼苗，包括投放滇池金线鲃和云南光唇鱼土著鱼苗。土著鱼种的回归，标志着滇池的生态平衡回归，滇池正在矫正它放荡不羁的过去。

六 盘龙江，一条样板河流

2009年12月23日，在盘龙江双龙桥上行走的昆明市民朱先生，听见了一阵叽叽的鸟叫声，他不由自主地抬头仰望天空，竟然发现盘龙江上翩飞着许多燕子，竟有上百只。他想想不对，这不是冬天吗？如何会有这么多燕子在这儿，莫不是幻觉？燕子在春天飞舞是正常的，但在冬天确实罕见，为春城的冬日增添不少生机。

这一现象传得沸沸扬扬，报纸一登出，市民便纷纷前往。说不稀奇也不稀奇，红嘴鸥不是也在咱昆明猫冬吗？专家解释说，燕子是夏候鸟，在秋冬季南迁。燕子冬天飞在春城，本来是南迁过程中在此短暂停留，但这儿比较暖和，加上盘龙江环境整治后也许让燕子产生了错觉，水很清澈，江岸的植物绿肥红瘦，生机盎然，完全没有冬天的萧索，燕子以为到了春天，也就留下了。

的确，盘龙江真的变美了，它是滇池治理35条入湖河流的样板工程。

盘龙江是昆明的“母亲河”，首先，它是昆明市入滇河道中最大、最长的河道。它发源于昆明北郊的崇山峻岭之中，而后由北向南纵穿昆明城而过，成为昆明四城区的分界线，故称“一桥跨四区”。之后再向南流，最终在昆明南郊汇入滇池。

盘龙江的主源是牧羊河，牧羊河的源头在喳拉箐，喳拉箐位于梁王山脉北麓，海拔约2600米，盘龙江源的梁王山紧挨嵩明县的西北，原叫东葛勒山，据说元代后期的梁王阿喇忒纳失里曾在此安营驻兵，才有了这个难记的名字。

山高谷深之地，那么好的水源，可以直饮。这条质本洁来还洁去的河流，直接滋润着最辽阔富饶的大昆明坝子，然后注入烟波浩渺的滇池，哺育着1000余平方公里流域面积的人们。“千艘蚁聚于云津，万船蜂屯于城根，致川陆之万物，富昆明之众民。”这是明代关于盘龙江的描述。

许多老人回忆起盘龙江的美丽，总是滔滔不绝：

从霖雨桥到通济桥的盘龙江，这一段称为八大河。这里古风悠悠，江水清澈，柳暗花明。是市民游玩、钓鱼、游泳的去处。从通济桥到敷润桥的盘龙江一段河道又叫羊清河，两岸有最好的蔬菜。张官营的白菜、苦菜和韭菜，挑上街就会抢空。只因这儿的水好、土好，所长蔬菜叶嫩、味甜。敷润桥的盘龙江两岸，有“米厂心”之说，大米、蔬菜、副食，用大小木船运到这里贩卖，是解放前后昆明市最大、最热闹、物资最丰富的米市和露天农贸市场。这里有许多石拱桥，如南太桥、宝善桥、得胜桥等。拱桥下可通行中小型木船。这里的繁华热闹如清明上河图，街上有家老店“圆茂祥”，门口书有一联：货好门如市，心平客自来。横批两个字：热闹。热闹——这就是过去盘龙江两岸的写照。

有一种说法：盘龙江是昆明人的脸。可这张脸被自己人给污脏了。

20世纪80年代，盘龙江是污染最严重的河流。因为它横跨城区，城市快速发展和人口增多，使它承受了重压。昆明72家列为污染源的企业，有28家在盘龙江流域。盘龙江沿岸有40个村庄，有120多个污水口。每天这些食品加工厂、染布厂、造纸厂、塑料厂、纸箱厂、橡胶厂、冶炼厂的废水，加上生活污水汩汩地汇聚进江中，它先臭了，鱼虾绝迹，汇入滇池，一起变成劣五类，黑臭不可闻，人们掩鼻而过。

截至2008年，盘龙江沿线531家排水单位中，95%以上无污水处理设施、无中水回用设施、无相关排水许可证。其中，94%以上的污水通过雨污混流排入城市管网，约5%的污水直排进入防洪沟渠。同时，随着昆明城市北市区大规模开发，居住人口不断增加，北二环以北盘龙江上游水体污染情况日益突出。

雨污混流对水体污染很大，尤其是油污，未通过隔油、沉淀处理直排，即使进入污水处理厂也无法处理。

盘龙江治污，得先截污。其实在1999年，昆明市在盘龙江城区段就铺设截污管道16.69公里。2003年再次铺设全长17公里的截污管道，接纳两岸排放的污水，并输送到第五污水厂进行处理。2006年，滇管局对盘龙江北、中、南段109个排污口进行彻底改造。

先截污，再疏浚。1998年12月到1999年3月，盘龙江城区段疏浚，而南段淤积仍严重，形成内源污染。“治湖先治水、治水先治河、治河先治污、治污先治人、治人先治官”，是2008年昆明市提出的滇池治理新思路。

对盘龙江治污的“外科手术”，首先是建立污水处理厂。盘龙江自松华坝水库至滇池入湖口，沿岸已建有三座污水厂，自北向南分别为第五、第四、第二污水处理厂。

此外，盘龙江补给水量严重不足，治理盘龙江还需要“大换血”。2013年9月25日，牛栏江—滇池补水工程通水，牛栏江的水进入盘龙江，不仅是补给了滇池，也让盘龙江近水楼台先得月，饱饮了牛栏江的好水，这对盘龙江的水质是脱胎换骨的改善。现在盘龙江上、中、下各段水质均已达到考核目标三类水标准要求。过去的臭水河，现在变得清凌凌。

盘龙江自松花坝至入滇池口，沿岸40多个村庄，曾经陷入无序发展之中，村子不断向江边延伸，沿江两岸一度各种建筑林立，一些原有的高大树木和各种植被遭到了过度砍伐和破坏。治理盘龙江，沿岸的绿化也带动起来。自2008年以来，盘龙江沿江两岸十米范围内的建筑全部拆除，用以修建道路和绿化带，目前盘龙江沿岸已经实现了全程绿化带环绕，新建设的绿化带将原有的绿化带和一些分散的绿地以及沿江公园连接在了一起，沿岸的连续景观形成。

今天，当你沿着盘龙江行走，各种高大乔木、修剪整齐的灌木及各种鲜花簇拥着你，草坪覆盖了原来裸露的红土，美化了环境，保护了水土。香樟、细叶桉、小叶榕、合欢、滇朴、柳树、樱花、桃树等各种树木，真正让森林走进了城市。沿江的坡地有了大量树木及草皮牢牢地抓住斜坡的泥土。

绿化带建设时拆除了原有杂乱无章的沿江建筑，这些建筑往往就是污染源，就是排污口。宽度从10米至28米不等的绿化带和一些下游的湿地，起到了过滤的作用，让盘龙江的水慢慢地变得清澈起来。

盘龙江有一大片“河长林”，它位于盘龙江上段，南起上坝村三岔口，北至松花坝坝堤，西起上坝村道路东侧，东至盘龙江，建设面积7万平方米，“河长林”工程是盘龙江绿化的闪光点。

“河长林”所在地的过去是一个什么样子呢？这个地方曾有农房、商铺、农家乐、菜市场、餐馆等，房舍脏乱，污水横流。负责拆除的龙泉街道办事处着手整治时，阻力与困难并存，其中有36户纯农房。为了让盘龙江变美变清，街道办事处将任务细化到点，量化到人，用“六边四分”工作方法去做好工作：边入户、边宣传、边协商、边协定、边拆除，分片区、分类别、分村舍、分人员。

没有想到的是，农民和居民都非常理解和配合，加上补偿公平到位，这块7万平方米“河长林”的建设，前后加起来仅用了一个月的时间。征地、拆迁、安置、补偿，以及建设过程中的协调、服务，都是在30天的时间里，工作人员和所有干部至少有15天是通宵达旦地在现场进行指导、监督、协调。经过30天的苦战，曾经垃圾遍地的地方变身成了美丽生态林地，共种植乔木45种共8836株，灌木14种36676株，竹类16800株，地被植物24种55347.27平方米，盘龙江源头，绿树蓊翳，野意盎然。

盘龙区水务局的飞副局长带着我们，去看了上游松华坝和不远的金汁河，他路上告诉我，仅他们区辖的盘龙江边，就修了九个公园，小的绿化公园不算。在金汁河边，这里是龙川桥森林公园，有一座石桥。河两边是绿化带，桥那边是山和森林，对岸绿道边的凉亭里，有老人在唱京剧，琴声歌声在森林里悠荡。那些绿化带设计讲究，而这里，曾经是一些别墅，还有农家乐，有养虹鳟鱼的渔民。我们站的地方，曾是一排农家乐，昆明市区的来这儿吃饭，小车排成长队。餐馆的油水油烟会污染河流，必须在50米以内全部搬迁。河中有三组废弃的水轮泵组，这个设施上有用马牙石镶嵌而成的一行字“金马公社修建，六七年”。这座水利设施有50多年的历史了。据说是苏联专家修的，用水轮转动自动提水通过东干渠或其他渠道灌溉其辖区的农田。这应该是水利文物了，而且与苏联有瓜葛，应当保护。在这里，我看到了竖起的金汁河河长公示牌，介绍了金汁河的概况，比如河道名称、河流级别、范围及长度，市级河长是谁、区级河长是谁、街道河长是谁、社区河长是谁。特别是街道和社区河长，每人负责的起始段面、个人手机，一律公布，便于联系。还有河长职责、管护目标等，一目了然。如有排放污水，倾倒垃圾、乱搭乱建、破坏苗木的，必须由河长负责处理并作为考核标准，目标就是要河畅、水清、岸绿、景美。

盘龙江的景观设计是请的瑞士的苏黎世专家，他们的规划方案中有苏黎世利马河的风格。苏黎世AST公司规划局项目经理、规划师马丽娅·阿斯特略慕女士称，他们对于盘龙江的规划设计方案，一是立足于盘龙江是昆明的中轴线，规划设计的盘龙江考虑“慢交通”，盘龙江将成为贯通南北的纽带，人们可以在盘龙江沿线漫步、休闲、唱歌；二是盘龙江的绿地建设将整体相连，这样有利于动植物的生存空间，改善城市的微气候。盘龙江从起点松华坝到入滇池口，全长29公里。在完成了全线整体上的概念性规划后，又抽出全线10个点作为公园来规划，其中北段有3个公园，中段有4个公园，南段3个公园。其中中央公园将成为春城昆明的地标。

如今，从盘龙江上游八大河开始，一直到入湖河口，盘龙江两岸全是靓丽景观、商业和休闲胜地，霓虹闪烁，碧波荡漾，游船来往，通宵达旦。如此漂亮的河流在昆明的历史上是从来没有的，有人称之为“东方的多瑙河”，难怪，欧洲顶级设计师的杰作，又加入了中国的元素。这里也是红嘴鸥翔集的地方，鸥鸟翩飞，碧水蓝天，盘龙江比欧洲的河流更有情调，更有魅力……

七　滇池的共同守护者们

滇池的治理和保护，依靠的是千千万万的无名者，是那些默默无闻的人，爱管闲事的人，无论是在入滇河道、在环湖湿地、在污水处理厂、在滇池外海和草海水上，滇池的守护者无处不在，他们坚守在保护滇池的一线，或清洁河道，或守护船闸，或管护湿地，或处理污水。这些不让污水污物污染滇池的人们，是他们为我们守住了这一方碧水，这满湖的风景。

李庆华所在的乌龙村渔政站，就在滇池边，只有三间平房，就是个农家小院。这个站常驻七个人。他自1990年参加工作以来，就一直在乌龙村渔政站工作，这一工作就是28年。渔政执法就是不准在滇池水域偷捕。他说，在封湖的时候，偷捕鱼的多半是晚上出来下网，以前都是在网上拴个塑料瓶或者泡沫块这些，在晚上也比较好发现。现在不一样了，这些偷捕者，有了高科技，用上了GPS，他在这个地方记下下网位置，然后就走了，这种情况我们就很难发现网在哪里。没办法，我们只有开着快艇在水里面拖着锚去碰网，还有就是在主要的几个地方蹲守，蹲守那些晚上来下网或者收网的，常常一蹲就要蹲到凌晨两三点。他们守着滇池的渔业资源。

李云丽和她的巾帼打捞队很有名。她们的工作就是在划铁皮船打捞河里的水草。

水草是可爱的，生长时是净化水质的，但老了烂在河里就是污染物，因为水质富营养化，生长很快，不及时打捞就会腐烂成污泥。每天，李云丽和她的队员们每天都要工作十个小时。“上午两船，下午两船，雷打不动。”李云丽说。

说起打捞的缘起，李云丽她们都住在草海边的新河村，世世代代靠在滇池打鱼为生。但草海突然臭了，各种漂浮垃圾成堆，严重时连门都不敢开。于是李云丽和村里的几名妇女商议，划船打捞草海里的污染物。

最初的原因只是保护自己门前的环境，后来，成了自觉守护滇池的行为。她们的工作引来了更多妇女的参与，一直到今天打捞队发展到80多名打捞队员。

划船去湖上，对于女同志的辛苦不言而喻。特别是风大划船，加上打捞满载的水草，根本划不动，弄得不好，还有船覆人亡的危险。如果到了雨季，天天风雨交加，对她们更是考验。直到2011年，每个人每个月才有600元的补贴，可她们坚持下来了。她说，因为这与自己的家园有关。

自1988年成立这支巾帼打捞队以来，已是30年了，李云丽也从风华正茂的青年人成为花甲之人，但打捞这个工作，她还没有想到要放弃，她的队友也一样。虽然滇池上的风雨侵蚀了她们的容颜，但她们依然是“滇池最美守护者”。

1999年，李加兴加入草海打捞水葫芦的队伍。他带领着十多人的打捞队，二十年如一日，每天都会出现在他守护的滇池水面上。不仅打捞水面的杂草，还要拔除水草疏通河道，如今，李加兴的队员换了几茬，但他都仍然执着地坚守着。他们不仅要打捞水面的杂物、清洁水面，还要拔除水草、疏通河道。海草扎在湖底，要用竹竿绞才能拔起来。他的打捞队，每天都要清理8吨左右的垃圾，包括水草、海藻、漂浮物、青苔等等，也有不少塑料袋、塑料瓶之类的生活垃圾。夏季海藻特别多，打捞特别费劲，每天一身汗一身水。李加兴说：“现在就好多了，滇池干净了，爱护环境，保护滇池的意识在昆明深入人心，加上我们每天不停地打捞、管护，垃圾少了不少。现在下一场大雨，可能一个小时就能清理干净。这是各方努力的结果。”

在东大河湿地的王田也是像李云丽、李加兴这样的人，还有洛龙河上的保洁员林秀芬……

陈国清是个栽树狂，他在富善生态湿地担任管护员，每天，塑胶水鞋和草帽是他的标配。

陈国清他们居住的小木屋就紧挨着滇池，夜夜梦中都是滇池的浪涛声，这声音对他来说是一种美妙的音乐。这片湿地只有53亩，属于小家碧玉，有16名管护员，陈国清是他们中的一员。陈国清当过兵，转业回来后，就是种树、移栽、选择树种。他是那种有探究精神也热爱学习的人。如何让湿地里的樱桃树、中山杉等苗木长得更好，他买来了许多树木栽培的书，还向周围有种植经验的朋友同事请教，不耻下问。现在的陈国清，已经成为合格的植树专家。

他说，我们在湿地第一步就是栽树、种草。我们选择的基本上都是本土树种，如樱桃树、桃树、梨树，还有少量的中山杉。刚开始，樱桃树比较难栽种，成活率不高，但中山杉却长得很好，适合这儿的环境。于是我们就多种中山杉。现在湿地里已经栽种了4000多棵中山杉，是湿地里种植最多的、也最适合在湿地生长的树种。在富善湿地，他们已经栽种了中山杉、滇朴、李子树、桃树、梨树、无花果树、石榴树等20多个品种、9000多棵树。问起他为何这么喜欢栽树，他说：这儿的工作太枯燥，想打个羽毛球湖边的风又大，除了看电视就没事可干，咋办？就栽树呗。于是，就栽了这么多树，对改善滇池的生态有很大好处。这些树又引来了许多鸟儿，树的根系又能吸收大量污染物，环境真的好了，滇池的蓝藻也一天比一天少了，水也清了，这是我最高兴的。

西园隧道管理处的守闸人李金何，排水系统元老级职工李贵富，五华区水务局滇管科河道管理员刘福安，第一个为保护滇池捐款的市民、81岁的“中国好人”喻纯汉，都是滇池的优秀守护者，待滇池如待自己，爱滇池如爱母亲。

在昆明，说到滇池，说到海鸥，人们不会忘记一个老人，一个去世的老人——海鸥老人。

每年，到了10月，红嘴海鸥就会从遥远的西伯利亚飞临昆明。数十万只海鸥恋上了这儿的山水，它们像远方飞来的精灵，嘎嘎的唳叫着，它们洁白的翅膀和红嘴红蹼，带给昆明人冬天的温暖和喜悦。

红嘴鸥落脚昆明，是一个偶然，也是一个必然。1987年，那个冬天奇寒，一股强大的寒流迫使红嘴鸥改变了向南方迁徙的方向，它们只能追逐天空的暖气，飞到高原之上的昆明。噢，这儿原来如此温暖，丽日碧水，无边无际。这难道不是最好的越冬之地吗？忘记西伯利亚吧，忘记迁徙的疲惫吧。它们歇落在滇池的碧波之上，还有草海、翠湖，还有护国桥下的护城河。这些鸥鸟让昆明人太喜爱了，他们投食，希望这些远客别饿着，昆明人会好好待你们，因为，你们带来了太多的惊喜和欢乐，欢迎你们年年岁岁来昆明猫冬做客。

在每年冬天的红嘴鸥来到昆明时候，在千万热爱海鸥投食相亲的人群中，谁都不会注意到一个老人，一个衣着简单、佝偻着背、身体消瘦的老人。他戴着一顶有檐的厚帽子，脚上是一双穿了多年的旧皮鞋，背着旧蓝布包，手上还提着一些投喂给海鸥的食品。当他看到海鸥时，眼里就露出满满的慈祥善良，微笑着，就像见到了自己的孩子一样。可他没有家，没有子女，他是一个孤寡老人。

每天，他都会出现在有海鸥的地方，给鸟儿们喂食，雷打不动。他住在郊区，每天要坐20里地的车才能来到翠湖或者草海。

他是怎样被人发现的，有各种版本。但权威的说法是：有几位热爱鸟类的摄影爱好者，在每天的拍摄中，在镜头里发现了这位喂食的步履蹒跚的老人。他自己没有吃带来的食品，总是全数给了海鸥，并且不时地轻声呼唤着“雪花”和“单脚”——这是两只与他混得很熟的红嘴鸥的名字。这两只海鸥只要老人一到，就会在他的头顶飞绕，大声叫着，还歇到他的肩上和头顶上。

他叫吴庆恒，生于1924年，西南联大学生。解放后因为政治言论被人告发，遭受到迫害，被打成右派弄到一个化工厂当了工人，一直到退休。他的退休金才300多元，每月他将一半的退休金拿来买喂食海鸥的食品，他自己生活简单，几乎没有开销，只抽两毛一包的烟，这是他唯一的爱好。

在1995年末的一天，李志雄还是一个年轻的摄影师，在翠湖边朋友开的影友沙龙休息，他发现马路对面翠湖边，一位老人喂海鸥，他的喂法与别人不同，他不是抛着喂，而是把食物摆放在栏杆上，等海鸥吃完，又摆放一些。第二天李志雄又见到他在喂海鸥，于是就和朋友聊起来，朋友说，这位老人几乎天天来。李志雄就带着相机过去和老人聊天，但老人只专注于和海鸥的亲密接触，不搭理他，也不让他拍照。李志雄就故意问他是不是环保部门的，这老人突然激动地说："哪个说我是环保部门的？我是工人。"李志雄终于知道了他的情况，也知道老人每天拿着头天晚上做好的海鸥食粮进城喂鸥，舍不得坐5毛钱的公交车，老人都是步行20多里进城，往往要到中午才到翠湖，喂一阵海鸥，老人又得赶回他在西郊的昆明化工厂。在工厂打晚饭吃时，顺便捡一些别人丢掉的馒头，晚上回家后把馒头切成碎块，再和着自己给海鸥买来的面粉、白糖、鸡蛋，制作成海鸥食品，第二天又带给海鸥……

老人救助过只有一只脚的海鸥，是游人喂食抓它造成骨折，老人很小心地呵护着这只受伤的海鸥，专门投食给它，亲切叫它"单脚"。从1992年起，老人说，每年都能看到这只受伤的海鸥来昆明，也不知什么原因。也许这只与老人相知很深的海鸥是惦念这个风烛残年的老人，感谢在它受伤后的照料，来昆明探望他吧？海鸥是念旧情的，它们比起如今的人类来，更讲感情。"单脚"成了吴庆恒老人的亲人和惦记。只要老人呼唤它，这鸟就会从水面张翅而起，迎接他的到来，站到他的手上啄食，因为只有一只腿，为了平衡，翅膀摇摇晃晃的。老人还给其他鸥鸟取了雪花、灰顶、红嘴、老沙、公主等名字，只要唤它们，它们就会飞绕在他面前。

老人生前告诉采访他的记者说，海鸥最重情义，心细着呢。有一只海鸥，飞离昆明前一天，连连在他的帽子上歇落了五次，他以为是跟他闹着玩，后来才晓得它是跟他告别。果然，第二年冬天它没有来，又过了一年，还是没有来，原来，当时是跟他永久告别……

有时候，夕阳西下，海鸥将要飞离翠湖，到滇池去歇息，他手上拿着喂空了的塑料袋，恋恋不舍，对人说："再过一会儿它们就要回去啦。听说它们歇在滇池里，可惜我去不了。"他真的是想与这些海鸥朝夕相处，厮守一起。只有这些鸥鸟，才是他晚年孤独生活最愉快的陪伴，最幸福的慰藉。

老人一连几天没有出现在翠湖，在这前几天，老人来过，但身体虚弱，三天才吃了一碗面，但还惦记着他的海鸥朋友。几天没来，李志雄好像有不祥的预感，忙和他的朋友们买了些滋补品去看他，打听到地方，才知老人前一天去世了。大家看他的小屋子，是一个老人独居的空间，只有一张床，还有一本《英汉大辞典》。邻居说，老人平时十多元钱的收音机都舍不得买，他喜欢听京戏，包师傅放时他就请包师傅将声音放大一点。他的遗物就是六个鸡蛋和一小袋面粉，那是准备给海鸥吃的。老人的床前，挂着一张很小的海鸥的照片，听说那是他花了3元钱，请翠湖公园照相的人帮助拍的，照片上的海鸥很小很小。

李志雄他们印制了老人去世的讣告，他将最后拍摄的一张老人的照片放大到24英寸，在翠湖边给吴庆恒老人开了个简朴的追悼会。很多人都认出了这位海鸥老人，很多人在照片上签名，把照片所有空白的地方全部签满。最神奇的是，那些海鸥也站在老人遗像前，分成两排，久久不肯离开。当李志雄他们要拿走照片时，海鸥们突然扑了上来，阻挡人们，用翅膀拍扇着，发出凄厉的叫声，像是哭泣。这些白色的天使一样的鸟，仿佛穿着孝服，在为老人守灵。拿走了照片，这些海鸥依然在那儿低空盘旋唳叫，一整夜，周围的人都听到海鸥们悲恸的叫声，是从来没有过的。

火化老人的时候，许多爱鸟护鸟拍鸟的朋友们都去了，各自带着他们拍摄的海鸥照片，把这些照片放到老人的怀里，连同一起火化。

这一年，昆明以红嘴鸥越冬种群之多、保护与研究之卓有成效，“海鸥名片”社会影响之大、人鸥和谐持续时间之长而被中国野生动物保护协会授予“中国红嘴鸥之乡”。在这个值得纪念的年份里，“海鸥老人”再次被人们想起，一个21岁的女孩提议为这位老人塑一尊像，经当地媒体倡议，立即得到了市民的积极响应，短时间内便收到捐款数万元。2005年底，这座青铜雕塑完成了，老人依然坐在翠湖边，微斜着身子，好像轻声唤着他心爱的海鸥，几只海鸥在他的面前，在他的身边，在他的手上啄食。但更多的活着飞翔的海鸥依然像精灵一样围绕在雕像前，仿佛这位老人并没有死去，依然在与它们嬉戏，给它们投食，与它们说话。这是一尊伟大深情的雕像，是人与鸟灵魂交融的颂歌，是人善良对待所有生灵的神奇之爱，它将像滇池复苏的清流，汩汩流淌在人们的心中，让他们永远记得并善待自然，只有爱才能让世界更加和谐美好，让自己的心灵充盈美丽。

八　大泊口，滇池的明天与希望

从西山龙门往下看滇池，在外海北部和草海之间有一片苇蒲摇曳、水鸟翩跹的水面，被碧绿的水草占满了水面。这就是草海大泊口水域，面积为780亩，容积约100万立方米，属半封闭水域。

2015年前，每年夏秋季节大泊口水域时常发生蓝藻暴发的情况，水质与草海和外海一样是劣五类，为重度污染水体。2015年8月，昆明滇池管理局所属的昆明滇池生态研究所，借鉴中科院水生生物研究所等单位在滇池的研究成果，开始了大泊口水域生态修复示范工程。两年多实验，大泊口水域完全改变，2017年总体水质达四类，局部区域达三类，该水域再未发生蓝藻水华。

滇池的治理，说穿了就是让水体变清，让水草回来，这是市民看得见的直观效果。但滇池什么时候变清，能否变清，人们将信将疑，怎么说都没有用，缺乏治理好的实际例证。

滇池生态研究所的“草海大泊口水域生态修复示范工程”，包括截污及污染源阻断、引水换水、水生态修复、微滤净化（除藻）、生态堤岸处置、景观改善六大部分。总投资1027万元。工程于2015年8月开工建设，2016年7月全部完工。这个投资比起这些年投入滇池治理和保护的几百亿来，是小钱，但在这近800亩水域却做出了令人震惊的成果，让滇池变清成为可能。

这个示范工程，为沉水植物的生长创造了良好的条件，通过自然恢复和人工干预的共同作用，大泊口水域沉水植物从2015年的不足10％，增加到2017年的36.18％。而且沉水植物分布区域正在坚挺地向深水区域扩展，物种较之前更加丰富，清水型的苦草、海菜花等沉水植物成功重现。

沉水植被的恢复，使水体自净能力大幅提升，水质明显改善。2016年12月，该区域水质已到达四类，2017年水质总体优于四类，局部区域水质达三类。最好区域总磷为0.039mg/L，总氮为0.828mg/L。叶绿素a大幅下降，水体感观很好。

大泊口水域生态修复示范工程是“缩小版”的滇池综合治理工程，其核心是污染控制、引水换水和生态修复。在滇池治理“六大工程”之外的这个小工程，给滇池带来了大福音。

在这个研究所，杜劲松所长说：在污染负荷基本得到控制后，通过提高水体透明度、调控水位等措施可促进沉水植被的恢复。沉水植被恢复后将与浮游藻类形成竞争，对蓝藻生长起到抑制作用。同时，沉水植被恢复可使湖泊的自净能力大幅提升，使水质明显改善。大泊口最好区域沉水植被盖度已达80％，该区域的水质为三类，我们梦想的水体清澈见底实现了。

这一示范工程的成功完全验证了蓝藻是可以治理的，而控制水体总磷是滇池蓝藻水华治理的关键。

清华大学与中科院水生生物研究所共同完成的《滇池蓝藻生长机理与影响因素研究》提出“水体总磷是滇池发生蓝藻水华的关键控制因素”，同时明确，滇池总磷的控制标准为：“水生态系统功能不健全条件下，总磷应控制在0.05mg/L；水生态系统功能健全条件下，总磷应控制在0.07mg/L。”2017年，大泊口水域的总磷为0.068～0.097mg/L，且水生态恢复良好，该数值与上述研究成果较接近。2017年以来大泊口水域未发生明显的蓝藻水华，这一事实雄辩地证明，蓝藻不仅可控，也验证了清华大学的关于蓝藻水华的研究结论可信可靠。

还有一点，这一示范工程证明：达到一定标准的尾水，作为湖泊的生态补充水源可行，能够促进补水区域沉水植物恢复。如大泊口水域生态修复示范工程采用的就是龙门藻水分离站的尾水，作为生态补水水源。该尾水总磷约为0.031～0.046mg/L，总氮约为1.63mg/L，且透明度较高。经两年多观察，利用该水源补充大泊口，促进了水体循环。

我在滇池采访第二天的晚餐就安排在大泊口的滇池生态研究所，不知道是不是滇管局的刻意安排。市委宣传部和滇管局的主要领导来了，这个生态研究所的食堂，做了一大桌产自他们生态所的鱼菜，我只记得局长不停地给我搛菜，是一碗碗的各种鱼。他告诉我说，这是滇池的鱼，滇池的鱼肯定比鱼塘的养殖鱼好，味道也更鲜美，因为是流水里的养殖，也不撒饲料。我不停地吃鱼，鱼汤真鲜美。滇池的水质改善后，每当开鱼节，渔民们会有大收获，鲢鳙鱼特别肥美，做鱼头汤是佳肴。

还是要说说我进入生态研究所的第一感受吧。这个不起眼的研究单位，场院不大，进去靠左就是草海的大泊口，但是，我看见这一片有几百亩水面被围网之类的东西围起来，里面长满了我喜欢的水草，就是儿时湖泊中的水草，碧绿的水草。何锋博士告诉我，这个叫轮叶黑藻、水蕴草，还有云南高原湖泊中特有的海菜花。美丽的水草，小时候，我们捞这种水草喂猪，钓鱼专找这种水草厚的地方，挑开一个小水面打“窝子”，鱼就躲藏在底下。水草下的鲫鱼，往往是金黄色的，我们叫黄壳鲫。还有一些黑鱼，爱在这些小空间一动不动晒太阳，我们叫“黑鱼晒花”。

生态学者何锋博士说，这些就叫沉水植物，它们根系退化，靠茎叶吸收养分，进行光合作用。所以要水的透明度很好，达到0.8米至1米。在滇池草海，这里透明度在水深的80％区域，都长上了水草，但外海只有3％的地方有沉水植物，最少的是1993年和1994年，沉水植物只有1.3％，基本灭绝了。透明度下降，致浮游生物生长，蓝藻最喜欢这样的环境，蓝藻取代水草就表明水质恶化。到了20世纪80年代，滇池的透明度只有0.4米，几乎不能生长水草。但这几年，滇池的透明度改善很快。

这么茂密的水草，下面的水自然是清澈见底的，有鱼儿在游，在水草上摩擦产卵，能看到的是鲤鱼。许多水鸟如小白鹭、大白鹭、水鹈鹕、苍鹭、野鸭等。太多的水鸟，因为它们有食物。只要水好了，鱼和鸟自然会来。何博士告诉我，这片试验区，沉水植物占水面的40％，如果沉水植物占到这个数，蓝藻是没有生存空间的。因为水体透明，蓝藻无法大量繁殖。我问，为什么种植的是水草，荷花不行吗？他说，荷是吸收泥里面的营养，不像沉水植物，是吸收水体中的养分。

我问何博士：“这片试验区你们种了多少水草？”他说：“我们种的很少，当时一个平方米只在4个角各种一株，我们的试验叫生态恢复，生态恢复主要是自然修复，我们补的水是污水处理厂的尾水，透明度很高，虽然氮磷含量还是五类水质。”何博士说，他们的试验就是要让湖泊产生生态系统的良性循环，让水体有造血功能。让水草吸附污染物质，把水里的营养物质消耗掉，还加上鱼来吃一部分，而有的鱼虾是吃泥里面的营养物的，如水草和动物的尸体腐烂后，有生物清理。还放养了许多滇池土著鱼如金线鲃，是食肉型的鱼类。当水草茂盛后，各种鱼都会来，这样形成了生态循环，水质会越来越好。

听说到了三类水质，这是多么令人高兴的事。在云南采访各高原湖泊，我一直在想，人类如何战胜蓝藻，滇池的蓝藻能消灭吗？结果，在大泊口的试验面前，在滇池生态研究所的成果里，在眼前的事实面前，我看到了滇池变清的坚实希望。

生态所的杜劲松所长告诉我，他们所是2004年成立的，现在不过15个人，怎样恢复滇池生态，他们研究了十多年。他说对湿地的认识也是慢慢明白的，河流是所有水流汇入滇池的通道，而湿地是最后一道防线，是过滤河水的。说湿地是地球的肾，非常有道理，现在滇池被污染了，我们的工作就是给滇池再造一个肾。

他的话有道理，有力量。

湿地可以将河流的污染物去掉10%～20%，有强大的净化功能。他指着何锋博士说，他每天跟踪滇池的蓝藻，这些年的研究比较深。蓝藻是一种最古老的浮游植物，几十亿年前就存在了，因为它可以进行光合作用，繁殖是细胞分裂的，繁殖速度快。在一类水体和二类水体中它被抑制，到了三四五类，营养足够了，就大胆地生长，几乎没有天敌。冬天阳光少，冷，它就沉到泥底，休眠起来，天气暖和后就浮上来繁殖。

关于湿地模型，杜所长说到捞渔河。这是他们所第一块试验湿地，他说，你说到的水上森林，我们就是将肺与肾相结合的一个试验。森林是地球之肺。他说，恢复湿地就是先要将防浪堤拆掉，拆掉后，水漫进来，芦苇就自己生长。我们种的茭草，几年就死掉了，竞争不过芦苇。自然形成的生态，以后的管理就很简单，大泊口的试验也是一样，自然恢复让生态获得平衡，人为的干预要最小化，只能适当扶助。

我们在湖边说话时，他们的示范水面里，传来鸟的清亮的叫声，一些大鱼在水草上奋力摩擦着生殖腺体产卵，水声沉闷有力。鱼都搁在水草上，这种产卵的景象，有几十年没见着了，久违了，太让人喜悦了。这也许是50年前滇池的常见景象，现在它们在这里神奇地重现了。

我走的时候，月光照着蓝色的大泊口水面，鱼还在水草上奋力地摔打产卵。鸟的影子蜷缩在围网上、木桩上，茭草和蒲草在风中摇曳。空气里是水草和荷花好闻的水腥味，这种气味真是沁人心脾，让人不得不重重地往肺深处呼吸。噢，这清亮的水和厚重的水草，铺展在月光之下，弥漫在滇池之上，可惜许多来游览滇池的人没有看到这个大泊口，这生态恢复的奇迹。不远的将来，滇池一定会像大泊口一样，水草丰美，鱼跃鸟飞，水清如镜，浪花如玉。

第三章

灵水抚仙湖

一 祭坛之水

抚仙湖的传说跟它的水一样深。这个水深达158.9米的高原湖泊，给人以敬畏之感，就好像在天荒水远之地，无人敢居住在它的岸边，就仿佛它只是为传说而存在。这个湖，只能远观，不可近玩。但我还是怀着胆怯的心向它奔去，像是朝圣，要悄悄看下她的真面目。

在想象中，在图片上，我看到的这个湖上的船，像是飘荡在天上，在空气里。因为水实在太清，就像不存在似的，透明得几近于消失，几近于无。如果一个伟大的物体消失了，它就是羽化成仙了。这些巨型湖泊中成仙的湖水，不是仙人滚滚吗？我没有见过这样的水，至少在近几十年，除了在贝加尔湖见到过这样的水，在国内，这样的湖水成为了神话，它只在远方我们不知道的角落，在荒野之上，在被人忘记的地方存在着。各种湖泊的污染，是这些年来，现代化进程中，大部分湖泊面临的必然命运。很多湖泊没能躲过这一劫，变臭变黑。

眼前的湖水征服了我。我信了。虽然这个湖太大，湖边也没有太野性的草原和自然原始的荒凉，没有太多的自然景观。太大，就不可能这么洁净。有那么多村庄环绕着她，有那么多楼房，像是一个避暑胜地，或者干脆就是个休养之地。那么多的人在温暖的太阳底下，在她的水里嬉戏。这只是在某一地，比如在禄充渔村。我看到了最清澈的水，水下的石子白净如玉，没有沾染上一星藻蔓，没有一星杂质。这水在它出现之初就是这个样子，是湖水的贞洁之态，白云在湖之上激荡，孤山岛在湖中心独美。

我掬了一捧水，送进嘴里品咂。这水是一类水质，是可以直饮的。我要慢慢品尝它古老的味道，它的不曾改变的成分，它的长久存在的清冽，它的从深处泛出来的水的哲学、水的风格、水的气息。

抚仙湖水是甜的，我可以作证。我千里迢迢来到此地，就是想一品它的湖水。抚仙，顾名思义，就是抚慰和抚摸这位神仙吗？这众多的、化作水波的仙子吗？

湖边山上的遇忱度假酒店，这是一个幽静的地方，视野开阔，开窗即可见浩渺的湖面。青山四围，晚霞透亮，云彩舒卷，山水一色。袤延的抚仙湖，正在向更远处的山谷奔去，水的气味淡远而广大，像是被小心封藏着的圣物，刚刚小心翼翼地打开了，铺摊在人迹渐散的群山间。有让人遁入隔世荒野的寂静和空灵。有蜉蝣于天地、余生之须臾的惆怅。

晚餐后在青鱼湾散步，这里是抚仙湖大青鱼产卵之地。曾经有人亲眼看见过数米长的大青鱼鱼贯而行，这乃抚仙湖奇观之一，称为“青鱼阵”。抚仙湖的青鱼因水深原因，呈青黑色，看似诡异，所见之渔民也啧啧称奇。

抚仙湖有一种独特的鱼叫鱇𩽾鱼，被称为“海蛆”，这名字好有趣，可能取此鱼太多之意。这些鱼如果聚集，密密麻麻，但如此美妙之鱼，称为“蛆”，实在不雅。这鱇𩽾鱼曾是让康熙皇帝垂涎的佳肴，有“瑶池的精灵”之称，被誉为是天下最好吃的淡水鱼。抚仙湖西岸，尖山、禄充、明星一带，采用“车水捕鱼”。20世纪80年代，抚仙湖鱇𩽾鱼年产量400吨。所谓车水捕鱼，就是利用鱼类喜逆流而上的特点，繁殖期间，鱼群游向近岸的泉水洞产卵，渔民便在水边挖引水渠，用水车车水造成水流，鱇𩽾鱼就往上游，进入渔民的特制大鱼篓中，只能进，不能出，鱇㿠鱼便乖乖地进入渔民的鱼篓。这些引水渠和车水捕鱼的情景，我在禄充亲眼看到。虽然鱼已不多，但在清水中逆流而上，那些小鱼扭动灵巧的身子，在水中奋勇进入渔民埋伏圈的傻劲头，让我好伤心，难道它们永远破解和识别不了人类的小小阴谋吗？

后来由于引进了银鱼，产量巨大，鱇㿠鱼剧减，据说这个外来物种十分贪婪，将鱇㿠鱼的卵全部吃光了，它们比渔民更凶残。在湖中蠕动的“海蛆”，终于成为了珍稀鱼，现在一斤卖到几千元。而在80年代，一对才3毛钱。玉溪澄江这地方，卖鱼不论斤，不论只，论对卖。

禄充尽管是鱇㿠鱼捕捞的渔场，但它那些成片的古榕树让我流连，有的榕树双根落地，成为了一道古老的拱门，真是神奇。渔民们知道鱼是捞不完的，但他们不会砍伐岸边的古树，如果没有这连片的古榕树，每年在此地顶着烈日车水捕鱼有什么意思？

一连几个晚上，我都面对着抚仙湖的星空和湖面。一轮千古的月亮挂在山水之上的天穹。湖水的身影在如此森严的月色里显得暧昧黯淡。它行走的窸窣声是发自很久以前的，从湖底传来，也许它经过几个世纪，在无数的回音里盘旋踽行，没有尽头。

抚与仙两个汉字组合在一起，有一种奇妙的感觉。古书上说是二仙比肩搭手而立，旧传仙人慕湖山清胜，因留其迹，并以名湖。为湖命名的仙人还是未能说出抚仙二字之妙，倒把抚仙二字与生俱来的神秘感抹去了。深夜不眠，听涛，如海一般，碧浪狂奔，凉气磅礴。但高原湖泊收纳了四山水流，却圈囿在某一处，无法流出，无法置换，与各水距离遥远，独处莽莽群山一隅。它太孤独，它太寒凉。它孤独，巨大，几乎没有谁能抚慰它。它拍浪，击岸，发出愤怒的、如此碧色的呼号，没有任何水理睬它。这孤独的灵水，被亿万年天地的沉默压下了它的喊叫，它待在这片山中，成为神秘的传说。

听说那些水，自然置换一次要167年，所以，那些浪，那些碧，那些涛声，那些水，有许多还是清朝的，一百多年前存在的水和声音，和颜色。古老的水，保存在这里，蓄有206亿立方米，中国人人均可得15.8吨。

抚仙湖的傍晚，因云影变幻出两种不同的颜色，靠岸渚的地方，透明中带点黄色，因海拔在1600米，高原上的风干爽凉快，云总是团团簇簇，大片地涌动在群山顶上，湖不过是为天空俯首称臣而存在的。县志有记载，此湖有巨大的海马，这是一种什么水中动物？这么深的湖泊，已达600万年，在与所有河流隔绝的状态下，孤独地生存了那么久，有一些与众不同的生物，有什么奇怪的吗？还有那些水底的古城，已经证明有水下发现的石板路，它们究竟是哪个朝代的城市？青鱼阵是传说和现实融为一体，在这里，有展出的青鱼的标本，有1米多长。那个孤岛下的鲛宫，究竟有否？常有数万条大鱼来朝的事，许多人亲眼所见。但是，鲛宫的入口又在哪儿？……

夜晚的抚仙湖是静谧的，我想象的抚仙湖在一片荒野的高贵之处，果然有一些度假村，但远未达到喧嚣拥护的地步，许多湖岸和湖湾还保持着原始的面貌，是自然的湿地，芦苇丛生，蒲草摇曳，在浅水区聚集蔓延。那里面能听到水鸡和蛙的叫声，能听到母鱼产卵的拍打声。一些田地也生长在湖边，人类并没有因它的美貌而围猎它，将它当作一头可食的水兽饕餮啃啮。因保卫抚仙湖的“雷霆行动”拆除了水边的大量建筑，这太好了。湖一定应是野湖，长野草，蓄野水，映野云，游野鱼，野的天与水，一定是世界尽头的野物、尤物。这水因为置换一次太漫长，要跨几个世纪，水已经玉化，是古水，它已经沉淀了太久，无论是钓者、渔者、观者、游者，都是冲这一汪古水而来，感受遥远世界的水的滋味。

在遇忱度假酒店的三楼上，山上的风从远处的湖上吹来，发出呼呼的声音，而湖水像一线云雾在山脉的阴影下，爆炸似的弥合着水与山的界线。用一个俗词：水天一色。或者水天一体。因为，这片天空与这片湖水缠绵了几百万年，它们已经长得有点相像了，互相模仿着各自的蓝、各自的浮动与腾跃、动荡与游弋，它们因互相欣赏而致基因完全一样了，成为了一个完整的、巨大的高原精灵。最后的落日已经发白，并拼命地撑开山与云的缝隙，这是它最后的留恋，不肯让这美丽的一天就这么离去，被黑暗吞噬。虽然，月牙从高空露出来了，有天空亮光的抚仙湖是活的，而在星云黑暗中沉睡的湖水，仿佛藏进一片深沟，变得温顺隐蔽，在冷寂中昏寐茫然。但是，那些远山的白光处，依然是我们对落日想念的窗口，远古埋进湖底的城市，都在那些云隙中复活，变成夜晚的精灵。

梁王山，可一山观四海。这片滇中的高原湖泊群，滇池、抚仙湖、星云湖、阳宗海，若天气晴朗，都可以在梁王山上看到，像一些遗落在这片高原的天镜，养育着云南人。它们是云南人心灵的教堂、洁净的院落，被云水擦拭的大地一定是美妙多情的。

这片清澈见底的深海，抚慰着那个创造它的仙人，永远充满了柔情和感恩。抚仙湖是高原神灵们最放心最信赖的一汪清水。

最后的落日亮晶晶地在云里，好像把云团烤出了一个大洞。一会，天色暗了。夜晚的抚仙湖突然加大了风力，显得异常遥远，但明明它就近在咫尺。星星又亮又大，仿佛有许多仙人在挑灯夜行。月亮也不是我们常见的月亮，是一个有着仙界之气的饰品，飘浮在天上。那些山影与水影，湖湾与岸岬的前伸，都是内心试探之后站定的样子，不能再退，也不能再进，它们的内心活动是如此丰富变幻，你一眼就能看到它们小心翼翼的心机。

夜晚蚊虫飞撞着玻璃，山风呼啸，发出嗡嗡的奔跑声，而湖却安静恬睡，渐入大荒，跟它诞生之初一样，无数的夜晚它都经受过了，它享受着又一个短暂的夏夜，永远年轻。

早晨起来，湖又焕然一新，湖是多么空阔平展，就像用水推出的平原。白色的水鸟在微波上飞翔，湖岸边的树峙立。没有见到一条船影，湖依然在蛮荒中。它喜欢这样，群山一动不动，它们只是这个湖的衬景，包括云，云有些发灰，但更多逶迤的山在水边进退，将湖岸的轮廓沉重地划出，让水绕行。我想起那个从古滇国沉没之夜中逃出来的一对老夫妇，他们看见了什么？这个湖究竟藏匿着什么秘密？让这片广大的湖水沉默如初？

我在白天惊喜，扑下狂饮，我在夜晚恐惧，隔窗眺望。月亮荒远，星空寂寥，山影如魅，涛声如泣。我将怎样面对你，怎样描述你的白天和夜晚？你属于仙踪，我属于凡影，与你咫尺，却隔天涯。你占有了最高洁古老的品质，而我们却卑微如浮尘。听到你月夜孤独广大的声诉，也不禁莫名悲伤。这片被千万年时间抛入野地的天与水，在星云下辗转反侧，夜不能寐，又有多少埋藏在深处的秘密想告诉世界，或者永远悲壮地紧守，决不出卖那些只有你知晓的心事。孤独的人是伟大的，不是野兽便是神灵。想想你鲛宫的传说，你丈余海马的传说，你已经探明的不知年代的水底古建筑群，你的水底直立的众多穿着清朝服饰、长满长毛的无数溺者与尸蜡，想到你湖面夜半出现的巨大圆环……你久远的声音像时间深处的魔咒和灵语，像天空下永远不歇的祭祀，神来，神来，神来……这是一片动荡不息的祭坛，一个远古人类的圣地，用一座水下古城祭奠的碧色宫殿。一个透明的世界，在夜晚沉沉的神秘仪式中，独自狂欢。

二　湖边的雷霆行动

玉溪市保卫抚仙湖雷霆行动组，在2018年4月3日宣布，保卫抚仙湖雷霆行动百日攻坚任务圆满完成。

2017年12月4日，玉溪市召开抚仙湖综合保护治理现场会，拉开了保卫抚仙湖雷霆行动百日攻坚战的序幕。12月23日，玉溪召开了保卫抚仙湖雷霆行动现场会暨餐饮住宿业专项整治誓师会。12月21日起，澄江县对保护区内1544家餐饮住宿业分类实施关停整治。

2018年1月中旬开始，抚仙湖径流区内的1544户餐饮住宿经营户严格按照整改要求逐步完成整改，并经过环保、市场监管、卫计、公安、消防等部门的检查验收。

经过100天的雷霆行动，突出关停拆退、控源截污、休耕轮作、执法监管，对100个问题整改落实。

雷霆行动，这个战役的名字非常响亮，有着不可抗辩的力量，迅速出击，坚决行动，果断整改，在抚仙湖的保护治理上，是一场硬战，有着刀光剑影的决绝和意志。

雷霆行动的重点是整治抚仙湖沿湖城镇居民生活污水、畜禽规模养殖、入湖河道、径流区工矿企业、旅游服务业造成的入湖污染问题，集中清理临违建筑、规范垃圾收集转运处理、加快“四退三还”及企事业单位退出、加强已建成环保项目管理运行维护等突出问题。

保卫抚仙湖雷霆行动的问题责任清单为100项，大大小小，每一项都重要，每一项都难办。比如关于沿湖村组集体公厕不同程度存在环境卫生较差、粪水清理不及时和污水外溢；关于沿湖周边果皮箱破损严重，无法满足环卫需求；关于大部分非机动船脚踏船无正规出厂手续、难以规范统一监管；关于开湖期间存在定置大漂网、电瓶入湖等违规捕捞行为等问题，统统明确到责任单位、责任人，并提出具体整治目标、要求和完成时限。

对生态红线内的拆除行动，同样有限定时间，不打折扣。22家中央、省、市、县属企事业单位必须全部退出一级保护区，退出土地面积909亩、建筑面积14.3万平方米。云南省抚仙湖交通培训中心，建在澄江县右所镇新河口村，是隶属于省交通运输厅的正处级事业单位。2017年4月20日，交通培训中心就率先拆除抚仙湖110米红线涉及范围内的11幢建筑物。2018年12月11日，雷霆行动中，云南省交通运输厅再次决定将抚仙湖交通培训中心剩余的全部资产无偿移交给玉溪市并对建筑物实施拆除。至此，交通培训中心投入近4000万元的96.87亩土地和16441平方米建筑全部退出抚仙湖保护区。

2018年12月11日上午实施拆除的还有水苑宾馆。水苑宾馆即“云南澄江抚仙湖水资源调度管理服务中心”，位于澄江县右所镇象鼻子村，占地面积30.8亩，隶属于玉溪市烟草公司。

在雷霆行动中，共退出土地面积954.73（909）亩、建筑面积14.3万平方米。其中一级保护区内421户全部关停整改。

除了抚仙湖一级保护区内的宾馆酒店和餐饮住宿经营户要退出之外，按照“雷霆行动”计划，抚仙湖径流区规模畜禽养殖户也要实行关停搬迁工作。经过全面排查，澄江县径流区有1090户畜禽养殖户，一级保护区内7户畜禽养殖户已全部退出，拆除大棚597亩，启动22个磷矿开采点生态修复。

在截污治污方面，澄江县城和龙街街道立昌社区等多地的环湖截污工作已全面铺开，已铺设污水管道1176米，启动村落污水收集处理工程20个。

关闭采砂采石场25个、水泥粉磨站3个，工矿企业至此全部退出抚仙湖径流区。建设项目停批、停建、停审。径流区691宗5.53万平方米临违建筑全部拆除。

控源截污。加快污水收集配套管网建设，铺设城镇污水管道12.5公里，启动径流区377个村落截污治污工程，78个村庄应急截污全面完成。户清扫、组保洁、村收集、镇清运、县处理的垃圾处置一体化落实。径流区1544户餐饮住宿业分类整治，其中一级保护区关闭54户、二级保护区关闭99户，整改达标企业全部安装油、气、水处理设备，污水垃圾实现统一收集处理，严管餐饮住宿业。山水林田湖草试点项目54个全面铺开，完成的项目向有关部门迅速移交。

对种植蔬菜、重度污染区5.35万亩耕地休耕轮作，径流区塑料大棚全部退出，规模养殖加快退出，径流区10.5万亩植被恢复项目启动，甸垛龙潭调水工程开工建设……

我看到的抚仙湖西岸的“阳光海岸”度假酒店因在红线区，已拆迁完毕，灰飞烟灭，被毁掉的植被正在恢复生长。沿湖累计种植乔木9.8万株、灌木3.78万株、竹类1.14万丛、地被18.16万平方米、水生植物4.75万平方米。

虽然抚仙湖边还是有密集的居民房舍，但在雷霆行动后，野貌逐渐恢复，周边湿地形成。驱车沿湖一圈考察，自然的湖岸线又被勾勒出来，那些因商业利益而蚕食的湖滩汊口，又重回人们的视线。雷霆行动是一种有力的震慑，人类的脚步必须退让于湖泊，而抚仙湖的静与净是不可亵渎的。

三 抚仙湖的河长制

河长制的好处，就是各级党政主要负责人担任河长、履行河湖管理保护第一责任人职责后，可以顺利快捷推进统筹上下游、左右岸的协调和综合整治平台，系统解决水资源、水灾害、水生态、水环境等突出问题。

“陈老师你知道‘钉钉’软件吗？”抚仙湖管理局副局长杨丽红问我。我说不知道。于是她打开手机里的这个“钉钉”软件，里面的世界让我大开眼界，看到了抚仙湖河长们的工作。

在“巡河”这个页面中，显示你所在的位置，高德地图卫星定位，在“巡检记录单”中，必须填写内容的“有”或者“无”：

河岸有无垃圾堆放；
河面有无成片漂浮废弃物、病死动物等；
河岸有无新违法建筑物；
河底有无明显污泥或垃圾淤泥；
河道水体有无臭味，颜色有无黑色；
沿线有无晴天排污口；
河长公示牌等涉水告示牌设置是否规范；
有无非法电鱼、网鱼、药鱼等破坏生态行为；
其他问题

点“开始巡检”后，边巡检边填写。你巡检时行走的每一步都有痕迹，作假是不可能的。

我点开巡查员李贵忠的巡查记录单，上有：

巡查员　李贵忠
起止时间　2018年6月22日09：32～6月22日09：47
巡河距离　991.91米（用时15分钟）

高德地图显示他是从师家村到前香村，一直走到大河口，抚仙湖边的入湖口。还有他上传的两张照片，河道情况一目了然。

李贵忠在另一次巡河“老仓沟”的记录单上，显示他巡河距离600.74米，用时17分钟。上传了7张照片，显示有的村民门前乱堆放，沟边有渣土等，及时反馈上报。

我又点开县委常委、县委组织部部长宋成杰的“宋成杰河长工作群”——他是东大河的河长，群里面有许多交流。李国民在说话：“报告河长：东大河倒毁河堤已协调交通局督促施工方清理，并协调节后修复。”

星云（宋成杰）@李国民，发了三个大拇指的表情。

星云（宋成杰）又在6月16日晚上22点05分发了一个微信公告：关于开展巡河、保洁的紧急通知。李国民：收到，部长。

方瑞发了她在果子园横沟（龙街街道—左所社区本月第3次巡河人：方瑞的巡河记录文件。星云（宋成杰）问她：“有无异常？”方瑞答：“部长，正常。”李国民这一天又上传了他拍的4张照片，直观告知群内和群主（河长）所巡查的河道水流清澈，没有异常。

在这个软件上，有统计数字显示，在澄江县，截至浏览时间，本月共巡河979次，本年度共巡河1742次。其中，右所镇525次，龙街街道218次，海口镇104次，路居镇71次，澄江镇（街道）跨界23次，凤麓街道21次，澄江区县跨界7次，九村镇5次。

这个软件有“我的”页面，任何人点击进去，会看到你巡检的任何一个地方，只要留下了你的足迹。我点开一位河长的巡检记录，有：白沙地河、巴西河、柏枝村大桥旁沟、柏枝村新沟、苍把河、菖蒲沟、底板村小河、大摆沟、大白石头河、大百祥高沟、大百祥郭沟、大百祥下寺中沟、大百祥至镇海营机耕路东沟、代村河、代村中沟、东大河、独房大沟、大沟河、地涧沟、大鲫鱼河、丁克沟、大马沟河、大箐沟……

澄江县从2013年开始实施河段长责任制，2017年，党中央、国务院提出全面推行河长制，澄江县据省、市的统一安排部署，积极落实机构、办公场所、人员机构，为全面推进澄江县河长制工作提供强有力的组织保障。由市级领导任河长、县级领导任副河长，县直单位、各镇（街道）领导任段长。将沿湖的周边企业也纳入湖长制范畴，明确企业湖长履行湖长制职责。将湖长制工作结合澄江当地特色，“单位+企业”的模式，共同保护好抚仙湖。

澄江122件河湖库渠建立县、镇（街道）、村（社区）三级河长责任体系，共设置县、镇、村级河长173名，其中22件河湖库渠还设置了市级河长13名，实现河长制全覆盖。全面推行河长制以来，各级河长一直注重问题的反馈及整改。各级河长利用“钉钉”软件及邮箱就巡河发现的问题及整改要求以周报、月报、工作简讯及水质预警等向河长制办公室进行报送，实现了澄江县河长制工作经验的交流及共享。

建立工作督查制度、考核问责制度、激励制度、根据日常巡河周报的报送及实地巡查，河道保洁管护到位的单位及镇（街道）适当给予资金倾斜，予以资金方面的帮助并将河长制工作的年终考核分数与单位的绩效奖金进行挂钩。

河长巡河要做到六必看：沿途入河入湖排污口必看，沿途村庄“两污”处理设施运行情况必看，沿途河岸环境卫生必看，沿途餐馆酒店、企业生产设施运行及排污情况必看，沿途山林植被及水土流失情况必看，国控断面、省控断面及出境断面水质情况必看。

六必听：区域总体规划方案必听，沿途河道综合整治方案必听，河流整治工作时间表、路线图必听，各项河流整治工程进度及水质改善情况必听，河流整治任务分工及责任到人情况必听，沿途村庄生活污水、垃圾处置方案必听。

六必改：但凡发现沿途村庄、企业、餐馆酒店等“两污”处理不到位以及乱排乱放的立即整改，河道淤泥影响河流水质的立即整改，沿途堆存生产生活垃圾的立即整改，沿途有临违建筑隐患的立即整改，沿途居民群众有不文明不环保的生产生活行为及时教育、立即整改，对各级河长制专项督查检查和日常巡查发现的问题一经查实立即整改。

六提升：水资源保护能力提升、水域岸线管控能力提升、水污染防治能力提升、水环境改善能力提升、水生态修复和执法监管能力提升。

省委、省政府在全面推行河长制工作动员会议上提出，省级河长每年正常巡查不少于1次、州市级河长不少于2次、县级河长不少于6次、镇级河长不少于12次，村级河长要做到巡查日常化、经常化。2017年澄江县各级河长累计巡河次数5475次，其中市级河长巡河9次、县级河长巡河400次、镇级河长巡河773次、村级河长巡河4293次，河长办共收到各级河长及责任单位巡河周报335份。

澄江县从2013年开始实施河段长责任制，2017年，党中央、国务院提出全面推行河长制，澄江县据省、市的统一安排部署，积极落实机构、办公场所、人员机构，为全面推进澄江县河长制工作提供强有力的组织保障。2017年6月28日，县委、县政府印发了《关于成立澄江县全面推行河长制领导小组的通知》，随着领导小组成立，县全面推行河长制领导小组办公室也即成立，确定办公用房，布置办公设备，抽调人员于7月16日正式到岗履职。

2017年9月25日，澄江县编委以澄机编〔2017〕24号文批复成立澄江县河长办调度管理中心，负责河长制组织实施的具体工作，承办县全面推行河长制领导小组的日常事务。核定事业单位编制15名，核定单位领导职数1名。

澄江县委常委、宣传部部长赵丽华给我讲了她担任梁王河河长的故事。梁王河是一个中型水库，库容1100万方。她分管的这条河占入抚仙湖103条河中水量的78%。河长不是领导制，是责任制。作为河长，这条河就是你的孩子，这条河的大小事都得管。要做到四保护：管、治、防、修。一星期最少巡一次，上“钉钉”软件，掺不了假。定位巡河，如果发现有河段脏，因抚仙湖志愿者总是在抚仙湖边清理，立马打电话让他们上来，迅速清理。在澄江的河上面，一般有山，现在开始执行山林长制，赵部长说她同时是梁王山林长。所谓“清水产流机制”，就是把所管的河道管理成为清水产流区。我管的水库，一直到抚仙湖，要通过村庄和农田，这个过程当中，就是把中间的污染源截住，把山上的树种好，把涵养源做好，一直到产出好水入湖。

我在河长办翻阅改名为抚澄河（原名马料河）的保洁员管理考核评分表，随便看到一张，这是2018年2月27日的考核时间：

河道，40分。工作标准：保护水面洁净，无漂浮废弃物、病死畜禽和生活垃圾。评分办法：1.每发现一处生活垃圾、农药包装物，扣1分；2.每发现一只（头）死鸡（死猪），扣1分；3.对1平方米以上连片漂浮物、废弃物，每出现一起，扣1分。评分情况：水面有废弃物和垃圾，扣3分。评分结果：37分。

河岸及道路，30分。工作标准：保持整洁，无纸屑残渣、废弃包装物、瓜果皮核、明显废弃物，无农村生活生产垃圾及堆放现象。发现后扣分。因这次有污染物，扣除了5分。

绿化面积，30分。工作标准：绿化面积整齐美观，无垃圾、无果苗损坏。但这次发现苗木上有蜘蛛网和绿化面积有污染物，扣了5分。

澄江县河长办设在水利局办公，水利局王书记给我说，他们在考核上是很严的，配合河长巡河，不仅考核保洁员，也考核河长和党员。党员实行积分制，在清河行动中，参加一次加2分，下乡宣传加2分，等等。

在关子箐沟入湖口，海口镇党委副书记李云川等候着我们，他站在澄江县河长公示牌下，这个公示牌显示县级河长赵宏高（县人大常委会副主任），乡镇级河长李云川（海口镇党委副书记）。河道名称：箐子沟；河道起点：小水井；河道终点：热水塘加油站；河道长度：2000米。关子箐沟是一条沟渠，石头水泥砌得漂亮，层层从山上筑下，周围是已经被流转了的农民的土地，果树结了些果子，没有打理也稀稀落落，地荒了。来了两个保洁员，是有名的“仙湖卫士”，一个叫谢有学，一个叫刘德，他们是热水塘村人，他们两人管两条河沟，还有一条是马头箐。他们的地也流转了，当保洁员一个月1600元，也是对他们的补偿。河长巡查，发现问题要扣他们的分，扣一分是50元，但两位说，因为他们工作负责，至今李云川河长没有扣他们一分钱。我们看了一段他们管护的河道，里面没有一点杂草和垃圾，他们说，前些天下了雨，有一些泥沙，正准备掏出来。有几个沉淀池，是专门拦截和沉淀上游冲下的泥沙的，要捞上来，不让冲入湖中。每到下雨他们必须出来，防止浮渣树叶随水漫后进入湖里。

他们说，他们一个村里15人做抚仙湖的保洁员。要说损失，他们的损失是大的，以前他们全是菜农，这里韭菜有名，一亩一年可以收1万元，现在一亩地流转给企业一年4000元，为了抚仙湖，他们听政府的话，现在直接为抚仙湖保洁，做她的卫士，获得了生活保障，也获得了荣誉，是很幸福光荣的事。

四　北岸湿地之恋

澄江县保护抚仙湖的三道屏障，一是山上植树造林，二是坝子产业转型，发展优势农业，三是湖滨建万亩湿地。万亩湿地在湖的北岸。

抚仙湖北岸的万亩生态湿地已经初露端倪，初展英姿。它发誓要成为“国内一流，世界知名”。因为它依托的是抚仙湖这个伟大的湖泊，它的不凡的形象是要与这个湖和它的湖水、湖岸相配。

北岸湿地距澄江县城5公里，计划投资70亿元，搬迁湖岸村庄人口1.5万人，占地1万亩，西至尖山，东至樱花谷，长度10多公里，将建成有抚仙问古、凫鸥眠沙、荻芦秋雪、马房村湿地、仙湖月夜、大河口湿地、稻香村里等10个湿地景观，现在已经建成了大河口和马房村片区两片湿地景观。

我去到马房村湿地，在公路边，看到公园一样美丽的河道、沟渠，他们告诉我这叫调蓄带，有很多桥架在调蓄带上，他们说，这是一期，二期工程的桥就漂亮了，全是曲拱桥。但为什么不稍微将桥修美观一点呢？答案是资金问题。这里的景观实在是太漂亮了，过了一个桥到达马房村村口。这里曾经是杂乱无序的乡村，现在是在花园里，有高大的牌坊，有荷花、芦苇、水芹、水芋、梭衣草。这些大型的花草生长在水边和水中，有鸟飞过又歇在水草中，是白鹭、顶骨鸡和野鸭。

有几块大宣传牌上，是关于抚仙湖北岸湿地生态项目建设介绍以及这块湿地的河长公示牌、抚仙湖北岸生态调蓄带项目建设内容。在一块内容牌中有这样的文字：工程分31段布置，是条带状生态湿地。建调蓄带两岸绿化生态带和生态净化河道、分水口、节制闸、泵站、提水管道、调节池等。收集回归水在调蓄带内停留6天，将携带的泥沙沉淀、污染物吸附、充分曝气，在景观带初步净化后，再通过泵站抽至调蓄带至农灌沟内，满足农田灌溉需求。

牌坊是滇中风格，不远有骏马的雕塑，有漆成老红色和土黄色的黑瓦老房子，也有新的参差新楼，同样有滇中民居的建筑元素，与周围的植物和天上的蓝天相得益彰，非常得体气派。据说，这些房子大多是旧房，进行了改造，作为游览区，都装修成了民宿。村中的格局也是过去的，有曲折小巷，有古树，有小庙，有一些村庄的古物件。但绿化是新的，花草惹人眼，道路是新的，全铺上了沥青。

在村中，有一组铜雕《牧马图》，表现的是明代军屯生活场景，这个村曾是明代军屯养马的地方。当地干部挂在嘴边的有一个词叫

“田园综合体”，就是既体现当地的历史，为了保护抚仙湖，又通过土地流转，让生态农业的企业参与集约化种植与经营，大规模栽种荷藕，举办与荷文化相关的活动，逐步实现农村生产、生活、生态“三生同步”，一二三产业“三产融合”，农业、文化、旅游“三位一体”。这三个“三”，是现代农村、农业、农民“三农”的新生活新气象。

“休闲农业”当然也是一个新词，通过城乡人居环境提升、美丽家园行动、“一水两污”建设、农村危房改造，打造马房村的循环农业、创意农业、农事体验于一体的田园综合体。一个村庄要多少钱就能进行这样的改造？他们说，这里用地198.9亩，包括外观风貌改造和新建村级活动室、公共厕所、垃圾房、入口牌坊等建筑，以及村庄绿化、水电管网，还有二期的澄江荷藕文化传习馆、荷藕庄园等工程，已经投入了6000多万元。

马房村成了湿地公园，游玩和晨练的人不少，这些人中，有马房村的老住户，现在都搬到了县城。杨立明和他的老伴总会来这儿晨练。杨立明老人说，为保护抚仙湖，我们搬离了世代居住的地方，心有不舍，但现在看到这儿这么漂亮了，还是蛮高兴的。他说，原来这里都是一栋挨着一栋的房子，人畜混住，一下雨污水乱流，现在这儿绿树成荫、环境优美，抚仙湖也更美了。

其实，这一切就是为了保护好抚仙湖，让历史与现实，通过整治和改造，与抚仙湖共美共靓。

曾经的北岸10公里地，入湖的污染占整个抚仙湖入湖污染负荷的70%，在于它历史上就是繁华地区，人口稠密，农田集中。特别是菜农，一年四五茬蔬菜下来，农药化肥大量投入使用，农业面源污染严重，人的生活在这里过度繁荣拥挤。万亩湿地工程的决策，彻底改变了这一地区的脏乱差，使之成为人人心向往之的地方。

我们来到一家叫“木兮客栈”的民宿，老板娘叫陈翠华，老公是玉溪的知名兰家，经营苗圃绿化，现在投入民宿经营。这个民宿较大，有三层，17间房，装修相当有艺术气息，原木乡村情调，十分讲究，装修花了90多万。老板娘说马房村的荷花节是6月16号至8月26号。他们租了10年，现在刚开张，到了周末，生意好得很，都是提前预订，全国各地的人都有。吃饭的也多，都是来看荷花的。她原是磷矿公司的职工，下岗后做酒店和民宿。陈翠华的民宿到处是花木，这是她老公的杰作，还有收集来的各种农具、各种农村生活用品。如渔具、马具、碓窝、桶、各种篾具、马灯、水壶、枯树，都派上了用场。原木桌子、原木衣柜、原木床。成色朴素却不简陋，精心的用料和摆饰，给人温馨的感觉。连过去的不锈钢楼梯扶手也全部用粗麻绳给缠绕起来，用一种暖意回馈给客人。

在她的民宿三楼，还有一个大书吧，可以看书喝茶。最妙的是三楼有一个大露台，高低参差，上面完全是一个可以散步的景观台，摆满了各种花木，有花的穹窿，环廊，有座椅和桌子，桌子上也是花木，秋千在鲜花丛中。在露台上，看到的是马房村的田野，盛开的连片荷花，空气中芬芳四溢。在另一边，就是不远的抚仙湖，同样是花团锦簇，绿肥红艳。白鹭在田野飞翔，莲荷在风中摇荡，这景致真恍若江南夏梦。我在陈翠华的民宿里看到一幅当地书家写的诗：“仙湖沃土云高远，壮士饮马屯良田。铁骑铮铮声犹在，荷塘信步似从前。”

这就是马房村的历史和今天。

我去的时候，抚仙湖北岸的蓝莓基本收获完毕，但在北岸的街头，仍然有新鲜如初的蓝莓摆在摊子上、超市里，因为蓝莓成熟期可以到7月底。

抚仙湖蓝莓节一般从4月下旬至5月底结束，蜂拥而至的游客到澄江各蓝莓基地采摘体验，一斤上百元，大家依然踊跃前往。

在北岸，目前种植有20多个蓝莓品种，有早熟的，有晚熟的，故意错开与省外蓝莓上市时间，也拉长了蓝莓采摘的时间，让来到抚仙湖的游客总能赶上。

为何要选择蓝莓？这也是为了抚仙湖水质的保持。蓝莓是寡营养植物，对土壤肥力条件要求较低。如果种蔬菜、烟叶、水稻、绿化苗木，用水量大，用化肥农药量大。与种植蔬菜相比，种植蓝莓每亩可减施氮肥86.11%，减施磷肥68.39%，流入抚仙湖的农业面源污染水将大大减少。

至2017年底，澄江县蓝莓种植面积达7000多亩，有蓝莓种植户170余户、蓝莓种植企业16家，注册蓝莓种植专业合作社15个、蓝莓种植合作联社1个、蓝莓种植协会3个、蓝莓加工企业1家。澄江种植的蓝莓品种主要有绿宝石、珠宝、莱格西、比洛克西、灿烂、奥尼尔、夏普蓝、米斯提等。在各个蓝莓生态园，还可品尝到最原始的手工蓝莓茶、蓝莓酵素、蓝莓酒等特色美味。不仅可以随意采摘新鲜蓝莓，还可品尝地道农家美食。

悦莲庄园是抚仙湖北岸湿地建设的一个缩影，这个叫马房村的地方有30余户农户土地流转，建设成了现代农业庄园。庄园于2015年启动建设，投入3500万元资金实施农田改造和设施配套。有占地560亩的观光区、休闲区、花海区和亲子营地四大板块，是抚仙湖的荷花精品庄园。这块土地的亩均净收益较过去单一种植蔬菜提升10倍以上。在租赁经营中，悦莲庄园通过支付土地租金和雇工劳务报酬，吸纳村委会入股经营支付股红，平均每年为村集体和农户带来近300万元的收益。而随着庄园文化旅游的兴起，周边农户的餐饮、住宿也带动起来了。重要的是，悦莲庄园通过回归传统种养模式，每亩田地较蔬菜种植年均可减少化肥施用量超过300公斤，并且实现农药零施用，基本没有了流向抚仙湖的面源污染。通过再造人工湿地环境，荷藕能有效二次过滤吸收城市排放水中的氮磷物，实现排放水体再净化。

广龙小镇项目位于龙街街道，是抚仙湖北岸新崛起的一个美丽小镇。雏形已经出来，气魄早已初奠。按照省委书记陈豪到玉溪调研及市委书记罗应光到澄江调研精神，广龙小镇严格按照创建全国一流特色小镇和国家5A级旅游景区来规划和定位，小镇规划从概念到详规，编制精细，定位准确，体现“产业、文化、旅游”三位一体和“生产、生活、生态”三生融合。

龙街街道办事处主任董子云，一个年轻的80后，非常精干，说到广龙小镇的情况，连珠炮似的向我侃侃而谈，思路清晰，记忆力超好。

董子云说，广龙小镇项目坚持生态拆迁与产业转型相结合。通过一次性征地，将农地变成生产湿地，发展观光农业，以“云南会客厅”的战略定位，将广龙小镇打造成抚仙湖生态旅游、滇中民俗旅游乃至云南特色旅游的始发站和休闲度假的新胜地。小镇由政府主导编制规划，在规划中合理划定建设区域，按照项目的性质、资金来源渠道、投资建设的主体，将棚户区改造、安置房建设、生产性湿地作为审批制项目进行审批。发动涉迁群众回迁安置，避免采取货币化补偿方式而造成群众挥霍，使农户走上可持续发展道路，同时做到整体联动，全面推进，提高建设水平和速度。同时，按照乡村振兴战略要求，加快推进农业农村现代化，广龙小镇搬迁对搬迁范围农民，稳定农村土地承包关系并全部进行流转，鼓励和支持村民们根据自己的特长和经营意愿，参与到整个特色小镇的发展中来，进一步推动城乡融合发展，走生态、城镇及产业发展深度融合的路子，使农民转向城镇就业和旅游服务业。

广龙小镇项目的开发建设，是抚仙湖保护与发展的一项重大举措，是一条抚仙湖保护与经济发展相结合的路子。在抚仙湖一级保护区内2.8万人逐步搬迁的规划中，广龙小镇的搬迁涉及群众2436户6122人，拆迁面积63万平方米，群众搬迁具有示范带动性的，是加快抚仙湖“四退三还”进程的重大举措，也是抚仙湖环湖生态旅游与发展带上的重要节点。项目将棚户区改造、安置房建设、新环湖路以下生态湿地、商业片区建设4个部分有机组合，商业区、居住区连成一体，成为城市功能融合、文化多样、生活方式复合旅游型小镇。

董主任说，拆迁遇到了不少问题，比如保护老建筑老文化。在楼上，他指着远处的一个寺庙说，那就是龙王庙。搬迁前这里最热闹的地方是附近的龙王庙集市。一些有价值的老建筑要作保留，龙王庙老街要争取恢复，把乡愁的东西留下来。赶集的群众来了，到老庙逛逛。过去为什么热闹，就是因为有庙。他说，如果是赶集日，前面那几条街人山人海，车都没地方停。

关于拆迁，我问他难度，他说搬迁工作不容易，但从正式启动征迁工作到群众搬离、开始拆房，仅用了68天的时间，第一天签字率就达到80%以上，才1个月就基本全签了，只有个别群众的要求与搬迁政策相差甚远，或是存在其他的困难和诉求，工作组做了很多工作才签约。县指挥部非常重视拆迁政策的制定，用了近一年时间，编制了18稿、修改200多次才完成，其间征求了县、镇、村、组不同层面人员的意见，让搬迁方案最大限度地保障了群众的利益。自出台搬迁安置政策方案到群众签完搬迁协议并交房，从2018年2月8日开始，仅用了68天时间就实现了全村6122人全部签约，全部搬迁。老百姓对保护抚仙湖，找到一条新的生态发展路子非常支持。

董主任说，这次生态移民搬迁，既保护了生态环境，又推进了新型城镇化和城乡一体化建设。我们让农民移民后住到旅游小镇里，真正实现生产、生活、生态的“三生融合”。

农民们在抚仙湖边世代生活，有田有水有树，但现在他们改变了身份，乡愁能留住否？我们只有祝愿他们，依然在祖先的土地上，过上好日子。应该说，没有拆迁纠纷的搬迁，政府是做足了工作，保证了公平合理。抚仙湖美，他们的生活才美。

北岸，就是盯紧了国际闻名、世界标准。这里的农民是幸福的，即使成了城里人，即使不再面对土地，却依然有过去湖边的烟水生活，烟云缭绕，与抚仙湖一起，日子更上一层楼。

澄江县副县长陈斌在他的办公室里，向我谈了一些基本的数据。我记住他说的，抚仙湖是国控重点湖泊，它的一类水量占我国的90%以上，是昆明的后花园。保护抚仙湖是重要的政治任务。在政府的工作中，湖泊优先，生态优先，山河同保。在整个保护的过程中，处理好保护与发展的关系。沿湖群众世代在这儿生活，他们还将要生活下去，生存下去。他谈到高位统筹，抚仙湖不能再搞九龙治水，现把其他两县所属的湖泊部分由澄江县统一托管。

陈副县长说，另一个统筹，就是统筹山水林田湖草建设规划。退耕、休耕和流转后，如何进行产业结构调整，是重要的任务。低水低肥的种植是保护抚仙湖的举措，为此，他们就是进行蓝莓和荷藕种植，山区发展核桃种植11万亩。他谈到今后的任务和举措时，告知我抚仙湖因为径流面积小，补水严重不足，正在抓紧向大龙潭调水。

他说，作为一个澄江人，底线意识、薄冰意识、红线意识总在脑子里转。抚仙湖是澄江王牌的根、本、魂。他说抚仙湖是澄江最大的优势所在，是澄江竞争的潜力和发展的后劲。他经常跟老百姓说：抚仙湖如果污染了，我们的子孙就难生存下去。外来人来了就走了，他们可以不来，但我们生活在此，只有保住这一大潭水，才是我们的命根。而抚仙湖是全国人民关注的一个湖泊，大家不可有丝毫的松懈，水污染和所有的生态灾难一样，是不可逆的，如果水质下降，全国人民也不答应。“起步就是冲刺，开局就是攻坚”，他说，这几年澄江的干部周末从不休息，保护与治理的任务太重，产业转型艰巨。在抚仙湖边住，对于当地百姓来说，现在就是：有水不能用，有房不能住，有矿不能开。我们现在按照省委要求，在抚仙湖区发展绿色能源、绿色品牌、健康生活目的地，有关的龙头企业带动搞田园综合体、以合作社加农户模式搞休闲观光农业、生态绿色农业，只有这样，才能让抚仙湖更加美丽纯净。

“两岸云山留晚翠，一溪烟柵弄春情。浴凫未起归帆远，钓艇初回拂浪轻。”抚仙湖越过了千万年的风雨，将一湖灵水、一溪烟柵、两岸云山、春情晚翠奉献到今天的时代面前，这是抚仙湖人世代守卫的功劳。有清水的地方一定是圣灵之地，我接受这样的洗礼并且膜拜。这举世罕见的高原湖，一定是我们心灵归帆的最后港湾。

第四章

蓝宝石的洱海

一 总书记来到古生村

坐落在洱海边的古生村是大理历史的一个缩影，也是洱海风情的一个象征。这个白族村子存在已有千年，虽然坐落在洱海边上，但村子整洁得就像是城市的某一处：街道干净，家家流水，户户花园，房子飞檐斗拱、雕梁画栋，墙上也画有各式的花鸟人物。白族是一个爱美的民族，是一个比汉族似乎更有儒家风范的民族，更有情调更浪漫更文化的民族。这样的村庄应该称之为文化之村，而非自然村落。但是，在大理洱海边，这样的白族村庄太多，古生村是一个典型和代表。

古生村在洱海“四洲”之一的鸳鸯洲之上，“古生”白族称“沟赫”，最初为“救生”之意。洱海边的龙王庙是大理各族群众祭祀龙王、举行放生活动的重要场所，每年农历七月二十三日，白族群众都会纷纷前来祭祀龙王，放生泥鳅，故有了“古生”之名。古风长存的古生村，古迹太多，福海寺、水晶宫、古戏台、凤鸣桥、龙王庙、古民居等随处可见，兴儒会、洞经会、莲池会等古老的民间组织从未间断活动。洞经会是男人们参加的，是演奏洞经音乐的团体；而莲池会是女人们参加的，又被称为“妈妈会”或“斋奶会”，是白族民间流行时间最久、流行范围最广的中老年女性组织。

我踏入古生村第一印象和第一疑问就是：这个村子在习总书记来之前也这么整洁漂亮吗？答案是：一样。在接下来的白族村出入，我对白族不再有疑问，只有敬重。这个民族在中华民族大家庭中太亮眼，根基深，保存着最好的古风。

李德昌家的院子当然也在洱海边。习总书记到他家说到乡愁，说这里环境整洁，又保持着古朴形态，这样的庭院比西式洋房好，记得住乡愁。李德昌说，总书记还说过城里房子是火柴盒式的。于是这三年多有40万人次包括许多老外来过这个小院，习总书记来后的几个月，老李一天要接待4000人，因为与人合影，人都累趴了，坐下来就站不起来。镇里管宣传的王委员说他是幸福的烦恼。我说你这个中国的乡愁小院，花2000万也买不到啊。李德昌说，1亿我也不卖。

洱海边有多少这样的小院呢？乡愁，洱海的风、洱海的气味、苍山的云，都变成了美丽的乡愁。

我在与他谈话时，他养的高山画眉不停地发出高亢嘹亮的鸣叫。院子里有缅桂，开了花，白族男人将一朵缅桂花花苞插在T恤的扣眼里，汉族女人才会如此。院子里雪桃结果，梨子结果，牵牛花爬上了桃树。他儿媳赵财红告诉我，还有开着如虾身的红花白蕊的虾衣花、野生杨梅也结了果，估计也是百年桩头。月季、八月桂、满树红花的三角梅、两个大桩头发财树，还有南瓜、指甲花是自生的。

这个村有古桥凤鸣桥、古树大青树（400年了）、古戏台，还有龙王庙、福海寺。老李就一个农民，生活品位超过了许多文化人。

李德昌生于1967年，今年51岁。平头，蓄点小胡子，身体壮实，面相精干。他说他这个房子是2007年建的，2009年，接待过副总理司马义·艾买提。我有个疑问：“为何总书记与乡亲们座谈要选择你家？”他说是一种缘分吧，跟总书记有缘分，他相信缘分。据说在这之前，组织悄悄地把他祖宗三代历史都查过，这是后来他才知道的。他们这个家是典型的白族之家，家庭很和谐团结，四代同堂。他有四个兄弟姊妹，有十一口人，大锅饭吃了许多年，1991年才分家，当时爷爷奶奶还健在。现在他跟儿子儿媳妇住在一起，儿子、儿媳妇、姑娘，都在做生意。他自己在银桥供电所上班，当临时工，抄表员。

他说，自从总书记到他家里来了以后，就把他的生活全部打乱了，他要花太多时间接待，疲惫不堪。有人说你与人合影可以收几块钱嘛，他说我不会收钱，家里也不卖什么东西，比如土特产之类。后来因为来的人多了，就在家里摆了几套白族的服装，游客用这服装照个相，收点钱有一点收入。他家的经济状况还不错，所以说热情接待不收钱，有时晚上10点多钟还有人敲门要进来看看。现在，这个院子按总书记的说法是一个乡愁小院，留得住乡愁。李德昌说："这个乡愁小院，不是我个人的了，小家虽然是我的，但总书记来了以后就是大家的。说小一点看是大理的，说大一点是云南的，说更大一点是中国的。中国的乡愁，就在这个小院子里。这个小院，现在成了入党宣誓、党的教育的一个红色旅游地。"

为了接待，耽误了他很多事情，使他的收入大大减少，生活习惯也改变了。他说什么都改变，包括做人也要重新做人，因为他成了公众人物。做人难，做好人更难。他告诉我有15个国家的考察团来到过这里，是一个关于乡村建设培训班的，在他这里参观取经。我说，你这成了世界级的乡愁小院啦，憨厚的李德昌只是笑，不答。

他说谁家的院子能有40万人光顾呢，而且来这里的档次都不是一般的人，的确是幸福的烦恼。

他讲起那天总书记的到来，他是在门口迎接总书记的。当时领导并没有给他说迎接的人是谁，说就是一个领导，跟古生村的乡亲们座谈。他说在门口看着领导来了，他越看越像，越走近越像，怎么是总书记？总书记就要来到小院门口，他说他的心跳得快，心都快跳出来了。总书记在隔壁与开客栈的村民何利成简单问了下情况就过来了，握了手之后，就不害怕了。

第一时间，总书记就走进靠左边的厨房。厨房里有一口老灶，烧柴火的，总书记把锅盖揭开，这个灶平常是不用的，兄弟姐妹来了，大家在一起团聚才用这口大锅，平常都不用这个做饭，用的是电磁炉、电饭煲。总书记问你们是烧柴还是烧煤啊？李德昌回答说现在都是用电，总书记说好用不好用啊，李德昌说又好用又环保又便宜又实惠。总书记说环保好，还拉开他的冰箱看了看。总书记和蔼亲切、平易近人，总书记问他们家有几口人吃饭，种了多少地，粮食够不够吃，他都如实做了回答。然后总书记就走上台阶到了客厅门口，看到了雕花格子门，然后就问这个门是什么木料。李德昌说是松木，总书记对中间的雕花很感兴趣，问这是什么料，李德昌说是青皮料，不开裂，总书记说工艺很好。总书记夸了几句就进屋，他首先看李德昌孙子的取名帖，当时是用一张红纸抄写贴墙上的。白族生孩子百日要请当地的文化人取名字，当时请的是村洞经会的会长杨天锡老人起的名字。帖是这样的：

恭贺李老先生子芳喜添重孙贵子四代同堂合家欢喜诚邀姻亲本家贵戚举行弄璋之庆双方高亲欢聚一堂异口同声先天一气赐其名曰

栋荣

有诗为证

才高八斗出栋梁
荣耀门庭德为先
一生只有勤作径
留得芳名世代传
四代同堂乐
幸福永久长
新人启新屋
吉能治中华
此子长大后

保朝成中梁

双方亲朋贵戚赵应龙赵观龙赵长贵赵珍雄赵利林李定西杨棋李锐斌洪化龙杨先康赵才道等人同贺

执笔杨天锡

辛卯吉旦同贺

乙未之春白子云鹤重书

总书记细细念了一遍，他说这名起得好，因为这个名字叫栋荣，总书记说将来要成为国家的栋梁。当时取这个名字，也是这个含意、这个意思，希望他能成为栋梁之材。李德昌说，现在这个取名帖我把它裱了起来，因为这是总书记念过的。总书记又看了李德昌祖父的画像，问了李家的家世，然后就出来在院子里坐下与村民们座谈。谈的都是生态保护发展，气氛非常热烈，计划是30分钟，最后1个小时过去了，谈兴依然很浓。

村主任何桥坤说，他当时有一点紧张。总书记亲切地说有什么谈什么，不要紧张，不要有什么顾虑。他说和习总书记握手，总书记的手热乎乎的。座谈中，习总书记说到“记得住乡愁”那段后，还说：“我是第一次来大理，从小就知道苍山洱海，很向往，看到你们的生活，我颇羡慕，舍不得离开。”“生态环境保护是一项长期任务，要久久为功，一定要把洱海保护好，让‘苍山不墨千秋画，洱海无弦万古琴’的美景永驻人间。”当他说了“很羡慕”之后，还开玩笑地对省委书记李纪恒说，你退休了以后到这里来居住，大家欢不欢迎啊，大家说欢迎欢迎。总书记说这样子居住接地气。老年代表、妇女代表都发了言，谈的是医疗卫生、农村改革。国家对村民有什么好处，老人有什么好处，好的政策都享受到没有，问得很仔细。

李德昌说，总书记给他带来了福气，也给洱海带来了希望，总书记不来，洱海就污染了。国家如今大投入，全力抢救洱海，保护洱海。现在是阵痛，虽然影响到了大家的收入，比方说养殖不能搞、鱼不能捕，但洱海保护好了，他们的生活才有保障，子孙才能安居乐业。

村里的何书记说，总书记走的时候当地群众自发欢送总书记一行，总书记一一与大家握手。群众害怕手凉，就搓搓手把手搓热。总书记对白族的服饰、头饰都很感兴趣，这些服饰头饰寓意是风花雪月。还有一个妇女背着一个绣花包，总书记把她的包抬起来看了一下绣工和图案，事后那个背包的妇女说，真的后悔应该送给总书记的，当时因为太激动就没有想起这事，后来这个妇女老在想怎么把这个包能送给总书记就好了。

何书记T恤的扣眼里插一朵缅桂，他说缅桂男女都插，一是香，二是提神。他给我说他们白族，爱种花草，爱整洁漂亮。他说他们村的那棵大青树有400年历史，白族先人选择居住的地方首先要栽一棵树，树长好了，这个地方风水就好，他们就会在这住下。这棵树称为风水树，树长得好，就是子孙可以在此繁衍生息，兴旺发达，也是神灵的意思。村里因为紧靠洱海，所以雨污分流早就做了，就是生活污水、圈厕水都要进入全市的管网。每家都要挖一口化粪池，政府补贴3000元，控制养鸡养猪等养殖活动。可以养几只鸡，一头猪，但粪便要处理好。何书记说他们村里有7个S形沉淀池，村里的生活污水一层一层的过滤沉淀后才能流进洱海。每家化粪池的要求，一般在两立方，至少是三格，四格五格也不少，就是要通过沉淀，用预制板盖好，没有气味。村里看不到化粪池，都在地下。村里的垃圾，也统一组织收集，运到指定的地点，然后通过压缩，运到垃圾发电厂发电。

镇里的王委员说到习主席来的那天天象有点怪，2015年1月19日，天上下着雨，非常冷，苍山还下了雪，山顶上一片白色。但奇怪的是，1月20号突然天放晴了，万里无云，波浪不兴，天气也有了暖意。上午9点50分左右，习总书记乘车穿过村子，在环湖路下车步行到了洱海边的龙王庙。这个龙王庙是有讲究的。在农历的七月二十三日有一个放生节，也是白族的本主节。本主节就是一个村供奉一个本主，这个本主必须是个英雄，他生日的那天全村要祭拜他，这是白族的英雄崇拜信仰。本主可以是男的，也可以是女的，可以是普通人，可以是一棵树，也可以是一块石头，但必须是为这个村做了巨大贡献的，古生村供奉的是托塔天王李靖。

当时习总书记在海边驻足，远望着洱海，他了解了一下洱海的保护情况。当地的领导拿出两瓶水，是滇池的水和洱海的水，将两瓶水做了一个比较，洱海的水明显好于滇池。总书记兴致很高，提议和随行的省州市领导大家一起合影留念，然后自己也照了一张单人照。照完相，总书记叮嘱大家：立此存照，过几年再来，希望洱海水更清澈、更干净，云南有很好的生活环境，一定要珍惜，不能在我们手里被破坏掉。一定要保护好洱海，如果洱海保护不好，我就要找你们干部。

我在村里，看到村委会门口刻有“习近平总书记视察古生村纪事”的石板，还有一块总书记的话：留得住绿水青山，留得住乡愁。在李德昌的院子里，有书法家也写了一块“记得住乡愁”的大匾。

李德昌家廊檐下的大桌子，至今还铺的是接待总书记时座谈的白族印花布。在他的客厅里，多了一幅画框，请人书写的是李德昌的四首诗，题目是《词记山花·习总书记到我家》，李德昌，2015年1月20日作。

其一：苍山含笑洱海欢，习总书记到我家。十里乡亲走相告，喜鹊叫喳喳。

其二：苍山起舞洱海唱，北京大理是一家。主席来我家中坐，世代也荣光。

其三：看了厨房看堂屋，主席和我拉家常。话语句句三冬暖，热乎我心肝。

其四：苍山洱海一幅画，无尽乡愁主席夸。梦里梦着中国梦，国泰万民安。

写诗时间是总书记来的当日，估计李德昌心潮澎湃，夜不能寐，虽然诗不押韵，但情感真挚，发自内心。

李德昌家大门有一副对联出了名，上联是“近水白家风光好”，下联是“平凡绿野故事多”，横批是“习习春风”。

坐在李德昌的院子里，还与古生村的村民赵光明聊了会儿天，赵光明是大理的十大最美人物，洱海卫士，他管13个人，他们的工作就是让官桥镇沿湖16.4公里干干净净，所有入湖沟渠没有垃圾入湖，捞死去的水草，湖面上没有漂浮物。

我与他们喝茶聊天时，老李的院子里鸟语花香，门口流水潺潺。当想起总书记“看到你们的生活，我颇羡慕”的话时，我深切理解了总书记的感慨是真挚的。如果人一生有这样一个院子，还有什么不知足的呢？所谓人生的幸福，这个院子全装下了。

在村里气势巍峨、木雕彩绘满身的古戏台边，头顶是大青树的浓荫，树冠上传来众多鸟叫，叽叽喳喳。我看到脚下小溪的流水——它们来自苍山，竟然有游鱼，更有水草。而这些流水都在古老的石砌沟槽中，一直流淌至不远的洱海。出门就是古物，出门就有小鱼，出门就有水草，这样的乡愁，谁不会记住？谁能忘得了？

洱海是装满乡愁的海，洱海边的村庄，是乡愁的天堂。

二　抢救洱海行动

在苍山的雪峰之下，云霭浮动，有时阳光粗壮的光线一排排从山腹射向天空，仿佛苍山是一个蓄存着万丈光芒的金库。阳光有时倒射向洱海湖面，就像是上苍的手，抚摸洱海的波浪。这时候，所有的浪花都一个激灵醒来，抖擞精神，发出响亮的骚动声，像早起的孩童一样撒欢嬉闹。洱海的湿地间，各种树生长在湖边和滩头，它们得了洱海的灵气，岸上水中迷幻一片，金色的草海和渔舟则像是一种仙界的存在。洱海上空的云霞奔涌迅速，宛如被海浪推至天空而凝固。洱海之大，一望无涯，云与波，波与云，在同一个空间交错鼓荡。云南之云与云南之水，就这样成就了一个神话。

我还喜欢玉几岛边水中的水草，在水草间流动的鱼。如果住在洱海边，我会天天垂钓于此，看云团从水中窜上空中，像一些白鱼到处漂流。当然，抬头远望苍山之翠和山顶积雪，那种山水之间的感觉是最令人感动的。你会感激这世界有这片浑圆广阔的山水，它们可以存入你心间。它们叫天地。

古人也有同感，明代学者王士性说："乐土以居，佳山水以游，二者尝不能兼，唯大理得之。"这说的是结果，不是大理苍山与洱海为何勾魂摄魄、让人欲罢不能的原因。

洱海在九大高原湖泊中排名第二，在全国湖泊中排名第七。一个如此庞大身躯的水体，滚动在高原之上，也许大理很古老，人们既爱洱海的野趣，也爱洱海的文气。

在洱海边吃土锅鱼，吃的是一种叫弓鱼的鱼，长而瘦，鳞细，肉鲜，有鱼魁之称。还是因为洱海的水好，这里的好鱼有很多，鲤鱼、弓鱼、鳔鱼、细鳞鱼、鲫鱼、草鱼、鲢鱼、青鱼等。这里同高原湖泊一样生长着海菜花、菰、慈姑、荸荠等。水禽有棕头鸥、翘鼻麻鸭、灰鹤、秧鸡、红胸田鸡、黑水鸭、彩鹬、凤头麦鸡、灰鹬、红嘴鸥、银鸥、灰背鸥、鸬鹚、秋沙鸭、黑水鸡等。土著鱼有大理裂腹鱼、大理鲤、杞麓鲤、云南四须鲃、油四须鲃等。

大理人常说的洱海"三岛""四洲""五湖""九曲"是说它有太多的胜景，不仅仅只有名扬天下的"洱海月"。三岛是金梭岛、赤文岛、天儿岛。四洲是青莎鼻洲、大贯础、鸳鸯、马帘。五湖是南塘湖、北塘湖、联株湖、龙湖、波洲湖。九曲是凤翼曲、牛角曲、萝莳曲、莲花曲、蟠矶曲、鹤翥曲、大鹳曲、波作曲、高岩曲。洱海的湖湾在海边曲折蜿蜒，弯出了一些古老美丽的渔村小镇，其中较大的有海东湾、挖色湾、康廊湾、双廊湾。

洱海被誉为"蓝宝石"，是指它的水有一种其他高原湖泊没有的品质。2017年7月，国家生态环境部将大理洱海与白洋淀、丹江口定义为“新三湖”。20世纪80年代以前，洱海水质较好，保持在贫营养状态。随着洱海流域人口增加和城镇化的发展，对洱海环境的影响越来越大，洱海的保护治理也越来越重要。“洱海清、大理兴”，这是大理喊出的口号。

洱海曾在1996年和2003年两次暴发蓝藻，让人们为洱海的未来捏了一把汗。这预示着，洱海一不小心就跌入了污染时代，并且有可能重蹈滇池的覆辙，这将是云南生态的大灾难。

为了保护洱海，大理颁布并实施了《洱海保护管理条例》《海西保护条例》，全面实施洱海保护治理“六大工程”，洱海二类水质目标和2333计划等一系列重大举措，从“一湖之治”到“流域之治”再到“生态之治”的重大转变，加强污染综合治理。在全省首家颁布实施《大理州湿地保护管理条例》，先后投入20多亿元，对大理洱海、洱源西湖、茈碧湖、剑川剑湖、鹤庆草海、祥云青海湖等湿地实施保护与恢复。先后投资3亿多元，实施湿地公园恢复建设、湖滨带生态修复、退耕还湖还林、面山植树造林、小流域治理、水源地保护等一大批项目。洱源西湖、鹤庆东草海建为国家湿地公园，云龙天池、南涧无量山升格为国家级自然保护区，抓好以批江为重点的河流污染治理。

2015年1月，习近平总书记在古生村洱海边的指示和殷殷嘱托，成为新一轮保护和抢救洱海的号角。“一定要保护好洱海”，总书记在这里立此存照，洱海要达到“河畅、水清、岸绿、景美”的目标，洱海的治理保护，成为大理生态文明建设的重中之重。保护洱海实行的是抢救模式，抢救就是争分夺秒、时不我待。2017年，抢救洱海的攻坚战全面打响，“七大行动”是对洱海污染的全面宣战，举全市之力，挽洱海之清。

洱海虽然水质尚好，但滇池的教训太深刻。等污染了再治理，太难太难。

截污治污的历史欠账、餐饮旅游的膨胀发展、农业面源污染等老问题，洱海水质已处于由中度营养向富营养化转变的危险时刻，比较适宜藻类生长。如果再跌落一点，稍不留神，蓝藻就会暴发。

2017年3月31日，大理市政府发布通告，要求洱海流域水生态保护区核心区内的餐饮客栈一律暂停营业。

这只是大理洱海抢救“七大行动”攻坚战的小战役，“七大行动”指挥部13个工作组紧紧盯住的是红线，是对水质的死守。

所谓“七大行动”，最重要的工作就是不让一滴污水入洱海。必须是清水入湖，四水（厕所水、厨房水、养殖水、洗刷水）去场池。为此，大理已在133个村落建立和改造了146套村落污水处理管网设施。在截污管网还没完成的地方，应急开挖130余处库塘收集农田尾水，同时由乡镇成立污水应急收集小分队挨家挨户去居民家，确保厨房、厕所、家庭小养殖场等“四水全收”。

“七大行动”是战场，是政治任务。我在采访的工地上，看到的是紧张的施工气氛。云南建投集团的一位工地老总说，他们的领导说了，你在大理完不成任务就不要回昆明了。现在整个大理是一个大工地、大战场，全民抢救洱海，没有闲人，找不到工人，镇委书记到处找人干活，成了“包工头”。在大理的任何角落，都是关于抢救洱海的标语，简直让人坐不住，24小时开工的工地造成一种严峻的气氛，大家担心到了倒逼的预定时间，是否拖了全市的后腿，每个人都是领了军令状的。

整治两污行动全面铺开，针对洱海流域垃圾乱丢、污水乱排等问题，按照“治湖先治污，治污先治源”的思路，从湖内治理向流域治理转变，全面封堵排污口815个。建设了143个多塘系统，114座村落污水处理设施。开展“清洁家园、清洁水源、清洁田园”活动。启动环洱海截污治污PPP项目建设工程。查处违法排污行为26起，及时制止“电捕鱼”违法行为61起，首次公开宣判“电捕鱼”案件2起、依法处理违法人员6人，封湖禁渔期间共巡查4246次，收缴违法渔具2.7

万件。加快洱海湿地恢复建设，在洱海界桩1966米（85高程）范围内启动新一轮“三退三还”工作。

流域“两违”整治行动提速，划定洱海流域水生态保护区核心区，严格“核心区”管控，开展违章建筑整治，全面暂停洱海流域农村建房审批，逐户开展复核整治。2017年以来，依法拆除违规建设322户，拆除面积达57万平方米。开展餐饮客栈服务业违规经营整治，排查全市餐饮客栈经营户8575户，其中核心区1246户，对证照不齐及国土规划手续不完善餐饮客栈经管户已暂停营业413户，永久关闭3户。全面暂停农村建房4472户。启动实施环洱海146个自然村村落污水收集处理系统应急提升完善工程、20000户化粪池及“四水”收集应急工程和21座污水收集处理应急建设工程，完成82座环保设施市场化监管移交工作，建成19所中小学校、40个客事办理场所污水处理设施。

在村镇“两污”整治行动中，对全市村镇排污情况进行拉网式排查，共排查出沿湖村庄农户20975户未建化粪池，155个农村客事办理场所、76所中小学和幼儿园、184个自然村、76家机关企事业单位未建设污水处理设施，分工负责，现已全部完成建设。全面开展河道排污大排查，对已封堵的809个排污口开展“回头看”，对出现反弹和新增的排污口从严进行查处到常态化管理。开展城乡环境卫生综合整治，收集清运垃圾6.25万吨，清理沟渠499.28公里，清理淤泥6447.86吨，收集清运畜禽粪便2.4万吨。

面源污染减量行动发力，划定规模化畜禽禁养区，对禁养区内43家规模养殖场进行关停或搬迁。划定“禁种区”，通过勘界明确禁种区土地面积，对“禁种区”16464亩耕地进行流转，建设生态隔离带，由种植大户和规模性企业进行有机种植和生态种植或建设生态湿地，完成节水灌溉工程土地流转4.12万亩，设置500个农业面源污染调查点，实施小春测土配方施肥8.94万亩，推广施用有机肥68万吨，减量化肥1320吨，全市大蒜种植面积从2016年4.61万亩减少到目前的

3.06万亩。

节水治水生态修复行动迅捷，严格水资源管理，推进河道生态治理、湖滨湿地恢复、面山绿化等生态系统建设。管控农灌用水，成立用水合作社，实行统一管水，颁发水权证9.9万本，聘请165名水管员。在2017年6月实现海西片区统筹供水全覆盖的基础上，加快实施三水厂、银桥水厂、喜洲水厂和双廊水厂二期工程。排查全市地下井35522口，具备封堵条件的8769口，已封堵地下井5824口、十八溪农灌口106个。新建调蓄湿地工程、泵站工程、配水工程、管网灌溉等配套工程，建设5.9万亩滴灌、喷灌、低压管灌区。建立州、市、镇、村、组五级河长制，新增141个河道断面水质监测点，以水质倒逼责任落实，同时对全市295条主要入湖沟渠进行封堵，防止沟渠废水入湖。对44个非煤矿山矿区矿点开展地质灾害治理、植被恢复和应急浮绿工作。云浪菁和上登光建等7个矿山已完工进入后期养护，普和箐正启动第三期建设。

流域执法监管行动严厉，一线发现问题，现场办公处理，限时督办完成，从2016年12月1日起，实行市级四班子领导每周一天带队和市级挂钩领导定期巡查挂钩镇的洱海保护治理工作制度，严格完善河段长责任制，一条入湖沟渠一个整治方案，并挂牌公示。严格执法监管。检查宾馆客栈等污水处理设施863家次，整治排污口195个，查办案件140起，执行缴纳罚款32.11万元，加大“禁磷禁白”工作力度，查办案件4217起，收缴违禁品42吨，行政处罚案件立案95起，罚款275.1万元。开展洱海流域违法排污专项整治行动，对洱海流域所有违法排污单位进行现场核查，共入户检查2268户，发放整改通知891份，关停经营户92户。从2017年起，洱海实行常年封湖禁渔，共查获非法捕捞水产品刑事案件3起，刑事拘留9人，取保候审6人，收缴船只180艘，地笼、丝网等12314张。

截污治污工程是“七大行动”的重点之一，一是环湖截污（一期）工程，在挖色、双廊、上关、湾桥、喜洲、古城共新建6座污水处理厂，新建污水管（渠）234.2公里、尾水输水管34.82公里，6个污水处理厂已全部建成运行。环湖截污（二期）工程，新建村落污水收集管网约915公里。综合管网（兴盛桥至天生桥段）工程，建设排污干渠6.2公里。环洱海综合治理环海路（观音阁至上关）截污工程，沿环海路敷设污水管网11.22公里。34条入湖河道综合治理工程，治理总长约163公里。开展截污治污体系排查整改工作，共排查出问题10万余个，将排查出的问题交办给乡镇和业主单位，已实现农户化粪池、污水管网、污水处理厂的互联互通。

2018年5月30日，洱海保护治理“七大行动”指挥部宣布洱海“三大红线”划定，这意味着对洱海保护的范围有了法律上的界定，红线的意思就是不可逾越。

三线划定，洱海西部临湖15米内全拆，用于恢复湖滨带，数百家客栈和上千户居民将被迫搬迁，成为“生态移民”。这样的“一刀切”是必须的，没有人能够抗拒。

我是第一次到有名的双廊镇，有人说，许多到双廊镇的人是冲着杨丽萍的太阳宫、月亮宫去的。但双廊在剥去了所谓名人效应后，依然熠熠闪光。双廊镇沿岸都是民宿，都是餐厅，都是好玩的地方，一个个渔村依偎在洱海的怀里，娇艳可人，据说这里是中国最适合发呆的地方，一个房间几百上千，跑到这儿来发呆，也是吃饱了撑的。双廊就是双廊，是“苍洱第一村”，最美的渔村，最美的洱海小镇，网上说它“比丽江清净，比大理多情”，“有一种生活叫双廊”，双廊是云南最新的浪漫之地。在玉几岛上，远眺苍山十九峰，这里也是拍摄洱海的最佳位置。

双廊的美名主要在玉几岛。这个半岛，一个古渔村，一个古代小镇，一切都是古的，古的水，古的街，古的树，古的炮台，古的庵寺，古的阁楼，古的故事，古的小巷，窄得仅两尺宽，当年那些民宿、餐厅的家具甚至建筑材料是如何搬运进去的？估计只能通过水运，或者拆卸后，再进屋子安装。这个半岛边的水那么清，水草上是欢跳的鱼，水中也是成群的鱼，一些表演的鱼鹰缩着脖子在船舷边蹲着，无聊地用喙梳理羽毛，钓鱼人在雨中一动不动。而这时一条大游船来了，是从洱海深处开来，像是童话中的大船，要停靠在双廊镇游玩。可是游客没有赶上好时候，玉几岛的餐馆一律停业整顿，关门闭户。街上只有一些老人卖点油炸的小吃，想吃饭很困难。双廊镇关停了629家餐饮、酒店、民宿，占全洱海关停的三分之一，有人损失惨重。但我认为玉几岛的确是最美投宿地，现只批了客栈11家，餐饮4家，必须五照齐全才能营业。在许多一把大锁的门上，都贴有告示，告知一律从2017年4月10日起停止接待客人。

我在玉几岛的村中信步游弋，这里真是个美丽的村子，石板路锃亮如镜，每个院子里院墙边鲜花盛开，成团吊着的曼陀罗花、张扬的炮仗花、鲜艳夺目的三角梅随处相遇。同样是白族人的聚居地，同样是“三坊一照壁”“四合五天井”的深宅大院，古树虬曲高耸，荫庇黑瓦白墙。有的家里一个照壁就会花上几十万。他们对照壁的建造如此重视，让人叹为观止。看一个家庭是否富有，看的就是照壁。

我看了杨丽萍的月亮宫、太阳宫，还有著名建筑设计师赵青的青庐。我感叹他们的这些建筑是世界级的设计水平，也应该是世界级的建筑，但这些建筑都延伸进了湖中，将基脚打在海边的礁石上，而赵青的青庐里，完全保留了礁石的原形，如果说是破坏生态，这一定是，但在破坏的时候，设计师又考虑到了礁石的美，它成了一个景观，而且是独一无二的，是与洱海和海边的古村紧贴在一起，成为玉几岛的一部分。事实上，杨丽萍的建筑，也成为了双廊的一座重要地标、一个当红景点，在红线范围内的这些建筑，包括渔民们祖祖辈辈建起的老屋，拆还是不拆，是一件令人头疼的事。

关停客栈和餐馆虽然会使大理的旅游业遭遇一段寒冬，但大理决不会以牺牲环境为代价。玉几岛的确是最美投宿地，但游客如果爆满，每天的污水大量进入洱海，会是灾难性的。好在，这里家家有污水净化池和处理装置。你家的进水表与出水表必须是相等的，不能有任何偷排。看到这种净化设备，我相信洱海的水一定能够保持清澈洁净。

双廊镇的污水处理厂没有任何与污水有关的联想，也没有污水的气味，甚至看不到厂房。这个厂是下沉式污水处理厂，完全不在地面而在地下，它的运转几乎是悄无声息的，且不占土地。这个处理厂所在的公司，在双廊的工程项目包括污水处理厂工程、环湖截污干管工程、污水管网改造工程、尾水及再生水利用工程和生态塘库工程。双廊片区服务面积约3平方公里，服务人口4万人。新建厂外14万方尾水塘库，包括4.5万方净化库1座，9.5万方调蓄库1座。根据农村农业面源污染的分布及近期、中期、远期变化特点，以“依山就势，有缝闭合；管渠结合，适当集中，分片收处”的原则，处理的污水包括城镇及农村的生活、畜禽养殖、旅游餐饮等废水，进入污水管网的污水需达到《污水综合排放标准》的要求，新建污水处理厂出水全面达到一级A排放标准，并建设尾水生态塘库，满足农灌用水和再生利用要求。环洱海截污工程污水处理设施产生的污泥脱水达到80%以上，达到稳定化、无害化和资源化处理的目的。

新建的污水处理厂尾水作为农灌、杂用水、河道景观用水。双廊新建的污水处理厂尾水除供镇区作为杂用水外，其余尾水通过尾水管道输送至新建的尾水塘库处理，经过塘库水生动植物净化后可供给附近缺水村庄进行农田灌溉，可以灌溉几个村庄的庄稼。其中，作为镇区杂用水使用的部分在旱季用于道路冲洗、绿化浇灌、公厕冲厕和洗车。雨季除少部分用于公厕冲厕外，其余的尾水一并输送至塘库处理。

这个厂的污水处理方式，采用CAST生化池（池子分三段：生物选择区、多功能区、主反应区）+高效沉淀池工艺，污泥处理采用带式浓缩脱水工艺，消毒采用紫外线消毒工艺。

双廊水厂设计处理量为每天0.5万方，虽然氮磷偏高，但处理过的中水清澈透明，农灌和城市市政用水是没有问题的。

双廊污水处理厂厂外的塘库像是一个湿地，栽种着挺水植物如再力花、千屈菜、鸢尾、水葱、美人蕉、风车草。沉水植物如苦草、伊乐藻、菹草、金鱼藻、马来眼子菜。水生动物有鲢、鳙、鲫鱼、河蚬、螺蛳、尖口圆扁螺、方形环棱螺、无齿蚌、虾等。沉水植物苦草、黑藻、菹草、金鱼藻、穗花狐尾藻等。整个污水处理厂就是一座花园，道路整洁，花团锦簇，蜜蜂嗡嗡，清风徐徐，没有机器的吵闹，没有异味，没有传统工厂的一切。

洱海环湖截污一期工程6个污水处理厂都已建成，洱海沿岸有了这些污水处理厂，洱海不会再吞下一滴污水，通过洱海的抢救性治理，双廊和洱海沿岸的繁华与浪漫会再次到来。

三　凤仪工作队的日常

我去采访凤仪工作队，进了他们的办公室，一派繁忙，而这天是星期六，但洱海保护治理“七大行动”工作队没有节假日，州指挥部在上班，市指挥部也是。凤仪工作队新队长冯任翔和几个工作队队员刚从外面回来，脚上、裤腿上全是泥巴。过了一会儿，镇长杨益智也来了，也一样，全是泥巴，他们工作之辛苦可想而知。

办公室里贴着《关于大理市凤仪镇三哨水库水环境综合治理工程建设的督办通知》《州洱海保护治理“七大行动”指挥部2018洱海流域“三清洁”督查工作方案》《关于对近期洱海流域截污治污工程督促检查发现问题进行整改交办的通知》……还有各种关于凤仪镇“七大行动”的展板，有一块印有所有工作队队员照片的下面，有一行大字：“距2018年6月30日只剩21天”。下面有一张洱海照片，压有大黄字：确保今年6月30日前实现环湖周边生产生活污水全部收集处理。另一边还有《凤仪镇洱海保护治理“七大行动”波罗江、白塔河、生态库塘、村落污水处理系统示意图》《化粪池建设进度表》——凤仪镇、满江办、天井办三个分管地都已经百分之百建起了化粪池。

这是一个温馨的集体，他们在工作队开展工作一年后，由州文联秘书长、工作队队员左家琦主编了一本《有凤来仪》的书，记录了他们工作队一年来在洱海保护治理“七大行动”中的工作与生活，内容都是满满的回忆，甘苦的点滴。

王灿明是凤仪工作队第一任队长，工作单位是州委统战部，任副部长。他带领12名来自各单位的工作队员进驻凤仪，他说：“参加工作二十多年来，我辗转多个工作岗位，没有想到有机会参加洱海保护治理工作，更没有想到会再一次到基层一线工作和生活，并担任洱海保护治理凤仪工作队队长。洱海保护治理对于我来说是一项全新的工作，是一种锻炼和考验。这对于曾经在基层工作和生活过的我来说，可以说既熟悉又陌生，尽管内心有些彷徨，担心不能完成任务，但是我们没有退路可走，唯有负起责任用心干，开动脑筋创新干，撸起袖子加油干。说干就干，我和队员们与凤仪、满江、天井的干部群众一起开始了‘5+2’‘白加黑’，与时间赛跑，与水质较量的生活。”

2017年3月13日，凤仪工作队全体成员到凤仪镇人民政府报到。他们是洱海保护治理13个工作队之一。当天下午，他们放下行李，安顿好住处，就以芝华片区环境卫生综合整治为重点，拉开了凤仪洱海保护治理“七大行动”的序幕。

但每个工作队员，都要在工作之前签订《大理州洱海保护治理工作（派驻乡镇工作队）政治责任状》。这份责任状的开头是这样的：

> 傅希指挥长：
>
> 在大理州洱海保护治理“七大行动”中，我将牢记习近平总书记“一定要把洱海保护好”的嘱托，提高政治站位意识，当好保护洱海的忠诚卫士，以更高的要求、更严的作风、更实的举措，竭尽全力，全面完成本人所管或承担的洱海保护治理任务，

按时、按质、按量完成年度各项治理任务，特立此责任状。

责任共五条，第三条是：

督促和协助乡镇推进重点工作，完成辖区内年度水质目标任务；辖区内环湖截污工程“百日攻坚大会战”确保6月30日全投运；辖区内“三线”划定、生态搬迁和生态廊道建设在5月底前启动实施；确保辖区内不发生规模化蓝藻水华；按时完成辖区内的农业面源污染防治任务，其他各项工作按年度实施方案（大发〔2018〕8号）确定的目标如期完成……

立状人：×××

立状时间：2018年5月7日

有了这份责任状，顿感肩头的担子重了，人人是主人，个个有担当。

凤仪工作队工作范围涉及凤仪镇和满江、天井两个办事处，范围广，人口密集，点多面广，他们成立了7个专门工作组，指定了各组的负责人，工作队队员还被安排挂钩到各行政村，实行队员包干制。

工作队员、作家左家琦跟我讲，他们都是开自己的车跑村，他的车4个轮子都开坏了，因为村路坎坷。有的队员包的村很远，车不能去，走路来去要一整天。督查化粪池建设，化粪池是挖了，但怎么淌出去？有的没入管网工程。管网是以前埋的管子，没接进去。他们就一家一家挖开查。走管线要经过别人家门口，两家就吵架。不让挖的说是破坏，破坏要修复，有公安、城管和工作队保证，才可以挖。有一个妇女不让挖，非常凶，还来了兄弟姐妹一大帮，工作队做工作，一百多号人执法，才控制了局面。拆除违法建筑的工作更难做，但工作队想了许多办法，“先与他吹牛聊天，再跟他一起喝酒，推杯换盏，就成了朋友，你再做工作，就比较顺利了。”左家琦说。

在截污治污工程提速行动方面，工程治污应该是洱海保护治理工作的重中之重。凤仪工作队行动涉及的12个项目，制定了截污治污工程提速行动工程项目推进表、截污治污工程提速组工程督查时间表，认真分析了每一个项目的特点和工作要求，紧盯工程提速要求，采取时间倒逼的方法，将项目进展情况的督查工作按照每季度、每月、每周进行细化分解。

凤仪镇新建成的标准化厂房段河西多塘系统7个水塘蔚为壮观。多塘系统采用分级沉淀和水生植物净化，利用强大的生态功能对污染物质进行吸收、代谢、分解，实现水体净化。7个水塘相连相通，经过多个层次的循环净化，水塘里的水越来越清。2017年4月初，河西多塘系统建成并投入使用，有效处理河西、东山、本长村的村落污水和农业面源污染。7个净化池，经过七级过滤，挖了多塘，塘与塘之间的过流堰都加了活性炭。每个塘内部配置了水竹、马蹄莲、梭鱼草等植物对水质进行净化。

为了让洱海入湖的波罗江、白塔河变清，凤仪工作队完成了涉及庄科、芝华、丰乐、云浪、华营、三哨、吉祥、锦皋8个村委会的10座库塘建设，解决了农业面源污染和村落污水处理问题。

凤仪工作队分管的“一镇两办”环洱海餐饮、客栈经营户共有1714户，凤仪拥有大理市最大的禽类养殖和蛋禽交易集散地，芝华片区为大理市最大的肉牛屠宰中心，大理火车货运东站为滇西最大的火车货运中心，也是大理市重要的交通枢纽，货运年吞吐量900余万吨。“一镇两办”有两条洱海主要入湖河道——波罗江和白塔河，两条河的入湖流量占洱海总入湖径流量的10.72%。河流两边村庄密集，面源污染严重，整治难度较大。

凤仪片区农村建房增长较快，房屋体量较大，未批先建、少批多建、无序建房等问题时有发生，常常引起邻里纠纷，破坏了农村的整体风貌。提升农村整体居住环境，严格农村建房管理势在必行。他们对2015年以来在建的农村建房户进行了全面核查，不符合规划要求的，停工整改。对波罗江、白塔河沿岸的餐饮、客栈经营户进行了拉网式检查，建档立卡、定位标识，坚决以“零容忍”的态度整治违章建筑、违规经营和违法排污行为。

凤仪镇有74个自然村污水收集处理管网尚未建成，已建成的15个自然村也由于农户没有建化粪池等配套设施，污水未能得到全面收集和有效处理。解决这些问题刻不容缓，只有采取超常手段才能做好“两污”治理工作。他们督办建了化粪池2582座，开展了“四水”全收专项行动，不让一滴污水流入洱海。建设生态库塘19座，对污水进行沉淀处理。启动了15个自然村的村落污水处理设施收集管网提升改造，新建26个自然村的村落污水处理设施收集管网。完成38所中小学校和27家机关、企事业单位污水处理设施的整改，40个农村客事办理场所排污设施的建设，封堵排污口48个，开展了48个自然村污水收集外运活动。

对面源污染防近控整改方面，划定了波罗江、白塔河两岸周边的畜禽养殖禁养区，在禁养区内手续齐备的养殖场实行搬迁，手续不齐全的一律取缔。因地制宜划定了限养区，在限养区实行总量控制，只减不增。按规定配套建设污水收集处理设施，对存在违法排污行为的养殖户，一律关停。在波罗江、白塔河沿线30米的范围内流转土地1103.91亩，实施增绿、增塘和河道改造等工程。积极推动农业产业结构调整，发展绿色生态、观光休闲农业，实施生态化种植，禁止大蒜等高水高肥作物的种植，加快有机肥替代化肥步伐。封堵地下水取水井3890口，在普和箐、云浪箐及其周边的16个非煤矿山采矿点开展了植被恢复，面山植树造林，种植油橄榄1000亩，启动上登工业园排水及再生水工程、凤仪污水及再生水工程、满江、红山片区市政道路及管网基础设施工程、芝华片区污水收集管网工程、波罗江水质和景观提升试验示范工程等12个项目工程。

芝华片区长期以来环境污染比较严重，对周边群众的生产生活造成损害，也是波罗江主要的污染源。在整治中工作队协同环保部门对涉及的26家企业责令停业整顿，对芝华肉牛屠宰场进改造，滇西铁路公司也积极行动，对大理火车货运站内部环境提升行改造，对货运站内部进行场地绿化、道路硬化等。

凤仪工作队在开展洱海保护治理“七大行动”中的一年，踏遍了所辖的山山水水、村村寨寨，他们有一个统计：车程累计达26900余公里，脚程累计达17300余公里，车程和脚程累计已逾地球赤道周长。

凤仪工作队这批苦干能干实干的年轻工作队员，他们的工作和生活十分艰苦，12名男女队员住两间60多平方米的30年老房子，全是高低床，没有卫生间，上卫生间要去很远的公厕，没有洗漱台，洗漱得到楼下的食堂门口。常常深夜12点大家才能回到宿舍，有的赶报告、材料到一两点才休息。

他们每天的日程都排得满满的，我随手翻看他们2017年每一天的工作安排。

5月24日：

一、工作队部分人员参加云浪扑火现场服务。（李学龙、郝东、徐靖淞）

二、排查部分村管网建设进度及23日雨后沟渠积水情况。（杜兴、田廷祥、刘春生、王俊）

三、巡查一标段项目进度。（冯任翔、茶建中、杨宏标、杨任远、赵霞）

四、协助镇政府扑火后勤保障工作。（刘莉）

6月3日：

一、部分队员到挂钩村协助接受市级化粪池验收。（涉及队员）

二、检查工作队巡查通报涉及州农科院、凤鸣村委会、乐和

村委会整改完成情况。（杨宏标、郝东、田廷祥）

三、收集整理凤仪镇养鸡产生鸡粪情况、茭瓜种植情况和涉及村、组干部与种植大户联系方式，为凤仪镇与台湾企业对接作准备。（杜兴、李学龙）

四、收集后山、三哨等村化粪池排入收集场地项目简况，污水及污泥量，为凤仪镇与台湾企业对接作准备。（杨任远、徐靖淞）

6月4日：

一、协助凤仪镇和挂钩华营工作组现场执法。（杨宏标、杜兴、田廷祥、刘春生、刘莉）

二、抽查天井办事处化粪池建设和台账。（茶建中、杨任远、徐靖淞）

三、对接满江办事处了解对群众反映村沟污水的调查处理。（郝东）

四、与凤仪镇政府研究上报云台现代农业发展对接会期间组织台湾环保企业与凤仪的技术交流对接。（冯任翔、赵霞）

五、配合凤仪镇畜禽养殖查污。（李学龙、王俊）

凤仪工作队2018年近期的工作安排（日志），我看了几天的。

5月21日：

一、对满江办事处沟渠、库塘整治考核验收。（茶建中、李学龙、王俊、郝东）

二、对满江办事处部分村组5月20日化粪池完成情况作了解。（杜兴、田廷祥、徐靖淞）

三、对天井办事处部分村组5月20日化粪池完成情况作了

解。（冯任翔、杨宏标、杨任远、刘春生）

四、收集一镇两办5月20日数据编写工作队相关材料。（刘莉、赵霞）

6月1日：

一、工作队员向镇生病职工杨亚捷捐款。（全体队员）

二、巡查江西、东山、乐和村化粪池相关台账及整改提升相关数据是否完善并入户抽查四水收集管网入户情况。（杜兴、刘春生、田廷祥）

三、参加配合镇工作组畜禽养殖执法；巡查吉祥村、锦阜村化粪池相关台账及整改提升相关数据是否完善并入户抽查四水收集管网入户情况。（李学龙、王俊）

四、巡查凤仪镇、满江片区波罗江、白塔河雨后垃圾清理情况及水质情况。（茶建中、杨宏标、郝东）

五、巡查后山、一标段、三哨水库工程进度。（冯任翔、杨任远、徐靖淞）

六、上报5月个人工作纪实。（全体队员）

七、整理上报各类资料台账。（刘莉、赵霞）

6月2日：

一、到挂钩村配合接受市级化粪池验收。（刘莉）

二、参加凤仪镇党政联席会。（冯任翔、茶建中）

三、巡查二标段项目工程进展情况。（茶建中、刘春生、郝东）

四、巡查满江办事处、红山村化粪池和管网连接四水收集情况。（冯任翔、杨任远、徐靖淞）

五、巡查波罗江、白塔河垃圾清理情况。（李学龙、王俊、杜兴、田廷祥、杨宏标）

六、上报州指挥部5月个人工作纪实；整理各类资料台账。（赵霞）

6月3日：

一、部分队员到挂钩村协助接受市级化粪池验收。（涉及队员）

二、检查工作队巡查通报涉及州农科院、凤鸣村委会、乐和村委会整改完成情况。（杨宏标、郝东、田廷祥）

三、收集整理凤仪镇养鸡产生鸡粪情况、茭瓜种植情况和涉及村、组干部与种植大户联系方式，为凤仪镇与台湾企业对接作准备。（杜兴、李学龙）

四、收集后山、三哨等村化粪池排入收集场地项目简况，污水及污泥量，为凤仪镇与台湾企业对接作准备。（杨任远、徐靖淞）

6月4日：

一、协助凤仪镇和挂钩华营工作组现场执法。（杨宏标、杜兴、田廷祥、刘春生、刘莉）

二、抽查天井办事处化粪池建设和台账。（茶建中、杨任远、徐靖淞）

三、对接满江办事处了解对群众反映村沟污水的调查处理。（郝东）

四、与凤仪镇政府研究上报云台现代农业发展对接会期间组织台湾环保企业与凤仪的技术交流对接。（冯任翔、赵霞）

五、配合凤仪镇畜禽养殖查污。（李学龙、王俊）

在凤仪工作队专人负责的日记中，记载了他们的工作队员日常的行动：

2017年3月14日，星期二，晴

工作队员在队长、副队长的带领下，到波罗江三哨水库出水口附近调研。

沿三哨水库出水口的河道，步行至江西村察看，波罗江沿途周边环境、水质、污染等情况，全程大概五六公里。波罗江上段沿江完成两大治理工程，下一步还要进行截污治污工程。

上午步行至大江西村，下午行至小江西村等地。

下午：巡查波罗江入江两水管道，途经赵州桥段，大雨田污水处理厂。沿江一路巡查到乐和村委会，与在此检查的大理市洱海流域联合联动执法石磊大队长一行在乐和村委会就行动队与执法队间工作步骤和配合细节进行协商……

2017年6月7日，星期三，晴

上午：王队长、左家琦、杨飞到大理监狱、火车站等片区督查污水处理厂。

杜兴到天井办督查：旧铺村污水沟改造项目已进场施工；灯笼河沉淀池已完成投入使用；山西村道路硬化施工正在铺设自来水管道；凤仪污水处理厂巡查外围管道。

曹祥伟、杨任远到满江办参加满江办企事业单位排污检查，满江办对近期督查情况进行了通报：

1. 上洱阳村客事办理场所隔油池、厌氧池应加快进度；

2. 禁养区内散养户仍在饲养；

3. 在停工的在建户仍有部分农户在施工。

凤仪工作队是13个工作队的一个缩影，你只有亲临他们工作的现场，才知道他们紧张的生活，感受他们火热的激情。为了一湖清水，多少人是真正拼在一线，冲在前线。整个大理的气氛让人有壮烈之感，全部的政府运转都是紧扣保卫洱海的主题。洱海，是大理人的母亲，是他们的骄傲，是大理的自然与文化之魂。

据大理传来的消息，2018年6月30日，截污治污工程建设按期完成。这场战役大理人民胜利了，并开始了体系闭合运行调试。洱海流域水生态保护区核心区自行停业的餐饮客栈整治规范整治工作告一段落，有111户法定必备证照齐全且房屋建设合法的经营户已恢复营业。

蓝宝石一样的洱海，与蓝宝石一样，是爱情、忠诚、坚贞、慈爱的象征。她那么神秘、纯净、高贵、迷人，让无数人为之倾倒，慕名而来。“洱海无弦万古琴”。万顷碧水，自有日月星辰抚琴。

四　云弄峰下的西湖

大理苍山有十九峰，十九峰中有个云弄峰。云弄峰不高，常有些云来，云雾弄来弄去的不走，遮挡了阳光，气象有些森严，云下水泽有些阔大。风起云涌，芦荡披靡，水鸟飞腾，渔舟静泊，哪一时，有文人叫上了“烟渚渔村”，划小舟于大水深处，叩问渔家，不知归路，又赐名“西湖”，想遥远的江南水乡，但此西湖比彼西湖好。

唐宋时水患连连，有罗时、罗凤二兄弟捐田带众人开挖一水，称罗时江，直通了洱海，西湖成了洱海之源。于是各地渔民纷至沓来。有记载说，他们“连芜为畦，植柳为岸，结庐其上，汀港相间，曲折成趣”。聚居在水上荒岛，虽然有趣，但地基不稳，这里的白族人所建房屋多会倾斜，有的倒了，有的没倒。没倒的用大木支撑，倒了的移居他处重建。这水底下常人说是软泥，其实是一种泥炭沼泽。这泥炭当地俗称海煤，水下2米即可得，平均厚度4米，最深超过15米，储量达390万吨。西湖湿地是开展泥炭沉积、湖泊演化、生态系统研究的典型地段。当地人在柴薪不足的年代，多掘此泥晒干当柴，越挖越深，房屋掏空了，本来根基不稳，只好十年建一次房，自古如此。

西湖至今已有六村：张家登、清水塘、东登村、中登村、南登村、海塘村。有七岛：张家登岛、清水塘岛、东登岛、中登岛、南登岛、海塘半岛、清水沟半岛。900多户4000多人。白族村落聚村为画，村在湖中，湖在村中。下雨后，船在云雾中行，天晴时，舟在白云下划。白族白墙的倒影，加了些飞檐，挑在微波之上；众多小岛本来如琼楼玉宇，加上树的倒影，像是隐秘修行之处，藏着隐士高僧，不与外界来往。大约云南以外没谁知道这世外桃源，如果有世外桃源，我认为此处应是。所谓烟渚渔村，有大静大荒之境，语言不足以说清此处“烟渚”二字感受。后来因水源重要，成了国家湿地公园，但当地政府不是将周围几千号人迁走，搞成收门票的公园，而是让世代居住的白族人继续世代居住，享受这山水画卷，水庄泽国。

怎么说呢，县宣传部杜荣宝主任，他家竟然就住西湖边，从小就在西湖边长大，邀请我们坐上他家的小船，让他父亲亲自撑船将我们载入西湖芦荡深处，荇藻之间，我们只好感谢老人的一番心意。水中有纯粹清凉的水腥味，是水草和水的美妙气味。这湖中水草茂盛，水鸟蹁跹，白鹭众多，歇息在水草上，浅滩中。大片芦苇站在水中，占有了巨大空间，有鱼在里面狂跳产卵，有鸟从里面窥探而出，想必芦苇中鸟巢不少。水特别好，透明见底，海菜花在水草上盛开，一切如儿时见到的老湖景。洱海虽好，也没有这样有仙人气和烟火味，亦仙亦俗，仿佛古代湖泽与人家。

头上长有蓑羽的小白鹭，还有中白鹭、大白鹭，原来是不同的；还有鹳、黄鸭、凫子、灰雁，在水中拖着两条分开的波纹，像是田垄耕夫在水面播种什么，但又一头扎入水中消失，从很远的地方钻出来。特别是此湖特有的紫水鸡，我们竟然看到了近20只，紫头紫蹼，是世界上最美丽的水鸟。这些涉禽，为何只钟爱此域水泽，而不会飞到别处？此鸟又不善飞，个体较大，目标也大，是水中特有“野味”，千百年在此处也没有被猎杀灭绝，看来白族人善待自然，古已有之。

杜主任带我们划船入湖的目的就是寻找紫水鸡，他说运气好的话应该见得到。船上有四五人，杜主任的父亲却撑得很快，船头笔直如箭，破水如犁。撑了几里水路，我们担心他撑不动，要换他，他说没事，每天撑船。杜主任说到钓鱼，但杜父不钓鱼，他是打鱼，一辈子就在湖上。船进入水巷，水路两边有茭瓜、菱、蒲，浅水处有了田畦，有了树，这些似在水中漂浮的田畦，种着萝卜、青菜，沟垄中就是水，泥土黑油油的，青菜翠生生的。这里应该有紫水鸡，杜主任听到了紫水鸡的叫声，我们也听到了一种奇怪的鸟叫，咕咕咯咯拖着颤音，并发出沉闷鼻音。接着就看到了菜畦中的紫色水鸟，呈紫蓝色，两种深紫和浅紫相间的羽毛，红色的大嘴，红色的额甲，中长腿，大脚趾，翘动着尾巴，也不怵我们的船，在这水中半岛上悠哉游哉，闲庭信步，飞入芦苇丛中。这儿是紫水鸡的天堂，也是人类的天堂。噢，一时蛙声响亮，鹭鸟成群，有水上烟霭，有村里炊烟，暮烟交织，如回云梦古泽。

杜父是村里渔夫，也是抓鳝能手，杜主任说他父亲一天抓10斤鳝鱼不在话下，鳝鱼在芦苇中，有冒泡的地方，下钩就能钓上来，钓饵用的是蚯蚓。杜主任说小时就是抓鱼。钓，下簺子，下网。钓鱼主要是鲫鱼，有时能钓到几斤重的草鱼。还有一种小花鱼，贴石头上的，一天可钓两百条。他说小学时钓鳝太大从洞里拉不出来，只好去喊父亲。

船在湖上兜了一圈，杜主任说还没走到整个湖的十分之一。这个高原上的国家湿地公园，总面积有1354公顷，真是够大的了。他要我们到他家去吃晚饭，船泊在村边，叫右所镇西湖村。有许多开车来钓鱼的城里人，问他们收获怎样，每人都有几斤闪闪银鳞，全是鲫鱼，大小都有。问他们钓鱼要钱否，他们说这是野钓，不要钱。问题是，这可是国家湿地公园啊。还有就是他们的钓船找谁所借？他们的回答更有趣，村里的船都不上锁，你要钓鱼自己解开船绳，就可划条船进湖，到时划回来即可，没人管你。白族人就是这样，有古代遗风。

湖上有许多收集蓝藻的设备，是一些黄色的浮筒，上面有收集的机器在工作，搅动着水花。在公园门口，一座日处理3万立方米的藻水分离厂正在施工中，它的原理与滇池的藻水分离是一样的。

杜主任家是新屋，三层，也是三坊一照壁，四合五天井。他与爱人虽然在县城上班，县城也有房子，每个周末还带着家人几十里路回来与父母兄嫂团聚，并不分家，这也是白族的家庭观念。

杜主任的家有4扇雕花的门，每一扇要2万多，4扇10多万，用的是胡椿木，雕的是梅兰竹菊、喜鹊白鹤。雕花精制，怕弄坏了，用玻璃镶嵌起来。

晚餐的菜是一锅野生鲫鱼，西湖的野鱼，味道好极了，特别是汤鲜。杜主任让我们多吃鱼，鱼有甜味，鱼刺也比别处的少。他说海菜此湖有很多，炖鱼汤加海菜，火锅加海菜，忒好吃。这里的蔬菜也是全大理有名的，不上化肥，全是农家肥，西湖的萝卜最有名，可以生吃，炖汤最好。用西湖的鲫鱼汤泡饭，简直是天下第一美味。

洱海13%的地表水来自西湖，与东湖隔河（弥苴河）相望，它们所形成的水网形状及其所发挥的功能作用恰似洱海“双肾”，湿地是地球之肾，这二湖就是洱海的肾，在洱海壮实的躯体上发挥着举足轻重的作用。

保护西湖，就是保护洱海，它们是命运共同体。国家巨额投资，实施了沿湖综合治理家畜（圈改）项目，西湖奶牛集中规模养殖工程，村庄环境综合整治工程，建设了生物净化污水处理池、生物净化公厕、截污沟、垃圾焚烧炉等设施，实施了村心路面修缮硬化、村庄绿化美化等整治工作，完成西湖沼气池等农村能源建设工程、面山的退耕还林陡坡地治理、右所集镇污水收集处理设施等工程，还完成了紫水鸡栖息地保护建设项目，如今的西湖整治得宛如西子。

看到家家推窗临水下钓竿，舟上舀水，清水煮活鱼，此等生活哪儿可寻？最美的梦也没如此滋润。我们走时暮色中湖烟浮动，一片蛙声如鼓。白族人不吃蛙，留着它们在湖上聒噪去吧。

五　大理二古村

又是一天的雨。滇西进入了繁忙的雨季。

在雨中从茈碧湖坐快艇去梨园古村，快艇在白茫茫的大水中，在雾蒙蒙的细雨中，恍似江南，但风有些凉，这里海拔毕竟过了两千米。茈碧湖也是洱海源头之一，与三岔河、海西海一起，洱海70%的水来自于此，这里是真正的一类水质，可以直饮。

梨园古村大地名叫大河头，是一个隐匿湖边的山谷，明嘉靖年间世袭邓川土知州阿氏的后人，阿迁乔带着两个儿子阿筱聪、阿林聪以及一些族人，来到这湖边的原始森林中，种植梨树，代代只种不伐，形成了如今的梨园村。

梨园古村，有500年树龄的7480棵巨大古梨树，最古老的有千年历史，说云弄峰下的西湖是世外桃源，此处则是世外梨园。现在新老梨树达数万棵，三月梨花开时，村庄笼罩在梨花浓香中，人神欲狂，蜜蜂撞脸，这海拔两千米之地，哪儿来的这么多蜜蜂呢？

村口就在湖边，登上古岸，有一个世外梨园导览图廊牌，两旁有一副对联：“远道而来莫辜负湖光山色鸢飞鱼跃，近期归去应难忘美俗淳风气爽文香。”

又鸢飞鱼跃，又气爽文香，自然景观与人文景观都有了。正是如此。村落里古树是苍苔满身的古树，都挂上了牌子，验明正身，往树上看，青果累累，树干如此皱老，怪模怪样，曲虬乱扭，在村里霸占了阳光、地盘，雨水没有落地，全停歇在枝叶上，使得这里有神秘氛围。但白族人家的白墙黑瓦，墙上的画图，又有温馨之情，仿佛真是我们遗忘千年的老家。有牛在村里徜徉，没人牵它。有狗在路上溜达，也不惹人，兀自逍遥。路是石板路，条条干净，加上雨后，路上亮晶晶的，像是被人擦拭过。村里的房子飞檐斗拱，龙沟凤滴，没有一家不是精心建造的，没有一家有破损，每个院落的墙上都是画幅，一直逶迤至古梨树尽头。而且家家门前都是花盆，里面的品种琳琅满目，五彩缤纷。雨中在村里漫步，就像魂归古代，恍兮惚兮的穿越感油然而生，心中早已是唐宋魏晋。

我们走进阿福客栈，院子里有各种盆花，有几个鸟笼，白族爱养鸟，院子里要有响亮的鸟叫。老板娘把我们迎进去，十分热情。因洱海七大行动，村里民宿餐厅大多歇业，污水进入网管，五证齐全才可开业。阿福客栈是还在营业的极少农家。我们在这里碰到几个外地老者，有男有女，是从重庆来这儿避暑的。他们说，每年夏天他们都来这儿，像候鸟一样，在此长住至少三个月。重庆游客说，梨园村有好山好水，有古梨树，夏天凉爽，在这里生活赛过神仙，来这里避暑者全国各地的都有。

我们爬上客栈的楼顶，竟是一个楼顶花园，白族人园艺水平都很高，各种盆栽造型别致，青枝绿叶，每盆都修葺得清清爽爽。往村中看，白族人家房舍都在梨树之中，树荫之下，整个村庄掩映其中，隐隐青果挂满村庄。到了梨子成熟的季节，来吃鲜梨的游客挤满村庄，但村里有一个规矩，凡摘吃梨子的，不收钱，想吃多少吃多少，装进肚子的，免费；带走的，付钱。

这就是古风。

白族人亲善自然，村庄在霭霭祥云中，无争斗，无小人，无恶语，无红尘，只有鸟鸣山幽，花径人行，茈碧湖如此洁净，则是人心外化，千年古梨，苍苔满身，石斛寄生，却又年年新果，圆溜如一树稚儿，这祖先种树的荫庇，让白族世代在甜日子里。

梨园村在茈碧湖北岸，是省级民族文化生态村，100多户白族人家，又有古梨园，又有茈碧湖，种树，捕鱼。白墙青瓦，鸡鸣狗吠，碧波尽处，炊烟袅袅。家家梨树浓荫下，户户梨花飘窗中。极好的水，极香的空气，极美的人，与世无争，与花果为伴，如何不能长寿？全村80岁以上的老人就有20多位，最长者已有105岁，因此梨园村还是云南美名远扬的长寿村。

所谓古风，我以为就是温和对待大自然一草一木。世世代代以来，梨园村都有一道不成文的乡规民约，不准损害和砍伐树木，这是一道道德和信仰鸿沟，不可逾越。改革开放后，集体的果林分给私人承包，土地开发和使用由村里统一规划，不允许在梨树林周围开垦土地，于是保护了古梨林这祖先留下的遗产。

古梨树保存了，但梨子不值钱，因为太多太多，每年结出的果子却没有市场，只有掉地下烂掉。不过都知道的另一原因是，这地方离外界太远，没人知晓。这古梨树上结的果，运出去成本也太高。过去村里出去的唯一通道，就是坐船过茈碧湖到对岸。这个村子，外人只是听说，跟传说一样，很难进来。后来洱海保护，建设茈碧湖环湖“万亩湿地”工程，茈碧湖的名气起来了，周围环境也漂亮了，茈碧湖东、西岸湖滨带及西岸缓冲带的湿地像花园一样，相邻的官营、海口两个湿地和西岸滩涂地湖滨带生态修复后，吸引了游人，梨园村的古梨树群就慢慢传扬开去了。村民开始办农家乐，水上游船，每年春天梨花开时，游人无数，香风迷雾中，人们陶醉于此，必留宿一晚，梦中梨花的清香令人脱俗去秽，不忍归去。

农家乐在这里乐的是山高水远，有自己养的土鸡、有大理白族人爱吃的生皮（半生的猪肉蘸佐料）、乳扇（一种奶酪）、地参、菌子等。村里有大量的狗，却不吠叫唬人，到任何家里串门，狗先摇尾巴，主人必热情接待，院子中一坐，就有梨子和好茶端上桌来款待你。这里民风淳朴，真如进桃花源。现在这里每年接待游客10多万人，20来户农家乐和民宿，14艘游船，让你乐而忘返。

自洱海保护治理“七大行动”开始，梨园村所有经营户全部查封关停，必须完善污水收集和处理，不许污染洱海水源茈碧湖。

现在梨园村的污水能够悉数收集，管网开挖深度要足，无论经过青石板或草地，建设完成后要恢复原样。污水收集后建了一座日处理250方的污水处理站，采用硅藻精土处理工艺，出水水质可达一级A标，然后利用梨园村闲置的130亩鱼塘进行深度处理，将鱼塘改造为四级表流湿地，搭配有观赏性的挺水、沉水植物，对富营养水体进行吸附，出水水质可达Ⅳ类水标准。对处理过的中水全部利用，灌溉梨园村北侧230亩干旱的果园，做到了不让一滴污水进入茈碧湖。

我们在雨中上船离开梨园村，那些生长了千年的、庇佑着一个村庄的梨树群，渐渐消失在水天处，这大水中的村庄，这静如山水的村庄，将永远在山水深处优雅着。

漾濞，一个奇怪的县名，这儿有条漾濞江，古称蒙嶲、勐嶲，还有样备，这都是彝族语的译音吧。

去漾濞的光明村，要在盘山公路上盘旋两个小时，我们与雨雾一起盘旋，这是美丽的雨雾，森林在两边蓊翳荫郁，而绿色显得有些古老。两旁都是核桃林，可以看到粗壮的、怪异的核桃树，那是岁月太久的痕迹，风霜雨雪把它们扭曲削凿，但枝头却硕果累累，仿佛生命每年都可以新生和重生。

我们的车终于爬上了一个山顶，此为彝族村庄，用树枝造型的门廊上写着四个大字：云上村庄。

我们到了云上，云端之上，云雾之上，云海之上。这是一个诗意盎然的浪漫村庄。但也许过去的生活是冷峻的，严酷的。6月天，天气有着深秋的寒意，要不是这郁郁葱葱的树木，我们的情绪会消沉。进入村庄，这个地方叫鸡茨坪，是光明村的一个自然村，全是彝族人。这个古村的彝族房子不多，但古核桃树证明这个村庄的年岁。这是一个核桃打脸的村子，走在村路上，抬头是核桃，扫脚是核桃，一不小心，核桃就撞你满头满怀。那些不堪重负的核桃树，委枝地面，果子躺在地上生长，也没人管顾。房子和人换了多少茬，树没换，这些古核桃树都在300年以上，最老的1500年，有古核桃树6000多株，挂牌保护的就有600株，树高有的达30多米，一个院子一棵核桃树就遮蔽了天空，单株产量丰产年份达500公斤。栽树的彝人祖先，你何等伟大，老得像精怪的树，结嫩得像精灵的果，每户人家门口都是这种古树。

农业部在这里立了一块大石头，上刻有“中国重要农业文化遗产 云南漾濞核桃——作物复合系统　二〇一三年五月”字样。

光明村的核桃种植历史悠久，人人都是种植专家，现在光明村核桃种植面积达1.2万多亩，人均100多棵，年销售核桃800多万元，人均核桃收入1.2万元。还在核桃林下种植粮食、中药材，发展生态养殖。特别是光明村的村民有一支活跃在全国的600人左右的核桃嫁接专业队伍，春节一过就会出发到重庆、广西、四川、西藏等地从事核桃嫁接服务，每人的收入都有1万元左右。而这个古村成了大理苍山的特色旅游村，因为它在云上，又有营养丰富的核桃，又有那么多古核桃树，游客如织，不畏山路，在此居住的外地人也不少。

我们去老查家，他一家门口就有4棵古核桃。去老查家有指示牌，老查叫查洪祥，家里接待过几任省领导，现在，石门关旅游公司用他的地给他建老查家客栈，叫“核桃客栈”，客栈虽然时尚，但核桃保护得很好。公司每年给他毛利的7%，这是他小儿子查守杰的。两个儿子分了家，各分了500多棵核桃，即便现在5块钱一斤，也有七八万收入，想想当年20多元一斤的收入，真是了得。收核桃的老板麻袋装现金，一手货一手钱。小查是联合国维和部队军人，驻黎巴嫩，以色列飞机天天炸，好歹他回来了，种核桃，搞民宿，幸福。

在整个大理的苍山西坡，在漾濞大地，竟然有古核桃树18万多棵。唐宋以来，这里的核桃就已经成为大宗商品和贡品，被送入历代京都让皇帝品尝。这种泡核桃果大，壳薄，仁白，味美，是我国核桃中的最好品种，入编《中华之最》，漾濞被誉为“中国核桃之乡”。

我在老查家吃着核桃，叫泡核桃，壳用手捏即破，油质多，咬在嘴里油津津的。榨出的核桃油是保健食品，含丰富的维生素E，油呈清澈的黄绿色，做菜用此油，香味正，品质好。过去核桃榨油是用大石杵，现在找不到这种榨具了。这里的妇女过去上街会把干核桃仁用头帕包起拎到集市上卖，一公斤干核桃仁可卖六七十元，一头帕干核桃仁卖完了，就买一大袋大米背回去。

我在村里看到，这里的院墙篱笆也是用古核桃夹的，处处是核桃树，有一棵核桃神树，有1160年。这棵核桃神树，每年村里都要祭拜，它就是彝族人心中的萨秘母。传说彝族姑娘萨秘母，为了寻找一捏即破的核桃，听了老虎的话，与铁核桃树合为一体，就会成为泡核桃，于是她牺牲了自己，才有了彝族人种植的泡核桃。每年，彝族人为念她的好，围在这棵神树下载歌载舞，献上祭品，希望神树萨秘母保佑彝族后代，依靠核桃过上幸福美满的生活。

这些古核桃树上的核桃，对城里人来说，是一种诱惑。2017年9月27日，“大理漾濞古树核桃果权慈善义拍”活动在上海国拍大楼拍卖厅举行，光明村22株古树核桃果权现场拍卖价突破51万元，1号古树核桃卖出了10万元的高价，单株年均价突破上万元。8号古树核桃卖到了每公斤297.14元。

我们在陈树军家吃饭，6月了，此地雨一下，风便冷，大家烤火，剥吃着核桃。他家只有100多棵，收入3万元，但餐饮可赚10万元。这儿的风景没说的，最高处4122米，马龙峰，还有玉局峰。他说靠山吃山，靠核桃吃核桃，核桃花一串串过去不叫它花，也不勾引蜜蜂，现在成了美食，还有核桃炖羊脑、核桃扣肉、核桃炒腊肉、核桃八宝饭、核桃肉丸子、核桃叶炒火腿、核仁荷叶饼、核桃糕、香酥核桃、青椒煸新鲜核桃仁、核桃仁炖鸡蛋、核桃炖猪脚、核桃馅汤圆、核桃拌生皮、核桃粥。核桃树上有寄生的松萝，松萝用开水一焯，凉拌清火。寄生的白参，开水焯后凉拌也是美味。现在开发出了核桃茶和核桃酒，都好喝。

彝族人从不砍树，心善如草木，这样的村庄就有救了。世外桃源，加一核字即可。世外核桃源。

我在想这些种梨种核桃的祖先可以理解，一千年不破坏不砍，很难想象和做到，多少战乱，多少狂热，莫非千年这些村庄没遇到一个手贱之人，没遇到一把斧头？中国的农耕社会在这里如此完美优雅浪漫，自然山川在这里如此昌盛郁勃自得，我觉得它们在嘲笑那些自鸣得意的现代文明，以为农耕就是落后的愚昧的，但这里有静默的大智慧，有顽强抵抗现代文明的基因。山川草木一旦站稳是不可战胜的，无论是水边的村庄，云上的村庄，得古木而活，得清水而媚，这些云水蜃景，是现代文明最需要的灵魂营养。

值得一提的是，云南正在成为全球最大的核桃主产区，全省核桃种植面积达到4280万亩，面积已接近世界核桃种植面积的35%左右，占国内核桃种植面积的一半，云南核桃种植面积、产量、产值均居全国之首。同时，这4000多万亩核桃，也就是4000多万亩森林，而且是经济森林，给云南农民带来了滚滚不竭的财源。

第五章

走向香格里拉

一　世界的孤品：三江并流

所有神山的轮廓都是最简单的。玉龙雪山、哈巴雪山、梅里雪山，都是。线条简洁，高不可攀。高和洁白，和雪，终年不化的白色是它们的威严。是它们组成了香格里拉，跟金字塔一样。是大香格里拉地区一座连着一座的金字塔。

香格里拉，是香巴拉的国土。圣山，圣湖，庄严的云彩，一切仿佛在天上。这里什么也不缺，唯一缺少的是氧气。不需要太多的肺部吐纳，神灵的呼吸缓慢，时间在静止。就像天空的鹰，钉在云上。咆哮的声音远去，寂静是神山的根。已经接近了天空，那种深蓝已经到达了天空深处。这是天堂，这就是香巴拉，天正在我的怀里。

云彩啸聚在白马雪山。云彩是群居动物，它们能幻化成一百种精怪，这些天上的巨兽，在云南高原上膨胀肆虐，游弋奔跑，是被上苍保护的闲客。人们仿照着它们的行踪和轨迹布置内心的格局，铺垫灵魂的卧榻，把干净的一块腾出与它们共眠。云彩，大地的情人，山峦的闺蜜。

去往塔城白马雪山的路上，云彩肆虐，流泉飞溅，峡谷深切，怪石嶙峋如阵，藏居峭壁临渊，生存不易，人神皆如此。沿着湍急的金沙江，道路险峻，下坡的路长达10公里。江对岸，有机械在艰难地开拓一条路，石头推入江边，上面又在垮塌，而许多地方有泥石流推拥的巨石堆。

向梅里雪山奔去的滇藏线上，有自驾游的，有骑摩托进藏的，有骑自行车的。这些孤独沉默疲惫不堪的朝圣者，来自北京、广东、上海，甚至有许多老人。金沙江干热河谷两岸的山崖上，寸草不生。而在更高的山上则葱郁苍苍。左手，翻过高山即澜沧江，再翻过澜沧江峡谷则为怒江。这就是世界自然遗产“三江并流”的上游。翻过海拔4292米的白马雪山垭口，则进入梅里雪山。

白马雪山上雨雪霏霏，原始森林中巨木拥挤，造型雄壮，松萝飘摇在冷杉上，像是被森林挂得衣衫褴褛的云彩。大片大片的大白花杜鹃、亮叶杜鹃、灰杜鹃、腋花杜鹃开在山坡，就像山冈覆盖了一层大雪。山顶上的积雪一线一线拖曳下来。牦牛在公路上结伴而行，像一群苦行僧。穿过两个5000米深隧道，接近德钦县城时，终于看到了梅里雪山，它海拔6740米，粗大的明永冰川从山峰冲腾而下，冰舌舔舐着深切的峡谷。

在海拔3400米靠近西藏的飞来寺住下，我们就在梅里雪山脚下仰望着这世界最美丽的雪峰，可她在云雾中羞憩，咫尺天涯，高不可攀。这是中国唯一一座不允许攀登的雪峰。还记得纪录片《卡瓦格博》吗？梅里雪山主峰叫卡瓦格博，一座神秘的神山，无数的攀登者都献身在她的怀抱，没有人能够征服她。卡瓦格博，它就是“雪山之神”。它最美的是“日照金山”，你运气好的话，可能看到太阳的金汁一点点泼上她的山巅，只有雪山之神才掌管着这滔滔无尽的金汁儿，让她一次次披上绚烂高贵的天堂金衣。

梅里雪山是夜半闯入梦中的神灵。早上6点，她还在沉睡，云彩如抖落的几片鹰羽飘散在山腰。雪山十三峰有一半包裹在云雾中，可以看到深谷下的澜沧江和几个村庄。我想去的雨崩村在前面山梁的背面，而明永冰川和斯农冰川则冲出了黎明前的晦暗，明目张胆地往峡谷淌去，这个姿势已经存在了千万年。我跪下，不是因为我卑微，而是因为我崇拜。那些遥远不能至的，皆为神灵，比如天空。卡瓦格博是天空安放在人间的一座山，只有上苍才有如此庞大的神器置放于此，并且让云彩终年置守于此。

有微雨疏滴，我等待着，不信如此虔诚的朝圣者看不到她的尊容。我和藏民们一起煨桑祈福，请了香柏枝和五谷（有青稞和麦子），然后烧柏枝，撒五谷，洒清水。也和他们大声喝喊，默念六字真言，绕煨桑台三圈，消灾免祸，祈福延年，再去佛像前点燃酥油灯。煨桑祈福的仪式结束，太阳开始露脸，首先照在半山腰，妈次姆峰现出来了，她是卡瓦格博的妻子，是大海女神。接着，如一组古堡的五冠峰被照亮。将军峰也露出它的威严。再接着，更高大的卡瓦格博峰终于走了出来，它披着宽大的雪袍，像一只雪鹰，然后端坐着，或者站着，太高大，在云端，这是神造的神。而他的妻子妈次姆峰，这位大海女神，是绝世佳人，没有比她更俏丽的雪峰。我歌颂过贡嘎山，现在献给卡瓦格博："她存在着，冰封着，高远着，孤傲着/她温暖着，俯瞰着，踞坐着，缄默着/她经受着，承接着，寒冷着，神秘着/她欣慰着，怒吼着，控诉着，坚持着/她暴虐着，安详着，宽解着，神圣着/被时间鞭笞的满头白发，呼啸成箭镞/像燧石的签语，点燃茫茫的黑夜/那些日夜想靠近你的人/恐惧像原始的热爱一样痛苦深厚/就是这样，你的存在，折磨他人……"

一个叫弗兰克·金敦·沃德的英国植物学家和地理学家，从1911年到1950年，在长达40年间，八次进入藏东南、滇西北和川西南，这些一般人不敢涉足的险恶之地，这位英国人在当时的科研条件下，用双脚走完了金沙江、澜沧江和怒江的三江流域，并对河流归属、水系发育和地质地貌进行了考察。他估算出金沙江、澜沧江和怒江年径流量的比例大致为5：3：2，并对三江之间距离进行了测定，从怒江经澜沧江到金沙江，最小间距只有80.5公里，这个数字基本准确。这使他成为最早发现三条巨川平行并流的世界地理奇观第一人。后来美国人约瑟夫·洛克在川、滇、藏交界的三江并流地区流连了27年，他在美国《国家地理》上发表的对三江并流地区的风土人情和动植物考察的文章、图片让英国作家詹姆斯·希尔顿激动不已，写出了小说《消失的地平线》，这个地方成了人类生活想象中的伊甸园，最后的香格里拉。

2003年7月2日，联合国第27届世界遗产大会。“三江并流”自然景观申遗过程从项目陈述到审议通过，只用了18分钟。这是最短的审议和通过，原因太简单：“三江并流”是世界的孤品。

要想成为世界自然遗产，必须满足四个标准中的一条就可以：1.构成代表地球演化史中重要阶段的突出例证；2.构成代表进行中的重要地质过程、生物演化过程以及人类与自然环境相互关系的突出例证；3.独特、稀有或绝妙的自然现象、地貌或具有罕见自然美的地带；4.尚存的珍稀或濒危动植物种的栖息地。

“三江并流”自然景观同时满足了所有四个条件。这在批准世界自然遗产历史上，也是绝无仅有的。

世界遗产中心对三江并流的评价是：

三江并流自然景观位于云南省西北山区的三江国家公园内，面积170万公顷，是亚洲三条著名河流的上游地段，长江（金沙江）、湄公河（澜沧江）和萨尔温江（怒江）三条大江在此区域内并行奔腾，由北向南，途经3000多米深的峡谷和海拔6000多米的冰山雪峰。这里是中国生物多样性最丰富的区域，同时也是世界上温带生物多样性最丰富的区域。

三江并流世界遗产提名地由八大片区组成。怒江、澜沧江、金沙江四山夹三江的典型地貌奇观将八大片区有机地结合在一起，它们中的每一个都是世界的“迷题”，分别代表了不同的流域、不同地理环境下的各具特色的生物多样性、地质多样性、景观多样性的典型特征，相互之间存在着在整体价值上的互补性和在典型资源上的不可替代性，由此构成了“三江并流”世界遗产提名地资源价值的“唯一性和完整性”。

三江并流的罕见是“江水并流而不交汇”，整个区域有4.1万平方公里。怒江与澜沧江空中最短直线距离仅18.6公里，而澜沧江与金沙江最短直线距离仅66.3公里，从海拔760米怒江河谷到6740米的卡瓦格博峰，高差之大也是奇观。金沙江由北东去，汇集雅砻江、大渡河、嘉陵江——它们就是长江上游。澜沧江由北南下，穿越国界便成了邻国湄公河的上游。怒江由北南下一路怒吼进入缅甸便成了萨尔温江的上游。金沙江经石鼓镇长江第一湾急转回头，浩荡东去流入太平洋，而澜沧江、怒江穿越缅甸、越南、老挝、泰国最终流入印度洋。没有石鼓镇那第一湾的大回头，长江会改变方向，中国的历史也会改变方向。

这三条大江在崇山峻岭中奔腾的时候，固执地坚守着自己，不会成为别人，在自己的领地中决不瞻前顾后，一意孤行。它们的性格是独立的，显示自己，没有汇入他河的义务，才有了这地球的奇迹。

我在三江并流世界自然遗产管理中心展示厅详细观看了关于三江并流的视频、图片和各种实物，这个面积760平方米的展示厅，集中展示了三江并流世界自然遗产地质地貌多样性、生物多样性、动物多样性、自然与人文景观多样性、民俗文化多样性。这壮观的景色，我太想坐上飞机环绕一圈，俯瞰这4万平方公里的雪山群峰与众多河流并行奔跑的大地奇观。更想有充裕的时间在八个片区里分不同的季节游览行走一遍，像那些热爱此地的外国人一样，好好待上几年。

这一地区称为地球演化的杰出代表，裸露的地质地貌博物馆。它的演化是印度次大陆板块与欧亚大陆板块大碰撞隆起和扭曲的结果，可以看到大地扭曲挤压的痛苦。这痛苦深厚、辽阔、巨大、愤怒，它显示的是大地的痛苦和悲怆之美。

但它也养育了深邃的峡谷、晶莹的雪山、神秘的森林、秀丽的草甸、湛蓝的湖泊。在这片区域，有海拔超过5000米的高山118座，这壮美的地壳运动，高举起庞大的群山，创造了绵延不绝、耸入云霄的天际线。

高黎贡山片区是我多次造访的地方，我进入了怒江腹地，在丙中洛，亲见怒江第一湾的气势和奇美，也见到了“石月亮”的巍峨高耸。怒江和高黎贡山是植物物种多样性的聚集地。是“具有世界意义的陆地生物多样性关键地区”和“重要的模式标本产地”，它有名的湿性常绿阔叶林和季风常绿阔叶林，东西蔓延至整个山脉，是现今中国和东亚保存最为完好的一片。

白马—梅里雪山片区到处遍布着地质遗迹，滇金丝猴则生活在这片区域。而“三江并流”遗产地的最高峰卡瓦格博峰就屹立在此。它的明永冰川其冰舌舐入海拔2650米的常绿阔叶混交林中，为北半球最低的冰川奇迹。

哈巴雪山片区却拥有中国纬度最南的现代海洋性冰川，金沙江流域有着完整的高山垂直带自然景观，寒温性针叶林是哈巴雪山片区山地生态系统中最重要的类型。

千湖山片区有大小高原湖泊一百多个，有着金沙江流域最原始的植被、高原湖泊和完整而独特的高山生态系统。这里有高山草甸、杜鹃林及云冷杉林，有黄杜鹃和黑颈鹤等珍稀动植物。

红山片区有着金沙江流域代表性的高山荒漠、高山喀斯特地貌特征、完整的古冰川遗迹和丰富的植物生态系统、高原湖泊等多种景观类型。这一带的尼汝南宝草场有冰蚀湖属都湖，有古冰川遗迹，有美丽的尼汝河、七彩瀑布。拿专家的话说，这里“有极高的保护价值和开发潜力”。

云岭片区有完整的原始森林，有精灵动物滇金丝猴生活在此，仅野生动物观察到的就有28种。这是一片处女地，尚在沉睡之中。

老君山片区的丹霞地貌是另一幅震撼人心的景象，这里有100多种杜鹃花，有高原冰蚀湖群、高山杜鹃林、冰川溶洞、高山牧场。在海拔3700米的老君山，有俗称的99个龙潭。千龟山、黎光佛、乌王山景色罕见。

老窝山片区属澜沧江流域，也有着众多的高山冰碛湖群，野生花卉资源丰富。

八大片区的划定是根据片区资源的不可替代性，也是它们的组成，构成了三江并流世界遗产资源价值的唯一性和完整性。

迪庆只有41万人，却有着让全世界羡慕的独一无二的自然资源，有着浩大宽阔气贯长虹雷霆万钧的山水，迪庆的口号是把迪庆打造成中国最美的地方。说出这个话，需要有强烈的自信。他们有这个底气。

现在，自然保护区和国家级风景名胜区面积已占全州总面积的47.4%，保护成了头等大事，也让迪庆倍感压力。

迪庆坚持“生态保护第一”的原则，严守资源消耗上限、环境质量底线、生态保护红线，持续开展了退耕还林、退牧还草、天然林保护、土地整治、小流域治理和防污治污等一批生态环境治理工程。

划定“三江并流”世界自然遗产地的“生态红线”，在自然生态服务功能、环境质量安全、自然资源利用、基础设施、旅游设施、文化设施建设等方面，实行严格保护的空间边界与管理限值。

迪庆州在政府财力不足以进行大规模投入的情况下，采取政府主导、企业参与，以此筹措资金，开展遗产地内各个风景名胜区规划编制、报批、管理工作。《云南省“三江并流”风景名胜区总体规划（2005～2020年）》得到国务院批准。《“三江并流”风景名胜区梅里雪山景区详细规划》《“三江并流”风景名胜区哈巴雪山详细规划》《“三江并流”风景名胜区红山景区巴拉格宗片区详细规划》《“三江并流”风景名胜区千湖山景区总体规划和景区详细规划》，得到了国家批准。

迪庆州通过“七彩云南香格里拉保护行动”的实施，天然林保护、退耕还林还草、防护林建设、科学养畜等重点生态工程建设力度加大，以“生态村”建设为载体，大力开展农村环保小康建设，美化农村环境，农村人居环境得到了显著改善。迪庆下决心关闭了所有对环境有污染的“冒烟”工厂，出台一系列保护环境的规定，使区内的所有森林、江河、湖泊、草场、湿地、冰川、雪山和野生动植物得到了很好的保护。在金沙江、澜沧江防护工程和天然林保护、公益林管护等系列生态工程上，凡是涉及自然保护区以及对大气、水等造成污染的项目，不但建设被否决，而且已建起的也被关停。

虽然我不喜欢在文章中引用枯燥的数字，但数字又最能说明问题。迪庆州在2017年接待国内外游客2676.89万人次（包括国外旅游者94万人次），完成旅游业总收入2988590.36万元，创旅游外汇收入40384.57万美元。

这些数字是惊人的。

迪庆在藏语中是吉祥如意的意思，而香格里拉是心中的日月的意思。三江之水正承载着这样的祝福，没有三江的奔流就不会有心中的日月，就不会生长神灵。水是生命之源，在云南高原上恣意撒欢的三条长龙，在迪庆的群山苍波间舞动着它们的魅影……

二 人间秘境普达措

普达措的碧塔海和属都湖，不声不响的净土。森林森森，圣湖寂寂，杜鹃烈烈。牦牛是高原大地上最安静的哲人，它们在普达措的宽阔草场上悠然吃草，旁若无人。在碧塔海，几株巨大的树倒在湖边。但是，它们依然活着。还有几棵树死了，倒在水里，从水中伸出它们光秃秃的手臂，可是它们的姿态依然优美。在这里无论生还是死，都是美的，生命超脱了轮回。它们的存在，是神灵的现身。

属都湖海拔3705米，面积15平方公里，是众神饮水的地方。碧塔海海拔3558米，比属都湖略低，面积16平方公里。这块湿地在2004年被确认为国际重要湿地，因为它兼具高原湖泊湿地、河流湿地、草木沼泽、灌丛沼泽、森林沼泽和藓类沼泽的类型，在地球上难得。“碧塔”是藏语“栎树成片的地方”，也意为宁静的海。在雪域高原上，没有不宁静的森林和湖泊，宁静、庄严、圣洁是香格里拉的底色。

我有两次漫步普达措碧塔海的经历，我记得杜鹃花开的季节，整个碧塔海四周的森林中，都燃烧着杜鹃花的火焰，那么多乔木和灌丛杜鹃，那么多颜色，那么多饱满硕大的花，杜鹃花的喷吐宛如一次盛大的节日，这个节日是属于香格里拉雪山和森林的，它们持续了无数世纪，在这一隅狂欢，勾引着蜜蜂、蝴蝶和远道而来的游客。我第二次去的时候，杜鹃差不多凋谢完了，但在洛茸村和洛茸河周边，还有灰背杜鹃盛开着，伴随着高山海棠树的红色，迎来雪域高原的雨季。

关于杜鹃醉鱼的故事在碧塔海传得深入人心，增加了这个地方的神秘。碧塔海边的杜鹃花瓣飘落的时候，引来了游鱼，鱼吞食花瓣后，仰醉于水面，这就是碧塔海的奇观之一。又因这些不省人事的醉鱼，老熊会从森林里蹿出来，趁着月光捞食它们，大快朵颐。杜鹃花是有毒的，只有杜鹃之一种映山红可以吃有些甜的叶片，蕊不能吃，其他杜鹃花皆有毒，我在神农架吃过映山红。鱼吃花朵有瘾，我见过鲤鱼和鲫鱼跃出水面吃荷花的情景。在碧塔海，看到杜鹃醉鱼者并不多，但这里的小羊因吃杜鹃花中毒晕倒的事却时有目击。你只要用小刀给小羊的耳朵放点血，小羊就会“醒”来。

我们沿着碧塔海的步道，在森林中穿行，天空有些沉云，波浪有些涌动。杜鹃树横横斜斜地伸展在湖边，大朵的花瓣盛开在树顶。古树粗壮，枝丫纷呈，松萝飘荡，给人一丝神秘和恐惧夹杂的感觉。但即使这么高的海拔，几乎没人有高原反应，因为这里的氧气充足，负氧离子很高，没有头昏目沉之感。古老的川滇高山栎撑开巨大的伞盖，就像是严严实实的凉亭，造型美丽，它们是这里的“藏八宝”之一，在当地称为宝伞和华盖，是佛和高僧用的。这些树的神性，是它们永远美丽不受斧钺之痛的保证。沿湖还可以看到“藏八宝”中其他宝藏：悬崖上的“金幢”“白螺”，湖心小岛的“法轮”，一座座玛尼堆，草甸上溪流形成的“吉祥结”、“宝瓶”、莲花圣泉、花海……这些神圣的景物，是香格里拉的“香巴拉”符号和法器。整个迪庆，就像是一座大自然的神庙。

在属都湖和碧塔海的一些草甸上，如弥里塘、岗擦坝，在迟来的春天里，从五六月开始，这里就相继怒放着杜鹃家族的花、狼毒花、波斯菊、倒提壶、金莲花、紫堇花、滇蜀豹子花、鸢尾花、报春花、马先蒿、银莲花……五花海草甸的名称是用花海装饰起来的。在任何时候，可以抬头望见天宝雪山壮丽的身影，它们连亘不断，峥嵘起伏，云雾笼罩，是秘境中的秘境，似乎将永远人迹罕至下去，成为香格里拉密封的传说。

我惊异于在这样的高原湖泊边，看到四围的原始森林和雪山美景，这一泓碧波，就是上天赐予香格里拉的宝瓶和净水，让人想象天堂和净土的模样。我虽然对步道上会遭遇到猛兽有些担心，但在这样的地方散步，确是一种精神和肉体的双重奢侈，我们因为距离和时间，很难到达心中的香格里拉，很难在这样的高度上如牦牛一样悠闲自在，在这样的天地间畅想畅游，没有任何身体的不适，这不是雪山之神的眷顾又是什么？或者因为我们的虔诚，感动了上苍。

普达措是我国的第一个国家公园，它是香格里拉的中心，碧塔海和属都湖是香格里拉一双秀美的眼瞳。它同时在世界自然遗产“三江并流”的腹心地带，属于“三江并流”的哈巴雪山片区。普达措国家公园同时也是国家级自然保护区，自然资源丰富、生态多样性保存得非常完整，面积602平方公里。

它是怎样由自然保护区成为国家公园的呢？

迪庆州不仅是“三江并流”的上游，而且是云南这个“亚洲水塔”的塔顶。在这样敏感和重要的位置，在保护与开发的矛盾上纠结着，但他们希望通过成立普达措国家公园，使迪庆找到一条新路子。

1993年，这里的中甸县（香格里拉的前身）自筹资金，银行贷款，开始搞碧塔海旅游。1997年，中甸县政府成立了森林旅游公司。

到了2005年，迪庆州政府在普达措国家自然保护区成立了碧塔海—属都湖景区管理局，由管理局对碧塔海—属都湖景区进行“统一管理、统一规划、统一保护、统一开发”，2006年10月将“迪庆州碧塔海、属都湖景区管理局”更名为“普达措国家公园管理局”，率先建立起中国大陆第一个国家公园，并争取成功，成为国家公园建设典范。我在采访时他们提到了两个人：当时的州长齐扎拉，和来此挂职的副州长、清华大学副校长史宗恺。

史宗恺教授来之前，早就研究了国家公园的课题，他有理念做国家公园，齐扎拉州长也有此设想，两人一拍即合。2003年，州委州政府让挂职的史教授牵头，经过比较分析，确定了把发展与保护矛盾突出的碧塔海—属都湖地区作为建设香格里拉国家公园体系的示范区，开始了筹建香格里拉普达措国家公园的具体工作。

当时的形势是迪庆州木头财政经济接近崩溃，天然林禁伐已经有几年。之前北京的专家们考察了滇西北，认为这里是我国长江上游重要的生态保护地区，制止各自为政的掠夺式开发刻不容缓。专家们提出了建设一个大河流域国家公园的想法。史宗恺教授去过几次美国，对那里的黄石国家公园——世界上第一个国家公园印象深刻，所以他的挂职就是要实现建设国家公园的构想。

“国家公园”最早据说是由美国艺术家乔治·卡特林提出的。1832年，他在去北达科他州旅行的路上，对美国西部大开发对印第安文明、野生动植物和荒野的影响深表忧虑，并写道：“它们可以被保护起来，只要政府通过一些保护政策设立一个公园一个国家公园，其中有人也有野兽，所有的一切处于原生状态体现着自然之美。”

如今，全球有了近4000个国家公园，国家公园已成为世界上保护与发展相和谐的典范之一，为各国广泛采用。在完整的国家公园体系里应包含其他5种功能，如科学研究、环境监测、科普教育、文化传承等功能，提供生态旅游只是很小的一部分。在国家公园里面，一些动植物的敏感地带，游客是不能随意进入的，这也是目前国际上国家公园理念的体现。

2005年，公园规划完成并动工建设，2006年8月1日，普达措国家公园正式对外试营业。国家公园的名片很快显示其号召力，全国的游客蜂拥而至，一年的门票收入就过亿。2007年6月，中国大陆第一个国家公园——香格里拉普达措国家公园正式挂牌成立。

拿普达措国家公园自然保护区保护科科长丁文东的话说，在2006年之前，所谓的普达措国家公园，都是自封的。当时云南向国家发改委报了普达措国家公园的试点，产生了争议，因为那时候国内没有一个国家公园，怎么搞？是想把旅游搞出特色来，普达措是自然保护区，自然保护区条例是在核心区和缓冲区都不能做旅游，一草一木都不能动，这有一个定位的问题。在保护区里面有老百姓生活的一块，有藏族村、彝族村，划出来有1413公顷，老百姓可以在里面放牧生活。但他们养的牛马被野兽吃掉了，把人也抓伤过，没有赔偿。又不能把狼和熊打死，这要触犯法律被判刑。这个矛盾开始很激烈，甚至不能烧柴，到了农闲，保护区群众家家要备柴过冬，替代能源也没有。这让保护区的路越走越窄，保护区成为老百姓幸福生活的障碍，树也不能卖不能砍，做房子也没材料。所以老百姓恨保护区，看到保护区的人就瞪眼睛。

但这儿的保护慢慢看出来成效，风景好了，森林湿地保护起来了，生态环境美了，背包客开始出现。进保护区的，森林生态旅游公司收一点费用，在90年代收10到20元钱，就是保护资源费，然后给你盖个章，让你进来在保护区里面去玩去拍照。这么一来，当地老百姓的马匹就来了，因为深入保护区的碧塔海路途很远，村民牵匹马让你坐。来的人比较多，又产生了吃喝拉撒的问题，老百姓就卖一点土豆、奶酪、烧烤，旅游经济就出现了。然后，森林公司开始调来一些人专事经营，组成班子。做了几年，有了效益，但是管理出现了混乱。地方的财政局成立了门票办，就变成了景区。碧塔海景区和属都湖景区。属都湖景区当时是由私人承包经营的，碧塔海景区是森林旅游公司的。到2001年，政府和林业部门开始重新组建森林生态旅游公司。

建立普达措国家公园之前，由于未修栈道，游客需骑马穿越草甸才能进入景区，牵马生意火了起来，旅游活动高峰期每天约有1000匹马在碧塔海保护区的湿地内践踏，人、马的践踏对地表、植被等产生严重破坏，草场面目全非，千疮百孔，粪水四溢，水体污染，造成碧塔海珍稀鱼种重唇鱼大量死亡，湿地生物逐渐减少。

2007年普达措国家公园挂牌后，为保护草甸和水质，公园取消了骑马，修建了人行栈道，游客乘车统一进出景区，以步行和坐船为主要观光形式，而且每天都有消防队、护林队员巡查。

水清了起来，草场也恢复了，普达措成为国内的热门旅游地。公园内社区（村庄）的每个人都有分红和补贴，这个补贴分一二三类，就是反哺资金。生态效益好了，社会效益、经济效益都好了。丁科长回忆说，2008年4月6日发生了一次火警，在过去，老百姓是没有救火的积极性的，他们觉得你保护区的救火与他们没有什么关系，说不定烧了还好些，烧了就没有保护了，他们的生活就自由了。但是这次火警，老百姓全力以赴地去扑灭。他们明白只有把森林保护好了，他们的生活才有指望，他们是与保护区的存亡绑在一起的。丁科长说，后来老百姓见到他们，就竖起了大拇指，还给他说，等你以后老了就到我们村里来养老。他们认为，现在保护得这么好，老百姓过上了幸福的生活，国家公园是有功劳的。

在普达措景区周边的农民，因海拔高、耕地少，半农半牧的生活仍然贫困。但借着普达措旅游开发，迪庆州开展旅游反哺社区的惠民政策，这些村庄迅速发展，也水涨船高地成了旅游胜地，有的村庄的名气不在碧塔海和属都湖之下，成了明星和网红，比如藏族村洛茸村。

为培育扶持洛茸村产业发展，州政府从公园生态旅游收益中支出300万元给洛茸村，由普达措旅业分公司出资1500万元，在洛茸村合资建成藏民俗餐饮住宿休闲于一体的“悠幽庄园”，园内用工主要为洛茸村民，庄园收益采用公司托底的方式，每年洛茸村33户人家每户收入不低于2万元。村民从事传统农牧产业获得的生态产品主要供给庄园使用，普达措国家公园每年为洛茸村提供17个保洁工作岗位，月工资2000元。洛茸村在公司正式就业的职工有4人，人均年收入7万元。有5人在公园承担巡山职责，月工资2000元。庄园内的服务人员有4人，月工资2000元。

州里实施的《香格里拉普达措国家公园生态旅游收益反哺社区发展方案》，洛茸村属一类反哺受益区，享受户均每年19000元，人均每年5000元的资金反哺，现洛茸村该项每年收益为152.2万元。同时，洛茸村还享受公园教育反哺，即凡上高中、中专的学生每人享受每年3000元的资金补助，大专的每人享受每年4000元的资金补助，本科以上的每人享受每年5000元的资金补助。过去村里的孩子因为山高路远或家庭贫困少有人读书，很小就在家放牧，现在，村里的孩子没一个辍学，每年都出大学生。

我第一次听到“反哺”一词，是在普达措国家公园的办公大楼里。

普达措旅游分公司办公室的松江涛主任给我拿出一沓他们与村委会和村民签订的反哺协议，向我详细讲解这方面的情况。反哺的意思就是我们在这里搞国家公园旅游赚了钱，必须让世居在此的老百姓得到好处，因为他们为保护生态环境做出了牺牲。

反哺资金在一类村庄，即公园核心地，每年户均1万元，人均5000元。一类村庄的村容村貌整治给500万元。二类村庄，户均1000元，人均1000元，退出旅游经营的，每年户均6000元。村容村貌整治给50万元。一类社区有4个村庄：洛茸、基吕、霞浪、此迟顶。二类社区有3个：吾日、浪丁、洛东。三类有九龙村（彝族村）、尼中、普拉、白中、尼汝村、麦旺坪等。

在与村寨和村民签订反哺和补助协议时，保护区有严格的合同限定，特别是在生态保护上，如第四条：社区在享受旅游反哺补助金后，有义务对普达措国家公园范围内及旅游景观道路沿线范围和社区所属范围内的生态环境进行保护，禁止乱砍滥伐，一律不得砍伐树木和灌木丛，严禁在接近景区公路沿线的面山乱砍滥伐和乱挖乱采。国家公园范围内严格进行火源管理，除因科研项目实施采集样本和公司为排除安全隐患需要，禁止任何集体、个人进行捕猎等违法违纪行为。第五条还规定即使在灾害年，“实行社区保留原有牛棚、放牧传统，只减不增的生产模式，不能私自扩建牛棚、开荒种地，严格执行生猪圈养政策。”

其中教育反哺的作用最突出，这里的孩子过去因为贫困不上学，辍学后放牧、砍树，破坏生态，想短平快致富。建立国家公园以后，政府组织大家三番五次开会，要孩子们读书不辍学，你读书毕业后就可以在国家公园里就业，有文凭，就给你一个职务，没有文化就不行。因为有每年3000至5000元的教育反哺，现在所有孩子争相上学，家里没有负担。过去洛茸村才1名大学生，如今有了12个大学生。在从事公园经营活动的普达措旅游分公司的近300名员工中，社区群众占32%。

洛茸村老村长茸毕说，过去靠砍木头、打猎生活，穷得每人只有一双鞋，现在每人都有十七八双靴子，他家养了80多头牦牛，一年卖酥油饼就有1万多元，最大的收入是公园每年给的6万元。

这6万元就是指国家公园的社区反哺资金。

在对国家公园范围内的23个村民小组870户农户的反哺中，反哺资金总计达到1.5亿元。在洛茸村，公园带来的补偿资金和国家给予的生态公益林收益等补助，使户均年收入达12万多元，还不包括自家养殖业等方面的收入。

在国家公园上班的益西就是洛茸村出的大学生，毕业于云南大学香格里拉职业技术学院。他带我来到他们村庄，这个村的名气在国际上也是响亮的。

洛茸村在普达措国家公园里是公认最美的村庄，人间乐土，海拔3600米。“洛茸”藏语是“与世隔绝的地方”，在没成立保护区和国家公园前，没人知道这儿，它太高，太远。这里如今盛开着遍地的锡金报春花、高山海棠花、灰背杜鹃花、狼毒花、黄连花、灯笼果（极酸的醋栗，就是茶藨子）花、绣球藤花。牦牛在草场多如牛毛，藏香猪小巧玲珑地钻在灌丛里，藏獒静卧路口，并不咬人。

益西感觉就是典型的藏人，28岁，皮肤有点高原黑，汉语很流利，他的老婆毕业于西南林业大学，在普达措实习时与他相识相恋，毕业后就结了婚。

路上他给我说，他们村全是藏族，他家以前主要是靠养殖，七八月份采松茸，一年有6万左右的收入。松茸主要是出口，迪庆一年出口800吨，普达措就有400吨，占一半。

我终于到达这个海拔极高的村子，果然这里美丽无比，特别是有迪庆风格的藏族房子。这里的房子一般两层，但有高大的立柱。这些立柱都是几百年的杉树，笔直、粗大，剥掉皮即可，这是一种家庭富裕的显示。30多户藏式房子错落有致地建在山坡上，有的建在山上的丛林里。

这是一个寂静淳朴的美丽村落，在雪山、河谷的怀抱里。这个村子没有那种村庄惯有的畜便气味，一问，才知他们的猪和牦牛都养在离家很远的地方，建有圈栏。过去藏式民居一楼主要喂养牲畜，但现在的房子不会了。益西家有一个面包车，一辆手扶拖拉机，一辆小型厢式拖拉机。他开门是在一个隐秘处掏自家的钥匙。进去，我看到的是藏族的大气派，偌大的院子和宏伟的建筑，民居怎么如此宏伟？用宏伟二字没有任何夸张。但他谦虚地说，这在村里不算最好。他说藏族人做房子不像汉族，几个月就建起了，他们建一栋房子可能要30年。比如这房子2017年落成，而这些巨型立柱，是20年前从外地买的，一根当时就要8000元。我估计现在8万元也买不到了，这样的古树没有任何地方可以砍伐。益西家的院子很大，两边的耳房是平房，无论是楼房、耳房，都是藏式的雕花风格，色彩鲜艳。檐廊的立柱上还贴着“囍”字，表明益西新婚不久。他带着我参观他的房子，一楼全是房间，他说他准备搞民宿、搞农家乐，但这儿名气大，来村里的人却不多，原因是宣传不够，也因为路途太远。房间里的装饰全是木头，他的新房就在一楼，他说，因为妻子在香格里拉上班，他住城里，很少回来。

我们上了二楼，这里面更加气派华丽，全是木地板，大立柱上缠挂着许多哈达，墙壁上全是木雕，其精致程度让人叹为观止。有许多个佛龛，供奉着他们心中值得尊敬的喇嘛和活佛。中间有火炉，但烟道伸出了屋外。还有专门念经的房间，因为他的父母每天都要念经，念经房有提供给喇嘛住宿的地方。二楼房子的阔大，完全可以成为一两百人的会议室。我说，如果民宿住满了客人，这里是一个欢聚的场所，他说正是这么考虑的。我问他这房子建起要多少钱，他说差不多100万。

我们在二楼的平台上看整个村庄，一个个藏式院落相隔较远，鸡犬不闻。藏房顶上，有的飘着白色旗，有的是黄色，有的是红色。益西说，白色旗代表六畜兴旺。黄色旗表示家里出过活佛。红色旗表示家族中有人当过喇嘛。河谷里有成千的牦牛在那儿，洛茸河蜿蜒从草甸流过。他指着对面的山上，说那里是栎树、云南松、杜鹃等混交林，生长松茸的地方，他们过去就是在里面捡松茸，因为20年不砍树了，里面的松茸很多。

我再上到二楼上的阁楼，这里面琳琅满目，有藏民真正的生活。挂满了腌制的藏香猪肉、香肠、猪皮，应该有几百斤。他说这是自家养了杀的，也是为了搞农家乐。当然，也有来这儿的游客，加了微信后，每年给他们邮寄，还有牛肉干、松茸和其他野生菌。

在阁楼里他家存放有大量的马具：木马鞍、铁马蹬、马辔、笼头、衔铁等，都很有些年头了。他说过去他家里有十几匹马，现在不让牵马了，这些东西就放在这里，为以后农家乐作展览。他希望我帮忙宣传宣传，把洛茸村的旅游搞上去，让大家分享这里的好山好水。

我们去村长家时，碰到了从地里干活回来午餐的农民，他们与益西打招呼，讲的是藏语，但与我说话时，又讲一口流利的汉语。

村长边玛家的藏獒非常凶猛，被链子锁住了。他家的房子有些旧，但也很气派。只是他家的一楼还养着些牦牛。他正在准备与一个侄子吃饭，见我们去了，非要让我们一起吃，我们告知他我们在“悠幽庄园”已经订好了饭，想与他聊一会。我们就先出了院子，让村长吃饭，边玛村长一再说不好意思。

过了一会，边玛村长来到我们坐的转经筒小屋里，我们坐在木条上，他谈了一些村里的事，关于反哺的，关于退耕还林补助的。他说他的一个女儿现在云南财经大学读书，去年村里还有个孩子考取了中央民族大学，国家公园的教育反哺让村里的孩子都有出息了。边玛村长说，过去他们这里穷，半农半牧，种青稞、洋芋和蔓菁等作物生活，现在种地的人不多了，都在国家公园打工，护林。村民们自发地组成巡山护林队，每年从5户村民中抽出5人组成专职护林队，每年轮换，目的就是为了更有效地保护好我们的青山绿水。我问他房子没打算盖新的吗？他说，现在不准建房了，你的房屋没有达到30年，不得私自拆旧建新，这规定在香格里拉是第一个村。藏族非常注重生态保护，没建成国家公园前就把生态保护写进了村规民约，不准砍树。在林业部门的支持帮助下，现在家家户户用上了节能取暖炉和太阳能热水器，柴火用量减少到现在的每人每年不得超过1立方米，都是到山上捡拾的枯枝朽木。

我们离开的时候，听见藏民推动屋里转经筒旋转的声音，我知道他们的心里有神灵。

在村子不远的地方就是“悠幽庄园”。四合院的藏式建筑，里面全是藏族风格。而在它的周围，洛茸河在这里形成了一片很大的湿地，国家公园将这儿打造得异常精美，步道、木亭、小桥。白色的高山海棠满树，灰背杜鹃在河边一丛丛如紫色的花海。一头吃草的白牦牛仰着头望着我，然后又低下头去吃它的美食。洛茸河里果然有许多鱼，就像边玛村长说的，他们村里的人从不捕这河里的鱼，也不让外人捕，虽然村里也有人吃鱼，但没人敢捕。

要问来此旅游的人有什么体会，我在网上看到这句话：来普达措3个小时，感觉肺洗干净了。

普达措国家公园通过10多年的探索建设，在加强园区内自然生态系统恢复与保护的前提下，他们通过对规划总面积近2%的高效利用，保护了602平方公里的原始生态，实现了生态保护、科学研究、环境教育、社区发展、游憩展示等多重效益，还帮助这里的藏族、彝族村民脱离了贫困，过上了令外人羡慕的生活，使普达措国家公园成为我国处理好生态保护与合理利用关系的成功案例。

目前，继香格里拉普达措国家公园后，迪庆州又建立了香格里拉梅里雪山国家公园、香格里拉滇金丝猴国家公园、香格里拉虎跳峡国家公园、香格里拉大峡谷国家公园等五大国家公园。

小开发大保护。普达措获得的成功经验就是这六个字吧。

三　钟泰和滇金丝猴的故事

在维西塔城的滇金丝猴国家公园里，我听说到滇金丝猴有笑肌，与人类一样时，太吃惊了。它怎么能笑，会笑，爱笑呢？金丝猴本来就是极可爱的动物，甚至许多人称它们为世界上最美的动物。但我认为，不能把它们划归动物，它们与我们人类太像太像。比起那些没有尾巴的猿类，它们虽然拖着尾巴，但与我们更接近。我仔细观察过川金丝猴，它们有金色的皮毛，有蓝色的脸，有几乎与人一样的脸型，眼睛里全是温和的孩童般的光，充满了想与人类交流的暗示。滇金丝猴我没有见过，在视频里，它也无比的惊艳，脸部与川金丝猴没有差别，有的脸型比人类的某些人美得多，耐看，也叫仰鼻猴，眼神也很安静温顺，走路优雅气派，不咋咋呼呼，白里透红，有一张夸张的红嘴唇，性感，无论从脊椎结构还是视觉审美来说，它都最像人类，白肤、杏眼、红唇，丛林中生长着与我们人类这么近似的生物，难道不应该保护它么？

与川金丝猴不同的是它的皮毛，滇金丝猴以灰黑和白色为主，头顶长有尖形黑色冠毛。虽然黑白相间，但有的个体远看皮毛还是泛着一点黄色，与川金丝猴极像。据专家进行基因测定，川、滇、黔金丝猴在160万年前开始隔断分化，成为如今的三个不同物种，但它们是三兄弟。

我听护林员们说到滇金丝猴，特别是雄猴，有英雄主义气质，那些被我们扭曲和遗忘的优秀品质如坚忍不拔、敢于挑战、从不言败、仗义执言、宽宏大量、温柔体贴、关心长幼等崇高的人格，在滇金丝猴群里比比皆是。人类应该回过头去，去森林里向我们的近亲学习，去打捞我们丢失的宝贵品德。“礼失求诸于野”，这个“野”，就是森林，我们人类的祖居地。

滇金丝猴吃的是松萝，必须每天转移迁徙，成为动物中的吉卜赛，天生的流浪者。它们为了食物盘桓于海拔3200米至4600米的雪线附近，躲避人类和其他天敌的追杀，也爱箭竹的嫩笋、植物嫩芽、花苞及幼叶。这些雪山精灵人们对它们知之甚少，最早的标本是法国人米尔内·爱德华兹1871年采于云南德钦阿墩子，收藏在法国巴黎自然历史博物馆。20世纪60年代，动物学家彭鸿绶在云南德钦的畜产公司看到了滇金丝猴皮张，证实这个以为灭绝的神秘物种仍然存在。到了70年代末，实地科考的科学家们获得了三个完整的标本，并且亲眼见到了野生的滇金丝猴种群的活动情况。

1983年中国建立了第一个滇金丝猴保护区——云南白马雪山国家级自然保护区。

在云南，当地人叫它们雪猴或白猴，这与它们生活在高山积雪地带，其幼子全身为浅白色有关。藏族人叫它“知解”，白族叫它“白㹯”，意思是有羊膻味的大白猴。

滇金丝猴国家公园，在维西傈僳族自治县塔城镇响古箐，面积约334平方公里。这里共有8个野生群，数量约800～1000只左右。现在，人工投食猴群让其下山已经成功。

塔城乡的海拔不高，这之前，我在从普达措回到香格里拉市区后出现了“高反”，好在塔城才2000多米，可以让身体恢复。我们沿着金沙江而去，看到在干热河谷地带的悬崖上寸草不生。但到了维西境内，到了塔城，身体感觉正常了，这里风景秀丽，草木葱绿，被誉为香格里拉的小江南。

从塔城到响古箐，在盘山公路上，我们的车子进入了浓郁的原始森林，这也是白马雪山的原始森林。我们看到了傈僳族风情的村庄，与藏式房子不同，虽然是木头，有的是木刻楞，但比较朴实，简单。高大的树木，奔流的溪水，高耸的雪山，都在我们的身边和眼前。我们进入这个公园，几乎没有人，只有一些空荡荡的帐篷。这里太安静，不像普达措，我抬头看到后面的原始森林和耸入云霄的大山，这里气势赫然，有一种狂野之气，滇金丝猴就藏在这片山林里。“若有人兮山之阿，被薜荔兮戴女萝”，屈原虽然写的是三峡地区的猿猴类或者是野人或者是川金丝猴，但他写出的那种氛围，也像是这里，是我们要找的滇金丝猴。

白马雪山国家自然保护区维西分局的局长钟泰，是藏族，这名字也是藏名。他红脸膛，大高个，一看就是在野外工作多年的，浑身带着一股郁勃的山野森林气息。

他说，白马雪山国家级自然保护区跨德钦和维西二县，共有21万多公顷，维西县有6.5万公顷。他在德钦工作了27年，2010年4月调到这里。当时说要一个懂猴的来，这里申请了成立滇金丝猴研究中心，在塔城野生动物救助站这个平台上搭建的云南滇金丝猴研究中心，而他自己一直在做滇金丝猴的研究，与中科院动物所合作，也与美国的加州大学合作，国内与北京林业大学、西南林业大学、四川林业大学都有合作。

钟泰1968年出生在德钦县佛山乡一个藏族村庄巴美村，是普通的农家孩子。1983年初中毕业，白马雪山保护区招工，当时是董德富局长，他有一个观点，就是在保护区巡山，又要有体力又能吃得苦，所以他招工的时候只要农村的孩子，不要城里的孩子，那批招的20多个小伙子全是农村的。钟泰当时只有16岁，招到保护区，做了简单的培训，就分到了保护区的叶日保护站。

叶日保护管理站海拔2700米，是在保护区的最北边，没有公路，要走三天的路才能到达保护站。每个保护站配一个老同志，带4个年轻的。老人家叫吾吉，藏族，是当年武工队的，转业到了保护区，来组建这个叶日保护站。这个老武工队员，就带着他们四个16岁的孩子上路，在路上他说那个地方山水很好，有瀑布有河流，有村庄，风景好得不得了。

钟泰他们走了一天，还没有到。问他他就说快了，快了，快到了。走完第二天，晚上再问他，他就说快到了，快到了。走了四天才到了叶日大队，就是现在的叶日村。

在大队所在地，当地人就给了他们一个房间，他们睡下来后，钟泰就问我们还要不要走啊？老武工队员说，就是这了，不走了，这样就在这荒村住下了。

老武工队员实行军事化的管理，每天都要排队报数报到，进行操练。大队部的旁边，有一个土改后分给农民的地主房子，已经破烂了。吾吉站长就把这个破房子买下来，开始建保护站。他带着钟泰他们4个小青年，起早摸黑，自己动手，修理房屋，也请了当地人协助。

叶日这地方风景果然不错，北边是干热河谷地带，降雨量一年有500毫升，不通公路，是真正的人迹罕至的原始森林。他们五个人自己做饭，在叶日有一个粮店，新职工一月只有32斤大米计划，不够吃，只能每顿搭配粗粮。钟泰他们就帮站长家里做农活，包括犁地啊，种庄稼啊。这个粮站站长就感动了，就多给保护站一些米、肉、油的指标。吃菜怎么办呢？保护站自己种菜，喂猪喂鸡。

一年以后，保护站就建好了，怎么保护？老武工队员就带他们出去宣传，这里是国家保护区了，要保护森林，保护野生动物，国家有政策出台了。钟泰他们的保护站涉及2个村委会40多个小队（自然村），管理的地方太大。一个老人带着四个孩子，一个月还走不下来，后来就一人包一个村。

每一个村庄太远，而且当地藏民的方言和口语钟泰也听不懂。特别是野生动物的学名与当地的叫法完全不同，也与其他藏区的有差别，你怎么宣传他们也听不懂，你在那儿宣传人家就笑。但村里年纪大的人，就鼓励钟泰他们说，你不要担心，慢慢地学，今天会说一句，明天就会说两句。书上的汉语名称，当地的土名，一个一个地对着图片讲解，翻译过来，向藏民宣传。

关于滇金丝猴，谁也没有见过。吾吉站长过去打过仗，也打过猎。对钟泰他们进行培训的是川金丝猴图片，供销社收购有骨架、皮张，没有见过活体。这样就把一般的猴子当成了滇金丝猴，因为猕猴头上有黄色的毛，站长要大家保护好猕猴。

1986年，保护区跟云南动物所联合进行普查，有10个人，在野外普查了整整一年，钟泰就在普查队里。1987年8月，在各么茸村，他们终于在海拔4000多米的地方看到了滇金丝猴，在望远镜里一晃而过。当时，钟泰他们是两个人一组，钟泰安排跟中科院的白寿昌老师背枪，背无线电台，还背一个先进的望远镜，是炮兵用的，16公斤，包括脚架，加起来背24公斤左右。背这么重要的东西，他很自豪。到了观测点，在望远镜中看到那个滇金丝猴几秒钟就不见了，真是稍纵即逝。白老师兴奋地说，就是这种猴子，就是这种猴子！钟泰看到的是黑白相交的猴子，难道这就是滇金丝猴吗？白老师告诉他，就是它！钟泰才知道，他们要保护的就是这种猴子。

这一年，白寿昌、邹如金、季维智等在维西捕获到了活体滇金丝猴，使得活体滇金丝猴首次进入科学院，进入实验室，从此开始了滇金丝猴人工驯养繁殖研究。

到了1989年，因为白老师年岁大了，野外工作走不动了，钟泰就和昆明动物研究所龙勇诚老师他们一起，开始研究关于滇西北的滇金丝猴种群的数量，花了四五年的功夫终于弄清楚了。龙勇诚是著名灵长类科学家，也在后来称为“滇金丝猴之父”。

1990年，保护区安排钟泰他们跟踪金丝猴群，观察研究它们的野外生活习性、食物。吃什么东西，在哪儿过夜，生孩子多少？

叶日保护站请了向导，是个猎人，他们每次要背一个月的粮食上山，走一个月。有马帮驮运东西，固定一个营地。跟踪滇金丝猴太难，你找到了它们，差一步跟不上，就会离它们越来越远。因为滇金丝猴是每天都必须迁徙的，你跟踪一个月能看到几秒钟就非常不错了，它们的山地运动速度非常之快。

1990年的一天，向导回去了，留下他一个人在一个牧场里，牧场只有一个老人家，老人家对他非常好，老人家也是打过猎的。钟泰一个人早出晚归去找猴子，非常辛苦。老人家给他说，猴子是住在野外不回来的，你这样怎么跟得上猴子？他就帮钟泰准备了四五天的粮食。

跟踪第一天，他根据树枝的折断，就估计金丝猴要在这住下了，他于是也在猴群的旁边撑开帐篷住下了。晚上，他发现有一只狼围着他的帐篷转，他没带枪，听到狼叫非常害怕，一夜未睡，但第二天还是要跟着猴子走。可是他没跟上猴子，却让狼跟上了他，狼是一只孤狼，始终跟着他，怎么也撵不走。他不敢再跟踪猴，就飞跑着回到了牧场。

回去他就给老人家说了，说有一只狼跟上了他，围着他叫。哪知老人家说太好了，狼要吃东西，这只狼也是跟着猴子走的，你与这只狼就是两个同伴。钟泰就说，可狼会吃了我。老人家说没听说过狼吃人的，这儿的狼不会吃人。狼会集群，这个地方的动物没这么多，所以这里的狼不集群。如果狼叫唤，是呼引同伴，表示我在什么位置，你在什么位置。结果没有唤来别的狼，就证明狼不多，在一起吃不饱。

老人还教他，如果狼跟上你，你就在帐篷外烧一堆火，野兽见到火就不会来了，你不用害怕。

钟泰再跟踪，第二天他跟上了猴子。一连跟了七天，那只狼也没有伤害他。他弄清了这群金丝猴在哪个地方转，地方叫什么地名，都详细地记录下来，然后回来报告给龙老师，他也获得了许多经验。比如，每一次野外找猴子，只要看到金雕、林雕在盘旋，猴子一定在这个区域，如果过夜时旁边有狼的话，猴群也一定在旁边。

1992年，龙勇诚老师和美国加州大学博士柯瑞戈，跟世界自然基金会一起在叶日的崩热贡嘎建立营地，对滇金丝猴进行了3年的野外研究。拍到了第一张家庭式的照片，一个公猴、两个母猴带着三个小猴。以此确定它们是群居的、以家庭为主的、雄性主导的母系社会。钟泰也参与其间。

钟泰说，他在野外工作的过程中，国外的科学家有许多值得我们学习的东西。他们一般是前15天跟踪，下一个15天就是整理数据、补充食物，用七八天对栖息地的植物进行鉴定。

两三年的时间基本搞清楚了这个物种，比如生活在什么地方，包括下雨下雪住哪里，有什么物候、感应，毛的湿度的变化。比如要下雪的前三天，金丝猴就会从阴坡的针叶林，跑到阳坡的阔叶林里面，以躲避风雪。

在对滇金丝猴进行跟踪、监测研究，钟泰一直坚持在高海拔的原始森林与滇金丝猴生活，从来没有下过山，其中度过了三个寒冷的大雪封山的冬季。他与龙老师他们首次系统地披露了滇金丝猴的生活习性，也创造了白马雪山的抗寒饥饿记录，在大雪封山的日子，每顿1个洋芋，熬过了零下20多度夜晚垫子下结冰的日子。

钟泰和他的战友们常常是连续几个月住在大树下的临时棚子里。

我看过他与专家和工作人员多年前在大山中的合影，背着沉重的背包，拄一根竹棍，穿着帆布力士鞋，常年在海拔四五千米以上的高山行走跋涉。他走遍了滇西北到藏南的2万平方公里区域，在野外的营地里，他刻苦向专家们学习，与龙勇诚等专家一起，发表了10多篇高质量的论文，渐渐成了滇金丝猴专家和林业专家。

1996年，德钦县砍伐木材创收，各么茸砍完了，要砍施坝林区，但那里面有一个滇金丝猴种群。这让专家们非常担心，于是他们联名给当时分管林业和环保的副总理宋健写了一封信。很快，宋健批示，林业部和国务院都来了调查组，这样阻止了一次生态灾难，保护了一个滇金丝猴种群。德钦也就成了第一个天然林保护县，财政全额拨款，不再砍伐创收。

1996年，中国大学生组建了一个大学生绿化营来德钦考察，钟泰与他们一起考察调研，向他们学习到了很多东西。

1997年，是他人生的转折。他得到了一个系统学习的机会，西南林业大学有个荷兰的项目，是自然保护区管理的专业，专科三年，脱产学习。领导让他去，他虽然是初中毕业，但在跟踪、研究滇金丝猴的这些年中，有了许多实践经验，刚好觉得理论水平不足，这真是千载难逢的机会，他非常珍惜。进入大学后，认真学习了三年，拿到了大专文凭，2000年回到白马雪山保护区。

2000年以后，在世界自然基金会“综合保护与发展”项目以及全球环境基金“林业可持续管理”项目的资助下，钟泰又全身心投入到社区共管项目的实施活动中。他在降低和减少村民资源的消耗、提高当地居民生活水平、恢复生物走廊等方面边工作边研究，做出了突出的贡献。过去保护区单纯的保护方式，与依靠自然资源维持生活的当地居民产生了很多冲突，农民并不欢迎。但这些项目的开展，保护区的工作就由单纯保护向参与式保护转变，村村有人宣传、山山有人管理，这就是他们要的结果。

首先是对社区（村庄）进行改造，比如饮水问题，土地改良问题，品种改良问题，还有村民居住房屋改造，保护区给他们送去了打麦机、磨面机。这个项目当地政府也有相应的配套，基金会投了70万，政府投了100万，这让老百姓愿意了。

对自然资源比如松茸、药材，有一个永续利用的问题。过去村民过度的滥采滥挖，致使资源越来越少。在调查的时候他们发现了一个谷龙坡小组，这个自然村做得非常的好，每个人采松茸的收入能达到2万元以上。这是什么原因呢？后来发现他们保护自己的菌团做得很好，每个人都有自己的菌团，采挖后把所有的植被恢复，你看不出曾经采挖过。有个老猎人，年近花甲，他打猎的时候发现了很多菌团，为不让人知道，怕有人发现跟踪他，他走过的地方不留下脚印，有些地方他从树上走，像猴子一样荡来荡去，他一年的松茸收入有4万多元。

钟泰很受启发，保护菌团，才是永续利用之道。另外，他组织村民开会，建立一个共同的松茸市场。有了共同市场，就有了价格联盟，收购松茸的老板来的时间缩短了，也不可能到各家各户去收，去压价。所有老板都到市场里公开开价。而且规定4厘米直径以下的不能在市场上出售，如果发现就罚款。森林是国有的，但药材、松茸都是你们自己的，你不保护好，你这一代采完了下一代吃什么？

保护区帮他们管理松茸，也不要他们的，还帮他们巡护森林，不让外人来采。管理要求是采取“采两天休息三天”的办法，在休息三天之内，所有的人不得进入森林采挖。这样村民平均收入从2000元一下子增加到了6000元，老百姓的收入提高，山上的菌团也好了。他们每年的9月份进行大巡护，把所有过度采挖的菌团恢复。

钟泰说，一个菌团是几百年几千年形成的，是孢子，很多菌丝连在一起成为菌团。有一个老人家讲，在路边有一个菌团，每一年都能采到200块钱左右的松茸。一个孩子拿着刀把上面的树枝砍了很细的一根，这儿就再也不出松茸了。这是为什么呢，就是不要动菌团周围的一草一木，这个是很神秘的东西，你动了一棵草，就破坏了它的微生态，它的小环境。这个老人叫白玛都吉，60岁当上了村主任。钟泰在整个白马雪山保护区推广白玛都吉的经验，现在把这个观念带到了虫草的保护和羊肚菌的保护中，保护区一草一木都保护好了，才能有好收成。百姓得到了实惠，才有获得感。

还有鼓励村民养中华小蜜蜂，不准让意大利蜂进来。意大利蜂比中华小蜜蜂大，而且会攻击咬死中华小蜜蜂。白马雪山被称为花园之母，欧洲的花园里有大量白马雪山的品种。养蜂的好处就是生态好，有树有花，花通过蜜蜂授粉。

2008年6月他又发起并组织实施了滇金丝猴群的“迁地保护”行动。从1988年开始，叶日管理所辖区的唯一一群滇金丝猴因为生存栖息地遭到人为破坏，往北迁到保护区以外的羊拉乡境内的南仁、萨用自然村一带活动，给保护区的保护和管理工作带来了困难。钟泰他们充分讨论和调研，决定启动“迁地保护”行动计划。通过艰苦的努力，猴群顺利完成南迁回家，迁回路程达70多公里。这一行动让他刻骨铭心，过程艰辛万分。

钟泰是2010年4月份从德钦保护区分局调来的，任维西分局的分局长并创建了滇金丝猴国家公园。他说，通过建立国家公园，对他来说是一个对物种不断认识的过程。展示滇金丝猴，就是对它们进行近距离的研究。滇金丝猴是杂食动物，它有一个复胃，这也是很奇特的，灵长类的胃进化成了牛的胃。滇金丝猴的食物主要是松萝，它吃得多，为了消化这些东西，胃里培养了很多微生物、细菌。要通过不断地奔跑、跳跃它才能够消化。我们就明白了滇金丝猴为什么每天总是迁徙，换住处。

另外，他们在展示区有70只滇金丝猴，每天要吃大量松萝，不能浪费。但金丝猴就是要在奔跑中吃，边跑边将松萝放进嘴里，边跑边排泄大量的寄生虫，不停下来它们就不会感染。但展示区太小，它们吃喝拉撒在这0.2平方公里的小块地方，一定要控制寄生虫的暴发。在展示区里，三四月份，很多猴子就病了，营养不良。这领导是关键，他们说要找一个懂猴子的人来做领导，就推荐了他，钟泰也是想能为滇金丝猴做一点事。他来之后见猴子都病了，就跟护林员余建华商量，余是将金丝猴引下山的第一人，当地的农民，但在保护区与金丝猴打了10多年交道，是“云南十大环保杰出人物”、迪庆州“金灵卫士”，也是滇金丝猴的土专家。钟泰问老余为啥会这样呢？老余说，在野外就没见过猴群在一个地方待两个晚上的，一年四季都是在迁徙途中。钟泰就与他们商量，把猴子从展示区的沟里迁出来，让他们至少一个月换一个过夜的地方。

后来通过对病猴拉稀的粪便化验，发现有很多寄生虫。这个区域，把70只金丝猴圈在同一个地方，营养也跟不上，造成大量的植物死亡，投的食物也很单调，营养结构不好。野外滇金丝猴会吃很多有毒的植物，以杀死大量肚内寄生虫。现在没吃有毒食物，当然寄生虫就会多。钟泰就问箐里的人，如果牛有很多虫了怎么治？他们就说喂肠虫清。于是钟泰就给猴子吃肠虫清，可吃了西药母猴流产，有的公猴出现了恍恍惚惚的症状，精神不好，从树上掉下来。钟泰再问老余，老余说他们治虫用漆树子，漆树子是有毒的，吃了之后一个月，通过化验，寄生虫一个单片就减少了10只左右，个别猴子用西药来控制。以后，又问当地中医，中医说南瓜子杀虫也很好。南瓜子金丝猴喜欢吃，以后就用南瓜子和漆树子，达到了金丝猴野外寄生虫的水平。

另外，要进行食物的多样化，让展示区的猴子，有一半的时间自己去找食，除了投食以外，到了下午五点钟，去把它们召回来。过夜现在是两天换一个地方，钟泰他们的目标是争取像野外猴群一样，一天换一个地方。

现在为避免近亲繁殖，滇金丝猴国家公园里的猴群每个家庭都建立了数据库，数据非常准确。每一只猴子是从哪里来的？他们的父辈、祖辈，来龙去脉清楚无疑。对它们的家庭结构、社会形态、生活方式、繁殖方式有了很细致的了解。

钟泰讲到说有一天有一只公猴在救护站，掏了站旁边一个鸟窝，趁人没注意的时候把几个鸟蛋吃了。他得知后就跟老余说，猴子吃鸟蛋证明它身体里缺这个，它们会不会吃鸡蛋呢？有一段时间还投过苞谷，但猴子吃了拉肚子。老余说，鸡蛋吃了会蛋白质过敏。钟泰说，咱们先试试。为了补充均衡营养，他们先是尝试着给猴子生鸡蛋吃，刚开始生鸡蛋吃了猴子会拉肚子，完全熟的它又不吃，就煮了半熟的喂它们，结果它们吃了，也不拉肚子了。从这以后开始，给猴子三天投一个半熟鸡蛋，加一些花生，这些猴子的体质就好了，毛色鲜亮。以前，滇金丝猴是三年一胎，现在很多母猴都是一年一胎，怀孕8个月左右，生育能力明显提高。

钟泰局长给我说，在响古箐，有一个野外猴群，有将近500只。在展示区的，2015年出生12只，成活10只。2017年，出生8只，全部成活。2018年已经出生10只，全部成活。为了保持种群的基因品质，钟泰他们在尝试将展示区的公猴放到野外金丝猴群中去，现放了公猴群19只，通过观察，全部融入野外猴群。

我问他在野外工作的危险，他说他碰到了很多雪山蝮蛇，这是一种剧毒蛇。还经常碰到狗熊。有一次最险，晚上在冷杉树下烤火，有老乡和同事。一头老熊闻到烟火味就来了，钟泰的同事与他对面坐着，看到一头老熊突然出现在钟泰背后，只有1米远。同事不能大声说话，就小声对钟泰说，要他别动别叫，后面有东西，钟泰就明白了。如果你突然惊叫，老熊受到惊吓就会攻击人。熊一直在后面1米的地方，僵持了一段时间，大家一声不敢吭，后来熊才走了。还有碰上鬣羚产仔，就在他们必经的道上。强壮的鬣羚护仔心切，很容易对人袭击，要穿过他们很危险。有一次他们到了悬崖边，却因为鬣羚挡道回不去，他们就跑，鬣羚紧追不舍，他们忙爬到树上，鬣羚就拼命撞树，大家死死抱着树，过了半天鬣羚才走。

有一次他们三个人跟踪金丝猴，将包放到路边，跟踪一会儿回来怎么都找不到包了。为了找包，他们在山里两天一夜，没吃没喝，严重脱水，他们露宿在悬崖边，狼又跟上了他们。好在有野外生存的经验，只要不倒下，一直往山下走，能看到路，就会有救。那次就是碰到一个放牧人，他们才得救的。

还有一次是差一点在帐篷里憋死了，他们在帐篷里面睡觉，一般睡觉是不能将拉链全部拉上的，要有新鲜空气进来。一个同事喝酒以后，神志不是很清醒，就把帐篷全部拉紧了。睡了一会里面就没有了氧气，钟泰憋醒后挣扎着拉开拉链往外爬，再把醉酒的同事拖出帐篷，才捡了条命。

在白马雪山保护区，钟泰有一个外号，叫“钟泰叔叔”。说起来，是一段让人心酸的故事。因他长期在山上跟踪金丝猴，儿子在老家生下后他没回去，儿子会说话、会走路了，却不认识他，藏在母亲身后，一脸陌生地叫他“叔叔”。钟泰说，家里有三个老人，两个孩子都是他老婆尼玛拉初带大的。这个“叔叔”却从一个初中生，成了让孩子们骄傲的滇金丝猴专家，成了云南生态保护的功臣。

中午，钟泰老婆尼玛拉初给我们做饭，我问她跟了老钟后苦不苦，她淡然一笑说不是很苦。现在孩子们大了，尼玛拉初就跟着钟泰到了响古箐，照顾钟泰，也做一点民宿。在这个6月，我们还要烤着火吃饭，午餐很简单，一个凉拌黄瓜，一个青椒炒肉，一瓶老干妈。但很好吃，看得出来，这个为滇金丝猴和保护区做出了巨大牺牲的女人，非常能干，她的贡献同样很大，值得尊敬。

2012年，钟泰因他几十年的努力，获得了云南省第五届“人民满意的公务员”称号，2013年，获得了第八届全国“人民满意的公务员”称号。2017年6月5日，钟泰荣获第七届阿拉善SEE生态奖。这是国家和人民给予他的巨大的荣誉。

第六章
丽江丽影

一 雪山·森林·伊甸园

如果你在黑白水林业局修复的14080亩人造森林中，向玉龙雪山仰望，这座绵延、高大的雪山是另一种庄严的体型，仿佛触手可及。浩荡的松林伸展着它们的枝干，烘托着群山。森林茂密，树木粗壮，阵阵山风吹来，激起呼啸的林潮，气势壮观。可是，谁能想到，这里曾遭受过一场火刑，1999年3月4日，甘海子与玉湖村之间突发森林火灾，三位参与扑火的干部被大火吞噬，让这美丽的山冈成为悲恸之地，也成为不毛之地，一片灰烬残烟。

今天，我走进玉湖村和甘海子，这片人工造林地，有一块石碑，是玉龙纳西族自治县立的：森林北至干河坝山梁，南至玉湖长流水大沟，东至保护点山脚，西至雪山岩裸地。

雪山，就是指玉龙雪山。

金沙江是长江上游，别称“丽水”，古时认为金沙江源于青藏高原犁牛石，而称犁水，后因犁、丽谐音，写成丽水和丽江。

丽江之美，美在古城，但更美的是它的森林、雪山和湖泊。

我曾在金沙江边，写过这些句子：“虎跳峡谷，万兽犹斗。纵然荒吼，群山不应。长江万里，唯你血性。水尤如此，人何以堪。”

我在丽江至迪庆采访途中，录下了虎跳峡奔腾凶暴的水声和视频。我写此文时，在安静的书房听这混乱咆哮的声音，这自然的声音，听力量和愤怒。莫名的，被什么东西激怒过的，日夜不息的狂喊乱叫的水声。水从哪儿来的？水在石头周围分裂出无数图案，水在夺路而逃。无数潜藏在水中的浊龙，扭动着它们凶悍的躯体，在水里钻来钻去。它们是这个峡谷的主宰，千万年的荒兽。我想起在1985年欲征服这条古称丽水的金沙江，却在虎跳峡殉难的尧茂书，我至今记得他临行前的神情。他投入水中，浊龙瞬间将他吞噬，那些水中巨大的石头将他密封的羊皮筏子撕得粉碎。就是那些石头，狰狞了一亿年的江中巨石，就是在某一天等待敢于挑战它的人。一块又一块石头，不可战胜。自然，不可战胜。这也许是一个象征和寓言。

丽江这块土地十分古老。我走在丽江古城中，踏着八百年前的路，八百年的石头。是麻石，风化得太厉害，已经凹凹凸凸，按现今的标准，根本不能称为路，不能成为街道的组成部分。磨鞋，再好的鞋也会磨秃磨破，比刀还狠。但正因为有这样的路，让我一下子回到八百年前：马帮的铃声在早晨清寂的街道上走过，店铺的排门没有打开。薄雾在街巷流溢，纳西人的炉子也没有升起炊烟，矮脚马打着响鼻，他们大包的货物是通往远方古道的沉重风景。卖草场的小街，当地人叫它“日其塘”，这片狭小的空地是马帮添加草料的地方，也是歇脚休整的地方。骡马在这里成群，驮上新鲜的草料，而马帮的人们抽着烟，在这里说着话儿。全是熟人，也不全是。交易。坐着。暂时卸下大包的茶砖、布匹、药材、玉石、烟草。从很远的地方来，到很远的地方去。卖草场的气味是新鲜草料的气味。应该有马粪，还有马的叫声，马打斗的声音和寻找配偶的声音。马锅头（马帮的头领）臂上的银饰闪着权力的光。黝黑精瘦的人们，长途跋涉的行者。

这古老的路，也许是最美的。因为行走慢，所以美。

从玉龙雪山上的水流下来了，穿过街道，在每一家门前流过，它们日夜不停，汩汩而行。傍水而居的人，每天看着它们，听着它们，嗅着它们玉洁冰清的气息。每天，雪被分解成流水的声音，那么多，冰雪自然融化了，成为流水。

你在城里一抬头，就会看见玉龙雪山。

黑白水林业局在天保工程中就担负着玉龙雪山周边247.54万亩天然林的管护任务。他们有8个天保所，17个管护点。因他们的功劳，这片丽江的水源地，植被完好，森林覆盖率达到75%。2003年9月黑白水林业局被人事部和国家林业局授予“全国林业系统先进集体”，2011年被丽江市人民政府授予“丽江市天然林资源保护工程（1998～2010）先进集体”。

丽江是我国著名的林区，也是生物多样性突出的区域。1966年为支援国家三线建设，国家从东北大兴安岭调来108人，就是108将，先后在丽江建立了5个重点森工局、一个林业工程公司和金沙江水运局所属4个水运处，全地区4个县和地直部门也先后建了10个国有森工企业，全地区共有15个国有森工企业近万名职工。丽江的森林在刀斧下呻吟了20多年，直到1994年，国家的生态意识苏醒，停止了丽江森林的砍伐。这个时期丽江累计为国家和地方提供商品木材2400万立方米，黑白水林业局就提供了90万方木材。据他们说，当时金沙江上游砍伐的木材抛入江中，到四川格里坪拦截打捞，木材中途被礁石撞碎、被人拦劫，浪费惊人，丽江和金沙江流域的森林资源破坏殆尽，满目疮痍。现在，你经过虎跳峡镇的红旗村，山坡上还残留着一排排触目惊心的伐桩，那是森林被毁后的断壁残垣，好像还能听见这些死去森林的哭泣。

过度的采伐，使云南作为长江上游生态屏障的功能退化。长江流域水土流失面积从20世纪50年代的36万平方公里增加到90年代初的56万平方公里，仅金沙江流域每年流入长江的泥沙就达2.6亿吨。水源涵养功能破坏严重，水资源危机日益逼近。因为竭泽而渔的砍伐，森工企业资源枯竭，林场职工生活难以为继，只好给周围的农户打工谋生。

1998年国家天保工程彻底改变了伐木者的命运，丽江成为国家实施天保工程的重点地区之一。至2017年底，林业用地面积从工程实施前的2249.6万亩，增加到2523.15万亩。森林面积从1997年的1621.2万亩，增加到2112.6万亩，森林覆盖率从40.3%增加到68.4%，森工企业职工彻底转变他们的身份，从原来的砍树人变成种树人、护树人。

丽江在以文化旅游作为主导产业的同时，着力发展生态产业、绿色经济，包括生物产业、水能产业、林下产业等等，做到产业生态化，生态产业化。他们借天保工程的东风，大规模植树造林，建设金沙江生态安全屏障。1998年到2017年完成飞播造林65.22万亩，人工更新126.87万亩，人工造林60.2万亩，封山育林367.73万亩。金沙江沿线的玉龙县森林覆盖率已达74%；泸沽湖、程海、拉市海及金沙江等主要河流水质良好，尤其泸沽湖水质稳定保持一类，湖水透明度从1998年的11米增加到2017年的12.1米，是我国水质最好的湖泊。

2001年，在遭受火刑不到两年的雪山里，黑白水林业局工人们在武警丽江市森林支队官兵、玉龙县白沙镇玉湖村村民的配合下，开始了重新绿化这片废墟的战斗。

杨凌宽局长说，他们历时4年，投入劳力86900人次、骡马43450匹次、车辆960辆次，挖塘移植营养袋树苗204万株、同时播撒种子1098公斤，每年雨季到来的6～8月份进行人工造林。

玉龙雪山，是著名旅游胜地，是丽江的重要水源涵养地，生态修复好了，饮水才有保障。杨局长回忆，当时，每天有100多匹骡马和两百多人在山上种树。在蚂蟥坝，人与骡子上去，人的脚上会爬满旱蚂蟥，骡子也是，被蚂蟥咬得四处乱跳脚，但每年就是80多天时间种树，刚开始，在玉龙雪山上，真是千军万马种树忙。前局长李中利在山上指挥栽树，阑尾穿孔，还忍痛不下山，差点付出生命代价。中心苗圃的职工，28人，每人每天要装1000多袋营养袋。苗圃的女职工负责营养袋上车，她们非常能吃苦，每天在泥水里，浑身是泥巴。他们想办法发明了一种装袋神器，一铲装一袋，加快了进度。装的是百日苗，一级壮苗，顶芽饱满，根系发达，色彩正常，干型良好。百日苗有56万袋，陆续两年种下去，成活率达90%以上。到如今，这些小苗已经是10米高的大树。

栽了树，还要双保险，进行飞播。

工程师王莉说，这里主要种有云南松、高山松、云杉、冷杉等。这也是过去山上的土著树种，但经过这些年的人工生态修复，现在的自然生态也出现了。我们在这片森林里看到了自然生长的马桑、黄连花（鸡脚刺）、酸浆草、各种蕨类植物、龙爪菜、狼毒、荚蒾、火棘、紫菀、短刺栎、野棉花、野蔷薇、象鼻洋参、南星、茶藨子（灯笼果）、野牡丹、芍药、马缨草（霸王鞭）、金丝桃、金银花、薄荷等。一些野兽、鸟类也相继回来了。在6月，花开正艳，生物多样性正在恢复，一个火灾前的森林正在重现。

负责这片人工森林管理的是白沙镇天然林保护工程（二期）管理所，我们中午就在这个管理所就餐。这个管理所的所长是龚乐云，36岁，浓眉大眼，穿着橘黄色的护林员工作服。白沙所管理面积19.4万亩，龚所长是“林三代”，其父亲跟他爷爷当年从东北来的。这里林业局工人，全讲东北话，是东北方言的一块飞地，有置身大兴安岭的感觉。

白沙管理所院子里干净整洁，虽是平房，但房子较新，院子里栽种有球白、茄子、豆角、西红柿、大蒜、莴苣，还有结了果实的桃子。龚所长说，他们在管理所后面有一大片桃树。在他们的厨房里，挂着腌制的腊肉。所里有11个职工，不是“林二代”就是“林三代”，两人一间寝室。

我在云南见到太多的护林员，大多晒得黑红，身体健康，双手粗糙，声音洪大，有一种在森林中生活的野劲儿。当然，这与他们是东北人有一定的关系。但在森林中生活的人，性格爽朗，心直口快，行动迅捷。而且个个忠于职守，有献身精神，为管护好一片片国家的森林，他们把生命耗在了林海中。

龚所长说，他们的工作就是管护，在12月到来年的6月，是云南的旱季，防火高峰期；没有周末，节假日不休息，中午带着馒头上山，防野火，防盗伐，防病虫害。大年三十没有人回家团聚，管理所就是家。他在所里有15个春节，只跟家人吃过两次团圆饭。一次是结婚那一年，新婚的他在家里陪家人吃了一顿春节团圆饭。还有一次是春节前夕刚好下了一场大雪，防火压力得到缓解，他在大年三十晚上，回到家里与家人团聚。“虽然苦一点，看着山越来越绿，水越来越清，心里也是蛮高兴的，因为这就是我们保护的结果，就像自己的家里非常兴旺的一种感觉。”

他给我说，这几天到了雨季，可以松一口气了。他们每天的巡护里程一个人有80公里，骑摩托，路好点的地方，驾驶北京212吉普。他们也聘请了53名分片包干的农民护林员，雨季600元一个月，旱季800元一个月。“天保”护林员因为是国家公益林，有补偿金，稍高一点，一个月1500元。

在旱季高火险期，龚所长说，他们会带着睡袋住在山上，观测火情。在2012年4月，气候异常干旱，出现了火险，他们28天没有下山，睡在车里，没有吃的，送饭的找不到他们在海拔3000多米的地方，晚上烤火挨过一夜寒冷。

我们的午餐在管理所的廊檐下摆开桌子，满桌都是他们自己种的菜，有炒白菜、土豆片，有蒸腊香肠、蒸腊肉，有煮黄瓜。蒸腊肉太香，杨局长说，他们局里有个养猪场，每年杀年猪后，每个所要分四五头猪肉，这也是为了改善护林员们的生活。

吃饭时，甲子天保管理所的邓启飙所长也来了，1966年出生的他，是“林二代”，当技术员的父亲是从塔河林业局调过来的。他所在的管理所位于玉龙雪山的核心景区，海拔3090米，也是11个人。他们管护有13.4万亩。邓所长是黑白水林业局的先进典型。杨局长说，老邓过去抽烟喝酒都厉害，但为了当好这个所长，克服多年的嗜好，白天戒了酒，只有睡觉前才喝上一杯。杨局长说，在老邓的房间里，全是瓶瓶罐罐，泡的从山上森林中采的药材，什么石斛、五味子。在景区，邓启飙晚饭后还要开车出去巡查一次，必须等游客全部走完，看有没有火险，之后回到所里；到晚上11点以后，才会打开心爱之物，喝上几盅。因为在高寒山区，加上护林工作孤独，又加上潮湿，邓启飙才爱上酒，每天最高可喝一斤半。苞谷酒、大麦酒、青稞酒，都喝。老邓说，他过去是伐木队有名的油锯手，天保工程后，从森林杀手变成了森林卫士。

在他的管护区内，不仅游客众多，还有14个自然村，住着藏族、彝族、苗族、纳西族和汉族等民族。他说他管的地方是热点、焦点、难点，稍有不慎就会直接威胁到玉龙雪山的安全。他算了一下，防火期有210天，每天都要巡护180公里，一年下来，累计巡护里程都在3.5万公里以上。他和他的同事们，采用车巡、步巡相结合的方式，走路的地方就是巡护死角，不能让一个地方遗漏。

老邓的管理所在这些年制止了辖区内农民的毁林种玛咖，连续几十天夜晚蹲守抓偷砍林木者，与玉龙雪山自然保护区和景区联合防治森林病虫害，森林抚育近4000亩，封山育林达4万亩。还在维护林农们的权益方面起到了重要的作用，经他们所提议，行政村将上级拨给的旅游反哺资金的分配发放与护林防火工作挂钩，提高了村民保护森林的积极性。其实他们的工作，是与当地农民的利益一致的，保护好玉龙雪山的森林，农民才会富裕。老邓说，这些年村里待他们如亲人，以最高礼节杀羊宴请天保管理所职工来表示他们的敬意，经常村里有人请他们喝酒，还叫他“天保叔叔”。

老邓说，这片森林现在动物多了，野鸡、麂子、小熊猫、猴子，巡山时常都能碰上，而且这些动物不怕人，知道没有人伤害它们。

老邓陪我们到达了玉龙雪山保护最好，也是云南最好的原始森林云杉坪。

他手指着山谷对面的山，叫东山梁子，是一个汉族村庄，不远是牦牛坪，藏族村庄。但见云杉坪目力所及处，全是苍茫林海，玉龙雪山昂首挺立，所有的森林都拱卫着它。云杉坪在玉龙雪山自然保护区东麓，这儿海拔3240米，古云杉在这块巨大的草坪周围漫漶生长，黑郁不可名状，朽木倒伏，苔藓如毡，松萝飘荡，野花满谷。而抬头就是玉龙雪山的主峰，冰雪已经拖曳至此，冷风如割，全是山顶吹下的雪风。

玉龙雪山从最低的虎跳峡到最高峰扇子陡，分布有暖温性河谷灌丛、山地湿性常绿阔叶林、山地落叶阔叶林、暖温性针叶林、高山杜鹃灌丛草甸带、高山流石滩冻荒漠植物带和现代冰川。玉龙雪山在纳西语中被称为“欧鲁”，意为银色的山岩。十三座冰清玉洁的雪峰连绵不断，如一条巨龙凌空飞舞，所以称为玉龙。而云杉坪纳西语称“游午阁”，意思是“情死之地”，又名锦绣谷。这个锦绣谷是年轻纳西族男女旧时的殉情之所，传说凄美绝伦。

这块原始森林是如何躲过几十年的砍伐保护下来的，这让我有几分好奇。问及此事，老邓说还是因为这儿山高路陡，砍了也运不出去。玉龙雪山自然保护区管护局冷泉局长也陪着我和丽江文联主席、著名普米族诗人鲁若迪基一起林中步行，冷泉局长告诉我们，云杉坪在国际上有巨大影响，被称为中国的伊甸园，是世界级的浪漫之地，许多外国人常年在此流连不去。

云杉坪主要有丽江云杉、川滇冷杉、帽斗栎、铁杉、吴茱萸五加、篦齿槭、短梗稠李、蕨叶花楸、桦叶荚蒾、云南杜鹃等。

我们沿着草坪边缘往前，成群的绵羊在吃草，或者闭目在大树下歇息。邓所长给我讲他在伐木队工作的情况。当我看到一棵笔直的大树惊叹时，他却说，这棵树不成材，中心是空的。我问其故，他说，别看它粗大，我们一看，就知道它空了，叫它次加工材，就会留着。

你看，上面分了杈，再敲，发出嘣嘣嘣的声音，就是空的。我用石头一敲，果然嘣嘣有声。如果中心是实的，不会有声音。

这里有成片的红色报春花，有白色的鬼针草花，有漂亮的弯曲花萼的象鼻参，有三叶委陵菜，有碎米子花，还有许多不认识的花。在古树和野花间，我看到许多对在此拍摄婚纱照的年轻男女，他们的丽影倩姿在玉龙雪山和原始森林中闪现着青春的光芒。过去纳西族青年男女的殉情处，如今婚纱摄影的热门地。这雪山之中长满了奇花异草的仙境森林，这幽静、神秘、深邃、幸福的花园，正是我们早已失去的大自然乐园，它深藏在丽江、深藏在玉龙雪山的温暖怀抱，它的确是属于世界的人间乐土伊甸园。

二　候鸟聚集拉市海

在拉市海自然保护区管理局四合院里，有一块人造的小湿地，水，水草，游鱼，还有一只灰鹤，它在这块小湿地上悠闲漫步，右脚有点打瘸，不细看看不出，身材修长，羽毛灰白，它仰着头时，神情多少有些孤单落寞。

这只灰鹤的故事，得从2017年4月讲起。灰鹤来拉市海一般是10月，来年的4月份，大部分灰鹤就会迁走，去北方繁殖生活。在2017年4月15日，保护区观测到还有15只灰鹤没走，快到月底，依然还有4只灰鹤在此，这是很奇怪也从未有过的现象。监测站工作人员仔细观察这个灰鹤家族，就是4只鸟，赖在地上不愿飞起，发生了什么？工作人员终于发现地上有一只小灰鹤受了伤。从望远镜里看，小灰鹤右脚受伤，走路瘸拐。到了4月底，只剩下两只了。也就是说，其他都飞走了，留下照看小灰鹤的是母鹤。但过了一天，工作人员看到就只有小灰鹤了。因为这只小鹤不能再飞起来，万般无奈之下，母鹤放弃了努力，必须飞到北方去，狠心丢弃受伤的小鹤，独自飞走了。

保护区工作人员接到电话，说村民在地里干活时，捡到一只受伤的小鹤，在地上挣扎扑腾。工作人员将小鹤带回来，经检查，小灰鹤左翅受伤断裂，还在流血，右脚也断了。医护人员对它进行了紧急救治，精心照料一段时间后，小灰鹤的伤终于好了，但断翅不能再飞翔，就只好永久地留在了拉市海保护区，将这儿的一方小水塘当作自己的家。工作人员对它很好，每天都有丰富的食物，用小鱼小虾养它。

何俊祥书记说，他们分析，这4只鸟是在迁徙途中，小鸟受伤，慢慢飞过来，就落地在拉市海，想让小鹤养好伤再继续飞行，但小鹤伤情太重，越想飞起伤翅越坏，无法愈合。4只灰鹤是个小家族，为了这只小灰鹤，它们掉在迁徙大部队后头，等待小鹤能重新飞起来。有农民和观鸟者观察到3只大灰鹤做了多种努力，在空中呼唤、盘旋，鼓励小灰鹤飞起来。好心办了坏事，小灰鹤几乎没有养伤时间，不停鼓翼，伤情越来越重。他们说三只鹤中的两只离去时盘旋悲鸣，声音凄怆。母鹤留下还照顾了小鹤一天，最后也是迫不得已悲叫而去，恋恋不舍。

拉市海是云南省第一个以“湿地”命名的自然保护区，可见在云南所占位置的重要性。这里海拔2500米，是国际上候鸟迁徙的三大通道的中心位置。湿地范围包括拉市海、文海、吉子水库、文笔水库等4个片区，总面积6523公顷，其主体部分拉市海片区，面积有5330公顷，这里的高原湖水透明见底，天空一尘不染，大片的湖水、沼泽和草场，气候温暖，候鸟在冬季选择在这儿栖息、觅食，是上天对它们的恩赐。

“拉市”在纳西语中是“新的荒坝”的意思。但这里已不是荒坝，是国内热门旅游地，国际观鸟胜地。

我没有冬天去拉市海看鸟的经历，但可以想象10万多只珍禽在拉市海与水天共舞、在高原共鸣的盛景。6月的拉市海依然美丽无比，湖中长满了翡翠般的水草，鸭在水中，马在草滩，一些柳树也在浅水里生长，风吹来，山苍绿，水透明，天宝蓝，云散漫。这空气和风的通透度，像是没有一样，让人也有一种透明渐无的感觉，与风和云一起融化了。高原的阳光照在吃草的马背上，鸭群和鸳鸯在晶晶闪耀的水面上嬉戏。一些鸥鸟和不知名的水禽在波浪上飞翔，翅膀轻点水面，又冲向天空，或飞到更远的水中。那些密集的水草间，有鱼在拱动。游艇切开波浪划出漂亮的弧形，红色和绿色的小船上，有情侣慢划着桨随波逐流，享受这高原湖泊静谧的美景。哪家的船系在湖心生长的柳树上，一阵马嘶，惊起几十只野鸭，它们扑棱棱地拍击翅膀飞走了。拉市海的水在草滩间纵横流溢，绿色的草毡像是千百个漂浮的小岛，风吹草低，一直浪到遥远的天尽头。

远来的候鸟们会在10月底准时到达拉市海，12月底到次年的2月份为候鸟最多、种类最齐全的时候。2018年2月份监测到的候鸟数量达到了128000多只，随处可见灰鹤、白骨顶鸡、赤麻鸭、鸬鹚、鸳鸯、苍鹰、红隼、黑鹳、秋沙鸭、黑颈鹤等。这些五颜六色的鸟儿们，仿佛是空中飞来的天使，叫着，舞着，让拉市海的美景更加动人心弦。2004年12月，拉市海被确定为国际重要湿地。

何俊祥书记介绍说，保护区的四个片区，是在一个水系，就是金沙江水系，以及根据候鸟的栖息地进行划定的。这个湿地保护区在全国绝无仅有，在5000多公顷的水域和农田的环境下，每年有10多万只候鸟来此栖息；有鸟类236种、水禽96种，国家一级保护鸟类有中华秋沙鸭、黑颈鹤、白头鹤、黑鹳、东方白鹳、白尾海雕、金雕、林雕等，国家二级保护鸟类有白琵鹭、黑鹮、大天鹅、小天鹅、鸳鸯、灰鹤、棕背田鸡等共37种。是我国西部地区湿地生物多样性分布的重要地带，湿地内物种繁多，生态系统类型多样。动植物非常丰富，保护区共记录到鱼类25种，两栖爬行动物31种，浮游生物133种。湿地植物分布有沼生、挺生、浮水和沉水植物，湿地维管束植物93种，我国濒危植物海菜花及海菜花种群很多，还盛产拉市鲫鱼，被称为丽江聚宝盆，这个湿地系统在全国也是独一无二的。

在这个保护区里，有纳西族、普米族、白族、彝族、汉族。整个湿地有5067户，人口16700人，4个乡，9个行政村，28个自然村，还不包括每年的100多万游客。怎样做到人与自然的融合，是一个颇具挑战性、探索性的问题。

保护区水域有1002公顷，其他土地是村集体的土地，经营权使用权是老百姓的，保护区与农民的生产生活不可避免地产生了矛盾，社区、景区、水库库区、自然保护区交织在一起，这一点在全国也是仅此一例。他们实行的是权属不变，统一管理，理顺关系。用自然保护条例，物权法维护各自的利益。抓手就执法与监管。二是项目建设，要保护，也要发展。湿地修复时，造一些生态景观，同时给候鸟提供安全栖息地。他们做过监测统计，在湿地植被修复前，在这一区域，仅记录到鸟类35种，通过植被恢复和采取围网措施后，鸟类的食物充足，人为活动的影响减少，成为斑头雁、灰鹤等水禽的夜栖地。陆续发现了反嘴鹬、小天鹅、东方大苇莺、栗耳鹀等保护区鸟类新记录种。在人工湿地修复的同时，对村庄的污水、化粪池的净化，再通过人工湿地的二次净化，达标后排到拉市海。

候鸟监测，对候鸟进行环志，候鸟环志是用来研究候鸟迁徙动态及其规律的一种重要手段。鸟环上面刻有环志的国家、机构、地址和鸟环类型、编号等。环志是保护区重要的工作之一。

通过项目建设转变社区生态旅游模式。像这里的梦里水乡、十里桃花景区，就是人在画中游。何书记说，我们要打造的是一个静养、休闲的基地，转变骑马、划船的单一旅游项目。另外在社区的宣教上，要加强保护区每个人的保护意识。人的意识提高了，对抗就少了，让老百姓知道要想持续发展，必须保护好湿地，让他们主动参与到湿地生态的修复与保护。为此，他们请了本地有名望的老师到村里宣讲生态知识、生态旅游发展的理念、鸟类知识。通过民间环保组织“绿色家园”对生态导游进行培训，对社区的4所小学的学生，通过各种活动，比如绘画比赛，比如保护拉市海的演讲比赛，让孩子们从小就有生态保护意识。演讲让家长参与，当评委。每个组织活动的小学给一定奖金，家长只要关注保护区的微信号，就发一个围裙，上面印有“保护拉市海，建设美好家园”的字样。每年9月开学时，保护区都要给全区的小朋友写一封信，告诉他们保护我们的拉市海、爱护鸟类，现在拉市海就是要打造成为全国生态环境的教育基地。

拉市海的保护，让许多候鸟变成了留鸟，因为这里的植被丰富，食物充足，比如留住了300只斑头雁，它们不再长途迁徙，将他乡当成了故乡。

拉市海的定位，就是丽江的后花园。这里有小桥流水，鸟语花香。现在拉市海每天还要为丽江古城供应3万立方的水，主要是景观用水和农业用水，作为古城水源的补充，拉市海的生态环境保护对于丽江非常重要。现在这个保护区按照国家公园管理，比如控制游船，减少骑马。因为游船的声音很大，音乐高分贝，惊扰了鸟儿们的生活。他们还聘请了22个生态协管员，都是在村子里找的，过去他们都是捕鸟高手，现在成了护鸟能手。他们在生产生活劳动中可以顺便巡护，一旦发现问题就进行处理，这些协管员每个月有800块钱工资。

过去，没有保护区的划定，生态意识差，生活贫困，这里的村民到了秋冬，以抓鸟为主要的经济来源，有的村民一天就可毒杀2000多只鸟，全家五六口人拔毛都要拔一整天。渔民在湖里下网捕鱼，爱扎猛子的水禽扎下去缠住网就没了性命。如今，这种情况再没有发生，拉市海成了越冬候鸟的天堂乐园，越冬期最多时，候鸟可达到15万只。

支部书记黄松说，拉市海湿地鸟类的密度与种类是全国最多最大的，密度每公顷达到20只，按水面面积则每公顷有78只。他说，冬季候鸟区用部队集结来形容，铺天盖地。一年下来经过这儿的鸟不下千万只。要吃很多种生物、庄稼，保护的难度很高，群众付出的代价也很大。对基本农田，保护区采取承包方式，从2007年开始，签30年合同，每亩每年800元，每5年递增5%。另外对于候鸟给农民造成的损失，政府每年拿出80多万元进行补偿。好在，纳西人对自然爱护有加，对水充满感情，他们笃信人与自然之神“署”是同父异母的兄弟。“署”住在水域，所以纳西人视水源为“署”之家，给水中鸟也赋予了神性，就是吃了庄稼，也不会伤害它们，一个民族的生态信仰也是拉市海保护的基础之一。

2018年，拉市海又新发现了三个鸟的品种：钳嘴鹳、灰椋鸟、彩鹮。这种轰动一时的新闻，在拉市海经常出现。纵然世界上的鸟都汇聚在此，也不是什么稀奇的事。那些曾飞过千山万水的候鸟水禽，它们吞云驮雾，却不染风尘，长途跋涉，却依然冰肌玉骨，它们如此优雅地来到这每年的生命驿站，翩然落下，度过明媚的冬天，宁静的日子。鸟是一种风水，鸟象征着一个地方的风水。丽江和拉市海，是那些天空精灵的梦幻暖房，风水最佳之地。

第七章

在高黎贡的雨季中

一　腾冲，云南的生态名片

腾冲在高黎贡西麓（南段）。这里的群山从天空俯冲直下，像一条斑斓巨龙，从世界屋脊西藏念青唐古拉山脉呼啸而至，将高黎贡的气质一下子擢升到奇崛雄峻的境界。古老的秃杉，古老的大杜鹃花树，古老斑驳的被遗弃在高山密林中的茶马古道，千百种鲜艳美丽的鸟类，千百种珍贵的动物，扭角羚、蜂猴、白眉长臂猿、孟加拉虎，在漂浮的云雾深处，在厚重的青苔上，在漫长的雨季里，在蜿蜒奔腾的河流和地热、还有雪山的伴随下，既古老也年轻地活着，既黯旧也新鲜地活着，既沉默也响亮地活着，活成人类追怀的最后一片净土，活成地球生物最后的挪亚方舟。

高黎贡是世界奇观的“三江并流”——世界自然遗产的核心组成部分，高黎贡因为太高，阻挡了来自印度洋的暖流，像母亲张开双臂，形成的U形地带，保护了这里所有活着的生物，这里藏着天地的大慈悲。

在古代，高黎贡山是隔绝与天堑的代名词。古人们体验到这座大山的险恶，连徐霞客也“慨然者久之”。然而，当交通的阻隔不成问题，人们面对着这巨大难攀的高山，看到闻所未闻的风景与禽兽，山川与河谷，才知道它已经成为我们这世界最为神奇的地方。在所谓蜀身毒道的废墟上，留存的那些深刻的、显豁的人类足印和马蹄踏痕，那些无数次走过的人们，感受到的是惊险而又诱人的旅途，是毒道之毒，是诅咒和无奈，血和泪交杂在一起的辛酸履旅。但他们一定热爱这里的一切，不然不会把他们与骡马的脚印年复一年地拓踏在这里，告诉后人，这条路是他们一生的欢乐与希望。

一百年来，国内外专家们在这里驻扎出入，他们的成果告诉我们，因动植物资源丰富，高黎贡山是“世界物种基因库”“世界自然博物馆”“生命的避难所”“野生动物的乐园”“哺乳类动物祖先的发源地”“东亚植物区系的摇篮”“雉鹊类的乐园”……

高黎贡还是云南八大名花的故乡。

高黎贡本来在发现之初是属于一个景颇族高黎家族的，这个家族可能在古代势力庞大，掌管着这片云水苍茫、波澜壮阔的大山，但这只是名字来由的一种说法，高黎贡天生是属于世界的。

高黎贡保护的历史很早，1983年，云南省人民政府就批准在高黎贡山中南段保山市的腾冲县、隆阳区及怒江州的泸水县辖区内建立了高黎贡山自然保护区。1986年，成了国家级自然保护区，并相继成立了贡山、福贡管理所。2000年，经国务院批准，将北段的怒江省级保护区并入高黎贡山国家级自然保护区，成为北迄西藏的云南省最大森林和野生动物类型自然保护区。1992年，世界野生生物基金会（WWF）把高黎贡山自然保护区列为具有国际重要意义的A级自然保护区。1997年，中国生物多样性国情研究报告确定了17个中国生物多样性保护具有全球意义的关键区域，其中高黎贡山是首要区域——横断山南段的重要组成部分。2000年，经联合国教科文组织批准加入世界人与生物圈计划。

高黎贡还有一个有趣的别称——“大地的缝合线”。说它是在印度板块与欧亚板块镶嵌交接带附近，是两大板块碰撞挤压抬升而成的山体。

高黎贡国家自然保护区腾冲分局的毕争局长说到高黎贡是世界动植物的挪亚方舟时，我大为震惊。他说这里是所有生命的避难所，因为高黎贡同时拥有热带、温带和寒带的各种气候类型，高黎贡最高峰是在高黎贡的北部贡山县丙中洛乡境的嘎哇嘎普峰，海拔5128米。它阻挡了孟加拉湾气流的东进，它的东面是大陆性气候，西面是海洋性气候。于是各种森林植被类型，在高黎贡的垂直空间和咫尺横向空间里，热带、温带和寒带的动植物汇集一起。高黎贡山的南北走向，为冰河期向南迁移的动物提供了迁徙的通道。

引用数据很痛苦，看起来像工作报告，但关键数据还是不得不用。高黎贡山目前已知有高等植物4897种，各种动物2389种。以鸟类为例，中国有1300多种鸟类，云南有900多种鸟类，而高黎贡山地区的鸟类就有500多种，占了云南鸟类的一半，中国鸟类的三分之一还多。高黎贡还是特有物种极为丰富的地区，已知有高黎贡山特有植物434种，特有动物12种。这446种高黎贡特有物种是指在地球上，只有高黎贡山才有，别的地方没有。如羚羊、黑鹿、孟加拉虎、云豹、白眉长臂猿、白尾稍红雉、绿孔雀等野生动物，有珍稀濒危保护植物秃杉、桫椤、大树杜鹃、十齿花、白菊木、长喙厚朴、云南红豆杉等。

腾冲是一个有88处温泉、99座火山的城市，这个城市的雨水太多，多到让人快发疯的地步。难道不能住一会儿吗？每天我都是在雨中采访，文联杨主任说，在腾冲有时会下一个月的雨不停。我在保山和腾冲的五六天里，就是这样，没有一刻住过。这样的雨像是天河破了口子，就这样倾倒着，像是一个不会枯涸的巨大瀑布，朝腾冲的头上无休无止地泼来。他们告诉我，腾冲这地方，平常上班包里都要带一把雨伞。也许到了雨季，但这样的雨水淋在这块土地上，还有什么不可生长的呢？文联李成文主席说，这里随便坐下去，一屁股就坐着三种草药。这里植物丰富，是中草药的宝库。在腾冲还有一种说法：一个人的大理，两个人的丽江，一家人的腾冲。因为这儿适合全家人度假。腾冲是度假的天堂。

毕争局长的手机里，全是高黎贡的动植物。他拍的红颊长吻松鼠、树鼩非常漂亮。他听说我去了百花岭观鸟，他说腾冲高黎贡这一块的鸟比百花岭还多。我在他的手机里看到他拍的血雀，血红的颜色，多么漂亮的仙鸟，为什么在这神奇的高黎贡存在着，天下在哪儿能见到这么美丽的仙鸟呢？它们诞生于何时，又是如何轻松地活到如今？毕争的手机里蝴蝶的种类五彩缤纷，他说蝴蝶在高黎贡有多少种，现在还数不上来。在来凤山，两平方公里不到，他就拍到了106种。蝴蝶是指标性物种，有污染的地方蝴蝶是不去的，而且蝴蝶对气候也很敏感。关于鸟，他已拍到386种，年底就会达到400种。他说到高黎贡是地球物种的挪亚方舟，他解释说，即使世界上的物种全部消失，靠高黎贡的物种，可以重造一个生机勃勃的地球。现在的情况是这样的，地球的物种每天都在消失，而高黎贡天天都能发现新物种。

他说比方两栖类动物，以腾冲二字命名的就有腾冲掌突蟾、腾冲拟髭蟾、腾冲黛眼蝶、腾冲青凤蝶。还有红鬣羚、羚牛（高黎贡亚种）、云猫、菲氏叶猴、小熊猫、白眉长臂猿，这种长臂猿严格实行一夫一妻制，繁育能力低，很注重群体间的感情，它们只生活在原始森林的大树上，从不到灌木丛和人工林来，如果森林砍伐，剩下灌木和人工林，它们就往更高海拔的森林走。也就是说，它们的存在，代表原始森林的存在。

说到高黎贡腾冲段的珍贵鸟类，毕争局长如数家珍：白尾梢虹雉、血雉、宽嘴鹟、金枕黑雀、斑胁姬鹛、大杜鹃、戴着小红帽的栗头地莺、红眉松雀。他在手机上调出图片，他拍到的火尾太阳鸟，长长的红尾，真像一道火光。

毕争局长不仅是保护区的管理者，也是一个业余的鸟类研究者、蝴蝶研究狂，热衷于户外运动。他跟踪白眉长臂猿常常在山上待十天半月，每天5点起，6点开始观察长臂猿，他碰到过老熊，但都能化险为夷。他说拍鸟要拍鸟的眼睛，没拍到眼睛就是废片。鸟是用眼睛与人交流的，你在与鸟的无声的交流中，什么烦恼都可以忘记。拍鸟人是爱鸟人，他说他有一次杀鸡，看到鸡瞥了他一眼，好像在求情别杀它，那眼神让人难忘，从此，他再也不杀鸡了，他下不了手。

我说到在百花岭侯体国那儿，听侯说凡是打鸟的后来都会瞎眼，毕局长说这事是有的，人与动植物的因果关系在山里发生的事很多。据他了解的高黎贡的猎户，百分之百的家庭是不和谐的，是困难的，一生会遭遇到各种劫难。

文联杨新芬主任说，她认识一个人，喜欢打鸟，73颗铅弹打了74只鸟，一枪双鸟。后来老了不打了，有一次在山上，树枝戳到了眼睛，一只瞎了，瞎的那只就是瞄准打鸟的那只。凡打鸟的后来眼睛都不好，叫雀蒙眼。我说，在湖北也有这种说法，雀蒙眼就是打过鸟的。

写过《动物启示录》的腾冲本土生态作家瞿鸿生，对高黎贡和腾冲的生态非常熟悉，他说云南八大名花的故乡就在高黎贡。比如云南山茶，以腾冲的红花油茶最壮观，如果你在春节前后到腾冲来，一定会看到漫山遍野的油茶花，简直是花海，有云南山茶出腾冲之说。

都知道高黎贡有大树杜鹃王，高黎贡的杜鹃可以从春节一直开到8月份，花期长，本土的杜鹃就有60多种。一共有200多种杜鹃，从山脚开到山顶。西方人百年前在高黎贡发现大树杜鹃轰动世界后，1982年4月，在大塘大河头以北的高黎贡山山腰，中国科学家发现了大树杜鹃群落。在面积为0.25平方公里的范围内，有40多棵大树杜鹃，胸径1米左右的有12棵。这是一个深藏不露的、盖世无双的杜鹃王国。

人们熟知的那个英国的植物猎手乔治·弗瑞斯特，他的名字与大树杜鹃连在一起，此人在高黎贡山里跋涉几个月，见到壮丽的大树杜鹃后长跪不起，成为一个老外对中国古老植物折服的案例。这个人多次将高黎贡山的数千种植物标本带回英国，以装点皇家植物园。有一句话说：没有中国的杜鹃花，就没有西方的园林。他究竟弄走了多少杜鹃，不知道。瞿先生说，欧洲的杜鹃花雍容华贵，流淌着高黎贡高贵的基因。

高黎贡动植物的伟大血统，西方人最知道。

云南名花第三种是玉兰花，木兰科植物，这里是滇藏木兰，是木本花卉，几十米高的花，在早春凌霄开放。

报春花，高黎贡的品种非常多，有一百多种，占全国品种的一半。

百合花，在其他地方，百合通常只开一至四朵，而云南这地方却不同，其中有一种大理百合，花开竟达三四十朵，高黎贡随处可见。

兰花在高黎贡更是丰富，高黎贡山称为兰花王国，而保山则别名兰城，保山民间很早就流传着“屁股一坐三棵药，脚走三步踩兰花”的说法。云南的兰花闻名世界，有100余属530种之多。

绿绒蒿，被称为世界名花，全球共49种，我国就有38种，云南17种。绿绒蒿花色艳丽、具有很高的观赏价值，在人们誉为“天然花园”的滇西北，高山峻岭之上，雪山幽谷之中，是绿绒蒿的繁衍生长之地。

龙胆花，云南有百余种。龙胆因“叶如龙葵，味似苦胆”而得名。云南有一种深蓝色的龙胆被引种到英国皇家植物园时，曾轰动一时。

在腾冲，除了大树杜鹃的故事，还有秃杉的故事。秃杉属国家二级保护树种，有林业专家在20世纪80年代说，秃杉大树在中国只有10多棵了。但他们不知道，腾冲到处都是，在天台山有一山的秃杉，尽是大树。这个发现震惊了林业部。天台山秃杉林现存870多棵，最大的约80年树龄，胸径达1.2米。实测单位蓄积量为每公顷1940立方米，成为单位蓄积量的“世界之最”，腾冲从此公认为“秃杉的天堂”。在腾冲的腾越镇罗绮坪村，有一棵古秃杉相传是大理国时代种的，称为“千年秃杉王”。此树经受过千年不断雷劈，但依然郁郁葱葱，枝繁叶茂，巍峨遒劲。

在和顺镇魁阁有两棵古秃杉，至少有500年的树龄，民国时有一豪绅欲将其伐做棺木，激怒乡民。当时任云南第一殖边督办的李曰垓，挺身而出，率众护树，写了一首《双杉行》长诗，有诗句说：“有敢伐者头可斫”。这种保护古树的气概，如护家人。

猴桥镇永兴村村民段自伍，特别爱秃杉，20世纪60年代段自伍就在他的“老祖坟坡”种下了1000多棵秃杉，在他的带动下，永兴村就种下了300多万棵秃杉。

我在雨中采访的新岐村也是一个爱栽树的村庄。这个村庄在包产到户时保住了集体山林，全村村民长期植树造林、绿化荒山。村庄周围的山头像原始森林一样茂密的树林，竟然是人工种植的。目前村里已建成人工林6.5万亩的林场，还有大片泡核桃、红花油茶和板栗基地。每年集体收入近300万元，而农民人均纯收入10860元。种树的村庄不会穷，村主任闫生彪说，他们的老祖宗就教导他们必须世代种树。2008年村里就定下了种“三棵树”：大泡核桃、油茶、银杏这三种经济树种。还种有大量的秃杉、华山松、西南桦、傲霜青、木连、马蹄壳等，这几年，发展林下经济又种有草果、重楼等。这个村是全国生态文明村。闫主任说，绿水青山就是金山银山，他们体会最深。有了树，就有了钱，有钱后村里新修了路，重修了古镇，学生读大学都有奖励，老人都有生活补贴。他说村里在20世纪60年代就种有800亩的红花油茶，现在将这800亩交给村老年协会使用，油茶榨油，给他们买了榨油机。老年协会一年赚40多万，由他们开销。老人满60周岁，只要加入协会，就可以得到所有福利。因为有了800亩油茶的经营权，这支老年队伍精神抖擞，在村里管环境三包，管市场统一经营，管卫生，还弄诗词歌赋楹联，把个新岐村弄成了全国生态文化村。

如今，这里因古朴的村子、参天的大树、醇厚的民风，而成为腾冲乡村旅游的热门地。

在沙坝林场陡山、鸡嗉洼林区，在莽苍无边的森林中，到云南斛健庄园的路完全泡在雨里，有的地方出现泥石流，车开过的时候必须小心谨慎。但这个森林中的石斛庄园，几公里的进园路两旁全是石斛夹道。这是一个石斛的世界，各种大秃杉上，也绑着让其生长的各种石斛，红花油茶上，更是寄生着茂密的石斛。石斛那么大，那么多，多到数不胜数，什么鼓槌石斛、大苞梢石斛、铁皮石斛、紫皮石斛……鼓槌石斛的花是透明的，是可以食用的，可以泡茶、煲汤。石斛在湖北神农架被称为金钗，是延年益寿的神药，金钗中“人字钗”最贵，2万元一斤，据说泡的药酒喝了会使人身轻似燕，石斛（金钗）的传说很多，据说长在悬崖绝壁之上，经受日月天光的照耀，下临深潭，有鼯鼠的照看才有仙气。

这里是石斛的世界，又不仅仅是石斛的世界。这里同样拥有森林、茶山、峡谷，乡村旅游的硬件都有。这里还有石斛文化科普体验区、游客接待中心、仙草谷观景区、石斛养生餐厅、石斛文化博物馆、石斛基因库、石斛景观大道。穿过一条条石斛小道，可以看到这里的森林十分茂密，上百年的秃杉林，蓊翠高耸，干霄蔽日，在秃杉林中，有数百个大酒坛放在这里，正是这个庄园酿造的石斛酒，让其云雾雨露成就这坛好酒，等若干年后开封，一定是一坛坛仙酒。

我们喝上了一杯石斛茶，这茶有植物的味道，有一种远远的、隐隐约约的森林气息，一种清香。据负责种植的技术员小杨说，他们的石斛种植全是生态有机的，不用化肥。因为大量的石斛是寄生在油茶树上的，管理也不是太麻烦。在红花油茶树上，一亩一年可以收获50～80棵石斛，一年采收一次。他们开发的石斛产品有很多，比方那些在林中阴陈的石斛酒，还有石斛鲜条、石斛金条、石斛茶、石斛花、石斛养生酒、石斛盆景、仙草饼等。公司与浙江大学保健食品研究院和云南农业大学两所院校签订了产品研发的合作协议，目前正在研发准备上市的产品有石斛口服液、石斛酵素、石斛破壁粉、石斛花精油、红花油茶花精油、石斛面膜等。在石斛餐厅，面对鸡嗉洼山谷的袅袅云雾，餐厅推出的石斛宴更是丰富多彩。有石斛烀鸡、庄园三宝（鼓槌石斛的叶、茎、花）、石斛煎蛋、石斛花秘制五花肉、石斛黄焖鸭、石斛花核桃包、石斛米线、石斛馒头、秘制石斛酒……

这个斛健庄园总种植面积2228亩，我关注的是他的定位：打造以石斛科研、优品培育、种植、展示、观光、加工、销售及品牌打造的农旅文融合一体化的石斛产业示范基地，全国最有特色的石斛庄园，推进石斛产业与旅游、文化、康养、教育等产业深度融合，使庄园成为腾冲唯一一个以森林石斛康养为核心，集养生养老、森林旅游、教育文化、休闲娱乐等绿色健康产业体系于一体的养生休闲度假胜地。

在与公司董事长赵孝华的谈话中，他说这种绿色产业，也是大健康产业。他对植物，对森林，非常喜欢。石斛是中国九大仙草之首，他就是想在腾冲进行大规模的仿野生种植。腾冲的气候很适合石斛的生长，腾冲也是石斛之乡。仙草只能在仙境中生长，而腾冲，就是仙境。

腾冲作为云南的生态名片，境内森林资源丰富，森林覆盖率达70.7%，依托横贯全境的高黎贡山，木材储备量充足，活立木储蓄量4872万平方米，木材储量居云南省第二位，森林是腾冲最为骄傲的资源。翻看手机上拍的在腾冲雨季的照片，绿色植物张扬恣肆，云雾飘溢至街边溪畔，珠围翠绕，满眼鲜活，这个称为中国的“极边第一城”的地方，静谧如处子，仿佛在高黎贡的森林中穿行，所有街道和绿树都有深山湿漉漉的气息与韵味。

我到腾冲的第一天，看到大街上到处是花海，他们告诉我，腾冲有15万亩花海。有一个数字是，腾冲人均公园面积达11.4平方米，城市建成区行道树2万株，绿化苗木789万株、花卉1000多万株。这是一个县级市，而一个县级市已建成公园21个，全国绝对无二。欢乐湖，来凤山，植物园，腾越文化广场、瑷珲公园……不是小公园，而是城市大公园。

还有大盈江河道治理与水生态修复工程；下河村水生态湿地修复景观工程，有观赏荷花700多亩；海绵城市“三湖”建设工程（小西湖、如意湖、绮罗湖），万亩田园风光工程，绿道主环已建成50多公里；“三山融城”建设工程（东山、来凤山、宝峰山）；东湖扩建项目：游道、湖区、生态绿岛、凤仪楼、桥梁、水榭楼亭等。还有两万棵大树入城，让市民的平常生活与高黎贡森林完全接轨。

为打造康养城市，腾冲还提出打造全国户外运动目的地。吸引高端人士驻足，留住草根游客脚步，助推全域旅游经济，实施全民健康愿景。热情接待我的文联李成文主席曾是市体委主任，他对此有自己的深思熟虑。他说为了把腾冲建成户外运动目的地，在这个指导思想下，有五个中心。一是赛事，四个品牌赛：越野赛，马拉松，自行车赛，铁人三项。二是户外运动中心。世界上可能做的户外运动都适合在腾冲。户外第一大运动是垂钓，第二是观鸟，这里有得天独厚的条件。要建户外运动大本营，建户外游客接待中心。三是国际夏令营中心。四是国际康复疗养中心。腾冲88处火山，99处温泉世界独有。这里的温泉有治病康养的碳酸泉、硫磺泉、氡氟泉等，每年来此的国内外康复人群迅速增长。

李主席说，这里不仅是动植物王国，儒家文化在这里保存得也很完整。虽然腾冲是极边城市，西南边陲，但这里汉族占绝大多数，原因是腾冲人大多是内地在此戍边的后代，带来的中原文化传承，扎根很深，没有遭受冲击破坏。军屯、农屯、商屯文化非常丰富，汉族礼仪在这里突出，因为这座高黎贡大山，翻越太困难，避免了各个朝代各种势力的侵扰。而清代时，闭关锁国，但腾冲因为地理原因，成为比上海更繁忙的海关，进出口量超过上海，从缅甸印度进来的货物源源不断，清政府管不着，这就叫山高皇帝远，也多亏了高黎贡的荫庇。解放后修320国道，上海至瑞丽，绕过了腾冲。一个咽喉要冲之地，被井栏一样隔住了，但也因祸得福，腾冲保留了好山好水，好的传统文化，就是一块世外桃源。要体验原汁原味的中原文化，到腾冲找得到，这也是中原人记得住乡愁的地方。

毕争局长说，在发现大树杜鹃的大塘村，是高黎贡深处，伊洛瓦底江源头的一条支流，这里的农耕文化保存得很好，西南三省民间环保组织在那儿有一个年年都举行的活动“快乐农耕行”，就是让人体验渐行渐远的中国美丽的农耕文化。

腾冲人自谦是小地方，但有大乡愁。的确如此。

二 独龙江，奔跑的翡翠

贡山在高黎贡的北部。去往贡山的路，是去往天境的路。

云彩在爆炸。云之南方的云，一阵一阵，一排一排，以大阵势向天空卷去，它们是天空的天花板。群山聚首。这高旷邃远的高黎贡，太高太高，谁给予它们如此崇高的礼遇？生命如此庞大，谁能够铲除它们的存在？谁能够掐熄怒江的怒吼？没有仇恨，因为充沛，所以怒吼。生命如此，不可改变。那个命名者，是它唯一的知音。

从怒江傈僳族自治州州府六库出发，一直沿着怒江前行，过了腊玛登，怒江大峡谷更加深切，水流更加湍急，山色更加狂野，天空更加高远，气象更加凛冽。流石滩与瀑布直冲而下，树在拼命往山顶爬，巨大的石头也爬上了峰顶，蹲在最高处，像一尊尊传说中的巨神。这里是神的国度。

怒族人称怒江为“怒日美”，意思是怒族居住的大江。这条发源于青藏唐古拉山脚下的大江，在高黎贡山和碧罗雪山的猛烈夹击下，使滇西切开一条巨大的伤口，形成2000多米深的大峡谷，一路直泻，挟持着万山水流，粗壮的水流束成瀑布俯冲而下，像数万条液态的飞龙，森林中的异兽，从山褶中、从峡谷中孵化而出，仿佛这里是水的诞生地。它们由云雾、苔藓、树木、石头羽化为水，开始飞翔。向着怒江汇聚、成长，成为晶莹的玉色美人，浩浩荡荡，变成咆哮的怪兽，变成怒吼的江水，变成不可一世的怒江。这些水，愤怒的、飞旋的水，仿佛流动的宇宙，仿佛是青铜冶炼的声音。这些碎裂怒号的星球，正在整理它们的形象与尊严，不仅让更远的人听到，也让更远的人看到，总有一天。

一路白练轰响，有如撕扯的风雪，被鹰煽动的激情。飞越石头的寒冽。鞭笞的喊叫。冰凉的火花。割开的高黎贡的血管。鼓动翻滚的翡翠矿脉。沸腾的峡谷。在深夜，在我们耳边轰轰奔流的水，在雾气和昏沉的山影里呜呜作响，来自野性山脉的广袤呼吸，与沉重的石块和黑夜胶着一团，纠缠打斗。“怒日美”，你在我的梦里如此嚣张凶猛，像是永不能征服的恶魔卧在榻前。

无法航行，但它是江。不可驾驭的水。一个狂乱的巨人，在峡谷里嚣嚷。永不枯萎的喉咙，用漩涡垒砌的声音。冰凉的诅咒。诞生一万次，死去一万次。漆黑的羽箭，土地深处的滚烫语言。推送谷物、米酒、剽牛和文面，创造土地、习俗和女人的狂潮。大地身体中的红血球。赤裸裸的欲望之躯。苍穹下的野生歌谣。摧枯拉朽的岩浆。宛如穿过洞穴的巨龙，旁若无人。高举自己生命的磷光，日夜不息地赶往安达曼海。

怒江花谷是美丽的鲜花盛开的峡谷，是怒江州生态建设的鲜艳成果。这里沿着怒江，一路花开，五颜六色，花枝招展，花团锦簇，云蒸霞蔚，仿佛来到了神话中的国度，在汹涌奔腾的怒江两岸，形成温馨妖娆的花带，抵制着怒江咆哮的惊悚，安抚着旅人的心。

这项从2016年实施的工程，到2018年，全州四县共完成美化绿化造林1049万株、8.7万亩，其中我去的贡山县完成84万株、2.2万亩。

贡山县通过实施年度退耕还林工程任务、陡坡地治理项目及人工造林，以怒江可视范围道路沿线、田间地头、村庄庭院为主，以丙中洛镇田园风光打造为重点，以丙中洛村、怒江第一湾、桃花岛等景区景点为主线，其他乡镇重点打造乡镇样板林、田园风光种植。贡山的人工花海也是自然花海，所有的峡谷都是花谷。

而我在贡山街头，看到了另一个花海：独龙族、怒族、普米族、藏族、傈僳族……她们的彩虹般的服装让那些娇小的身影变得有些妖治。使在安静的街道上安静行走的她们变得有些神秘，不知道她们来自哪里，从哪一座古老的宫殿里走出来？从彩虹上款款走下来的吗？那些色彩是怒江和高黎贡赐予的，是给民族严酷生活的一种文面和彩绘，也许是一个民族的另一种图腾。在神灵和法师们活动的区域，人们有权将每一个头饰、胸饰、绲边、袖口、纽扣、花纹、色彩赋予神性，让神和天地之灵住在身体里，抚护在身上。

夜宿贡山县城丹当，怒江就在枕畔。早晨，高黎贡偎在浓浓的、厚厚的云雾被子下，整个森林依然像黑夜那么黑。天空的颜色单调而寂寥。云雾一动不动，依然还在沉睡。只听得见怒江在峡谷夜以继日的嘈吼。在这片广大密林深处的中缅边境，仿佛只有它们是永远活着的，并且将永远活下去，带着它们与生俱来的力量和生命。这片传奇的大地，因为怒江的涌动，每时每刻都在微微战栗。人们无法无视它的存在，内心轰响，辗转反侧，或者安然大睡。一定有许多感激的和魔咒的传说。因为恐惧，因为赞美，因为无法靠近。石头在水下翻滚煎熬，穿过高黎贡层层叠叠的围栅，敲打着大地的子宫。我一夜无眠。

我坐在另一个奔涌的江边。这是另一条高黎贡山的大江，一条同样深刻的大峡谷，在更偏远更狂野的地方。独龙江。这里巨石累累，曾经有更加迅猛的洪水将这些石头推到此地，成为沉重的、不能腐朽的地球垃圾，成为千万年坚硬的浪渣。当然，也许是很久的冰川之力。现在，这些水依然猛烈，深耕着河床，将更多的石头拱向岸边，但是透绿透绿。

狂暴的独龙江。奔跑的翡翠。高黎贡女神的手镯。我在石头上用泥块写下了这几句话。走遍世界，没有见过如此碧绿的江水，它可能是世界上最美的河流。

高黎贡山巅使太阳过早地成为夕阳，阴影漫过独龙江。天空很矮，云朵触手可及，当它们划过山尖时，仿佛一把就可以抓下它。一个文面老妇在路上走，她的牙齿掉光了，但面色红润。我想起在贡山县城一次碰见三个文面女，我与她们合影，其中一个还主动搂住我，那种带点娇羞的热情，让我措手不及，她们年轻的时候也许有比现今更热烈的爱吧。贝克汉姆把自己文成那样，他一定觉得自己更帅，而不是糟践自己，网上看到的外国文身简直是恐怖，但对他们自己来说，这就是美，大美。同样，独龙族文面的女孩可能更野性，更性感，更妖媚。听说文面的理由是防外部落人抢，就像鬼子来了女人往脸上抹锅底灰一样。另外，独龙人相信文面后到了老年少皱纹，事实如此，原因不明。不管理由如何，在滇西与缅甸和藏区接壤的深山老林里，在高黎贡山和嘎娃嘎普雪峰下，还有这样一个文面的民族，它像历史的活化石，最后顽强地存在着。

悬崖峭壁上的公路只是一条印迹，这里整个森林充满了野兽的气味。古木参天，天高不可名状。高黎贡越来越威严，古貌磅礴。从山上往下看，独龙江就是一条大青蛇，在峡谷的底部游动。这里才是中国最后的秘境。在中国境内的独龙族人只有6900人，为最少民族之一。这里与我国西藏的察隅一山之隔，与缅甸也一山之隔。

守着一个火塘的独龙人，靠着那一蓬升起的火，如何熬过了一个又一个四面高山紧逼的沉沉黑夜，如何熬过漫漫寒冬？高黎贡山和满头白发的嘎娃嘎普雪峰、碧罗雪山，将对生活的隐忍、煎熬和悲痛一股脑压在他们头上，围剿他们。

2014年元旦前夕，贡山独龙族怒族自治县干部群众致信习近平总书记，重点汇报了多年期盼的高黎贡山独龙江公路隧道即将贯通的喜讯。没有想到，习近平总书记立即给贡山回了信："获悉高黎贡山独龙江公路隧道即将贯通，十分高兴，谨向独龙族的乡亲们表示祝贺！独龙族群众居住生活条件比较艰苦，我一直惦念着你们的生产生活情况。希望你们在地方党委和政府的领导下，在社会各界帮助下，以积极向上的心态迎战各种困难，顺应自然规律，科学组织和安排生产生活，加快脱贫致富步伐，早日实现与全国其他兄弟民族一道过上小康生活的美好梦想。”据说，接到总书记的回信，当时贡山县一片沸腾欢呼。

独龙江乡是全国最闻名的乡镇，这里修一条隧道竟然让国家主席和总书记牵挂，这是什么原因呢？一是独龙族是一个“直过民族”，即直接从原始社会进入到社会主义社会。二是这里在高黎贡山和担当力卡雪山的莽莽林海深处，极其封闭，每年从12月至翌年6月间，大雪封山长达半年之久。这个乡在这个时段与世隔绝，行人路断，无法出来。也就是说，这个民族有半年时间是“消失”的民族。没有多少人能够走进独龙江峡谷，没有多少人来过。那些独龙族人，谁都不知他们怎么在冬天生活。是的，这里被人说是人神共居的地方，因为离天很近，离高寒也很近。

千百年来，独龙江上只有溜索，1965年，在政府和驻军部队的帮助下，修建了穿越原始森林，翻越海拔3842米的南磨王山垭口，全长65公里的人马驿道。但要从独龙江乡政府所在地巴坡村到贡山县城，单边行程也要步行3天。从县城到独龙江乡最远的一个村子要步行10天时间。

1999年9月9日，国家投资1亿多元修通全长96公里的独龙江简易公路，因为当时建设的公路隧道依然在海拔3000米的雪线之上，独龙江乡在漫长的冬天依然被大雪阻隔。但独龙江公路通车，这条挂在悬崖峭壁上的路，穿越原始森林的路，虽然是毛路，却让5000多人口的独龙族与世界汇合。江泽民同志曾亲笔题词“建设好独龙江公路，促进怒江经济发展”。

2010年开工建设的独龙江公路改建工程总投资7.8亿元，路线全长80公里，其中建隧道6680米，比原有公路缩短16公里。这条公路中途的41公里至63公里的高黎贡山独龙江公路隧道是整条公路建设的瓶颈。公路隧道的贯通，标志着独龙族同胞祖祖辈辈大雪封山半年的历史宣告结束。

在打通隧道前，这个极少民族还在刀耕火种。在通往独龙江的高黎贡山23公里路上，有400个拐弯，被称为世界上最危险最难走的公路。如果硬闯，碰上泥石流和雪崩只有死路一条。打通了通往独龙江的隧道，建了4个雪棚通道以防雪崩和泥石流。刀耕火种的时代结束了，砍伐森林的时代结束了，我们今天才能在独龙江一带看到真正的原始森林，感受到高黎贡山创世之初的风貌。

过了隧道，我们看到峡谷下的独龙江更加碧绿，在5000多米的担当力卡雪峰周围，每上升300米就有一个不同的植物带，景色殊异……

现在的乡政府孔当是个美丽无比的小镇，新建的木楞房保持了独龙族民居的原貌，用铝片创造的“茅草顶”是一大发明，永远也不会腐烂的“茅草”，却有着茅草覆顶的温馨、美妙的效果。但每个村也不同，比如在靠近缅甸和西藏察隅的熊当村，设计的是仿古民居的石片瓦建筑，最下游的马库村已到了热带雨林，用篾片编织外墙，通风透气。一律人畜分离，配有专屋厨房，不再是火塘又烤火又做饭又睡觉。安居房工程由国家包揽全部费用，一家两套，一套自住，一套搞旅游开发。水电入户，村庄道路硬化，广场，垃圾处理，化粪池，邮政通信，一切按照城市建设标准。这种生态文明的生活，让他们一步跨入社会主义。他们种草果，种重楼，国家提供种苗和技术培训，不再毁林种地。

巴坡村独龙族村民王春梅一家四口，2013年分到一套政府出资扶持建盖的90多平方米的漂亮新居，令王春梅没有想到的是这套新居不仅让全家人住着舒适，同时还能带来一定的经济收入。原来，独龙江公路高黎贡山隧道贯通后，走进独龙江旅游的人越来越多，王春梅便用自家新房搞起了农家旅游接待，一个国庆黄金周，她家住宿和餐饮接待纯收入就有6000多元。王春梅所在的巴坡村民小组20多户人家，家家户户基本都腾出一间房屋来进行旅游接待，每间房一晚收费100元。不仅住宿，他们家养的独龙鸡都卖完了，独龙鸡、野生木耳、竹笋等土特产十分畅销，独龙族这些年发展的草果种植，也能在家门口卖了。巴坡村斯拉洛小组15户50人，全是独龙族，2017年种植了237亩草果，产值近33万元，人均收入达6000多元。

近几年，独龙江乡生态特色产业蓬勃发展，现已种植草果7万亩、重楼1220亩，2017年全乡草果产量1100多吨，产值1700万元。

英国生态学家麦尔在1988年提出了生物多样性热点地区的概念。这些热点地区，在很小的地域面积内包含了极其丰富的物种多样性。独龙江河谷就是这样的地区，它位于印度—缅甸、东喜马拉雅、中国西南山地三片生物多样性热点地区的交界地带，这里动植物种类丰富，区系成分十分复杂。来自伊洛瓦底江水系的充沛水汽使得独龙江流域森林葱郁，植被带垂直变化明显，与其西部数十公里外干燥阳热的怒江河谷、澜沧江河谷看上去就像两个世界。

顺便说一句，在确定三江并流时，人们在卫星地图上还看到一条江，独龙江，但由于太短小，只有250公里，未将其写入，客观上说，应是四江并流。由于交通不便，独龙江流域的生物多样性资源还未得到充分的认识更谈不上深入研究。在20世纪90年代，西南林业大学韩联宪教授对这一带的鸟类资源进行了调查，调查中发现了长嘴鹩鹛、楔嘴鹩鹛两个中国鸟种新记录。此外，这里更有着很多中国其他地方难以见到的珍稀鸟类，比如灰腹角雉、丽鸹和大长嘴地鸫。在独龙江一带，羚牛、小熊猫、熊猴、亚洲小爪水獭等哺乳动物，会与你时常相见。这里有一种神秘的哺乳动物——戴帽叶猴，独龙江流域是它们主要的栖息地。

作为靠大自然生存的民族，独龙族与云南其他少数民族一样，也崇拜自然的力量，相信万物有灵。自然界的一草一木，一山一石都是有灵魂的，山精木魅遍地，他们将自己的安危命运寄托于神灵的庇护，崇拜着自然界的山川河流、树木岩石，也因为此，使得独龙江畔生态的完整性得以延续至今，森林和水资源完全保持着原始风貌。

独龙族被称为“太古之民”，他们的刀耕火种就是一种传统轮歇农业，传统轮歇农业是独龙族传统文化和生物多样性的中心。1933年李生庄（哲学家艾思奇大哥）在《云南第一殖边区域内之人种调查》中说到独龙族：“今年种此地，明年种彼地，将住屋前后左右之土地轮流种完，另觅新地栽种，因土地既一度栽种，则地力已竭，势非休息十年或八年，俟草木再行畅茂后，可以砍伐燃烧成灰时，即不能再种也。”

土地地力自然恢复是一种办法，人工植树恢复地力又是独龙族的一种办法。如新放火开辟的地，灰烬多，肥力高，他们就种植产量较高的玉米，第二年肥力减弱种苦荞，同时种能保持水土的水冬瓜树（桤木），形成混农林系统。就像哈尼人在梯田之上种水冬瓜树一样，此树成活率高，根系发达，是落叶乔木，可产生大量腐殖质。每到春天，独龙族便到天然林中将 1 米以上的水冬瓜树苗挖起，移栽到耕种了一年的火山地中。第三年在水冬瓜树苗间再间种一年小米或稗子，第四年补种水冬瓜树苗后便不再种粮食，土地进入丢荒休闲期。在独龙江高黎贡森林，5年后的水冬瓜树高可达8米，直径可达15厘米，下一轮的刀耕火种又在此开始，森林、土壤轮番休息，增加肥力，不会杀鸡取卵，竭泽而渔。

2003年后，全国退耕还林、天保工程的实施，怒江大部分地区也纳入高黎贡山国家级自然保护区，独龙族村民可以获得8年的粮食补助，独龙江畔的生态也越来越值钱，金山银山，才是独龙族的靠山，也是一个民族飞跃的根基。

独龙江峡谷两岸的担当力卡山和高黎贡山，是野生动物的乐土，野牛、野猪、岩羊、麂子、马鹿、狗熊等，独龙族与它们和谐相处，历史上就适度狩猎，随着环境保护意识的增强，这里的猴子、狗熊、野猪等野生动物种群数量不断增长。在担当力卡山和高黎贡山上，有多处含有盐分的卤水大盐场，野牛在每月中旬月亮圆时，便成群结队、大大方方地来饮卤水，也知道人类不会干扰它们，暗害它们，这一美妙的景观一直到现在月月重现。

独龙族对火、对山、对上天的崇拜产生了伟大的至高无上的火神、山神、天神。独龙族人隆重的“剽牛祭天”和祭山神的“射猎”活动，围着篝火载歌载舞，是求火神对自己和族人的赐福护佑。

在这里我看见了巫师，长老。他们的脸上有树兜和苔藓的痕迹，他们是这块土地的通灵者。女巫师，很瘦，穿着简朴，唱着念着，撒着米，仿佛她是大地掌管稻米的女神。也许女神就是这种样子，劳碌、艰辛、瘦小、黧黑，但她关心与死亡和悲伤有关的事，关心灵魂的去处。她与天地间游荡的祖灵有神秘的联系。看见了剽牛的道具，但场面庞大，巫风翻卷。无数独龙人的心在剽牛场上开始激荡，开始在铓锣的指引下，在剽牛长矛的指引下，围成一团，唱歌，祝祷。

“我们来了唛，我们高兴咯，一杯水酒哟，表表心意咯。一杯酒，高黎贡山敞开怀；一杯酒，独龙江水情意长。远方的朋友啊，请喝一杯独龙酒，独龙儿女的盛情和祝福让您乐开怀哦。”在松毛铺地的隆重仪式中，独龙族青年男女唱着他们的迎宾酒歌，将我们迎入他们的“怒哇德噜拉姆”现场。

“怒哇德噜拉姆”为独龙语，“怒哇”指剽牛，“德噜”含有“召集全体氏族成员聚会”之意，“拉姆”为“舞”，意为“剽牛召集全体氏族成员聚会舞”，简称为“剽牛舞”。

剽牛之前要给牛披上五颜六色的麻布毯，并在牛角上挂上珠串，牵着牛在主人的房屋周围转上三圈，人们要举刀“投干脩”。法师念祷：“让主人家无灾无祸，家人平安，年长益寿。”主人也要出来念祷：“祈求‘格蒙’和‘拉’保佑我们吧，让家人健康长寿，人畜兴旺。”牛牵到祭台旁，举行祷告，祭给天神“格蒙”和“拉”。剽牛的是两个巫师——“乌”和“南木萨”，一个从左边刺，一个从右边剽，巫师喝着酒，酒要比平时的浓度高一倍。将酒喷在牛身上，猛喝猛跳，进入巫灵的境界，周围的人端着碗和一块石头祈求道：“若是一个坏巫师，剽牛就像刺到这块石头上，刺不下去；若是一个好巫师，就像刺到这碗水上，毫不费力把牛剽进去……”两个巫师手持长矛，靠近牛，人们纷纷敬酒给他俩，竹筒为杯，此时，大小铓锣一起敲响，两个年老的女巫师向牛撒米、洒酒，独龙人围成一圈，疯狂地舞蹈。刺牛过后，牛大撞大跌，几个回合，牛倒地而亡。于是人们举刀祷告，剽牛的巫师将长矛交给端坐如木头的长老，将牛头砍下后，一个背牛头，一个跟着，跳起牛头舞，然后分肉，用竹签穿上各自回家。

我们看到的只是表演，是两个人在大麻布下装扮的“牛”。所有的仪式是完整的，剽牛的男巫师、撒米的女巫师、长老、酒、长矛，都是真的，都是平时村里剽牛场景的重现。盛大的场面，独龙人的祈祷、祝福、驱魔……这就是一个民族的信念、聚合、力量，这就是“怒哇德噜拉姆”。让所有的人，所有在场的人，被酒、魔法、长矛、鲜血激起野性的热情。在太阳下，在铓锣的敲打下和众人的念祷声中、手舞足蹈的狂欢中、汗雨中，完成了一场农耕时代的杀戮与祭祀。

从怒号的怒江里，从碧绿的独龙江里，从莽莽的滇西原始森林里走出来，怒江的声响，独龙江的绿，是沉淀我们梦境的明矾。云帆飞舞，烟霞激荡的高黎贡山，你的雪峰和森林是天堂的标识。侠客有长剑，众神有家园。没有了怒江和高黎贡，神灵将栖居和安息于何处？

我惦记着高黎贡的群山烈马，怒江之上的大水苍龙，独龙江上奔跑的翡翠，那里才是我想象的天境。

三　一座青山与一位老人

经过姚关的时候，施甸文联的杨潞伟主席说，要不要去杨善洲的老家看看？但时间不够和不顺路，我们要赶往善洲林场，而且雨下得很大，路还很远。杨主席说，杨善洲老家的房屋还不如当地一个普通农民，破破烂烂的。当然，现在杨善洲去世了，他的老伴也走了，那个破旧的房子估计成为杨善洲的纪念馆。但去了善洲林场，我信杨善洲家住的不如一个普通农民。

他曾经是保山地委书记。

杨善洲的照片面善，清癯，本分。他一个地委书记退休，手拿锄头，面对荒山，开始栽树。那种天地里，讲话，指示，开会，陪客，敬酒，批文件，搞视察，端架子，维持表情，培养声调，每周按着办公室主任的安排走，这不就是个木偶吗？好歹结束了，那一个真忙碌假威风的场域离他好远了，他开始面对泥土和石头，种下一棵棵树，浇水，盼它生根，展叶，开花。

面对那些小小的树芽，这多么真实，多么暖心，多么宁静，多么投注。山风，鸟鸣，野草山花，阳光暖照，白云飘拂，过去何曾一个人这么细细地感受过，独处过？现在，他成了他自己，杨善洲，他现在才叫真正的杨善洲，与山川草木自然恢复交流，手捧泥土回归真实生活的杨善洲。杨家祖先一定种过树，不然姓中为啥有木，而且善良，而且爱洲上水景，等到满山大树，清水自来。

看着这满目青山，白云袅袅，树林葱郁，走进大亮山的我也悄然老泪纵横。

真不容易。

他带领乡亲把大亮山全绿化了，有56000亩，现在已经是7万多亩。其中荒山3万亩，已成林2万亩，树种以华山松为主，杂木林有17万亩，茶园800亩，果林300多亩，其中椪柑160多亩、龙眼70多亩，修筑林区公路26公里，架通高压线路15公里。这些山，不是一座山，经过近三十年，已经有了森林的气派，就是一片森林，树上全裹满苍苔，过去森林覆盖率几乎为零，现在达96%。从他退休到84岁去世，在山上住了24年，去世前一年，他将绿化好的当年的荒山秃岭全部交给国家，分文不取。

撇开他的各种身份，如退休的地委书记，只想着一个老人与一座山，这个故事何等传奇伟大，简直是不可能的，像一个西西弗斯的神话，像愚公移山的故事，可这个老人做到了。他说，栽下一棵树，山上就会绿一小块，栽下几棵树，山就会绿一片。我就不信这山绿不起来。等到山绿了，风沙就会越来越小了。他说，我们一棵一棵栽，一片一片栽，十年八年总栽得完。我死了还没栽完，你们就接着栽。五十年、一百年，总够了吧？

他种了许多核桃和梨子，一千年两千年后，它们依然会开花结果，杨善洲老人会成为这儿永远的传奇。善良的人，热爱山川草木的人，是伊甸园的耕垦者，必进天堂。老人已逝，青山不老。

老窝棚是杨善洲1988年3月上山时，搭建的造林指挥部的一小栋，杨善洲就住在这栋房子的中间一格，一直住到1997年的12月。这窝棚还在，也有他当年在窝棚门口吸旱烟的照片，没有造假，是真文物。就一些树枝做壁，稀疏可以钻进去野兽，油毛毡顶，油毛毡围了一圈做壁。床是四个木墩几根树棍铺上山里的草。为了御寒，床前一个火塘。住处也就五六平方米，跟叫花子住的没两样。蓑衣，草鞋，电筒，收音机，就是这些。

后来他住的房子虽然有所改善，也就是五六平方米，一张小床、一个小桌子，小到像小学生的课桌、还有一个他自己打的柜子、两个电筒、爱吃的梨子罐头、军大衣、毛毯、薄被子、雨靴、装东西的蛇皮袋子。床头挂着水平仪、黄布帽、手套、围腰，床下放着一双旧解放鞋、一双翻毛皮鞋、一双拖鞋。在墙上，贴着他亲手绘制的“第二个五年大亮山林区规划布局图”，上面有他要绿化的黄家山、木兰山、无木山、草坡、雷打山、背阴山、打石山等。还有一张他绘制的“大亮山林场各队植树面积图（1988～2005年）”，有姚关队、华兴队、复兴队、雷打树队、坡场队、摆田队、哈寨队等。一个火盆，火盆上架着一把被火熏黑的烧水壶，旁边是用来煮药的两只小锣锅。火盆边有捡柴的小背篓，里面还有一把嫁接刀。火塘边的墙角摆放着雨伞、竹叶帽、蓑衣、马灯、小铁锤、砍刀、锄头、十字镐、钉耙、缰绳、马鞍——这些是马驮树苗上山用的……

实物，原样，没有任何挪动增减，就是这样。任何人来这里看到一个地委书记退休后曾经是这样生活的，都会忍不住哽咽。

我漫步在善洲小道上，这条道窄而长，18公里，这里的台杉已经高大成荫，是杨善洲1988年带领17名职工上山栽树用双脚踏出来的小道。杨善洲亲手种下了4棵藏柏和两排台杉，由此拉开了绿化大亮山的序幕，也开始了他后半辈子的另类人生。

在他住的窝棚前，有一棵大雪松，是他在地委时自己栽培的盆景，后来退休就搬到大亮山来了，栽下后，在这里长成了大树，雄壮威武，高大挺拔。还不止这棵，他的几十盆盆景全都移种到这儿，有雪松、玉兰、白梅、银杏，这些树虽然失去了主人的呵护，但在大亮山的雨雾滋润下，30年后，都成了参天大树。

我在雷打山拍的照片，背景是他亲手种植的云南松林，树已成材，作为人工森林，气势已经出来。

这不是做做样子，这要将后半辈子全部交出去，没有谁逼他，也没有什么老骥伏枥的豪言壮语。一个人，面对退休，他作出的庄重抉择，就是种树，种树是他晚年一切的寄托与安心。

杨善洲是个热爱花木的人，而且他懂嫁接，他出门下乡，随身带着嫁接刀。那么，我就想，他退休可以不听省委的，不到昆明去安度晚年，如果他喜欢保山，喜欢高黎贡的气候，他可以有众多选择，像众多老同志一样，在什么延安精神研究会、文化促进会、诗词学会、楹联学会、花木盆景协会担任一个什么会长，也会很幸福。要不，以他的人脉，他可以答应一些企业家，承包一个林场，入点股，搞花木开发，根雕木雕，弄个什么庄园，投入绿色产业。他只当个顾问，就有花不完的银子，享受不完的生活，而且依然风光。但是他避开了众人，避开了城里，来到一个远离人烟的荒山秃岭，开始为国家种树。

这种生活的反差让他安逸，在夜晚，这里只有跟随他一起上山的几个人，没有电灯，几间草棚，晚上的黑是深广的、真正岑寂的，仿佛是另一个人的另一种生活，不是地委书记杨善洲，是一个深山锄地的老农。他回归了本质。

一个人，他的本质是什么，他一定会回归。当然，有许多阻隔，许多观念，许多心理障碍，一个人想成为他自己太难，对于当过地委书记的人来说，几乎是不可能的。古时候有一个词叫解甲归田，杨善洲做到了。但，这个“田”，没有丝毫陶渊明的诗意，不是那种采菊东篱、悠然南山、荷锄月归的情景，他面对的是一片乱石累累的山头，他要刨开一个个坑，种下一棵棵苗。

杨善洲在退休时做出的这个决定一定是经过深思熟虑的，在之前他就前思后想过，不给他拔高，一个人在那个位置上退下来，落差是很大的，为了阻止自己心理的落差，为了让自己活得更开心，让自己更踏实，或者，他想退休后身体还好，也许可以还干些对得起自己也对得起乡亲们的事，想到了他时刻惦记的大亮山。在山里出身长大的农家孩子，他的想法可能与一般人不一样。

上山造林，老伴曾劝他说：“等你坟头长草了，树还砍不了呢！”杨善洲说：“我们死了，后代还可以享受。谁也不去造林，再过几十年连烧柴都找不到了，人怎么活？”

60年代初，杨善洲在施甸县担任县委书记时，曾徒步在大亮山走了近一个月，大亮山的荒凉无疑给他留下了深刻的印象。退休前，他两次到大亮山实地考察时，当地农民多次劝他，要种树？你到别处去种吧，这地方连野樱桃和桤木树都不会长得活。

然而他还是去了。

大亮山的冬天很冷，寒风刺骨，一个栽树人，会好到哪里去。他的手指头经常缠满了白胶布，伤痕累累。他的装束就是一个破衣烂衫地里干活的农民，他绝对是回归农民，而且比农民苦得多。大伙看到他冬天那双缠满了胶布的手，都会劝他：“老书记，您的手这样了，回家休息一段时间，开春再上来吧。您年纪大了，冬天应该歇歇。”杨善洲根本不会听，他说：“没事的，人老了，手到冬天会裂口，白胶布好，裹上胶布，挖锄头、甩大刀就不会震着伤口。”

关于为什么要到大亮山造林，杨善洲有说法，他家住在大亮山脚下，因为他12岁丧父，与母亲一起孤儿寡母艰难生活，母亲常带着他在大亮山挖野菜、寻草药到姚关去卖，用卖得的钱再买一些纸和笔，买一些日用品。没有大亮山，他和母亲早饿死了，大亮山是养活杨善洲一家的恩人。那时的大亮山满山全是树，森林茂密，野菜、草药到处是，他非常怀念儿时的大亮山。但大亮山遭劫是在20世纪五六十年代，“大炼钢铁”只好砍树做柴，仿佛一夜之间，他记忆中的大亮山，突然从秀发飘飘的美女，变成了一个丑陋的秃子。没有了山林，当地百姓的生活完全改变了。过去靠山吃山的，现在山里啥都没有了，种啥都不长，没有了额外收入，百姓的温饱问题还没解决，政府操心也没用，致富无门。看着他们出外打工，盖不起房子，娶不起媳妇，他心里的郁结多年不散。他之所以要退休上山种树，就是还一个愿吧，大亮山是恩人，向山反哺，也是一种知恩必报。

20世纪80年代初期，杨善洲到大亮山做过调查，心里更是堵得慌。由于乱砍滥伐，大亮山一带没有树、地就薄，地不产粮，还没有了水。群众吃水要到几公里外的地方人挑马驮，在太平地、雷打树等村庄，村民结婚时，彼此不送红包，送的是几担水做贺礼。说起来令人伤心。

在他担任地委领导期间，有乡亲不止一次找上门，想要他为家乡办点事情。但杨善洲是个原则性很强的人，对自己的家都没管，更不可能给家乡施甸格外照顾。他说：“我是保山地区的书记，哪能光想着自己的家乡，但毕竟心里过意不去呀，是家乡养育了我。”于是他就向他们承诺，等退休后，一定帮家乡办点实事。退休是个机会，为了实现帮家乡办点实事的承诺，杨善洲锁定了在施甸县城东南44公里处的大亮山，他的家乡就在大亮山脚下的姚关镇陡坡村。喜欢花木鸟兽，山川自然，这事儿正好满足了他的心愿。

有时回想起自己在地委书记这个位子上干了这么些年，又做了什么呢？杨善洲说，面对山区人民，他常常深夜自责，扪心自问，我们虽然拼命工作，但百姓生活还这么困难，生态破坏没有修复，山里人，没有树林，就没有好日子。他认为幸福的源头就在种树。有了树，就有了一切。他常说的一句话：“把荒山绿起来，才能让老百姓富起来。”“山上多种树，等于修水库。下雨它能吸，天旱它会吐”是他成天挂在嘴边的一句杨氏经典名言。

他现在可以一门心思做这件事了。

1988年的3月3日，也就是杨善洲退休后的第三天，他卷起铺盖就上了大亮山。他真的很决绝，从地委大院彻底消失了。首先带走的是他培育的20多个花盆中的树木，雪松、玉兰等，全部跟他一起去大亮山扎根。春寒料峭，他带着的一帮人赶着18匹大骡子，驮着行李、帐篷、锄头、砍刀、镰刀、大米、蔬菜、炊具，上了大亮山。

退休第四天，大亮山林场正式挂牌成立，场部安在打水杆坪子，是大亮山的中心，临时搭建了一个简易棚安营扎寨。

这一夜，狂风四起，他们的临时住处被狂风掀翻，倾盆大雨朝他们泼来，仿佛是在阻止他们的行动，考验他们的诚心。一行人只好钻到马鞍下，熬过了漫长寒冷风雨飘摇的一夜。

那一排简易的油毛毡窝棚，还是得益于上级拨款7000元，才好歹搭建成。窝棚能挡雨，不能遮风，今天看来，跟住在野外没有两样。艰苦创业，窝棚不讲宽敞，能住就行。站在窝棚前，真无法想象这个老人和他的栽树职工们是如何在里面住了近10年。

山上的湿度很大，衣服洗了，一定要在火塘边烘烤干，否则想在外晾干，就是一个星期也别想穿上。油毛毡窝棚，是用树根做的栅栏，能通风透光。有时一觉醒来，被子和头发会覆盖上一层湿霜，头发都变成直的，就像上了一层发胶。杨善洲冻病过，职工也有不少冻成了病，林场才买了一些油毛毡作围墙围了起来。

大亮山平均海拔2600米，有民谣说：“好个大亮山，半年雨水半年霜。前面烤着栗炭火，后面积起马牙霜。”这种苦是可以料到的，但从小就吃苦的乡下娃子，现在回过头来再吃这个苦，杨善洲淡然承受。杨善洲不仅转换角色成了种树人，还成了捡粪人，他每天提着粪箕到村寨路上捡牛马猪粪作底肥，山里的村民也不认识他，以为就是个放牛的。

他的规划，第一年要造林1万亩，到了1988年底，大亮山林场造林1.2万亩，超了2000多亩。以后的五年中，林场平均每年造林都在1万亩以上。

杨善洲成了地地道道的农民，每天早上6点多起床，7点干活，天黑回“家”。一天要走十几公里路，出工就是背着锄头，到了山上就是挖坑栽树，这就是一个地委书记退休后的生活。

杨善洲的本质是一个农民，也就是说，这一辈子，他没有变。任何人都会改变，没变的人寥寥无几。去林场的路上，同行的说到他的段子，说一次在省里去开会，一看是个农民，门卫不让他进去，他说他是保山地委书记，门卫左看右看不像，认为他是冒牌货，省里的高级干部会，农民进去干啥。杨善洲也不争辩，就在门口。后来会务组来了，才将他放进去。说在保山开会，吃饭，那时吃桌席，到处找杨书记，一把手不坐别人不敢坐，找到他，哪知他自己打了一碗饭，蹲到墙角都吃完了，找他的人要他去座席，他说已经吃饱了。

他虽然是地委书记，但一般不在大院上班。每到插秧季节，他就去地里帮农民插秧。有一次秘书到处找他，终于找到他插秧的地方。农民还对他秘书说，这老头真好，天天帮他们插秧不要工钱。当秘书告诉他们这是地委书记杨善洲，农民不相信。

名花三千，独爱玉兰。关于杨善洲老人与玉兰的故事，太多太多。他的三个女儿有两个名字中有“兰”字。他在大亮山种下了玉兰、山茶、龙柏等几十种名花，最爱的还是玉兰。埋在玉兰下，竟是他的遗愿，后来实现了。

杨善洲从地委大院离开上大亮山，带来的一株白玉兰，栽在林场场部，与他的窝棚只几米远。这株玉兰开花后，每年春天花开得特别繁茂，一树白花，娇挺挺，油亮亮的。但有一根枝条伸过搭在了进出场部的门上，行人会经常碰到，进出不便。有一位职工小王就将这根长枝杈砍了，方便行走。哪知下乡几天后回到场部的杨善洲看到玉兰少了一根枝条，就责问是谁砍断的。小王告诉他说是因为挡了道怕伤了行人，只砍了一小枝。可杨善洲不原谅他，恼怒地说，你想一个解决的办法，用绳子将它拉上去就行了嘛，以后谁也不许动我的玉兰树，弄得大家噤声不语。从此，大伙就知道，老人种的树是不允许随便动的。平常他待人宽厚，但在树面前，他不让人。

这棵玉兰，是他亲手嫁接的，他的嫁接技术没说的。对自己嫁接的树感情深厚，他每天都要坐在这株玉兰花树下读书看报或者抽袋烟。

杨善洲从年轻时起就喜爱嫁接果木花草，不论树有多高都会爬上去嫁接，好像对嫁接有瘾。有一次杨善洲在这株白玉兰下，突然叫职工搬两张桌子来。职工问："大爹，用桌子干什么？"杨善洲说："嫁接这根玉兰花。"当时这株玉兰有4米多高了，有人就说要嫁接他们来，您这大年纪了上几张桌子不安全。可杨善洲就是要亲自嫁接，其实大伙知道，他不放心，怕别人操刀伤到他这棵心爱的树。

玉兰花特别香，到了春天，满场部都是玉兰的清香，云南人无论男女，都爱佩戴玉兰，但如果杨善洲在，就没有谁敢摘他的一朵花。

杨善洲想到林场建起了，守着树林不能砍，如何让林场的职工们有收入？种经济果林，种茶，是解决这些难题的办法。除了买果树苗，他因为掌握了一种"百日苗"技术，就带着职工或者一个人回保山、施甸时在大街上捡果核，桃核、杏核、李核，他说："捡果核不出本，省一分是一分。"有一次他带着林场场长自学洪到施甸县城办事，办完事后，他俩顶着炎炎烈日，跑到街上捡果核。刚巧碰上了他的一位老部下（他在施甸当过县委书记），老部下惊讶地望着杨善洲问缘由，杨善洲解释说："山上缺少树种，来街上捡点果核到山上育苗。"

端午节是水果上市的季节，街上的果核最多，杨善洲就发动全场职工跟他一起下山到街上去捡果核。这已经是每年的惯例。

施甸原党校所在地有两棵一抱粗的苦楝树，楝树果成熟后就会掉满地。每当这时节就有一个老头在这里弯着腰捡拾苦楝果，党校一位姚女士以为这是当地老农捡了用作打浆糊布，看着他不好拿，便给了老头两个塑料袋。老头走后，一个年长的党校职工告诉她，你可知道，那个捡苦楝果儿的老汉就是老地委书记杨善洲。

施甸县林业局施德彩说，很长一段时间里，单位开会用过的纸杯，她都要攒起来等杨善洲老书记回来拿，老书记要用这些作废的纸杯当营养袋育“百日苗”。

买树苗的杨善洲，全省到处跑。有一次，他打听到龙陵有树苗，就到了龙陵，可是人家的树苗已经卖完了。又听说昌宁可能有，他又马不停蹄赶到昌宁，树苗买好后，他又连夜拉回了施甸。毕竟是60多岁的人，几百里路地来回奔波，杨善洲太累太累，林场的人估计他会在山下哪里歇脚，可是在睡梦中，场部外响起了骡马铃铛的声音，大家打开门，看到杨善洲和与他一起去买树苗的他的孙子，赶着马帮上山来了，马骡冒着汗，背上驮着一捆捆新鲜的树苗，大伙看表，已是凌晨三点多钟。他们与马帮走了大半夜。杨善洲对大家说：“天一亮就可以栽树了，树苗多耽搁一天，就会影响成活率。”

杨善洲为种树，真是拼了。

但想让所有树存活却并不容易，1989年，林场的茶叶基地长势良好，快要产生效益了，茶园却发生了一场没有预料的严重鼠患。这种老鼠过去很少见过，当地人叫它们“小枯老鼠”，小而枯瘦，啮咬力强，也不知道为啥要跟杨善洲的茶园作对。在短短几天，500亩茶树苗就咬断了三分之二，虽然灭鼠药撒了不少，鼠死了不少，但茶园也被毁掉了。

这对这位老人的打击是太大了，杨善洲看着满山狼藉，他满腹的心痛还不能表达出来，因为那些跟随他上山的职工在看着他，不能气馁，不能灰心。认定的事必须做下去，百折不挠。他安慰大伙，说：

“茶园毁了不可怕，我们可以重新种植；但我们的精神不能垮，如果我们的精神垮了那才最可怕。”这话，也是在内心鼓励自己。

就在这一天，他让会写字的人在林场入口处的墙上写了一行大大的标语：“誓把荒坡变绿洲，欲叫瘠地流甘泉！”

职工们想，这是老书记在给大家打气，绿化一座山，建一个林场不是那么容易的，要经受各种困难，遇到各种灾厄，但既然想做，哪有一次就给打倒的道理！

挖掉残树，重新补种。一棵一棵，500亩的茶园又恢复了生机。

但大自然不是那么容易征服的，与山的搏斗没有一刻停止。林场成立的第二年，1989年，大家辛苦栽下的1.2万亩林木苗，因为那年雨水少，干旱，温差过大，土壤没有肥力，竟然有一大半没有萌蘖存活，只有5000亩活了。杨善洲看到山上的死树苗，有时一个人在山上一待就是半天，欲哭无泪，内心挣扎疼痛。他找来专家，进行诊断，解决出现的问题。后来，存活率才慢慢提高。

他知道要种树，不仅仅是种，还要养，得成为林业专家，杨善洲买了许多林业方面的书籍研究，有果木栽培管理的，有嫁接技术的，有生态科学方面的，订了《中国林业》《云南林业》《绿叶》《中国林业产业》等不少林业杂志，平时只要下山，就去施甸林业局找专家请教。

困难比想象的要大，建场三年，种下的近3万亩华山松，突然被一种叫紫荆泽兰的植物侵略，这是典型的外来物种入侵，它们疯狂繁殖，与华山松幼苗争夺肥、水和空间，向土壤释放一种物质，让其他植物无法生存。

每天在树林锄草，5000多亩华山松还是死了。但这吓不倒撵不走杨善洲，他决不会屈服。死了的树，拔掉再栽。

1999年11月，杨善洲毕竟老了，在给树木修枝时，踩上青苔，不慎滑倒，左腿摔成粉碎性骨折。杨善洲回到了大亮山，人们看到，他手里除了锄头，多了一根拐杖。

祸不单行，三个月之后的一天，杨善洲吃过早饭，准备到瞭望台值班。杨善洲从水塘边路过时，水塘刚刚涨水，塘边的小路全被烂泥覆盖。杨善洲的伤腿还没有全好，稀泥巴太溜滑，一下子在泥巴里滑倒了。这一回，摔断了两根肋骨。

杨善洲年老体弱，连续受伤，对他的身体是重创。可他要强了一辈子，不听劝阻，依然上班，栽树，看树，护树。

2009年，杨善洲老人83岁，他身体消瘦，步履蹒跚，拄着拐杖，视力和听力都不行了，胃病折磨着他，走路会气喘吁吁。他可能知道来日无多，他有他的考虑，对后事也要有个交代，他终于做出了一个石破天惊的决定。

4月，杨善洲把大亮山林场的管理权正式移交给施甸县人民政府。有人用比较保守的价格计算过，林场树木总价值已达3亿多元，这么大的一笔财富，他完全无偿交给了国家。当时施甸县政府奖给他10万元钱，他没有要。2009年12月，保山市委、市政府因为大亮山林场交给政府，奖给了他20万元，这算是他20年心血的奖励和肯定。但他对这笔奖金是这样分配的：2010年4月21日，捐助给大亮山林场3万元，用于修缮打磨山哨所和为该哨所修建太阳能洗澡间。4月底，给湾甸的嗡摆来露天温泉澡堂捐助了3万元，这是因为他了解到该澡堂是个免费澡堂，虽然方便群众洗澡和治疗皮肤病，但无遮无挡，造成诸多不便。2010年5月5日，给保山第一中学捐助10万元。

他自己留下了4万元，这算是他给家人留下的一点慰问金，他们跟着他过了几十年苦日子。

2010年6月，三女婿新买了一辆吉利海景小车，他就要三女婿送他上大亮山看看。三女婿杨江勇对三女儿杨慧玲说，你爸想大亮山了。

重上大亮山的杨善洲，在山顶上照了一张相，拄着拐杖，望着他栽下的莽莽苍苍的大亮山，他要绿化这座大山的愿望终于实现了。现在云雾缭绕，非常像他记忆中儿时上山捡野菜和寻草药的那座山，这种恍惚的相似让他心里一阵舒坦。他可以下山了。他20年的心血浇灌成的这片森林，是对他晚年的最大安慰，他应该无憾了。

雷打树村的村干部看到了衰老的杨善洲，这是他们的场长，是人人尊敬的保山老书记，他来看他亲手培育的山林，给他们带来了幸福生活的山林，村民们就跑到农户家买来一只鸡，想招待一番老场长。但老人坚持不让杀鸡，说，村里有啥吃啥，不要搞特殊化，洋芋、白菜就行。吃了一顿便饭，老人坚持向村里交了他和杨江勇8元钱的伙食费，才驱车去了林场总部。

临走，林场和附近村子里的人都来送行，大家聚集在老人过去住过的小屋门口，依依不舍。老人在自己住了十多年的屋子里，摸摸自己睡过的床上被褥，摸着使用过的锄头，又抚着粗大的一棵棵树，什么也没说，只是呵呵地笑着。大家看出老人眼里难舍的深情，还有一闪而过的泪光。

他最早住了10年的窝棚，油毛毡在风雨中已经朽烂，房顶的席子也耷拉下来，连床腿也长满了青苔，火盆坑灰已冷。他在那儿站了好一会儿，是否想到他在这里的日日夜夜，在寒冷冬天的一盆火边，规划着大亮山的未来，或是在小憩时，在这牛棚样的窝棚子门口，坐在椅子上，吹着山林的风，抽一袋旱烟，看一张报纸……

这是老人最后一次上山。这一天，离他去世还有四个月。

杨善洲因为咳嗽久治不愈，去保山医院检查，结果患上了肺癌。住院治疗期间，也许是预感到自己时日无多了，就分别对组织、家人及林场的同事嘱托了三件事。

第一件事，惦记困难中的老百姓。由于他以前去施甸县摆榔乡尖山村时，看到那里的老年人平时很难有机会洗一次澡，所以，当市委书记到医院看望他时，问他对组织上有什么要求，他说：“向组织上我就提一个要求，希望市里能拨5万元经费给摆榔乡尖山村，给村里的老年人修一个洗澡塘。”

第二件事，是关于老伴。住院期间，在他状态稍好一些的时候，反复叮嘱儿女们：我这辈子最对不起的人是你们的母亲，她这辈子和我过得太不容易了。市里奖给我20万，其他的我都捐了，专门留了4万元给你们的母亲。你们要好好孝敬她，让她能安享晚年。

第三件事，还是大亮山林场周围百姓的受益。临终前，他把林场场长叫到了身边，用微弱嘶哑的声音嘱咐林场场长："你们一定要继续种树，管好林场，以后要把林场的收益按比例分给老百姓，绝不能让百姓吃亏。"

另外，他交代了他死后，把他的骨灰他成三份，一份埋在大亮山一棵雪松下，"你们哪天想我了，就到雪松下坐坐"。一份埋在姚关他母校清平洞的玉兰树下，他在那儿种下了一棵玉兰——他特别喜爱玉兰。一份埋到他老家茶园的祖坟地里，也是树下，给儿女一个念想，也终于可以天天陪老伴了。

他老伴张玉珍是典型的滇西农村妇女，杨善洲在外工作，她就在家带着三个女儿生活。大女儿三岁时发高烧，妻子和母亲顶着暴雨爬山路送去乡医院，结果三个人一起掉下山崖，差点没了命。三个孩子他几乎没管，三个孩子长大后，都为她们的母亲委屈。母亲是家里的顶梁柱，家里粮食不够吃，她就上山找来野菜度日，孩子没钱上学，她就清晨上山摘野果，夜晚熬夜编粪箕扎扫把，然后挑到街上去卖，一分一分地凑学费。这位伟大而平凡的母亲，经常自豪地对三个女儿说："你们三个，是我像小鸟度食一样，一嘴一嘴度大的……你们爸他当他的地委书记，我当我的农民，我们不拉扯他。"有人问张玉珍："你当家的是大官，你一家怎么过得这么苦？"张玉珍回答说："他当官是为国家当，又不是为我们家当。"

在他住院期间，老伴难得从老家到医院照顾他，照顾了三天，他就要老伴回家了，他对老伴说："你回去做你的事，我会好的。"

2010年10月10日，是中秋节，杨善洲在保山市人民医院逝世，享年83岁。

大亮山真的亮了，这片7万亩的人工森林，成了施甸山水中的一个亮点。四季鲜花盛开，河沟泉水潺潺，树来了，水就来了，水来了，花朵鸟兽就来了。华山松、云南松、赤松、西南桦、栎木、桤木都在向天空伸展，玉兰、樱花、杨梅、五角枫、香樟占领了山坳高岭。红花木莲、大树杜鹃等珍稀植物物种，也随处可见。忍冬、茶蘼、卫矛、铁线蕨、贯众、肾蕨和兰花在森林里茂密生长。森林生态及独特的气候形成。据专家在大亮山人工森林中调查，这里有植物486种，鸟类70种，两栖类5种，爬行动物12种，哺乳动物19种。由人工生态而最后成为自然生态，让荒山成为森林，枯河成为流泉，一个小气候就是这样改变的，一座山就是这样改变的。是在一个老人的手上，经过20年的艰辛，终于改变了这一切。

我在施甸听到一首当地的新的民谣："杨善洲，杨善洲，老牛拉车不回头，当官一场手空空，退休又钻山沟沟。二十多年绿荒山，拼了老命建林场，创造资产几个亿，分文不取乐悠悠……"

四　高黎贡观鸟记

晚9点，从侯体国家中出来，高黎贡森林在响亮的夜雨中，深黑的百花岭村已经沉睡，雨一阵一阵拉动叶子的轰响，有一些雨，发出像鸟一样的叫声。

我们下午5点先是进山，看到了雨中的高黎贡原始森林，一条坑洼的石头路有多处塌方，最后，一根倒伏的大树拦住了去路，车只好在两个轮子宽的路上倒车，一直倒到能勉强调头的地方下山。

百花岭是中国观鸟胜地，缘于一个爱鸟农民侯体国。高黎贡500多种鸟在这个地方可以看到300多种。那些世上最美丽的生灵，就活在这片山冈上的森林里，鸟在海拔1400～1600米的地方活得最惬意，这里花果丰富，特别是浆果和核果。百花岭正在此海拔上。

我们住的民宿中有"鸟网"举办的"高黎贡山鸟类图片展"，让我对高黎贡的美丽鸟儿们有了一个基本的认识。这些在百花岭拍摄的鸟儿们，是天下最美丽的鸟，有着任何人都想象不到的美色。罕见的通红的血雀，两根细长的尾翎的大盘尾鸟，美丽的红喉山鹧鸪、剑嘴雀的弯喙，像一道火光的尾巴的火尾太阳鸟。还有条纹噪鹛的头冠，一种黄冠啄木鸟的头冠，还有灰头鸦雀的绒帽似的头冠，还有斑胁姬鹛腹下一道道蓝色条羽，画家也画得没这样好看。还有白喉扇尾鹟飞竖的尾翎如一把团扇。还有仅见过三五只的褐翅鸦雀、点胸鸦雀，红喉山鹧鸪、绿喉太阳鸟、锈额斑翅鹛、黑胸太阳鸟……鸟是上帝的宠物，它们的羽毛如此漂亮，是上帝精心描画的，上帝毕业于美术学院。

在侯体国家的餐厅门口，挂着“鸟友驿站”，里面挂着“鸟网·云南省保山市百花岭旱龙寨鸟网观鸟基地”的牌子，“鸟网”是所有观鸟人的网站，侯体国是百花岭联络站站长。一面墙上的布写满来自世界各地观鸟人的签名，这些观鸟爱鸟的人，是世界最善良的人，不存恶毒之心，面对一只鸟飞翔的时候，他会像上苍一样仁慈，心像天空一样蔚蓝。如果你自己没有一个天空，鸟影不会闯入你的心灵。

去百花岭，要经过潞江坝，这里傣族风情浓郁，一条条街都是傣族建筑风格，云南产小粒咖啡就生长在这里，在高黎贡山脚下、怒江之畔。这里的怒江没有在六库以上的那种咆哮激荡，但高黎贡依然在云端招摇，云遮雾罩，气象浩瀚。我喝了这里的小粒咖啡，浓郁醇厚的香味，有高黎贡的神秘口感，是中国咖啡之冠，畅销全世界。百花岭也属于种植区。

百花岭村在高黎贡山旅游度假区境内的高黎贡山东麓，海拔1400米左右，村民以傈僳族、白族为主。因为村庄之上有茶马古道，穿越高黎贡的户外运动也在这里。

一路上高黎贡山塌方严重，道路泥泞，很多地方大石滚落，十分危险。森林是真正的原始森林，大树怪异，苍苔满身，有的是浅苍苔，有的是寄生植物，像树长了羽毛，张扬着，几欲飞去，就是披着苍衣的鬼魅，化作古木的山神。

百花岭老侯是高黎贡观鸟的一张名片，是他带动了高黎贡的观鸟经济，带动了一方旅游，带动了百花岭山村的致富，人称“鸟疯子老侯”，百花岭总塘主。

侯体国生于1969年，跟妈姓，有两个女儿。他填的是汉族，但他祖上是景颇族，家谱记载是从缅甸过来的。他十五六岁跟大哥一起学打猎，什么野猪麂子都打。有一次打一头大野猪，一枪没打死，大野猪冲过来，要不是他跳下崖，必死无疑。他也打鸟，他说这地方就是鸟多，另外，山不高不低，有乔木也有灌木，属乔灌和落叶与常绿的混交林。打鸟是用弹弓打的，一天打一百多只。冬天特别多，这里一种金雀花，是冬天开花，这种花鸟儿爱吃，吃花蕊里的花蜜，常常是一棵树上有几百几千只鸟，用竹扫帚可以刷下来。这些鸟有棕背凤鹛、蓝喉太阳鸟、红颈凤鹛、橙腹叶鹎、纹背捕蛛鸟、黑喉红臀鹎。

侯体国现在是真正的鸟类专家，高黎贡山的鸟难不住他，什么都认识。他说打野猪打鸟，都是自己吃，卖不掉。而美国人打了野猪是不吃的，他这儿美国、澳大利亚、俄罗斯、欧洲等国家与中国台湾和中国香港地区的观鸟人士很多，他见多识广。他说野猪吃果实，有些果实人吃了害脑子，野猪没事。凡是高黎贡打鸟的人，眼睛都会瞎掉，家里会有劫难。吃野生动物的人，是一定会得怪病的，一时不得，十年二十年一定会发病。他说野菌子万不可放鸡精味精，吃后必中毒。他说野兽吃再毒的果子也不会中毒，但如果它吃过一次人类的饲料再吃毒果，必死无疑。甚至，它不可吃人类精制的盐巴。他说，现在如果有野生动物卖，一般是用毒药闹死的，你吃了熊胆、熊掌，你一定会得病。他打得最多的鸟是野鸡、红喉山鹧鸪、白鹇、黑鹇、大研鸡。太阳鸟他们这里有好几种，打到了不吃，太小，就剥皮玩，因为好看。

他说过去野牛吃有毒的辣浆果不会中毒，熊吃了再毒的草不会中毒，但如果它们吃过一次人工饲料，再吃毒果就会中毒。野牛只要吃过人类的盐，不是自然环境中的硝盐，再吃毒果必死。化学的东西会破坏野生动物的免疫力，他说这是外国的教授告诉他的。鸟类带来的禽流感，传给人会致命，所以万不可吃鸟。现在人因为体内有许多化学东西，比方，过去蚊子叮人，没有疤，现在，你被蚊子叮一口，会留下一个大黑疤。他捋起他的裤腿，让我们看他蚊子叮后留下的瘆人疤痕。

他说以前吃知了，吃多少也没事，现在一吃就蛋白质过敏，蜂蛹也是这个道理。

侯体国说，他小时候放猪，到藤子湾，稻田里的大谷堆下有许多泥鳅、鳝鱼，放了猪，让它吃田里的剩谷，他就去盘鱼，盘一袋子，让猪驮回来。中午带点盐巴，将鳝鱼抹点盐巴架火烤了吃。因为走十几里路，猪很辛苦，他奶奶就烦他说，猪吃了什么，满嘴的沫子，是不是中毒了？其实是走路累的。他说那时还在河里抓白条鱼，捉石蛙，到山上去割野蜂蜜还打过麂子。

他说他打鸟是受了报应的，有一次打鸟爬柿子树上，打了3只，突然头晕，从树上掉了下来，头上砸了个洞，流了许多血。还有一次，他剪鞋子中的帆布，剪刀竟然反过来戳进鼻子里，流血不止。他父亲慌了，去找来一种“马屁泡”草药，才给他止住血。他说，过去山里的老猎户，打到什么时候住手呢？就是打到鸟出现怪叫声，他就不打了。高黎贡无论是什么民族，对大自然都有敬畏，在生活艰苦的年月，偶尔打猎，也不会满山乱打，把鸟兽打光。

侯体国是有生意头脑的，他说他读书不行，但头脑灵活，十四五岁还在读小学五年级，每天装一书包紫胶树去卖，一天卖七八块钱。后来卖过黄金、药材，还卖过翡翠、卖过古董。他说赚了钱就玩，一次打气球，打了1200块钱。

与侯体国聊天的时候，高黎贡的雨在夜晚越来越猛，山潮的呼啸漫过天空，鸟儿们在煎熬着，它们美丽，所以被欺凌，这些美丽纤弱的生灵。侯体国说，一到雨季许多鸟儿会死去，因为没有食物。这是多么悲伤的山林，但阳光里，鸟儿会啁啾如雨，高黎贡一定会保佑它们。

百花岭是如何成为高黎贡山最早的观鸟大本营的？这事儿得从1989年讲起，那时侯体国20岁。有一个台湾人，观鸟拍鸟的，在昆明亲戚家玩，在电视上看到高黎贡山上有好多漂亮的鸟，于是慕名上了百花岭。哪知碰到一群熊孩子用弹弓打鸟，只听哎哟一声，打到他了。这时在林中打鸟的侯体国听到有人的惊叫，应声出来一看，一个背着相机的陌生人在路上龇嘴喊疼。侯体国查问此人情况，得知他没有被打伤，就把村里的五六个小孩呵斥了一顿，要他们好好回家读书，好好学习以后才能干大事。此人说是台湾来的，电视上看到好多漂亮的鸟，红彤彤的，花嘟嘟的，问侯能不能找到这种鸟。那时侯体国在柿子树上打了鸟，有5只，用树枝串着提起。台湾人说："你也打鸟啊？"他说："打呀，不打不得吃。"那人说："你别打鸟了，给我当向导，一天给50元钱。"侯体国不要钱，热心地给他背上大背包，带他到最好的地方看鸟；陪他走了十几公里，那个台湾人拍到了许多珍贵的鸟。侯体国将自己积累的鸟知识告诉那人，台湾人很高兴，回来就住在侯体国家里，睡在地板上，自己的帐篷、睡袋，当天看到了60多种鸟。侯体国整了酒与此人喝，交上了朋友。第二天，他又带台湾人上山，那天带台湾人看到了160多种鸟，有难得一见的血雀，就是那人说的大红鸟，还有斑胁姬鹛，让台湾人兴奋得不行。

第二年，台湾人又来了，还带了一个英国人来，还有一个翻译，也是观鸟拍鸟。后来英国人又介绍了4个美国人来，这4个美国人都自己背的睡袋，其中有一个女的，会一点汉语。侯体国说，上山他就抢着帮他们背东西，带他们去看鸟，不管多远，他都会陪着他们，接待热情真诚，这也是高黎贡人的特点。他给我说，你只要待人真心真意，用心去处朋友，会有一条路给你走。

他说，他做新房，没有钱，深圳的一个朋友高老师，常来高黎贡观鸟，撺掇他把观鸟事业搞大，说你要有地基证，我就借钱给你。侯体国把地基证给他看了，高老师问他想借多少？侯说借50万，高老师说，借100万才能干大事。侯说我怎么还啊？高老师说，你想什么时间还就什么时间还。这就是朋友，用心去交，别人就会用心待你。

侯体国是百花岭第一个鸟导，后来成了全国第一有名的鸟导。高黎贡百花岭的观鸟路，就是侯体国真心待人走出来的。

这个山村生态环境保护得很好，村里的人不砍树，过去打鸟，但现在不伤害鸟，鸟成了他们的衣食父母。这里有人共记录鸟类343种，分别属18目，52科，另4亚科。所录鸟类总数约占云南省记录鸟类总种数的43.3%。其中，属国家一级重点保护种类5种，国家二级保护种类33种。百花岭在世界上已有名声，是“中国的五星级观鸟圣地”“中国观鸟的金三角地带”“摄友飙鸟的最好地带”。

台湾朋友给他说，你做鸟塘，会有很多外国人来的。侯体国记住了，认为这是个商机。因为来他这儿的人没地方住，于是他自己设计，建了新房。房子刚建好，央视七频道给他拍了《深山老侯的昆虫梦》，国内外就传开了。来了一些教授，也是来研究鸟的，找他，怎么找鸟，怎么诱鸟，侯体国有办法，他于是建了鸟塘。是根据鸟的习性，鸟有两个习性，一是有食就来，二是爱干净要洗澡。

侯体国说，过去讲靠山吃山，现在讲是靠山赚山。有资源才能赚钱，要用心保护，大家的保护意识不用宣传也懂了，增强了。怎么保护好资源，比方他就种一些果树，有花源，鸟就会来，要给它们营养。

自从百花岭观鸟有了世界影响，侯体国就把他在昆明上班的女儿弄回来打理民宿、餐厅，但云南师范大学毕业的大女儿不想回来，昆明毕竟是大城市，在这高黎贡深山，吸引不了年轻人。但侯体国说，你老爸文化水平不高，找别的人怕被骗，我保证你在昆明上班每月多少钱，我给你多少钱。现在侯体国的房子够大了，又在建更大的民宿。如今的“老侯农家乐”已经拥有45个房间，价格从30元至198元不等，并在网上挂出了“高黎贡山百花岭老侯家观拍鸟指南”，并细心地提醒鸟友，在什么拍摄情况下带什么样的镜头及设备。

不管怎么说，观鸟是非常有趣的户外运动，仅次于垂钓，为户外运动的第二大运动，队伍日益壮大，各地观鸟协会如雨后春笋，有时游客蜂拥而来。现在他们的服务做得非常周到，从保山机场开始接站，一直到观鸟结束，再送往保山机场，游客全程无忧，吃、住、行、观全包，背包、鸟导、送饭、销售、物流，一条龙服务。

除了观鸟的收入，侯体国的核桃每年还收入七八万。侯体国现在是名声在外，也是高黎贡的鸟类专家，鸟塘专家，德宏州甚至缅甸、尼泊尔也请他去做鸟塘。从他的言谈中，他知道的鸟类知识完全不输一个教授。他的专业设备也齐全，有好的照相机，望远镜，有3万元的长镜头。

他说到刚开始搞鸟塘观鸟时，保护区是有顾虑的，是反对的，他们的担心有道理，因为人工投食可能对鸟有伤害，破坏了自然生态。加上大量的外来人涌入，也会造成环境破坏，还有不法分子混进来捕鸟。但当时高黎贡自然保护区的姜明局长来看过之后，给予了支持，批了3万元，让他们修路建鸟塘。

为什么要观鸟，有的不远万里来观鸟，他问那个台湾人，那个人说了一句话，让他印象深刻，他说：鸟比人美。

的确，鸟是比人美，没有任何外饰，自身带来的美，这是上帝给它们披上的华丽羽毛，画家也无法画得这样漂亮，鸟是世界上最美丽的生灵，是风水，是仙子，是神灵的化身，所以我们爱鸟。

他说，做鸟导，这些年学到了许多鸟的知识，也学到了许多生态保护的意识。外国来的观鸟人，总会将他们留在山上的垃圾一点点都带下山。台湾的客人，上山后，见到什么垃圾都会捡走并对侯体国说，这些是比赚钱更重要的东西，生态一定要保护好。

侯体国讲，高黎贡的植物许多是靠鸟传播花粉，还有的种子是靠鸟吃进肚中排泄后传播的，鸟可以飞三个月，飞得很远。他说他的鸟塘种的果树，到了开花和结果时节，可以吸引十几公里的鸟来，有的候鸟飞几万公里。有的鸟是从澳大利亚来的，飞来三个月孵化，然后再带幼鸟飞回澳大利亚。

他说一棵树的果实可以养活400只鹦鹉。

百花岭现在家家建鸟塘，户户办民宿，开餐馆，卖土特产，红红火火。百花岭也是神奇，是绝佳的观鸟地点，各个鸟塘都有独特的“明星鸟”。如1号鸟塘是绿背短赤鸫，3号鸟塘是剑嘴鹛，8号鸟塘是纯色噪鹛、酒红朱雀，10号鸟塘的明星鸟是剑嘴鹛，15号鸟塘是斑胸钩嘴鹛、灰翅噪鹛，18号鸟塘是环颈山鹧鸪，32号鸟塘是短尾鹪鹛、凤头雀嘴鹎，86号鸟塘明星鸟是血雀……

百花岭的鸟塘都掩藏在高黎贡山上浓密的森林中，山道险峻，每个鸟塘在不同村民自家的山林里，分别修建一个一平方米大小不等的水坑，这些水塘多数都建在狭小的山坡上，用伪装网搭成非常简陋的隐蔽式拍摄点，每个机位也由山林的主人按地点的大小不同编上号码。为公平起见，鸟友还需要事先买票确定自己的机位。到2018年已经有47个鸟塘，每个机位收费50～100元，盒饭送到20元一份。目前，百花岭共有鸟导64名，有农家客栈21户，标间316间，可同时接待游客700余人。2017年接待观鸟人数31万人次，观鸟收入达1400万元。在百花岭所有鸟塘中，有10个明星鸟塘，每个明星鸟塘年收入10万元左右，一般的鸟塘收入5万元左右。

政府也顺势而为，引导和支持农民的观鸟产业。2017年帮助村里在山上建了10个鸟塘，并在百花岭连续两年举办了高黎贡山国际观鸟节，期间举行了中国鸟网国际野生动物摄影年赛、高黎贡山国际野生鸟类摄影大赛、全国雉类摄影大赛颁奖，高黎贡山生物多样性保护顾问聘书颁发，“保护生态、保护鸟类”高峰论坛，高黎贡山百花岭观鸟摄影实地采风和自由观鸟等系列活动。邀请来自全国各地的鸟网会员、鸟类摄影大师、鸟类保护者等900名“鸟人”相聚百花岭，百花岭观鸟的知名度迅速提高。

侯体国不仅自己致富，他还为本地培训了几十位“鸟导”，爱鸟护鸟的队伍越来越壮大。他的两个女婿叶雪林和葛宝智都跟随丈人学鸟导，也成了有名的鸟专家，大女婿小叶还兼翻译。

侯体国家有三个鸟塘，A1塘，巧妙利用架空的走廊和水冬瓜树及藤类植物，有热带雨林的样子。马鹿塘，可以拍到很多种太阳鸟。

又是一整夜的雨，永远是雨，高黎贡山浸泡在雨水里了。先是有鸡叫，接着听见了鸟的叫声。拉开窗帘，天发亮了，雨淅淅沥沥，屋顶上，两只早起的松鼠来回奔跑，卷着长尾。我按时间去后面农家乐吃早点，可人家还未开门。我打着伞站在那儿，看鸟和松鼠。高黎贡全在雨雾中，雨奋力地、冷酷地下着。快七点，我和高黎贡管委会小鲁和施师傅吃到了饵丝、鸡蛋。我们先赶往老侯的鸟塘，即在全世界都有了名气的马鹿塘。雨势凶猛，路上塌方甚多，等我们停在一个地方等老侯，突然后面山垮了，泥石流轰隆而下，一棵树倒在了路上。我们想着怎么回去，我与师傅便去搬树，好在树不是很大，我们搬开了树，让车退了下去。小鲁说此处不可久待，尽快下山。

老侯来了，背着长枪短炮，还有一把长刀，说是山上防野兽。

我们跟着他往鸟塘走，下坡时，一不小心滑倒，一身泥水不说，右手触地，疼痛难忍，本来手腕伤过。爬起来，手腕痛得不行。到了老侯的鸟塘观测点，所有早起的迷糊和困倦和摔伤的手痛都没有了，因为鸟儿来了。老侯架上3万多的摄影长炮，然后去观鸟棚前的空地撒黄粉虫和苞谷沙。他在往一个铁架上穿苹果时，大雨中的灌丛小平地突然涌出了一堆鸟。哇，从未亲眼见过如此美丽的鸟，大大小小，先认识的是赤尾噪鹛，太漂亮，个头大，听说名字要改为七彩噪鹛。蓝色大仙鹟来了，白尾蓝地雀来了，灰眶雀鹛来了，棕颈雪雀来了，白颊噪鹛来了，绣额斑翅鹛来了，翠金鹃来了，点胸鸦雀来了。它们争食，啄苹果。两只松鼠也来了，老侯烦它们，它们食量大。他这儿的鸟塘，就是一个脚盆大小的水池，鸟是要喝水还要洗澡的，鸟爱干净，防寄生虫，见沙则浴，见水也浴。一个鸟塘两个水塘，有人说这么小，不应叫塘，应叫池。都行。

我惊叹这么多鸟，老侯都能说出它们的名字，只是写不出，因为老侯只有小学文化，读了五年级，留级五年，十年还没读完小学，可他成了鸟博士。又来了一批鸟，黑头奇鹛、栗臀鳾、褐色雀鹛、竹鸡。松鼠抢食凶，吓跑了几只。啊，红喉山鹧鸪来了，老侯不拍，说别急，小鹧鸪会来的，是只雌鹧鸪。但红喉山鹧鸪不是我们见到的鹧鸪，太美太美，神经质地走动。还有红翅薮鹛叼了几条黄粉虫飞走了，去喂雏鸟去了。老侯指着飞来吃苹果的一种有红有绿的鸟说，那鸟叫金喉拟啄木鸟，这儿有5种啄木鸟，这种好看。太好看，它不停啄木头，一分钟五六百下，不会脑震荡，因为它的小头有三层防震装置，伟大的造物主！

啊，纵纹丽鹎来了，山鹡鸰也飞来，栗翅短脚鹎也来了。顶顶漂亮的山椒鸟也来了，蓝头黑翅红腹。他又小声说太阳鸟来了，在金铃花树下，我顺着他手指的地方，终于看到了我小说中多次写到却未见过的太阳鸟，那么小。大拇指大，吸食花蜜的鸟。金铃花是老侯种的，老侯这里种了上百棵鸟爱吃的开花结果的树，有一棵还是从缅甸偷带回来的，结的小红果会吸引许多鸟。他是在缅甸参加观鸟活动时看到的这种树，就扯了一根，已经有15年，很粗壮。老侯说，你这里若有鸟喜欢吃的食物，它们几里、几十里也寻得到。鸟是灵物。我看呆了那种黑胸太阳鸟，那么小，太神奇了。他说太阳鸟这儿有5种，最漂亮的太阳鸟是火尾太阳鸟，一条红色长尾长过身体数倍，我说昨天看到了图片，它飞翔时像拖曳过一道火光。这些大自然的精灵，飞翔在高黎贡之上。莫非高黎贡真是上帝最后的挪亚方舟吗？后来看老侯的微信，他那天终于守到了红喉山鹧鸪带着几只雏鸟来觅食，一家其乐融融。

侯体国说，他有很多奇怪的感应。他有一天晚上做梦，梦见一个人提着一桶乳白色的东西倒进了他鸟塘的水里，第二天早上去鸟塘，果然闻到了一股气味，是谁投了毒。他很气愤，想下兽夹，如果坏人再来，腿要夹断的，但别人劝他，好在发现及时，将水换了，鸟儿们才躲过一劫。

我在侯体国的鸟塘里跟他一起看了两个小时的鸟，鸟越来越多。他告诉我，今天是下雨，如果晴天，鸟还会多。我们走的时候，侯体国还在守候着他想拍的鸟。雨下得更加响亮，鸟儿们却要在雨中觅食，它们这么美丽，却这么辛苦。

祝福那些鸟儿们吧，就像祝福我们自己心中的天空和森林。想起美国环保主义理论家奥尔多·利奥波德的话：这个世界的启示在荒野。这个世界的美丽也在山野。

第八章

雨水优美着西双版纳

一　送你原始雨林

出西双版纳的机场，看到长长的走廊里有一块关于西双版纳的广告：你在都市森林，送你原始雨林。

这个广告词好。说不出的好，就是好。都市的森林是水泥的丛林，人欲的丛林，生存搏斗的丛林，冰冷、灼热、亢奋、争斗、枯燥……但雨林是湿润的、温情的、慈祥的、和蔼的、被植物的气息包围的，被鲜花点亮的，是雨滴和溪河的漂洗，是一场身心解放的大自然艳遇。

我不知道茶树是否为雨林树之一种，但我知道的是，普洱茶的古六大茶山，新六大茶山，都在西双版纳，只有一个在普洱的景迈山。我问他们，为什么思茅改成了普洱，而西双版纳没改在前头，让思茅抢走了？他们说，西双版纳历史上归思茅管。原因明白了，当作一个说法。但我想说的是，西双版纳的绿意也是十分汹涌的，这里，全国来此置业买房的人很多，文化人在此定居的更多。著名作家马原在南糯山定居，用南糯山的山泉水治好了他的肺癌，成为天下奇闻，也有力地证明西双版纳的山水是养人的，是治病的。而南糯山的古茶林遍山都是，在离马原不远的二三里地，就是布朗族众多的2000多年历史的古茶树，而马原30亩的小森林里，古茶树也不少。

西双版纳是上天垂青的一块土地，在这个纬度——北纬21～22度上，几乎全是沙漠，如新疆、伊拉克等。但西双版纳绿潮澎湃，主要原因还是距离海洋较近，受印度洋西南季风的控制和太平洋东南季风的影响，得两洋之风，雨水充沛，也是因横断山脉的影响，让暖湿气流回旋于此，雨季漫长，成了植物王国。

至于承认西双版纳有否热带雨林，经过一番争论，那个英国女王的丈夫爱丁堡公爵菲利普亲王在1986年，担任世界爱护野生动物基金会主席时到了这里，看到了七八十米高的、被称为热带雨林标志的望天树，于是世界才承认中国除了海南，西双版纳也有热带雨林，500万亩。后来他的孙子，即戴安娜大儿子威廉王子也来到这儿，亲手喂了救治的小象羊妞和然然。现在这片热带雨林保护区在版纳三个县景洪、勐腊、勐海境内。

傣族寨子有水源林、薪炭林和竜林，竜林就是一个村寨的神树木，那是不可以动的。曲靖作协主席段平曾到西双版纳当知青，他说，竜林真的很神秘，他们一起当知青的，有两个跑进傣族的竜林，结果一个精神失常，一个得病死了，你无法说清这其中的蹊跷。在薪炭林里，种的是一种铁刀木，黑心的。《西双版纳日报》副总编、傣族才女玉康龙女士，就向我讲到了傣家人种黑心树，当地人把它称之为“迈戏烈”，学名铁刀木。每年秋收季节，粮食入仓之后，傣家人就开始砍伐黑心树柴薪。黑心树寿命长，生长速度快，萌芽更新力强，植株生长旺盛，燃烧火力大，几年一砍伐，就足够全年烧柴用了。她说，西双版纳是我国目前保存面积最大、物种资源最丰富的一片热带雨林。这片热带雨林之所以能保存下来，其中原因之一，是居住在热带雨林旁边的傣家人，没有靠山吃山，祖祖辈辈种植黑心树，不到热带雨林中去砍柴烧。傣家人常说黑心树真好，黑心树火炭烤出来的鱼肉最香。黑心树的种植救了热带雨林。

我在傣族村寨如热带雨林中的曼掌村看到，村民家家种着花草树木，古木成荫。村中有千年的菩提树、大芒果树、大榕树，盘踞在村中心。每家几十盆甚至几百盆花，有的放在门口，有的吊在屋檐，有的放在屋顶，有的鲜花夹道，有的是陶，有的是木，有的是瓷，有的是塑料。凡是露土的地方一定要种上花草。有荷花、文殊兰、黄姜花、黄缅桂、鸡蛋花、地涌金莲、马利筋、红黄花、曼陀罗、飘香藤、蓝花草、马缨丹花、仙人掌、紫薇、鹅掌藤、千年木、朱芋、棕榈、观音棕竹、虾衣花、千佛手等，结满了各种甜果的柚子树、杨桃树、芭蕉树、枣子树、芒果树，雨林里到处是破土而出的竹笋。这里的花瓣可以摆成画框出售，妇女们都佩戴着香袋，头上插着鲜花，服装也很鲜艳，每个人都像是一蓬盛开的行走的花丛。

我们看了村里古井"喃香"井，还有寨神林、寨神道。为什么植物要茂盛，因为傣族人选择居住地，建寨一定要有林和箐，建勐要有河与沟。寨前渔，寨后猎，村寨依山傍水。山林、河流、平坝，是傣族祖先建寨时最看重的三要素，按傣族古老的谚语说："森林是父亲，大地是母亲，天地间谷子至高无上。"但森林永远是被傣族排在首位的，人们的生活资源来源于森林，来源于这里的热带雨林和村里遍植的各种神奇植物。

傣族把很多花草树木神化甚至被尊为图腾。傣族尊崇了千百年的"五树六花"：菩提树、大青树、贝叶棕、槟榔、椰子树；荷花、文殊兰、黄姜花、黄缅桂、鸡蛋花、地涌金莲。为了保护箭毒木这种珍贵树种，使其免遭砍伐，傣族弄了一个传说——箭毒木就是打虎英雄波洪沙的化身，于是没人敢砍了。许多树木如大青树、望天树、菩提树都有美妙的传说和故事，有了神性。在傣族和西双版纳各世居民族这里，孔雀、野象等动物，都是美丽、善良、吉祥和力量的化身，不得伤害。

走进西双版纳的景洪，大街上到处是大象的雕塑，到处是大象和孔雀的图案，而且把它们描绘得金碧辉煌，可爱至极，异域风情扑面而来。

玉康龙女士与我聊天说到过去傣家村寨的往事和傣家人的禁忌，她回忆起她们寨子旁边有一大片芒果林，几百年的历史了，属于整个寨子，熟了大家去摘，风吹掉了拿盆去捡。她说挖竹笋要留一些，不然新竹就少了。她们也经常去隔壁的哈尼寨子带着弟弟找苦笋，去收割后的稻田里，翻开稻草找田鸡、螃蟹。溪沟里的鱼，一波一波游着，你根本捉不完，就跟梦幻一样的感觉。捡田螺，捉螃蟹，吃不完就做螃蟹酱。到8月份，田埂上到处是螃蟹。她们还去河里捞青苔，晒干，烤了，混在糯米饭中吃，煮鸡蛋吃。她说傣族虽然信佛教，也是自然崇拜，禁忌很多，比如与树木有关的，筷子不能乱敲，板凳不能用脚踢，山上的树都是有灵魂的。人死后与树木在一起，称“到橡胶林施肥去了”。

云南山地民族的信仰与文化，是与森林和生态紧密纽结在一起的，他们对绿的图腾和对树的崇拜无处不在，神山、神林，当作一种非凡的力量来顶礼膜拜，对自身之外的生命的敬畏，蕴含着高深难测的生存伦理与道德，所谓“蒙昧”的外表下，深处是不可言说的生态哲学与真理。

在西双版纳国家级自然保护区的勐腊保护区望天树景区，这里的植物就是高大，叶子就是阔大，什么都是大。在雨林，植物是疯长的，就像是老天爷用了超级膨胀剂，滴水观音的叶子可能有几米大，望天树有七八十米高，简直不能叫树，叫人工矗立的超级木头，太高，望断蓝天。为了不让这么高大的树被狂风吹倒，这树长出了固定树蔸的板根，四个方向都有，板根宽大，高到几米，比人工的固定更科学，而且绝对没有豆腐渣工程，上天全心全意地在帮忙。上天为了不让望天树的种子掉落时摔碎，给种子安上了4片大叶子，降落时就跟降落伞一样旋转着从几十米空中慢慢下降。遇起风时，这些种子还可以飞翔，传播到远处。造物主真是太伟大，什么都给想好了。难怪傣家人相信雨林里有一个神的，不然，我们无法解释这些现象。

雨林中除望天树外，还有山红树、八宝树、大叶木莲、黑毛柿等珍贵树种。林中层次分明，林上有林。有一种眼镜豆的豆荚，长度竟可达到1.5米，是木质大藤本植物，攀援于热带雨林的大乔木上，也是热带雨林非常神奇的植物之一。我还看到一种扁担藤，像树一样，比树还粗，保护区的朋友用刀子划了个小口子，水竟然像喷泉一样流出来，我品尝了一点，这水清凉微甜，听说营养价值很高，含各种微量元素，只管畅饮。有巨龙竹，七八十厘米粗，当地百姓将它砍了，一节做一个饭甑。这里有最长的藤本白藤，长到几千米，太不可思议。这里的古椿树数人合抱。分泌毒液的箭毒木，俗称“见血封喉”。有一种西米树可以分泌出纯度很高的淀粉。这里的香蕉树起码有5米高，这里的旅人蕉张扬高飘。火炬姜的花像荷花，却比荷花更大。虾脊兰的花叶同样巨大。野芭蕉叶子辽阔，小小的芭蕉熟了，一串串的，但籽多肉少。倒伏的大树和板根也有死的时候，烂在溪沟里，上面长满了白色和蓝色的蘑菇。有两棵望天树，有1300岁，高达80米，因此成了树神，成了游客的许愿树。有一个地方有5棵古树，叫五指擎天，两棵是绒毛番龙眼，一棵是猴欢喜，长满红毛果，有点像红毛丹果。这五棵大树为雨林的顶层树。有一棵琴叶风吹楠，高达24米，种子含有一种固体油，可以使坦克在零下40多度中运行，是国防工业机械润滑油降凝剂。

在雨林里，藤本绞杀木本太厉害，好像它们有世仇。大叶榕也在绞杀大树，攀援向上后，将树如蛇一样死死缠紧，让它不能呼吸，里面的树最后被缠死了、烂掉了，留下一根树的空洞，这大叶榕就在空洞外生长着，看得触目惊心。有一棵见血封喉大树，在保护区的旅游小广场边，可惜已经死了。这棵树少说几百年，同行的蒋书记说，这棵树的死，是小生态被破坏了。一棵树，是一个生态系统。就是你搬走了一块石头，你扯去了一根草，它的小生态环境就被改变了，树就会死去。生态是神秘的、脆弱的，我们必须小心侍弄它们。但在这里的热带雨林科普馆里，我看到了一套见血封喉树皮做的衣服，白白净净的，看着很柔软。这套衣服有上衣、围裙、帽子。这箭毒木虽说有剧毒，但纤维细长柔韧，剥下树皮后，要在水中浸泡一个月，再反复捶打，冲洗，除去毒汁，做衣、做被褥都非常好，弹性十足，如今在雨林的人家还偶尔有人穿这种衣服。

在这个保护区里面，有一种神奇的动物叫鼷鹿，个头比较小，它有一个特点，就是在涉水之后行走能力短暂丧失，倒地不起。因此它常常在过溪河后被猛兽吃掉，或被人捕捉。

我们爬上了空中走廊，是在望天树的树腰搭成的。20世纪90年代，美国植物学家摩尔为了近距离、多角度观察望天树热带雨林，建议当地政府修建了这条凌空36米、长500米的空中走廊。啊，这真是登高望远！但这条高空栈道距地面委实太高，因为绳索的晃荡和走廊的长度，令人恐惧、不安、揪心，太难走，虽然步步是风景，虽然我们体验到了雨林的宏伟、神奇，脱离了溽热的地面，凉风习习，人如飞燕，但对于雨林，我们不应该站在它们的腰间，而应在地上仰视。对这片热带雨林，我们必须向它们脱帽致敬。

这个时代，在过去的一个世纪，经济的起飞，科技的进步，人类的生活彻底改变了地球的面貌。人类从来没有如此便捷和幸福地生活，也从来没有这么疯狂地对资源的攫取，对生态的破坏。人口爆炸、环境污染、资源枯竭、战争蹂躏，整个世界面目全非，工业化带来了严重的恶果。所谓城市化，就是对环境的掠夺，对生态的剿灭。城市是一个人造的生态系统，一点点绿色，不过是对生态破坏后的小额补偿，杯水车薪。而未被惊扰毁灭的“净土”，只有在云南这些少数民族地区保存着，譬如西双版纳的原始热带雨林。

感谢这里的人民，保管守卫着地球和人类的优秀遗产，守卫着大地最后的荣耀与尊严。

二 野象记

象是吉兽，象永远是温和的、友善的。它庞大，粗糙，长相怪异，长鼻子，但它带给人们的是安全感，与人为善，载物负重，任劳任怨，仿佛是人类的奴仆。但象更是在佛教中的神兽和瑞兽，普贤菩萨的坐骑是灵牙仙的六牙白象，六牙白象是菩萨所化，以表威灵，象征着“愿行广大，功德圆满”。

我们想象的野象，以地球陆地最大的巨兽，徜徉在西双版纳的热带雨林里，它们扇着蒲扇般的大耳，踏着石磴般的巨脚，气吼吼地行走，在水中嬉戏、滚泥。它们吃香蕉，吃芒果，掰玉米，糟蹋庄稼，与野兽搏斗。它们也被人驯化，进行表演。如果在东南亚密林深处，这些驯化的亚洲野象只剩下悲惨的一生。从生下来就训练拉木材，在深山老林里，它们拉着沉重的原木，在深沟泥泞中跪着拖曳，而主人用大棒抽打着它们，那哀惨的叫声回荡山林。在一个视频中，外人问他们为什么要这么抽打象，主人说不打它不听话。那些人养一头象就等于养了十个奴隶，伤痕累累的亚洲象的一生，就是劳役的一生。而我在电视上看到的非洲象也很悲惨，那就是每天为寻找食物和水源而在骄阳下不停奔波。在毒辣的太阳下没有阴凉，小象会活活晒死，大象会生生渴死。

可在云南西双版纳的热带雨林里，生活的数百头野象就太幸福了，浓密的雨林食物丰富，永远不缺水源，也没有人侵犯它们，没有任何天敌，它们就是林中之王，这儿是它们的天堂。

野象谷在西双版纳国家级自然保护区的勐养片区，这个山谷里生活着50群350头野象。它们的祖先从来就在这片雨林中生活，在基因记忆更远古的时候，它们曾经生活在黄河以南、长江流域；气候变化和人类的捕杀，它们的栖息地被洗劫蹂躏，它们的祖先带着家眷开始了漫长的溃逃和迁徙，来到了云南。在这里，它们遇到了善良的人类，腾给它们一片土地，让它们永久避难、繁衍生息，成了这儿的主人。这里的人们爱上了它们，赋予它们许多传说和神话，把它们塑造成神的化身，让它们免遭杀戮、休养生息，成为如今国家一级保护的对象，成为我国的旗舰物种和明星物种，而且被列入《濒危野生动植物种国际贸易公约》（IUCN）附录I物种，严禁国际贸易。所谓旗舰物种，是因为热带雨林中的许多种子非常坚硬，必须经过大象的肠胃消化排出后才能发芽，大象是雨林植物繁盛生物链中的顶层生物。

如今，它们的栖息地还有约7000平方公里，除西双版纳州外，普洱市、临沧市两个州市的7个县（市、区）都有亚洲野象的身影。我在普洱采访的前两个月，一头野象闯入了普洱城中。这头成年野象在深夜城市的马路上大摇大摆，目中无人，像一辆坦克碾压着城市人们的神经。因为它太庞大，所以被城市人排斥，在连续两天出现在城里之后，它被麻醉枪击倒，“请”出城市，抬回森林。这证明什么？唯一证明的是，在这片区域，野象群正在扩大，它们没有受到过人类的威胁，所以可以在城市长驱直入。也许，这个城市也曾经是它们生活的地盘呢。

西双版纳是亚洲象在中国唯一的栖息地，野象谷是生活在勐养自然保护区东、西两片区的野生亚洲象交流汇聚的中心通道。野象谷内自然资源丰富，汇集了热带雨林、南亚热带常绿阔叶林及众多珍稀动植物种群。在这里，旅客时常会看到野象群出现于沟谷中，几个象群相互驱赶的吼叫声此起彼伏。它们毕竟是野兽，而且体型巨大，那种群象的怒吼回荡在雨林的时候，会让人胆战心惊，不寒而栗。据野象谷的朋友介绍，2018年6月1日，这沟谷里发现了40多头野象，2日发现了58头，最多发现了60多头。

我们去野象谷的“中国云南亚洲象种源繁育与救助中心”，看望和了解那里被救助的野象。接待我们的大象医生保明伟，是全国农民工模范，是保护野象的功臣。他说他们干的工作就是救助在野外遇险的野象，但帮助这些庞然大物不容易，何况他们野性未泯，在清醒时会攻击人。而且野象是记仇的，同行的段部长说道，1973年，上海科教电影制片厂在这里拍纪录片《捕象记》，记录上海动物园在西双版纳捕捉一头小母象的过程。为了捕捉一头小象，当时动物园专家找了当地村民配合，打死了5头大象才抓到这头合适的小母象。在这部纪录片拍摄过程中，有的象是因为麻醉时间长，没有醒来；有的是因为没有养殖经验；有两头小象还没有运出西双版纳，不到一个月就死掉了。据捕象队的人回忆说，他们捕捉这头后来取名“版纳”的小母象时，它的妈妈一直在叫。它一叫，整个象群都在那儿吼叫，在那山沟里面象群的叫声惊天动地……

据科研人员观察和当地百姓反映，自捕捉小象打死几头大象后，这个象群家族重新集结，疯狂报复人类。捕捉地有两个寨子，一个是上寨，一个是董寨。大象在上寨的时候，它不从农田里穿过去，从很窄的田埂上走过去。偶尔一条腿掉进去它会很快上来在田埂上走，不踩庄稼。到董寨以后，它非要到长势很好的秧田里打几个滚，把秧苗踏坏。因为，董寨就射杀过它们的同伴和亲人。还有一个真实的传闻：半年后为虎作伥帮上海捕捉小象的村民家里所有家畜都被野象搞死，家人和亲戚天天被野象侵袭，庄稼颗粒无收，这个村民被搞得精神失常，几年后就死了。当然这些事情在纪录片里都没说。

保明伟告诉我，大象的智力相当于人类9岁的儿童，无比聪明。比方今年它吃过庄稼的地方，明年它一定还会来。农民为躲避野象把粮食埋地下，用瓦盖上，野象也会找到并扒开瓦吃粮，吃饱了再把瓦盖好。

保明伟说，他感到野象是因为祖辈被人类猎杀过，仇恨的基因被传了下来，所以救助非常困难，而且它们体型庞大，要用吊车、大铁笼，有时可能会攻击人。一头成年亚洲象的体重可达3吨。

这些在此救助的大象是如何受伤的？有的是在搏斗中受伤，有的是从山上跌落受伤，有的是心脏问题等先天性疾病而被成年象抛弃。保明伟说，大象很聪明，它们会有意把生病的幼象放在人类居住的村庄附近，指望人类来救助幼象。

如果接到野象的受伤报警，查看伤情后，他们会派出大约60人的浩荡救援队伍，有时还会动用起重机和直升机。受了轻伤的大象在恢复后不久就会被送回森林，但有些身体欠佳的不适合放归森林的大象，只能继续在救助中心接受治疗。救助中心的每头大象都要安排两名“象爸爸”，每天24小时照顾它们。“象爸爸”每天都要带大象去野外进行野化训练，以便它们适应野外的生活。

2008年，中国云南亚洲象种源繁育及救助中心在野象谷建成，到目前为止，救助中心已成功救助了18次（头）野生亚洲象，并成功繁育了5头小象，目前仍有10头野象在这里接受康复训练。

这些待在救助中心的野象，在这里优越地生活着，每天要花掉1500元的生活费。一天喝羊奶10公斤，吃草200公斤。这么吃，根本没消化，排的粪便就是草丝，许多昆虫太爱，连蝴蝶也爱在象便上飞舞，昆虫钻进去当成寝宫，等粪便干后还被一些鸟当成天然鸟巢。

我们进入野象的生活区要进行紫外线消毒，进去第一个看到的就是网红小象羊妞。羊妞今年3岁，是在2015年8月18号因脐带感染已休克后，在普洱思茅的橄榄坝被救助成功的。那时她出生才10天，2015年8月17日，野象谷亚洲象种源繁育及救助中心接到普洱市林业局的紧急电话，称在思茅港镇橄榄坝村委会坝卡寨小组，发现有一头刚出生不久的小象，误入一户农家，急需救助。野象谷立即派出1名医生、5名技术人员组成救助队，准备好车辆和救护笼、药品等救助所需物品，于第二天一大早，赶往坝卡寨救助。小象被关在一家村民的柴棚里，医生发现小象瘦弱不堪，营养不良，身上多处肿块，脱水严重，脐部严重化脓感染，并伴有腹泻和心律不齐等症状，生命危在旦夕。医护人员精心救治，但找不到象奶，决定给小象喂羊奶。征寻羊奶的消息发布后，有好心人赠送了4头哺乳期母山羊到救助中心，羊妞得救了。因为羊奶的成分接近象奶。象和羊都是通过喝奶获得某些抗体的，不像人，生下来就自带抗体面对世界。因为喝羊奶长大，于是就叫了羊妞。在门口屋主的信息栏中，有羊妞的自我介绍：我叫羊妞，我是一个美丽的女孩子，我是羊年出生的，是羊年救助的。我从小喝羊妈妈的奶长大，民间一直有个说法，名字越土越好养活。

等羊妞长到一定时候，“象爸爸”们就想给她找个“妈妈”。救助中心物色了两头正在康复训练的母象然然和平平担任羊妞的妈妈。但因为羊妞是吃羊奶长大的，身上有一股象们不喜欢的羊膻味，只要她一靠近，两位临时妈妈就驱赶她。“象爸爸”们想了个办法，他们找来然然和平平的粪便，涂遍羊妞全身，终于奏效了，羊妞被临时妈妈认了同族，接受羊妞。此后然然和平平就喜欢带着她在野外玩耍了。

说到羊妞的玩耍，她在雨林山坡上用四肢玩滑梯的视频在央视播出过，但最初是“象爸爸”随手拍的，哪知放到网上，让羊妞成为了超级网红。有一段她撒娇的短视频在“抖音”上总播放量超过3300万次。

我们一去羊妞就迎了上来，当然是她的“象爸爸”带着的。壮实的肥羊妞跟刚来时瘦骨伶仃的图片模样判若两样，“象爸爸”走哪她跟哪，真是脚跟脚、手跟手。我们进入羊妞生活和睡觉的地方，房子很大，有空调，而且“象爸爸”是与羊妞睡在一起的，玩更在一起，要从小就与羊妞建立起女儿与父亲之间的关系。刚开始，“象爸爸”睡的是高低床，羊妞睡在旁边的草垫上，但她慢慢康复并与“象爸爸”建立感情与信任后，就很调皮撒娇了，甚至要爬到床上和人一起睡，半夜把“象爸爸”给吓醒了。

羊妞的房间常年保持在18～20度，打雷时，为防羊妞害怕，也必须陪伴在她身边。我看到这些“象爸爸”记录的羊妞的日常饮食起居数据，有一个表是每天必填的：

2018年6月13日，体温36.6度；进食羊奶10000毫升，日常饮水20000毫升；入睡次数1次；睡眠时长7小时；大便情况6次；小便情况6次；户外活动5小时。签字为“象爸爸：王波、李涛”。

所谓户外活动，就是野外康复，要6个小时，让她更快地适应野外环境，包括采食的本领与技巧，应付紧急情况等。保明伟说现在羊妞长大了，就用全脂羊奶粉来喂，这些羊奶粉是专门定制的。

这时羊妞要喝奶了，“象爸爸”用塑料大奶瓶灌满了一大壶，他先给羊妞喝了一些，交给我，让我体验一下给象喂奶的感受。我拿起奶瓶，大奶嘴对着羊妞，羊妞就含着奶瓶咕噜咕噜地喝起来，就像饥渴的孩子一样。是的，他们就像孩子，只不过，模样与我们不同罢了。

我们往前，就是一头叫然然的16岁母象的家。她是2005年7月7日被救助的，是亚洲象种源繁育基地及救助中心收留的第一头野象。然然个头很大，俨然是一头成年母象，显得淑女乖巧懂事。她被发现是在2005年7月7日，营救她更是一场惊心动魄的事件。野象谷护林员在溪谷中的一条河道内发现了一头受伤的小野象，走路一瘸一拐，护林员终于看清她的左后腿被夹野猪的兽夹牢牢夹住了，伤口已经溃烂及骨，伤口上满是蝇蛆。救助的医生和专家组赶到，两个神枪手提着麻醉枪，用了一个半小时才找到合适的角度举枪瞄准。但第一发麻醉弹射程太远，从小象肚皮下擦过。第二发打在屁股上，马上被小象用尾巴刷掉。这时候象群动怒，几头公象朝着救助组掩藏的方向猛冲，七八十个救援人员落荒而逃，赶快撤离以自保。

枪不行，大伙商量还是用传统吹管麻醉的办法，驯象员张家旺称为天下第一“吹”，他的吹管技术稳准狠。吹管是他自己做的，1.2米长，可以吹10米远，百发百中。他自己琢磨改造了平衡飞镖，15毫升的麻醉药，加空气，从侧面开口，加空气后用胶封好，改造的飞镖可以扎进2厘米厚的皮肤。张家旺果真厉害，来后一口气吹出去，准确射进小象的大腿。而这时候在远处的象群发觉伤象倒地，马上转回来，六头野象护卫着倒在地上的小象，其余都朝着张家旺和西双版纳大象学校刘德军校长他们冲过来。好在他们经验丰富，立马滚下斜坡奔逃。恼怒的象群吼叫着，甩动长鼻子把射击位置的树木全部咔嚓折断。

因为麻醉药只有两小时，不注射解药小象将会窒息而死，还要将小象装进吊车运走。现场的民警不停鸣枪示警，但野象们将生死置之度外，毫不理会枪声，4头成年大象一同向前伸出鼻子，各自卷住昏迷小象的一条腿，欲把它拖走。其余大象则排成一行，和营救队员对峙着，不时发出绝望愤怒的吼叫。

民警们打光手中的子弹，象群依然不离不弃，护着昏迷的小象，最后民警只得发射催泪弹。浓烟和刺鼻的气味让野象群慌乱起来，各自哀叫着退向密林深处。

小象得救了，慢慢痊愈，因为来自大自然，他们给她取名然然。

后面的故事还是然然家族。在然然获救的20天时，然然家族的十几只野象冲进野象谷景区，将路边的铁制路牌和垃圾桶全部捣毁，把带人用麻醉枪击中然然的刘德军校长追得东躲西藏。

然然被调教得非常懂事，我用小篮给她喂香蕉，给她一个，她用长鼻子顶端卷去你手中香蕉，丢入大嘴中。没门牙，有臼齿。牙齿一生换四次。有一口好牙才能咀嚼，才有高寿，象的寿命与人类同。你给它吃一根香蕉，它绝对用鼻子拍打一下地面，是向你表示谢意，吃一根拍打一下，有礼貌，懂规矩，能调教，会感恩，比一些坏人好多了，不会恩将仇报。尽管它鼻子发力达300公斤，要坏起来一般人根本受不了，将你踩成肉饼是很容易的事。然然的左后腿留着一块凹进去的小碗大的伤疤，走路好像没有了太大的问题。现在然然经过野外训练，准备让她重返密林。

这时运送象草（就是王草）的车来了，保明伟告诉我，一头象每天要吃掉160公斤草，大的要吃200公斤，还要补充苹果、香蕉等食物。象主要吃禾本科植物，他们救助中心一天要进20吨草，这些草都是当地村民种的，每公斤0.8元。有三个村共20户种象草专卖给野象谷，农民也因此致富了。

救助野象的故事，每一个都很精彩，也很惊险。比如还有昆六的，有强强的，有平平的，有依嫩的……母象平平的救助，保明伟讲，她的家族在中国和老挝边境密林中穿梭，是一头国际象。他们定制的笼箱长3.8米、宽2.15米、高2.8米，用了9个多小时才拉回这头象。因为肛门和尿道撕裂感染腐烂，救助中心第一次给野象做大手术。省林业厅请来昆明动物园专家包燕芬和昆钢职工医院妇产科医师马焕仙，参与我国历史上首次为野象施行妇科手术的专家和工作人员就有36位，分成5个小组：第一组负责野象的麻醉和监测心率、呼吸。第二组四位壮汉迅速用绳子拴好平平两条后腿，将其吊在房梁上以便手术。第三组负责输液，共输入60瓶青霉素和消炎药。第四组有4名医护人员配合产科专家马焕仙，为平平进行产道清创和阴部囊肿切除手术。共清除和引流脓腐血水1000毫升，两处手术完成后，对臀部伤口进行清创、消炎、缝合。还有第五组和第四组同时配合工作，对平平腿部、颈部和牙齿进行治疗。这台成功的野象妇科手术，为我国救治亚洲野象积累了十分宝贵的经验。妇产科医师马焕仙虽然累趴，却兴奋地说："没想到从未同野生动物接触过的我，竟能给野象做一次妇科手术。"

的确很神奇，我说我也未想到今天会与野象们如此亲密接触，喂它们奶喝，喂它们香蕉吃，还让野象给我回敬了十来个礼。森林中的动物却有人类的礼节，而且一个不孬，周到谦和，它们是上天派来的亲善大使吗？它们是来向人类表达雨林的问候和爱意的吗？

我问保明伟："你们的工作危险吗？"这是明知故问。保明伟憨厚地笑着说，哪有不危险的，他就在救治野象时摔倒受过伤。他回忆说救助昆六时，昆六是头成年公象，攻击力强。他们吹过麻药管后，要在一定时间让公象昆六站起来，如果躺时间太长，会压迫心脏使其窒息死亡。那一次，他们三个人在等待昆六醒来时，被象群包围，有一个后来被吓病了，很久才治好。面对野象发怒，必须将身上的东西马上扔掉，要往下跑，斜着跑，45度角跑，有坡就连摔带滚，什么都不顾。如果还不能甩脱野象，最好是爬树，要大树。人与野象的安全距离是100米，如果离30米，基本能跑掉。大象的时速是60公里。摆脱野象要引开它们的注意力，扔东西要扔远点，让它们对你扔的东西产生兴趣。

他说："在雨林里待久了，掌握了野象的习性，也能与它们相安无事，它走它的、我们走我们的。"

我们在野象谷的"想象吧"吃了一顿象餐，就是野象吃什么，我们吃什么，让我们体验一下野象们的生活。胡萝卜、黄瓜、香蕉、西瓜、雪梨、菠萝、刺五加、水香菜、水蕻菜、龙爪菜（开水焯一下即食）。这个象餐厅的桌布是用芭蕉叶铺的，用芭蕉叶包的年糕，用苦藤花苞清炒，清热降火的刺五加炝肚片。水果拼盘里有荔枝、黄瓜、波罗蜜、芒果、菠萝、小西红柿、紫薯……这些水果雕刻成各种花朵。菠萝挖空里面是糯米饭，当然还有西双版纳的烤肉烤鱼。野象吃的东西都是绿色环保的，好吃的，野象们唯一不吃的是肉鱼，是荤腥，就这一点与人类不同。

为了保护这片雨林和雨林中的野象们，西双版纳州森林公安局的民警们每次都在救助野象的现场，不仅参与救助，还一直同犯罪分子进行着机智顽强，英勇持久的斗争。李水泉副局长回忆说，象牙买卖在20世纪90年代曾经疯狂一时，西双版纳也受到了波及。

早在20世纪60年代，西双版纳州就为保护亚洲野象划定了85万亩的保护区，但由于制度与机构不健全，保护区受到人们的蚕食。到了80年代，西双版纳州开始重视生态建设，调整保护区，建立了相应的管理机构，保护区的面积扩大到362万亩，保护区因由孤立的5片组成，西双版纳境内的亚洲象被分割在相隔200多公里的勐养保护区和尚勇保护区内，成了2个孤立的群体。这时，中国的《野生动物保护法》颁布实施，作为中国重点保护物种之一的亚洲象，在法律上得到了保护。

进入20世纪90年代，市场上的象牙及制品价格大幅上升，国际上猎杀野象、走私象牙的活动十分猖獗。这股杀戮之风从东南亚迅速卷入相邻的西双版纳，在过去漫长的时间里，西双版纳的各族居民无论从信仰上还是从能力上都不敢猎杀庞大的野象。但在90年代象牙走私高额利润的驱使下，西双版纳雨林的野象成了犯罪分子疯狂掠杀的对象。

1994年上半年，在西双版纳勐养国家级保护区发生了一起特大猎杀、走私野象犯罪团伙案。这年的二三月间，勐养自然保护区内的20头野象连续遭到猎杀（16死4伤，其中公象19头），给我国亚洲象造成严重的浩劫，损失史无前例。国务院领导做出专门批示，要求严厉打击猎杀国家重点保护野生动物的犯罪活动，依法严惩犯罪分子。当时，公安局连续接到报案，公安警察赶到现场，有新鲜的死象，也有腐烂的，全是枪杀，肉不要，只取象牙。专案组到现场排查走访侦破，老百姓说听到过枪声，看到有人背着冲锋枪和半自动步枪。通过对犯罪分子语言的分析，对他们遗留在现场做饭吃的生活习俗分析——傣族与基诺族是不同的。傣族上山干活，包盐巴辣椒，傣族的辣椒面很细，筷子也很精细；而布朗族辣椒剁得很大。通过他们砍伐竹子做盛饭的器皿，从他们挖坑用吊锅做饭，警察确定了基诺族的寨子土乐寨为重点对象。进寨有人说，一个叫布鲁先的村民有冲锋枪——当时对枪支管理不严格，而且看到他使用过那支枪。而且此人经济上反常，吃的烟很好，过去没钱吃好烟。还有就是他家有几个人半夜三更喝酒，再是外出时喝酒。布鲁先八九天回来一次，回来后又出去了。后来传唤布鲁先，案件告破。

事过20多年，参加破案的当时勐养派出所所长、现西双版纳州森林公安局副局长李志平和常宗波主任先后给我讲了当时破案的情况。猎杀地点在雨林深处，他们去破案的某一天，犯罪分子还没有收手。他们开着吉普车进入森林，听到枪响，常宗波和贾洪林他们就循着枪声跑去，跑了十几分钟，到达现场，一头象已经倒地，还在淌血，鼻子割掉了，象牙割走了。这让他们义愤填膺。他们在作案现场提取证据是很辛苦的，常宗波说，象的尸体猎杀者不要，在尸体里找弹头，有的尸体已经高度腐烂，大家戴口罩，洒酒精，还是熏得让人窒息。他们泡在那条牛屎河里翻象尸，蛆虫到处爬动。大伙只能轮流工作，有撕象尸的，有刨象尸下泥土的。大象腐烂后，尸体下的草死去一大片，可见腐烂尸体的毒性有多大；可警察们要将尸体一块块撕开、一点点摸捏，雨林闷热难当、奇臭无比，手上全部是蛆，要多恶心多恶心。

在密林里开车，有一次车还翻了，好在大家命大，没人受伤。带着犯罪嫌疑人去查看现场，要走七八天。有一次，带着后来被枪毙了的曹健去，因为雨林中没有人家，他们一路要自己埋锅做饭，让曹健背着一袋米，这家伙竟然把那袋米丢进了河里，让大家饿了两天……

案件三个月后顺利告破。参与者不仅有商人，也有提供枪支的派出所指导员。犯罪团伙一共19人，最后判处了高永康、岩叫、布鲁肖、布鲁先、曹健5人死刑，1人死缓，3人无期，10人分别被判处1至16年有期徒刑。收缴象牙11根、半自动步枪和冲锋枪各1支。

这一大案是西双版纳保护野象的重大转折，甚至促成了我国刑法的修改。因为过去大家认为猎杀野象不算什么大事，这次判决，老百姓才知道：野象是一类保护动物，猎杀它们是要判死刑的。而当时刑法判决，猎杀一头象顶多判7年。判决不仅震撼整个西双版纳，也震撼全国及全世界。从此，西双版纳的野生动物进入全面保护期，杜绝了境内大规模猎杀亚洲象、走私象牙出境的现象。

当地政府和百姓也通过这起大案开始重新审视野象的保护问题，云南省政府向西双版纳州派驻了一支武装警察部队，加强对这一地区动植物资源的保护。居住在西双版纳的少数民族都有狩猎的习俗，男人们几乎个个都有一杆土猎枪，这对野生动物来说，无疑是个极大的威胁。西双版纳州痛下决心，颁布了《关于禁止猎杀野生动物的通告》和《关于收缴猎枪的通告》，全面开展收缴民用枪支工作。

这项工作由西双版纳州森林公安局实施执行，但对山区少数民族群众来说，枪支是男人的标配，枪就是他们的生命。收缴难度相当大。为了保护热带雨林，所有警察进村入户，深入村寨，反复宣传，得到当地少数民族干部的帮助，最后收缴了7万多支枪，并集中进行销毁，直播宣传，造成巨大影响，为亚洲野象充当了坚强的保护伞。西双版纳境内的亚洲象得到快速的繁衍，野象的种群数量不断增加。

近年来，由于保护措施得力，野象增多，它们生活的地方与人类生活的区域重叠，糟蹋庄稼、伤人作畜事件不断发生。野象毕竟是野生动物，而且是巨兽，如果惹恼它，灾难就会发生。在人类活动的地方，同样充满着危险，会付出生命的代价。有一次一头公象到村寨附近觅食，长鼻子触到了高压线，被电击而死。有一头象不小心掉进一片农田高高的引水沟里，无法爬起来淹死了。它们与人类争夺食物，人们不得不驱赶它们，但会受到野象的攻击。2018年1月22日夜里，勐海县勐往乡坝散村附近，一头野象阻拦在公路，攻击过往车辆。2017年11月份，同一个地点，又有一头公象进入公路，拦截过往车辆，踩踏、蹭靠七八辆轿车，掀翻了一辆轿车，将一辆中巴车上的挡风玻璃用头顶碎，车里的人吓得乱喊乱叫。

近年来，野象伤人的事件屡屡发生，自1991年至2016年，记录在案的云南野象肇事造成的损失约3.27亿元，致53人死亡、299人受伤。为了保护这些野象，西双版纳各族人民付出了巨大的牺牲和惨重的代价。

解决人象冲突的矛盾，是西双版纳的艰巨工作。2017年7月20日，西双版纳国家级自然保护区启动了亚洲野象防护栏试点村寨项目，亚洲象防护围栏建设是中国云南亚洲象保护项目的一个子项目，旨在缓解人象冲突。他们先后投入172万元在关坪村试点，建成亚洲象防护栏1350米。香烟箐村围栏项目总投资104万元，建成围栏长800米。三六队村防护围栏项目总投资68万元，围栏长550米。粗大的铁围栏有效地阻止了野象进村，毁物伤人。

西双版纳州继续实施村寨搬迁计划，把保护区内的部分村寨举寨搬迁，让出空间给野象生活，如勐满镇南坪村，一个瑶族村寨，因饱受野象袭击之苦，只好从保护区核心区全部迁出。

不管怎样，西双版纳热带雨林中涌动的野性，是云南生态环境蓬勃向上的标志。这片野性的大地上，自然的力量逐渐强大强悍，左右着雨林的今天和未来。为此，我们的一切努力都是值得的。有了雨林的动植物，有了雨林的雨水，西双版纳才能永远优美。

第九章

普洱：闪烁的绿色明珠

一　景迈茶山·翁基村

我是从景迈茶山进入普洱的。景迈茶山有岗哨，岗哨是不允许山外的茶运进景迈茶山，防止以假充真、以次充好，防止在景迈茶山里包装后，运出去冒充景迈茶山的古树茶。

为了申报世界自然文化遗产，景迈茶山这2.8万亩古茶树，被严格地保护起来，修建了通往茶山之路。因为是小方石铺路，汽车被硌得左冲右跳，犹如颠簸在大海上，十分坎坷，问缘由，是因为怕沥青铺路对茶叶质量造成影响，也不知真假。但这一定是一条通往深山和高山的路，在盘山公路上盘旋了许久，云雾升了起来，夕阳变得巨大，晚霞浩浩荡荡，洒满了景迈群山。海拔在升高，我们的车经过一个大寨子，看房屋就知是傣族寨子，而且看到许许多多的茶厂，是景迈茶山的茶叶加工地。云雾开始漫上道路和村庄，四围群山环抱，壮阔无边。上了一个山头，碰上了赶街的集市，这已经是到了收市的时候，当地穿着各种民族服装的村民仍骑着摩托聚集在这里，卖自家的农副产品。也有摆摊卖衣服、杂货、小吃的。有猪肉摊，有彩票摊，有电信摊。听卖衣服的口音，竟然是我家乡湖北来的。

我们继续往前开，终于在一个极深邃、僻野的地方下车。啊，这就是景迈茶山的中心。

我终于得见这漫山满岭的古茶树，这有树龄1700年的古茶树，也有几百年的古茶树，但都是古的，古代，古老，但不古稀，因为太多。

古茶树并不是太大，因为要采摘，所以都只有三五米高，直径也不粗，茶树长得很慢。是否经过人工的矮化，不得而知，但因为生长在高山云雾深处，这些茶树虽不事张扬，但沧桑内敛，树干遒劲，虬枝如龙，造型山重水复，如人工培育的盆景，叶片青绿。上面寄生了许多苔藓、石斛等附生物，特别多的是一种俗称“螃蟹脚”的寄生植物。在普洱，或者喝普洱的茶客，螃蟹脚也是他们的一爱。常见他们将螃蟹脚与普洱生茶拼配在一起冲泡品饮，别有一番滋味。此物形似螃蟹的脚爪，这东西还有枫香槲寄生、枫树寄生、桐树寄生、赤柯寄生等。但景迈茶山上的螃蟹脚最好，而且专指景迈茶山上的寄生物，只寄生于树龄较大的古茶树上，也被统称为“螃蟹脚普洱茶”，其形卷曲伸展，细分出若干节，似扁秆灯芯草，闻之有浓烈的菌藻味和茶香味，这便是《本草纲目》中所言的“形如蚱蜢脚者佳”的螃蟹脚。此物常饮可防止血管硬化，有消炎祛痰、清热利尿等功效，是景迈山古茶之外另一大产品。

我摘了一棵古茶树的几个芽子放在嘴里嚼，有一股老清香味，有点涩，介于苦和甜之间，但没有真正意义上的苦，几乎是甜的，味道很醇厚。那天在傣族村寨的晚餐喝了景迈古茶，确实苦后带点甜的余味和兰花的香味。这么说吧，有兰香的茶，就是景迈茶山的古树茶，茶汤可泡20泡，浓郁持久，清凉旷达，回味悠长，有野山茶的气韵魂魄萦绕杯沿，久久不能散去。

不知有没有叫“野韵”的景迈茶，我认为，野韵是这里茶的独特韵味。野山之茶，让杯中群龙竞舞，松雪万点，高香喷薄，正是山野深林的神韵，大千世界的绝饮。李白说，茗生此中石，玉泉流不歇。石中茶有玉泉声，说的是有什么样的环境，生什么样的茶。这里的古茶林是挟了千钧的绿潮，汲了万山的香魂。沉雄静壮，遒劲旷远，无他茶可比。这里的古茶树，造型古典，是它的意境影响了中国的亭台楼阁水榭回廊，这些茶树上的叶片，最终飘向了小桥流水的庭院，飘向了文人雅士的案头，飘向了仙风道骨的生活。中国文化的典雅神秘的一面，有这片茶林的贡献，中国人味觉的形成，也可能与这片茶树有关。

景迈山是中国六大茶山之一，千年古茶树的面积堪称茶山之最。这里产有一种茶叫“景藤腊告”，傣语就是千年古茶的意思。景迈山茶属乔木大叶种，十二大茶山中乔木树最大的一片集中在这里，也有中小叶种，混生在这一片大山之中。

景迈茶山是茶树生长的圣地，茶人心中的圣山。2003年，中国科学院有研究报告称：这里是世界茶叶的发祥地，是目前世界上保存最完好、年代最久远、面积最大的人工栽培型古茶园，是世界茶文化的根和源，也是中国茶文化发展的历史见证，人与自然和谐发展的缩影，传承民族历史文化气息的活化石，同时它所具有的病虫害自我控制机制，对于研究生物多样性、生态环境保护、茶叶驯化和种植起源都具有十分重要的科研价值。2013年被国际茶叶委员会确认景迈茶山为“世界茶源”。2013年11月，国家文物局将景迈山古茶林列入《中国世界文化遗产预备名单》。它还被称为“古茶园的自然博物馆”“东方的普罗旺斯”。

各种誉词都可以给它。

在景迈茶山的古茶树林和其间布朗族人干栏式建筑的村寨，有一种特别的情调，这是个不可不去的地方。这话是我在云南林业厅采访时，一位对景迈茶山有特别感情的老领导深情地对我吩咐的。中国的干栏式建筑如今只保存在景迈茶山的布朗族村寨里，特别是翁基村。

我在景迈茶山申遗的材料中看到，布朗族人开始人工驯化并小规模栽培茶树，最晚在公元7世纪，至少已有1300多年历史。

在景迈茶山，有布朗族和傣族等少数民族。布朗族是云南三大原始族群之一的“百濮”，也称其为“濮人”，与德昂族、佤族有族属渊源关系。景迈山傣族是元末明初由勐卯地区（瑞丽）迁来。不过在同一座山上生活，有史载故事称这二族是亲戚关系，西双版纳土司把第七公主南腊米嫁给了布朗族头人、他们的民族英雄岩冷，共同管理茶山。这里布朗族人的后代也有傣族血统，所以二族在一起生活，亲密无间，形同一家人。

因为有1000多年的种茶史，布朗人掌握了多种茶叶品种的制作：“腊告”（干绿茶），“腊拉”（大粗叶茶），“腊贺”（糯米香茶），“腊各信”（小雀嘴尖茶），“腊广”（圆形的紧压茶，也就是后来誉满天下的普洱茶）。这些茶都是难得的精品，在景迈古茶园，在翁基村，随时可以喝得到。

布朗族与哈尼族一样，自然崇拜，信万物有灵，当地每家每户都崇拜茶魂树。尤其布朗族将“一芽两叶”茶抽象成符号作为一种图腾，应用于民居建筑的屋顶装饰上，突出了对茶的感激与敬畏之情。

景迈山莽莽苍苍的古茶林，也有一些其他古树。我进入茶林，抬头看到高大的、雍容华贵的、有神秘感的另一种树，他们告诉我叫多依果树，结满了果实，但据说果硬难嚼、酸涩难咽。布朗族人一般会加入盐、辣椒、白糖等腌制凉拌后吃，舂碎，拌以各种调料吃。还有一种长尾单室茱萸，也是高古乔木，挺拔英俊，郁郁苍苍。

古茶林集中分布在海拔1250～1550米之间的山地上、村寨周边、次生林之中。景迈山现有三大片古茶林，面积1231公顷，分别以翁基寨和景迈大寨为中心。在翁基村寨里，我学到了一些知识。古茶园是一个庞大完整的生态系统，是珍贵的物种基因库，古茶林生态系统植物多样性丰富，植物有125科489属943种。古茶林层次丰富，具有乔木层、灌木层（茶树主要分布层）和草本层，形成上—中—下的立体结构。上层有构树、菩提树、桤木、西南木荷、红椿、乌墨、云南石梓、翠柏、腊肠树。中层有白花羊蹄甲、中国山樱花、楠木、苦竹、翠叶金合欢、龙须藤、芭蕉、大果榕、云南桤杉、漆树、番石榴、普洱茶、鸟舌兰、骨碎补、大叶梅、石斛、扁枝槲寄生。下层有薤白、草、辣椒、薄荷、宽叶韭、烟草、密蒙花、蕺菜、水芹、灰肉红菇、干巴菌、奶浆菌。

古茶林内有茶树327万多株，是个什么概念，在这片云海之上，布朗族、傣族，还有哈尼族和佤族，守着这几万亩古茶树，生存得那么优美，并保持着各自浓郁神秘的民俗风情，让文化和族群都焕发出历久弥新的活力。

我徜徉在这片阒静如远古的茶林里，地衣湿滑，植物葳蕤，有大树被时间掏空了树干，树洞里深不可测，应该有野兽光顾过。在这里，在人类与自然共同演化的过程中，景迈茶山，真正是天人合一的典范，这里的人们尊重自然资源，活在自然里，活在古茶林中，让那些祖先栽种的茶成为他们永远兴旺的源头，是他们的生存法则和生态智慧。

我必须赶在天黑前到达千年古寨翁基村。我们在一片夕烟腾起的时刻进入了这个中国干栏式建筑仅存的传统布朗族村寨。这个村寨被云海托着，在傍晚的炊烟里沉醉。古木成群，房舍特别，好像进入了一个与当下生活无关的世界。没有一栋水泥建筑，看不到一丝喧嚣，停车场的许多汽车才让我们回到现实。看车的牌照，都是从各地来这儿住下避暑的客人，爱好自驾游的潇洒人群。有的在这里一住就是半年甚至长期生活在此。村寨在一个山坳间，村子的上方是一座佛寺，旁边有一棵巨大的古柏，这种柏就叫翁基古柏。有几个巨大的树干，高达20余米，蓊郁浩大，胸径3.3米，根部径围有至少11米，已有2580寿岁。何人所植不知，但出生在春秋时期是一定的。一棵树为什么伟大成神？因为它基本见证了一个国家的历史，这么久远的生命难道不值得我们尊敬吗？

在这个村寨寺庙的高处，可以看到翁基村的全貌和下面的山谷，那儿还有几个寨子如芒景上寨、芒景下寨、芒洪，这些布朗族村寨，陡峭黑挂瓦下的干栏式建筑笼罩在古老的茶香中，深偎在古茶林里。

这里的云海非常神奇，在山谷中，平静如摊晒的棉花，如堆砌的冰块，盘桓在寨子的旁边，流连不去。

进入石头铺道的寨子，干栏式建筑的楼下是敞开的，楼上也是敞开的。楼下是养猪、养鸡和安放杂物的地方，现在是放摩托车和拖拉机的地方，干干净净，清清爽爽。屋檐下，有燕子窝和蜂箱，有花钵，有芭蕉丛，有废弃的碓窝，有狗，有鸡，有红色的消防栓，穿着布朗服装的男女在村里来往。女人头上包着彩色的头帕，穿着绿色的裙子，斜背着手工编织的包，穿着拖鞋，皮肤较黑。更多的房子成了民宿，有更为时尚的装修和布置，布朗族的民族元素被扩大放在民宿的门口，比如布朗族的大葫芦一排排挂在干栏上。

寨子中心的一个建筑前是族人们祭祀的祭台，石头垒砌的台子上插着高大的竹子，挑着白幡。

寨子的活动中心，是一些斑驳生苔的老石头，有一个大平台，有一个卖肉的摊子，用铝盆装着猪肉。猪肉不肥，卖肉的是本寨子里的人，用的弹簧秤，12元一斤。围在这摊子前说话的寨子里的男人和背着小孩的妇女都说，这是绝对的绿色食品，没有喂饲料的，是放养的。同行的朋友买了几斤，带回城里去。

翁基，布朗语的本意是看卦，意为看卦选址的地方。虽然布朗族的先祖带领族人迁徙到芒景这个地方时，卜过卦，但这地方本来就太好，如今又遇到更好的时代，政府加大了对传统古村寨的投入，村寨的“古村落、古民居、古树群、古老的布朗族文化、古老的茶文化”五古一体，有着深深吸引外界的魅力，布朗族传统建筑、传统制茶工艺、民居体验馆、民族节日，都是独一无二的人文景观和自然景观。而且结合得那么好，保存得那么好。

在翁基村的家家户户木屋檐口顶部的翘角处，都能看到完全一样的三叉形茶叶图案，这是翁基村的图腾。寨子里每年都会举行祭茶祖活动，村民也保留着近乎原始的布朗族烤茶传统。茶是大自然给布朗族的馈赠，也是村民自然崇拜的对象。

布朗族是茶的民族，翁基人世代与茶树为伴，与密林草木为生命的依托，是茶养育了他们，水攻、火烤、陶煨、竹酿，在生活的幸福美满处，被茶香环绕着梦境。如今，翁基古寨的茶叶名满天下，加上这里的名气，更多的人来到景迈茶山，布朗人家的年收入许多已超过了10万元甚至20万元。古茶树，成了布朗族永远的摇钱树。

这里独特的“茶祖”信仰仍深刻影响着布朗族的生产生活和精神心理。布朗族人每家的茶林里，都会有一棵高大的茶魂树，树干上捆绑着用竹篾编成的小篓子，用来盛放祭祀品。茶农们采摘茶魂树上的鲜叶时，都要先祭拜茶祖帕哎冷。每年春天，家家户户把各自茶林里的茶魂树鲜叶采摘下来后，制成“茶魂茶”，供奉在祖先也是茶祖帕哎冷的雕像前，祈求年年茶叶丰收。

制作茶魂茶充满了森林的神秘感，必须由家庭中的年长者来采摘，采摘前要斋戒、沐浴、更衣，然后跪拜在茶树下，献上泡好的茶和饭菜，点上蜡条并开始诵经祷告，诵经完毕方可上树采茶。每棵茶魂树的茶全部是采用传统工艺，纯手工制作，杀青、揉捻、晒青都以树为单位独立进行，不得混杂。

在翁基村，最热闹的节日是“山康茶祖节”。为了保住幸福祥和的生活，不忘根本，每年4月，翁基村都要举行山康节，就是祭茶祖的节日，也叫茶祖节。这个节日布朗族又称“好够龙”，节日历时四天。正式的祭茶魂仪式据说始于景迈山种茶后的一百年，茶魂树就是第一棵种下的茶树。山康茶祖节，全村的男女老少都穿着节日的盛装，前往古茶山祭拜茶魂。祭拜茶魂的地方在景迈古茶山原始森林的深处，高大的古木遮天蔽日，古树下是成片成林的古茶树。在高大的古树下，人们用竹子搭一个供台，供台上插着各种祭祀用的纸花。供台也叫茶魂台，人们把所有的供品都摆放到上面，大佛爷和寨子里最有威望的老人站在供台的中央。祭祀的人在供台前跪下，点燃手中的蜂蜡，双手合十，在大佛爷的诵经声中，人们三呼茶魂，声震山野，对给予他们富裕和幸福的古老茶山顶礼膜拜，然后，整个村寨的男女老幼，在象脚鼓的鼓声中，人们高举手中的茶树枝，跳起欢快的舞蹈，迎接采茶季的到来。

景迈山古茶林是自然与文化高度复合的特殊生态系统，充满了茶一样的活力。

景迈茶山，在我们的杯中，永远是一年一度的绿色诱惑，绿色怀古。

二 赶上了百草根节

前一天晚上住在澜沧县城，遇上了3.2级的地震，竟然没有醒来。临睡前看到漆黑天空上有一块亮云，匆匆向东飘去。接着又出现一块亮云。早晨起来，听说闹了地震。

终于赶上了普洱的百草根节。这是一个第一次听说的草根节日，也是在世界仅此一家的节日。

面对着满街嫩生生的各式各样的草根，你可以知道的知识有：一是新鲜草根是可以吃的；二是普洱的山水间有这么多种草根和草；三是热带雨林的植物太丰富，因为不可吃的草根应该更多；四是一般农民都能认识这么多可以治病的草根；五是这里可能是我国中草药最丰富的区域；六是普洱百姓的饮食习惯太奇怪。所谓百草根节，就是吃草根，普洱人的口味真的太怪。话又说回来，如果没有这么多好吃的草根，如果这儿的生态环境遭受了破坏，你又到哪儿弄这些草根吃呢？

草根节始于何时？问了几个人都说不知，说普洱自古就有端午吃草根的习俗，跟汉族人喝雄黄酒的道理一样。可是汉族在端午时，也有喜欢草如蒲草艾草，只是挂到门口驱蚊避邪，这个习惯大致也有几千年了。在普洱生活的无论是汉族还是傣族、拉祜族、彝族、布朗族、佤族，到了端午前后，都要买一堆草根炖鸡或排骨。有的是一天炖一种，有的是买一堆一锅炖。根有细有粗，有大有小；有的一团乱麻，有的理顺成束，有的是茎，有的带叶；有白的，有红的，有黄的，有绿的，有硬的，有软的。这些山上挖出的热带雨林的根，千奇百怪，都可食用，大部分看着就可生吃。这些根，至少一半在南方的平原山林间是可以挖到的，但其他地方为何没有这个习俗？我百思不得其解。

中午市委宣传部请我们吃了一顿百草根饭，在鸡里面煮了一些草根，如牛蒡子根、当归根、茴香根、鸡腿根、麦冬根等。然后我来到草根节的主卖场，还没到端午，但草根节已经开始了几天，各种热闹的活动过去了，如上海大世界基尼斯纪录的现场认证，在普洱思茅区阳光悦城七坊街的“原生药材展示一条街”以总长度1648.5米被认证为“规模最大的药用植物展卖会”。在这条长街上，摆摊卖草根的展位数量达1099个，主要参展的草药根有鸡刺根、土党参、野当归、牛蒡子、生藤、小红蒜等200余种。这一天，现场摆了130桌“百草根”宴，千余名市民一同品尝了百草根炖生态猪脚、百草根煮生态牛排、百草满山香炖生态瘦肉、新鲜石斛花炖蛋等数道由不同药根搭配烹饪的美食。

我去的时候依然是很长的摊子，摊子摆到了会展外的大街。这儿的草根非常鲜亮，五颜六色，真是让人大开眼界，十分养眼。且每一种都是中药，其实中药就是根茎为主，较多也好分辨的有牛蒡子根、天冬根、麦冬根、绿葱根（不是我们吃的葱）、小红参根、臭参根、当归根、鸡刺根、茴香根、古登根、露水草根、铺地丹根、老泡参根、生藤根、牛膝根、马尾根（一坨坨就是黄精）、防风根、五金子根、毛丹花根（炖鸡蛋的）。嚼这些根难以下咽，主要是喝汤，煮在一起，也是祛湿提气，滋阴补阳，防病治病。但满街卖草根，把各种植物翻个底朝天，有的是专门种植取根。在汉族有些地区，吃点鱼腥草根之类很平常，像云南普洱这么吃几百种根，大张旗鼓，风卷残云，闻所未闻，这也是普洱奇俗。

普洱人的话说：端午节吃百药，换了肠肚一身轻。到了农历五月，普洱这地方地处热带、亚热带，溽热、潮湿，万物生长迅速。听说这里的思茅松一年要长两个年轮，在植物界也是十分神奇。因为天热，虫蛇出动，细菌繁殖，植物腐烂，瘴气弥漫，严重影响人的健康。这个季节，人会茶饭不思，浑身无力，于是吃点草根就会增强免疫力，滋补阳气，调理阴虚。

草根都不贵，三五元一斤，贵的有十多块的，属好药。山里农民去挖采，洗净，再挑进城来，一个大摊的上百斤，也卖不出多少钱来，只是强壮了市民的筋骨，滋补了他们的气血，满足了他们的口福，对中草药的认识与发展起到了推动作用。老妪早晨提着篮子上街，就可以买一堆回去，家里的人是什么体质，适合吃什么草根，炖什么东西，老人都心里有谱，成了半个中医师。一般来说，炖猪蹄和鸡的较多，一锅中，应该有十来种草根，这炖出的汤才有药效。五筋姜伸筋络，当归补气血通筋络，鸡刺根排毒，党参、公鸡果根和茴香根补气（常言说：三年茴香根，赛过半支参），山柏枝根、石菖蒲、鸡肚子根消食健胃，百部根润肺腑止咳嗽，九股牛（羊角天麻）清热解毒，露水草止咳镇痛，何首乌益肾乌发（想起在楚雄满街是何首乌炖鸡的餐馆），黄牛犀补肝肾强筋骨，绿葱根清热利尿，牛蒡子根疏风散热、解毒消肿，水牛犀散淤消肿，天冬根、大白及润肺止咳，小白香、菜当归、小红参根和小红蒜根补气血，白花蛇舌草、粉果根、野生鸡刺根和重楼根消炎排毒，红白解根解百毒，红毛丹根活血祛风，猴子背巾叶根补肾壮阳、活血调经，回心草根养心安神，麦冬根润肺清心，爬树龙除湿除风，茉菜根清热利水、养胃止渴，蒲公英根消炎利喉，山乌龟根散瘀止痛，生藤根祛风散寒、行气通络，岩七根治胃痛……

在普洱街头，你不买草根，就是逛逛，植物嫩根的气息弥漫在大街上，沁人心脾，微甜，微苦，微腥。那些嫩生生的根，五颜六色，看着就能感受到深山草莽的氛围，感受到云雾深处的水灵。

关于植物的故事，关于草根治病救人的故事，在卖根人和买根人中间，都可以说出一串一串，非常传奇。普洱人对草根的迷恋，说穿了是对自然的迷恋，医治人疾病的、养生的药都在草根中。我听说这里有一种可食的草根叫“脱腰药”，是健腰的，腰疼、腰肌劳损，吃了就好。这是老天独赏给人类的，如果是牲畜动物吃了它，马上会受到惩罚“脱腰”，因为它们不配。上苍赏赐给人类的绿水青山，包括美丽的草根，就是我们百宝箱，我们珍惜并守护着它，它也守护着我们健康的生活。

普洱市良好的生态，使他成为云南的绿色明珠。普洱是我国和世界生物多样性最丰富的地区之一，森林覆盖率高达69.4%，有高等植物5600多种，已知的药用植物1000余种，属国家重点普查的药用植物有302种，被我国中医药专家称之为“国内石斛、龙血树、灯台叶树、美登木、滇黄精等多种道地药材生长条件最适宜的地方”，有“云南核心药库”之称。

普洱也是全球北回归线上最大的生态绿洲，全国首个国家绿色经济试验示范区，全市共有自然保护区11个，其中国家级自然保护区2个，省级自然保护区5个，县级自然保护区4个，自然保护区面积96510公顷，正在打造“绿色能源、绿色食品、健康生活目的地”三张王牌。普洱享有“天赐普洱，世界茶源”“中国咖啡之都”“绿海明珠”“天然氧吧”之众多美誉。这个地方保存着全国近三分之一的物种，空气中的负氧离子含量高于世界卫生组织“清新空气”标准12倍多，被联合国开发计划署和世界旅游组织誉为“世界的天堂，天堂的世界”。

天堂的模样就是有几百种草根可食，就是有最好的古树普洱好喝，就是有纯净的空气，遍地的山花，清洁的流水。

三 太阳河，灵魂私奔的地方

太阳河我以为是一条河流，一个湿地。当然，我来之前已经知道了它是一个国家森林公园，而且在云南省林业厅听到的是，这个国家森林公园在体制改革方面、在建设国家森林公园方面，有自己的探索，他们提供的经验对今后全国的国家森林公园建设是有启发的。

太阳河原来叫菜阳河，改名是因为要建国家森林公园，有个好记的名字。

我们进入犀牛坪景区，介绍说，这里是融“山、林、水、人”四大主题为一体，集中展示云南丰富的动物资源与北热带、南亚热带季风常绿阔叶林景观的综合性山岳型景区。让游客在以生态为主体、以森林为依托的自然环境中，与各种野生动植物进行亲密接触，充分满足现代人向往自然野趣，力求亲身体验、深度感知的目的。有犀牛归隐、猕猴乐土、鱼影溯溪、桫椤小径、嬉猿半岛、鱼鹰戏水、蝴蝶溪谷、旅行的小熊猫、嬉鸟乐园、兰花幽园十大景点和民族歌舞演艺。

我们深入到森林深处，最先看到在路边的树丛里有鹿的影子，普洱国家森林公园旅游有限公司的刘方总经理给我说，这是马鹿。我突然想到神农架有个叫马鹿池的地方，传说过去神农架到处是马鹿，说大九湖水边有一种大草鹿都灭绝了，肯定是人为灭绝的。就是这种动物吗？答案是肯定的。我亲眼见到了马鹿，又看到了梅花鹿，它们在低头吃草，似乎并不在意人与车的到来。为什么不怕人？刘总说是驯养的结果，因为这些草食动物要吃盐，就经常给它们在路边撒盐，久而久之，鹿们就会聚集到路边吃草。马鹿很大，犄角交叉，呈灰色，马鹿的全身也是灰色，很容易在森林中隐蔽。梅花鹿是黄褐色的，有明显的斑点，个头与马鹿相当。这些鹿非常温顺淡定，静若处子。

湄公河集团是浙江做管道的公司，在普洱经营投资多年，与当地结下了深厚情谊。做国家森林公园，怎么做，没有经验可以借鉴，像香格里拉的普达措，也是一种模式，但浙江人有他们的想法。这一块有32万亩原始森林或次森林，21.623平方公里，有七个澳门大。有南亚热带季风阔叶林，还有一部分针叶林，最高海拔1707米，属于热带亚热带过渡区。这里有10万亩无人区，还有10多万亩生态保育区，可适量开发的核心保护区、过渡区、核心景区，一般游戏区，如何划分，没有答案，都在摸索。在国家公园里是不允许经营的，但没有经营，国家公园就难以为继，无钱投入，没有收回，就不能永续利用。国家森林公园固然要保护，但也是一个绿色生态产品，要让所有人共同享受。什么样的消费才是值得消费的，可持续发展如何进行？这是我们要思考的。

刘总说，生态旅游也是一种自然教育，并不仅仅是经济活动，让市民感受我们的地球是怎么回事，比如气候变暖，极端天气增多，雨季提前，温度比以前高了许多，这些变化也是大自然遭受破坏产生的恶果。刘总说他十年前来普洱，6月是非常凉爽的，现在热得很。

太阳河是一个省级保护区，也是省级公益林，这片森林是普洱的生态屏障，也是一个生态孤岛。他们的太阳河国家森林公园，是由太阳河省级自然保护区、太阳河国家森林公园、大尖山—老金田河南部森林区域三大部分组成。其中，云南太阳河省级自然保护区面积70平方米，占普洱国家公园总面积的32.5%。这片森林中已知野生动物有41目159科812种，其中兽类102种，鸟类222种，两栖类40种，爬行类51种，昆虫397种。国家重点保护动物57种，有爪哇野牛、金猫、云豹、金钱豹、水鹿、猕猴、菲氏叶猴、平顶猴、红面猴、熊猴、苏门羚、大灵猫、穿山甲、原鸡、白鹇、冠斑犀鸟、双角犀鸟、蟒蛇等。其中国家一级保护动物10种，国家二级保护动物47种。公园内森林覆盖率达94.5%，空气负氧离子每立方厘米超过3万个，比普洱市的每平方厘米1万个多了3倍，而普洱的1万个超过了国际标准的12倍，这里是36倍。

这片森林，是普洱生态环境的一个象征。

我们进入路边的森林，有几只马鹿蜷在地上反刍。刘总去接近它们，马鹿旁若无人，想着自己的心事。刘总伸手去摸一只马鹿，这马鹿个体大，少说有100公斤。刘总让我慢慢靠近一点，我终于接近了马鹿，闻到它身上的一股气味。我摸它的脸，光滑的，微温的，又摸了它的鼻子，摸它的下巴，这马鹿一动不动，它知道我不会伤害它，这来自它长期与人接触后的信任。我触摸马鹿的时候，远处的几只梅花鹿远远地打量着我。作为一个生态作家，写过多种动物，非常不好意思，从没有与动物亲密接触过，没有感受来自另一类野外生物的生存，对它们的身体一无所知，它们的体温，它们的肌肤，远在另一个星球。

动物的呼吸熨在我的手上，我感到它的气息也毛茸茸的，它柔软如笋的犄角，它黑色的嘴唇，它长长的害羞的睫毛，都有着森林中神秘的伦理与道德规范，它甚至比人更容易琢磨，有一种纯净的东西与我们对流，虽然它来自深邃的森林。

不知不觉，我们来到了犀牛区，刘总打开了一道栅栏，特地为我开放了一条通道，让我与犀牛也亲密地接触。这片森林河谷，曾经是犀牛的家乡。据记载，1933年最后两头犀牛被捕杀以来，普洱长达80年没有发现犀牛的踪迹。太阳河国家公园2010年7月25日，从南非引进了7头犀牛到云南野生动物园。2013年3月30日，犀牛终于再现普洱，在普洱太阳河国家森林公园生活。不过，在普洱生存的犀牛是亚洲犀牛，是独角犀，而这是非洲犀牛，也叫宽吻犀牛。因为滚了泥，就是条庞大的泥牛。这些犀牛引进时4岁，现在有9岁，正进入发情期。一头有3吨重，简直是兽中巨人，无论雄雌前额都长有两个长吻，也就是双角。但母犀牛的角尖锐，犀牛发情，争斗的是雄雌双方，往往是母犀牛用它比公犀牛犀利十倍的角去挑公犀，挑得头破血流，遍体鳞伤，再行交配。这残酷的打情骂俏！

我给犀牛添草料，吃的是进口菖蒲草，铡过的，一天要吃30公斤，还得添本地的草料。吃着草的犀牛不再亢奋，我摸它的角，真的锋利，有刃。但它们气味太大，也许是要熏走虻蚊，才出如此下策。过了一会儿，犀牛鼻子里发出响声，刘总说，它们又要打斗了。

我们离开犀牛，上坡来看到了蜂猴，蜂猴就是我们常说的懒猴。蜂猴躺在树上，正在酣睡之中。现在蜂猴就在我伸手可触的地方，两只蜂猴，一大一小。饲养员这时用竹签挑了一只蚂蚱，放到蜂猴的嘴边捣弄它，蜂猴这才醒了。但饲养员故意不给它吃，让它来抓。这蜂猴伸出人掌一样的五指小手，来抓蚂蚱。它的动作迟缓，眼睛突出，褐色，像玻璃珠子镶嵌在眼眶里，好像没有眼珠，不见转动，跟瞎子一样。刘总说它的眼睛是一个凸透镜，白天瞳孔缩小，到了晚上会放大，蜂猴是世上最懒的灵长类动物，整个白天都在树上睡眠，达20小时。蜂猴的生活习性一点不像灵长类，它太懒了，白天把身体蜷缩成一个毛茸茸的圆球睡觉，晚上在树枝上慢腾腾地爬行觅食，见什么吃什么，有吃香蕉的、吃鸟蛋的。由于它很少活动，地衣或藻类植物竟在它身上繁殖生长，有时披着一身青苔，很难被天敌发现，所以又叫拟猴。它本身有对付天敌的办法，就是它腋下有毒腺，唾液也有毒，舔到毛上，谁吃到它谁死，难怪它懒洋洋吊儿郎当不在乎的。

大蜂猴吃了一个蚂蚱，饲养员又挑了一个逗它，让它抓不到，这蜂猴也不急不恼，最后抓到，又吃下了，接着蜷缩身子睡去。太可爱了，灵长类竟然可以有毒，上帝在制造它懒惰的时候，也给了它生存的武器。动物如此千奇百怪，我们有什么理由不去爱它们。

睡吧，睡吧，懒猴们！

我们离开它们再继续前行。行走的地方都在森林中，一下子看到这么多野生动物，真是没想到，森林里本应该是飞禽走兽，可往往我看到的许多森林基本上没有了禽兽们的影子，让森林失去了本应有的热闹和丰富。

有许多大树，有太多的植物，有西桦，有刺栲，有球花石斛，有巴兰藤，有茶栎，有苏铁蕨，有圆叶米饭花，有三椏苦，有茶梨（这种梨很苦），有深绿山龙眼，有猪肚木、野柿、隐距越橘、云南草豆蔻、乌蕨、柊叶、尼泊尔桤木、珍珠荚蒾、楠藤、野姜、岗柃、白檀、红木荷、多脉冬青、羊蹄甲、木姜子、见血封喉树、决明子、远古的植物桫椤……我一路认着，记着。这里有国家保护的珍贵树种被称为活化石的树藏、大王杜鹃、帧捕、绒毛番龙眼、红椿，珍贵树种假含笑、团花八宝树，药用植物野砂仁，花卉植物山海棠、兰花等，仅兰花种类通过采集标本经鉴定的就达153种，被称为“天然花园”。

走过桫椤小径、蝴蝶溪谷、兰花幽园……一路我们认识了很多热带植物，在阴凉的森林中，我们仿佛穿越进远古西南边陲的深山密林，感受人与动植物的浑然一体，不可分离。

在蝴蝶溪谷，我们果然看到飞绕在我们眼前和花丛中的不少蝴蝶。刘总翻开他手机中的图片，都是他随手拍摄的，告诉我这里有金裳凤蝶、云南丽人蝶、中华枯叶蝶、巴黎翠凤蝶、中华翠凤蝶、红角大粉蝶、裙纹蛱蝶等等，还有一些奇怪漂亮的昆虫。

我在山坳里看到有巨大的滴水观音，比我平时看到的大了几倍，完全是疯长在这儿。

看到一只豪猪睡在一个水沟里，它的刺歪七倒八，估计是与谁打了一架，在沟里面壁生闷气。

又看到了猕猴，这些猕猴在这里显得很干净，眼里没有忧郁与隔阂。而且这里的猕猴也不好动，它们是一个群体，没有打斗，小猴依偎在母猴的怀里，显得可伶可俐，乖巧柔顺。

路边，有一窝窝菌子，我只是拍了一下照片，不会去采摘，这里的一切，不可动它。这里，是所有生物的乐园。突然有人喊，树上有猿猴！我循声看去，一只白颊长臂猿正在高高的树上荡来荡去，身轻如燕。这就是我们的近亲，它们的两颊各长了一条白毛，虽然个体较小，但手抓食物的方式与人类同，长相接近人类，除了毛发较长和手臂较长。它们向饲养员索要食物时，用的是招手，像是一个哑人与他人的交流，仿佛可以开口说话。因为身轻似燕，它们一辈子生活在树上，不会下地，这样可以躲避肉食动物对它们的进攻。而且它们有五岁孩童的智力，是我们森林里的亲戚。

这些灵长类动物，类人猿，至今还存活在云南的大山里，让我们能看到我们的近亲。想起在神农架的野人的魅影，据说它们是南方巨猿和拉玛古猿的后代，但只是飘忽的传说。而这里的白颊长臂猿就分明攀援在我面前的丛林中，让我们想到人类远古的童年，在森林中生活的情景，它会提醒我们回忆起人类最古老的乡愁，我们的森林和森林的生活，是多么悠闲自在，恍如天堂。

我看到了平顶灰叶猴。灰叶猴和白颊长臂猿是热带雨林中的标志性物种，也是普洱丛林中的土著物种，都濒临灭绝。如今保护力度加大，但愿它们与人类相亲的日子更加久远，它们的身影永远跳跃在普洱的雨林中。离开时，听到白颊长臂猿悠长的尖叫声。这声音在山林，在山谷里，是凄怆的，难怪古人有“猿鸣三声泪沾裳”的诗句，这是它们的呼唤和诉说。

我们正走着，突然思茅文联的熊主席说他闻到了糯米的香味，李总说这就是糯米熊来了。糯米熊的身上会散发出煮熟糯米的味道，是浣熊科，学名叫熊狸，它一般躲着人。熊狸在受威胁时会变得异常凶猛，而在开心的时候会发出咯咯的笑声。熊狸以嗅觉与同类交流，嗅腺分泌的物质气味有类似热糯米的气味和爆米花的气味。

前面是一片开阔的湿地，叫茭瓜塘湿地。我看见了一只屁股对着我们的黑熊。这头黑熊在它的小窝棚里，刚睡醒出来。刘总说，黑熊也经常与旅客互动，因为它们丰衣足食，就会与人为善。蒲草摇曳，波光滟滟的湿地中有水禽和涉禽在此散步觅食，有牛背鹭、小白鹭、大白鹭、灰鹤、白枕鹤（头上也有一点丹红）、黄嘴鹳（刘总说黄嘴鹳会把长嘴插进水里，用脚赶鱼到嘴边），还有东方白鹳。

我们拾级而上，迎接我们的是几只小熊猫。哇，好可爱，这几只小熊猫肥得圆滚滚的，它们吃得太多。饲养员给我一只一次性手套，让我喂它们，是切好的苹果片。我端着盘子，这些小熊猫就围上来了，抓着我的裤腿，像是老熟人一样。刘总也喂食给小熊猫，但他故意逗弄它们，不真给它们吃，小熊猫就缠着他不放。我刚坐下，有一只无耳小熊猫就扑上我的膝盖，找我要吃的。这只小熊猫生来无耳，饲养员就给它取了个贝多芬的名字。小熊猫脸真有点像熊猫，但有长长的褐黑相间的尾巴，它们站立时，就以尾巴作为支撑。我的苹果喂完了，这贝多芬还找我要。它们吃得太多，公园准备为它们减肥。

小熊猫全身红褐色，它们常栖居于树洞、石洞和岩缝中，早晚出来活动觅食，白天则在洞里或树叶间睡觉。睡时头蜷缩在四肢中，前肢抱住头部，以尾覆身。小熊猫与熊猫的食谱差不多，喜欢吃箭竹的竹笋、嫩枝和竹叶，野果、树叶、苔藓甚至捕食昆虫、小鸟或鸟蛋，也爱甜食。小熊猫是非常可爱的动物，可以用形容熊猫的词：憨态可掬，它们天生是要得到人类的垂怜和喜爱的。

动物，这里的动物包括黑熊，都没有狰狞的面孔，一律憨厚可爱，无论臃肿、懒惰、乖巧、憨厚，都是可爱的，没有丑陋的动物，人类完全可以与它们和谐相处，玩耍逗乐。

接着的惊奇，是有那么多雏鸟，从来未见过的。在一根朽木上，看到了笨笨鸟的小鸟，却很大。猫头鹰的雏鸟，白毛绒披身。有翠绿色的大拟啄木鸟的雏鸟。我看到一只大猫头鹰藏在幽暗的朽木洞里，朝外瞪着眼睛。它有个诨名叫“鬼瞪哥”，它把喂雏鸟的任务交给了人类。还有一只林角鸮，一只小红耳鹎——它有冠羽，头是黑的，当地叫黑头公。而这些雏鸟的父母，比如一只大的鹞鹰，一只黑林鸮，一只林雕鸮，就歇在不远处，虎视眈眈地注视着自己的孩子，也注视着别人的孩子，想把它们吞了。

这些毛茸茸的小鸟，朝天张着要食的黄色大嘴巴，饲养员用小勺子给它们喂着公园精心配制的食品，这些雏鸟享受着饭来张口的幸福生活。

兽可爱，鸟更可爱。刘总给我讲了一个故事：一次暴雨后他们发现了一只死鸟，掀开它的翅膀，底下还有两只活的雏鸟。动物与人类没有什么两样，都生活在一个世界上，有着一样的行为，有着一样的爱心。它们曾经是我们的邻居，人类是从森林中走出来的，终将回到森林中去。

一路上我拍到了许多菌子蘑菇，有些刘总也说不出名字，那些撑着大大小小彩伞的森林小精灵，像童话中的镜头，生长在密林中，腐叶间，草地上。

我们再去看了下小熊猫庄园，是一个各自独立的单元客房，森林小木屋，隐藏在森林之中，但里面的装修致制大气，大大的露台，直接延伸进了森林，小鸟在头顶歌唱，在这儿喝茶、聊天，落叶会飘落在桌上，甚至会遇到来桌上偷香蕉的小猴子。如果你从这一栋到另一栋，会遇到踱步的小鹿，你可以同它打个招呼，拍一张合影。这里的房子最贵的1980元一栋，便宜的1280元。据说全是满的，特别是周末，一家人带着老人孩子，来进行森林浴，是与大自然的亲密接触与私语。刘总要我今晚就住在这里，我多想尝试一下，但我还有很重的采访任务，谢绝了。

我们在路上看到一些骑山地自行车的年轻人，也有老年人，他们在这里面的车道上享受着纯净的空气和悦人的环境。刘总说，我们就是想让人进入森林深处，体验野趣和野性的生活，让人在这里待一两天，与平时的工作和生活造成巨大的反差，让他们爱上自然与森林，洗濯尘心，逃避世俗。他告诉我说，有一个企业大佬在这里说了一句很有意义的话：太阳河是灵魂私奔的地方。

这里真的是一个灵魂可以私奔的地方，同时也是肉体可以私奔的地方。

太阳河国家森林公园，汲取国内外国家公园的成功经验，结合本土文化提出“园内保护、园外开发”的模式，以园外营利性的项目运作补贴园内保护性、公益性的项目，使普洱太阳河国家公园内与周边珍贵、独特的自然、文化资源得到持久的保护，使之成为生态环境保护良好、资源禀赋、旅游体验最佳的“全球南亚热带森林生态系统科普教育基地”“全球南亚热带珍稀动植物救护基地”“全球普洱文化体验圣地”和“中国南亚热带首席康体度假地”。

这儿的国家公园不是简陋而为，而是高端气派，有国家的脸面和实力。普洱市先以国际标准编制了国家公园规划，通过在国际网站发布规划方案竞赛国际竞标公告，先后有阿特金斯公司等实力雄厚的国内外50家规划单位报名参赛，广纳创意新颖、理念先进、定位准确的概念性规划方案，在特许经营中，普洱市先后与多家有实力的机构进行接洽谈判，通过筛选最终与经验丰富，资金和相关专业技术团队实力雄厚，具有4A级景区建设、经营和管理经验的浙江金洲集团合作，合作期限为70年，企业付给政府特许经营费，公司投资4.5亿元，将普洱国家公园打造成省内一流，国内知名，世界有名的森林公园精品和典范，争创国家5A级景区。高投入，高端打造，高水平建设，科学化的经营管理，这种特许经营成功的模式，在全国产生了巨大影响。保护与开发，政府与企业，各得其所。

在公园里，我看见许多徒步穿越森林的年轻人，他们背着睡袋，一身彩服，精神抖擞，兴奋莫名，有一种重回森林的开心。人类曾是森林中的一员，人类诞生在森林中，有400万年或者700万年的漫长居住史。约1万年前才开始离开森林进行耕作。人类在如此漫长的岁月中靠森林养育，靠森林塑造，靠森林进化，这久违的家乡，早被我们抛弃遗忘。如今，太阳河的森林有一种让人重返的渴望，将森林稍微打扮，就会让我们如此亲切，唤醒和激发基因中的记忆，让我们有拥抱和投身的冲动，动物、植物，都是我们家庭中的成员，它们那么可爱。森林，人类最广阔温暖的家，在这里，每一片树叶的踩踏，每一声鸟叫，每一朵蘑菇，每一颗水滴，都是对我们深情的呼唤。

四　景东，萦荡着天籁之音

去往景东，是一趟艰苦的行程。

景东是联合国表彰的绿色经济发展示范区，是全国独一无二的“一县双拥”区，即一个县同时拥有无量山和哀牢山两个国家级自然保护区，是地球同纬度带上生物资源最为丰富的自然综合体，在不到万分之一的土地面积上保留了占全国三分之一的物种，森林覆盖率达70.51％。有“天然绿色宝库”“天然物种基因库”和“中国黑冠长臂猿之乡”“中国灰叶猴之乡”等国字号的美誉。

景东在无量山和哀牢山腹地，但是，从大理走，他又与大理较近，接受了最早的大理国文明，高考升学率非常高，文化与教育在普洱领先，景东人被称为普洱的犹太人。可是从普洱出发，几乎是千山万水。

这是2018年的6月，雨季来临，通往景东的路泥泞难走。快到镇沅时，我们的车又被拦住了，拦路的人说，要我们后退几里路，绕过这段修路工地。我们上了他所说的山，山路异常狭窄，好在夏师傅在部队开过车，有丰富的经验。可是上了一个荒凉的岔道，我们无法再前行，手机无法导航，没有问路人。我们凭着方位，商量了一会儿，决定往下走，果然还走对了。

走着走着，走进了一条小溪河，汽车只能在水中破浪前进，好在水不深。又进入一个与世隔绝的村庄，我们在村里探路，见一个人问一个。我无法确定车是开往哪儿，风景很美，村庄很安静，有一些零星的农家，干净整洁，木柴垛得整整齐齐，鸡在喝水，狗在打盹。这一趟竟走了9个小时。但我们在山里绕来绕去，像是开往梦一样的地方。往常，从思茅到景东要5个小时，但我们从早晨开到下午，还没有看到尽头。一路青山叠叠，溪水潺潺，没有见到荒山秃岭，各族人民在这儿安详生活；恰逢端午，每过一个集镇，街上到处是卖菌子的，有牛肚菌、青头菌、铜锈菌、奶浆菌、刷把菌等等。我们在中途吃到了寸长的山溪小红鱼，做汤，非常鲜。也有许多水果。

走到一个危桥边，是一个可以走汽车的吊桥，但前面分明写着“危桥封闭，禁止通行”。我们不能后退，只有这条路，这座桥。夏师傅说，试试看，车小心翼翼地开上桥，桥在晃动，但我们还是开过去了，勇敢的夏师傅不愧是军人出身。又回到修路的工地大抚河边，我们看到，在高高的悬崖上、在云端之上，工人们正在修边坡，这太令人惊悚了，但愿他们安全。

一路上，许多大树古树，就在路边，在田间，没有人砍伐它们。这些老龄树，在云南的大地上可以活两千多年，是它们的福分。两千多年，谁杀兄，谁弑父，谁登基，谁下野，谁造反，谁称帝，谁有三宫六院，谁吃人参燕窝，与树没有关系，它们在云南深山里苍苍地活着，吞云吐雾，枝繁叶茂。

景东县城是少有的干净，县城大街上少有闲人。爱整洁是我对景东的最初印象，城市规划也很大气，街道宽阔。景东虽然是彝族自治县，但县名是傣语，景是城，东是坝子。景东，就是坝子城。

景东之所以有名，在于他的两个国家级自然保护区，还在于他是中国首个TEEB项目示范县。

所谓TEEB项目，是由联合国环境规划署（UNEP）主导的生物多样性和生态系统服务价值评估、示范及政策应用的综合方法体系。它综合了生态、经济和政策领域的专业知识，在揭示生物多样性与人类福祉关系的基础上，评估和宣传生物多样性价值，促进生物多样性保护和可持续利用政策的制定，最终为生物多样性等自然资源的管理提供新的理论、方法和技术支撑。

生物多样性也就是我们常说的生态系统，这个系统是所有生命的摇篮，更是人类衣食住行的依赖。但目前地球的生物多样性现状已经被破坏，动植物栖息地的锐减、环境污染、人类生活的过度干预和过度开发，外来物种的入侵等都严重威胁着生物多样性，地球上的物种正以超过正常水平1000倍的速度消失，地球环境、人类生存，都受到毁灭性的威胁。为了拯救地球的生态，国际社会已经行动，组成强大的防线遏制生物多样性的进一步丧失，而TEEB则被广泛认为是展示生物多样性价值的有效工具，目前全球已有30多个国家和地区启动了TEEB国家行动。

中国TEEB项目将景东作为示范县，是考量了景东生物多样性在全国具有的特殊地位。这些年，景东因为生态文明建设的硕果累累，有底气积极申请加入中国生物多样性和生态系统服务价值评估项目，开展生物多样性与生态系统服务评估示范。2014年7月，景东县邀请中国环境科学研究院专家对县内生物多样性和生态系统服务价值评估项目进行调研，11月向国家环保部提出申请将景东县列为项目示范县。经过联合国环境规划署、中国环境科学研究院、国家环保部等专家的实地调研，座谈评估，2015年1月8日中国环境科学研究院下发了《关于建设生物多样性国际项目示范县》的函，把景东列入了全国首个生物多样性国际项目示范县。

TEEB项目，就是有一套县域生态文明建设考核激励办法，探索建立自然资源资产产权制度和用途管制制度，建立健全资源有偿使用制度和生态补偿制度，划定生态保护红线，创新生态环境保护管理体制，同时，借助TEEB宣传和示范平台，集中打造县域生物产业和康养旅游产业，让“生态景东”的绿色名片叫响全国。

景东县的生态文明建设考核激励办法中，考核指标涉及生态经济、生态聚集、生态设施、生态涵养、生态文化、生态制度和生物多样性七大类，共37项指标。现在，景东县的生态文明建设考核激励办法，成了云南省制定考核的主要参考依据，也推广到了全国。

加入TEEB项目，为了保护环境，景东一年工业产值要少20亿元人民币，但景东的生态系统服务和生物多样性价值却高达每年545.06亿元。这一笔账聪明的景东人会算，也会告诉全县人民。

景东的生态底气太足了，景东森林覆盖率高达66.8%，有森林面积377.19万亩，其中有50多万亩为原始森林。无量山哀牢山两个国家级自然保护区，在景东的总面积达35167公顷，其中无量山23355公顷、哀牢山11812公顷。无量山哀牢山两个自然保护区，一个在景东之东、一个在景东之西，二山对峙、南北并行，气势夺人、苍郁漫卷、名震中外。无量山、哀牢山两个自然保护区内有高等植物209种1039属2574种，其中有国家一、二级保护植物34种，境内主要有壳斗科、樟科、茶科和木兰科等亚热带常绿阔叶林的基本科组成，有许多特有、珍稀濒危国家级保护植物，如云南红豆杉、长蕊木兰、水青树、红花木莲、思茅豆腐柴、景东翅子树等。森林的原始生态基本没有改变，所以这里成了动物们的避难所，野生动物有许多珍稀种类，甚至未认识的动物物种。目前两栖动物已发现了新种多个，如哀牢蟾蜍、哀牢髭蟾、景东齿蟾、高山掌突蟾、腹般掌突蟾。这些稀奇古怪的名字可以想见它们身体的稀奇古怪，千奇百怪。现记录哀牢山北段有两栖动物26种、爬行动物38种、鸟类384种。其中不乏国家一级保护动物黑冠长臂猿、灰叶猴、马来熊、云豹、绿孔雀、黑颈长尾雉和蜂蛇等。如果说景东是动植物王国的大本营，也名副其实，毫无夸饰。

2008年6月，景东被中国野生动物保护协会授予“中国黑冠长臂猿之乡”称号，2017年1月，中国野生动物保护协会再次授予景东“中国灰叶猴之乡”称号。

黑冠长臂猿、灰叶猴、黑颈长尾雉这些极其珍贵的动物，只有无量山和哀牢山配保护和藏匿它们，两座大山白雾直腾，云似飞鬃，万山昂立，野气笼罩，是西南边陲对抗现代文明的大杀器。其黑冠长臂猿之啼声悠扬、清亮、婉转、神秘，穿透森林云空。猿者，无尾，猴者，有尾。猿越来越小，是空间越来越小。曾经在中华大森林奔跑的拉玛古猿和南方巨猿早已灰飞烟灭，但闻说它们的后代还如魅影飞跃在神农架大山中，谓之野人。但愿这是事实，不是幻觉和古老的愿望。

黑冠长臂猿同样是我们的近亲，孑存在景东的森林中，被这里最后的属地庇护着。它属国家一级重点保护野生动物，被世界自然保护联盟（IUCN）列为极度濒危物种，数量比大熊猫还要少。目前，黑冠长臂猿在全球仅存1000只左右，在景东县境内哀牢山有9群、无量山有80群，共500余只。

灰叶猴也是国家一级重点保护野生动物，亦称菲氏叶猴，体重7至8公斤，银灰色，脸部黑色，眼、嘴周围的皮肤苍白；四肢细长，头顶的毛浅银灰色，呈冠状。灰叶猴被IUCN评估为濒危物种，主要栖息于原始常绿阔叶林中。景东无量山现保存灰叶猴43群约2000只，可能为国内最大的印支灰叶猴种群，占到我国灰叶猴种群数量三分之一以上。

而哀牢山国家级自然保护区因为在植物学、生态学、森林学以及环境科学上都具有十分重要的研究意义，是一个侥幸存在的、完整稳定的生态系统。特殊的地理位置、地貌类型、多样的山地气候，给哀牢山的生物种类提供了良好的生存繁育环境。植被具明显的垂直带谱，经中国科学院推选，哀牢山自然保护区被列为联合国“人与生物圈”森林生态系统的定位观察站。

景东加入TEEB项目，其实是景东人的眼光。从保护黑冠长臂猿到灰叶猴，这是历史形成的生态文明民风，不然，有多少猿与猴不被人偷猎灭绝，这样的例子还少吗？我们的灵长类近亲被善良的景东人保护至今，这难道不是巨大的功德？破坏一座雨林，就使无数生灵涂炭。

在景东，我读到一块清代的碑刻，立于路东村石岩社。碑为大理石质，高0.65米，宽0.49米，镶嵌于大庙内的山墙上。碑首刻有“勒石垂久”四字。碑立于清道光二十二年（1842），碑石上写明石岩村禁伐林的四至范围，说“蓄树滋水禁火，封山不数载而林木森然荟蔚可观”。碑文严格规定：“禁纵火烧山犯者罚银叁拾叁两；禁砍伐树木或修树枝罚银叁钱叁；禁毁树种地违者罚银叁拾叁两；禁在公山砍柞把犯者罚银叁两叁钱……”170多年前的“封山育林碑”，告诫子孙要保护好森林，有林才有水，有林有水才有好生活。

景东无论是彝族也好，傣族也好，对生态环境的保护深入到了民族的信仰中。祖宗们不砍伐森林，是因为他们认为树是他们的神。传说在很早以前，生活在无量山下澜沧江畔的少女沙壹捕鱼时触木有感而怀孕生十子。这十子中有一人即成为后来彝族的祖先，沙壹也被尊称为彝族太始母。彝族也是树木的后代，彝族人每年都要祭祀树神。又传说后来彝族的首领在一次战争失败后，无处躲藏时，首领就用自己的肉身化作大森林，让子孙们躲在森林里逃过民族的灭顶之灾，这是多么有象征意味的传说。后来彝族认为天下的大树就是自己首领，每年设竜祭祀，不得随便砍伐树木。从此，祭竜设竜头，保护树木设有树长。

彝族的树长制是中国最独特的生态制度，在景东也有一块碑记载选举树长的事，始于清嘉庆二十年（1815）六月二十六日，无量山文旧村，出台一系列禁止乱砍滥伐的规章制度，决定设立刘应举、李如松等九人为树长，并且勒石为誓，景东各地争相效仿。有文章回忆，1958年大炼钢铁，又遇饥荒，景东人饿死不毁林开荒种地。为保护一株老树不被砍伐，村人誓死守护，让时任云南省委书记的开国上将阎红彦大为惊叹，极力推崇。树即是神，木不可伐，这些执拗的信仰与情怀，为景东留下了青山绿水，无边财富。

我在景东还听到一个护林员讲的故事。护林员叫陶政坤，过去也是猎人，他说事情发生在20多年前，当时，陶政坤的大哥，在山上打中了一只母长臂猿的肚子，等他靠近才发现，母猿带着崽子、双眼满是泪花，一只手指着小猿、另一只手左右摇摆，似乎在说：“不要打我，我还有孩子。”陶政坤大哥被这个场景震惊了，他打猎一辈子，从来没见到过长臂猿流泪，禽兽也有母爱，堪比人类，他终于放过了长臂猿母子，把枪丢到了崖下。回来后他就要求弟弟们绝对不能再打猎了，野兽也是通人性的。多年以后，陶大哥出现了剧烈的腹痛，怎么也治不好，他总叨念说这是那一枪的报应，前不久，陶大哥死于腹部剧痛。

黑冠长臂猿的确是山中的精灵，是有仙灵之气的，不可亵渎，更不可猎杀。黑冠长臂猿成年的可达到8至10公斤重，臂长是身体的2两倍，它们在树冠荡悠如闪电，转瞬即逝，很难发现它们的身影。公猴全身都是黑色的，头顶上有一块短而直立的冠状簇毛，母猴背上有灰黄、棕黄或橙黄色，基本是白色毛发，头顶上有棱形的黑褐色冠斑，幼猿淡黄色。杂食性动物，动作敏捷，能抓住松鼠、鼯鼠。它们的一生全在树上，绝不下树饮水，以防天敌，仅靠树叶上的雨露补充水分。因此，有长臂猿生存的地方，一定是生态系统最为完好的地方，长臂猿是生态最好地方的指标性物种，它们与猩猩、大猩猩、黑猩猩被称为四大类人猿的高级灵长类动物，它们的叫声被称为天籁之音。在景东的时间里，我无缘近距离听黑冠长臂猿的叫声，因为它们太“鬼”，神出鬼没于深山。但在当地护林员录制的视频中，我听到了这些猿们神秘、悠长、凄厉、灵异、高耸的嚣叫，在森林的上空，在我们看不见的地方，它们固执地发出它们存在的声音，向天地诉说着它们无言的心声，真是无比的美丽遥远。这些森林中来自远古的歌声，莫非不是我们人类曾经呼喊过的回声？

在这里我听到救助一只黑冠长臂猿幼崽的故事，这只猿崽活了9个月零3天，它的妈妈不知为何失手让它掉到崖下，树丫将它的一只手穿透。它的母亲守了它几天，后来放弃了。我们的“追猿人”护林员发现这只受伤的小猿后，立即对它进行包扎，把它背出森林，送到县医院。但因为感染时间长，最后死去了。这只长臂猿幼崽，现在制成标本，陈列在县林业局的展示馆里面。

景东林业局介绍那些保护黑冠长臂猿的优秀护林员如刘叶勇、熊有富，这些追猿人，人称“人猿泰山”，过去都是当地的猎人，现在是守护生态的卫士。还有一位叫黄蓓的江南女孩，中科院昆明动物研究所的博士，为追踪黑冠长臂猿、写她的博士论文，在无量山上待了四年，多次遇险，有一次差点被泥石流埋了。那一次，有三位村民遇难。整天在山野追踪黑冠长臂猿，她攀爬悬崖比当地男人都灵巧，平均一周穿破一双袜子，一月穿破一条裤子。她终于与黑冠长臂猿结下了深厚的情谊。四年以后，黄蓓要离开无量山监测站了，临别前的那天，她特意买了一只羊，邀请当地11户老乡到监测站告别聚餐。那晚，她跟村民一起都喝醉了，她跑到后山上，向夜晚的森林高声呼唤："长臂猿，长臂猿，下来呀！下来呀！"她不停地呼唤，泪流满面，长跪不起。第二天一早，满山便回荡起长臂猿美妙高亢悠长的啼叫声，像是在回应着黄蓓的呼唤，也是在表达着它们对这位相伴四年的女博士恋恋不舍的情感……

第十章
一个人的森林

一

太冷。只好把护林员的迷彩服外套借了一件。往小羊街狭窄的公路爬去，大雨滂沱，浓雾紧锁。雨小歇时，往四山望去，山竟如此美丽。山冈层次分明，全在云雾之中，而雨又洗绿了山，山像嫩生生的小黄瓜，一山比一山高远，一壑比一壑深切，山清树醒。申独村、上细独村和下细独村，为瑶汉混居村寨，都在云雾深处，悬崖之上。那个申独村在悬崖最高处，像一个古堡群，树木高大，历历在目，成群屹立于山峰。此处尚在信息之外沉睡，但已美丽了千年。如果不把这儿的美告诉世人，是有罪的。

小羊街村是师宗县高良乡笼嘎村委会下辖的一个苗族自然村，海拔2300米，27户123人，全是苗族，南盘江林业局小羊街森林管护所就在村里。

先说这天晚上离开秃杉箐，在高良乡南盘江边吃过晚饭后回县城，100多里的山道上几乎无车无行人，雨下得天昏地暗，车灯照着路旁的山，树林，河水，这样的黑夜在云南存在了1万年。虽然一些家中有了电灯，但黑夜的格局和本质没有任何改变，黑夜就是这样。在护林员孙应祥的住地，10公里内荒无人烟，那条几乎被泥石流填完，被雨水掏空的几十年前的林中乱石路，似乎是通往不存在的地方。他怎么住在密林的不通人烟处，犹如一个野人？他在秃杉箐（这个地名简直像是虚构的，根本不可能有地名），周围的夜晚同样是一千年前的夜晚，如果他吹掉油灯或蜡烛，就一个人埋入了几千年前的黑夜，并且每天将经受这样的夜晚，他的活着是有意义的吗？他会不会进入虚空，成为被这古老森林黑夜惊吓的人，成为酒鬼，疯疯癫癫？

雨水在这高海拔的地方越下越冷，我去看护林员们在火炉上烤鸡，也是去烤下火，这个6月山上还如此冷，没有想到。我正烤着火，就见有人说，您旁边的就是孙应祥。我一看，是个中年人，不声不响的，他戴着军帽，穿着迷彩服，背着军用挎包上有“为人民服务”几个字。他健硕，红脸膛，眼睛眯着，眼神憨厚，说话不太利索，谦逊。不说话是在山上一个人独处时间太长造成的，因为说话的时间太少。但他没有长时间在森林中独处的痕迹，就像是一个山里汉子，一个朴实的、正常的农民。

我们在小羊街森林管护所吃午饭，护林员们烤的鸡，是当地苗寨的土鸡，大雨如泼，天地混沌一片，路上水流成河。小羊街苗族村的村长罗自林也来了，跟管护所的人很熟，大家笑称他是这里的苗王，他也乐呵呵的。他的一个表妹还嫁给曾经也是管护所的护林员童文宏。童文宏是全国劳动模范，与孙应祥一样，一个人守护一片森林，因在巡山中摔坏了脑袋，脑髓成了豆腐渣，虽然没死但成了弱智。高良壮族苗族乡的女乡长项兰仙也来了。

大伙吃饭时，孙应祥喝了一小杯酒，他说他戒酒了，但想喝一点。他抽烟，烟瘾很大。他热情地给我们奉菜，特别是护林员们烤的鸡，还有护林员们自己捡的菌子，还有腊肉，有野菜。菌子是奶浆菌，这种菌把它切碎了炒，味道很好，脆、甜，加了些辣椒、蒜末。护林员们说现在是吃菌的季节，这森林里有青头菌、干巴菌、灰老头菌、麻母鸡菌、老人头菌（白老人头菌、黑老人头菌）、奶浆菌、石灰菌（这菌辣，慎吃）。讲菌的品种，太多，能吃的有几十种。

我看护林员们都很正常，但这一路走来，在哀牢山、无量山、高黎贡山、白马雪山、玉龙雪山，都听说但凡在山上森林里做了几年护林员，再下山回到社会，就失去了正常交流的功能，喃喃自语，行止古怪、语言简单，无法合群。但孙应祥和他的同事们不是这样，至少孙应祥有强大的精神力量支撑住了他，这种力量我想应得益于他当了六年半兵，得益于这片原始森林，这片山水，也得益于他对家庭的责任。他过去酗酒，但能克制自己，他可以最多喝上两公斤酒，却没有成为酒鬼。要知道，一个人在森林里，没有任何管束，又没有时间概念，可以从早喝到晚，成为酒鬼是非常容易的。他没有酒精依赖症，没有成瘾，没有颓废，而是像一个普通的山民一样，在森林里安静勤劳地生活。人类的故乡是森林，最终的归宿还应该是森林，浪子回头，而孙应祥应该是最早回到森林的人。

他们的局长对我说，在这里生活，会多活几年，但事实是没有人会愿意在这里。一天可以，一个月可以，一年可以；但十五年在这里，是不可以的，没有人能够坚持，在一个荒野中，会把人变成荒兽，森林中的寂寞会摧毁一个人。好在这儿有树木，有野花，有鸟兽，有白云，有泉水，有雨雾，有人类生活所有的一切。虽然这里没有现代人生活所需的电，但有的却是当下人类最亟须的，这就是大自然。

孙应祥是从他的管护点秃杉箐开车来的，一台130农用车，林业局作价7000多元给他的，他说可以运点东西。小羊街海拔2300米，过去曾很热闹，但现在，只是大山顶上的一个村落。

从小羊街村往孙应祥的管护点去，路已不是路，是20世纪60年代伐木点的简易道路，路上坑坑洼洼几如地震废墟。路边森林越来越深，没有一户人家，路边全是遮天蔽日的参天大树，有华山松、秃杉、红心杉、云南松、西南桦、三角枫、五角枫、酸枣、云南樟、青冈树、麻栗栎、桤木、篦子杉、黄杉、红花木连、核桃、茶树等。他们给我说，这里的青冈栎和一些古树，两米多的直径太多了，如果不是下雨，可以带我去看一些古茶树、古秃杉，几个人合抱，千年古木在这片森林里到处都是。

看到路边有一栋房子，但全是空的，透出瘆人的荒凉，同行的人告诉我，这曾经是一个林业管护点，但后来撤了。孙应祥每次往这儿经过，他的心里会是一种什么滋味呢？他会不会感到恐惧和无助？这是往一个有人烟的地方开吗？山越来越深，大雨从山上流下，如飞瀑一样，路上水流汹涌，间或有泥石流从上面冲下。我们的车东倒西歪，打滑。这条被泥石流填满、被雨水掏空的所谓路，已经不是路，像是通往一个不存在的地方，通往一个危险恐怖的去处。临行前林业局的领导就劝我，最好不要到孙应祥的管护点，下雨很危险，特别现在是雨季，雨下了几天，根本没有停下的迹象。但我执意要去他那儿，我来曲靖的目的就是要到孙应祥的森林里看看。

完全是我们想象的原始森林的深处，好像没有尽头，这一片10万亩的原始森林，正在云南的雨季中尽情洗浴和成长。植物碧翠铮亮，似乎绿出了响声，云雾乳白漫漶，犹如到了一个虚幻的神魔世界，也不知我们将遇到什么。这已经进入无人区了，森林的无数种可能开始激发我的思维和想象……

有人说，到了，到了。我看到在路的尽头有了房子，有一块平地，有了亢奋的狗叫。4条狗，争先恐后地跑出来对我们的车和人一顿猛咬。孙应祥拦住狗说，客人来了，莫叫。狗有的上了链子，可能是凶狗，但大家一停车，狗就平静了，偶尔叫上几声，也是对天干吠，没有实际内容，只表示它们的尽职尽责。这里没有狗，简直无法有胆量生活——如果换作我的话。

我们看到了两间新平房，平顶白墙，有铁门、不锈钢窗，有红绸扎着的明亮竖牌：师宗县南盘江林业局小羊街管护所秃杉箐森林管护站。旁边是三间老房，墙上有刷过石灰的白色，但墙脚已经风化、驳落，门窗几近老朽。上有“护林防火，人人有责”的标语。也有一块牌子，写的是“瑶人沟管护站”。这是过去的称呼。瑶人沟管护站早搬走了，这里的地名全称就是瑶人沟秃杉箐。但这么荒凉的地方，荒无人烟，不应该有地名。

这个管护站过去有5个人，都熬不住这种无休无止的死寂，走了，现在就剩下孙应祥一个人，有15年了，他就一个人在这儿待了整15年。15年太漫长，但我们来时，说到15年，也就一瞬间，一句话。15年多么漫长遥远，这15年，国家发生了翻天覆地的变化，世界在飞速向前，可孙应祥依然在这儿每天走他的巡护路，喂鸡喂猪，劈柴做饭，用电筒，穿水鞋，在烟熏火燎的、漏雨的厨房里炒菜，吃自己捡的菌子，喝从高良乡场上驮来的苞谷酒，唤狗，唤羊，栽树，观察森林中的火情，制止农民的盗伐和采挖。他来时38岁，现在53岁。

孙应祥生于1965年10月，有两个孩子，一个在重庆打工，一个在宁波打工。

二

孙应祥的管护站海拔是1800米，这里是珠江源头，南盘江流域，南盘江林业局就管理着这上游的大片森林，其中有10万亩原始森林，是珠江上游的涵养水源地。所谓原始森林，有五大特征：一是有自然倒伏腐朽的树木；二是有藤本绞杀现象，藤蔓丰富；三是树上有菌菇类植物；四是地面有苔藓植物；五是林下有喜阴的兰科植物。

南盘江古称温水或盘江，发源于云南省曲靖市乌蒙山余脉马雄山东麓，全长914公里，流域面积为56809平方公里，在100平方公里以上的一级支流44条。南盘江中、下游，纵坡陡峭，水流湍急，礁石丛生，人迹罕至，有着很好的植被，是我国生物多样性丰富的地区之一。它承担着珠江流域水生态的安全责任，这一地区与贵州、广西三省交界，属十万大山山脉，群山连绵，横亘天际，野兽出没，野空荒远。孙应祥一个人就管理着这罕见的10万亩原始森林中的4万亩。他过去管一个点，现在管两个点。秃杉箐管护站是南盘江林业局20多个管护站中的一个，也是平凡的一个。

三间土屋的一间门口，有一副对联：看日出日落都是锦绣山河，听林声涛声真如壮丽人生。横批一个字：家。是用毛笔蘸墨写上去的，字迹已有些模糊，孙应祥告诉我，这是南盘江林业局前任局长张友芳写给他的，张局长任上八九次来这里，是个才子型领导，能诗词能楹联。

三间土屋破烂陈旧，这过去是同事住的。一间他说养鸡，门关着，一间是他的厨房，里面有万里牌蓄电池，有电视锅，有一台老电视机，有一些放泡菜咸菜的坛坛罐罐，有酱瓶、剁椒瓶，有白菜、西红柿，都是他自己种的。有高压锅、铝锅堆在地上，碗放在木头墩上，有甑子、水壶。他说这里的水好，水是从山上引来的泉水，烧了十年的壶，换了几次壶把，壶里面没有一点水垢。这水太好了，不用烧就可以这么喝。一张床也歪了腿，上面散堆着生活用品。他说，他老母亲来这儿过夏天，就是睡这张床。另外一间放的是粉碎机，因为他种了苞谷，又养了那么多鸡、猪、羊，自己粉碎了给畜禽吃。还有一些种子、农药、化肥。有背篓、箩筐、生锈的铁锅，各种生活用品一应俱全。但天花板已经掉下来了，有许多雨渍。这三间老房子原本是要拆除的，因为给他建了新房，可他不肯，说留着有用。新房有一间是他的卧室，一间是荣誉室，四壁都是关于他的报道、照片和事迹。还有瑶人沟管护站简介，最珍贵的是前局长张友芳写给他的一首诗：“一人居住在深山，方圆十里无人烟。清晨窗外听鸟语，夜来孤枕思儿妻。画眉声唤春来早，猿鸣夜归枫叶飞。林声涛声颂春秋，此山有我不再孤。十年护林如一日，佳节难与亲人聚。无怨无悔承父志，再献一生为林业。”孙应祥是“林二代”，南盘江林业局的职工基本是林二代。按他们的话说是：献了青春献子孙。当年他们的父辈从四面八方来到这里，砍伐木头，支援国家建设，曾经的辉煌已经过去，退耕还林和天保工程让这些伐木人的后代改行成了护林人，也是时代变化风水流转的结果。

我们同去的人对他屋前屋后果树上成熟的李子和桃子发生了兴趣，有好多棵果实累累的李子，满树拥挤着，青中带黄，李子黄了，就是熟了，在雨中压弯了腰，但雨洗后更加诱人，光滑晶亮，摘了就可丢进嘴里大啖。这李子真甜，没有一丝酸涩，在原始森林中，在完全无人打扰的环境中铆着劲长的，清甜爽脆。还有桃子，他说这是本地桃子，个小，但好吃，你来得不是时候，还要等半个月才成熟，吃起来有一股酒香味。

他用石棉瓦盖的棚子里，整齐堆放着砍来的树棒，他们叫“放倒料”，林中朽木。有大畜栏，里面有几十只羊，这羊个体大，几十上百斤的样子，一身乌黑，叫师宗黑山羊，这羊生长速度快，肉质细嫩，产肉量高，肥而不膻，远销沿海和香港。还有许多鸡、鹅。还种有香椿、枇杷、葡萄，晶莹剔透地挂在架子上。还有他挖的池子里种着慈姑，山上还种这水生蔬菜，也真会吃啊。他指着山坡下，说他还挖有5平方米的鱼塘，养了鲤鱼和鲫鱼，想吃鱼随时抓就可以了。这还不算奇，他在山崖边挖了好多洞，里面放着蜂箱，蜂箱也是自己做的，这些蜂箱在石洞中可以避雨，冬天还可以防寒。因为冬天这里很冷，雪有时会下一个月，齐膝盖深，蜜蜂会冻死不少，但石洞里就不怕冷了。门口也有一些蜂箱。蜜蜂嗡嗡，鸡鸣狗吠，牛哞羊咩，鹅叫猪哼，这无人的森林中就有了人烟，有了生气，有了家的感觉，人心就定了，一个人可以跟它们说说话。还有森林里激烈的鸟声，每天清晨和傍晚都是鸟的大合唱，还有猴子，这里有三群猕猴。当初他种苞谷，就是想给这几群猴子吃的，感谢它们陪伴他。他说，猴子吃不完的就是我的。他另一个意思是，到了苞谷成熟的季节，让猴子吃他的苞谷，免得下山去抢农民的粮食。猴子不吃老苞谷，吃不完的老了，就自然给他留下了。

他种了许多苞谷，当然，他吃的蔬菜也全是他自己种的。过去他不会，现在全部会了。有白菜、萝卜、西红柿、薄荷、茄子、韭菜、芫荽、扁豆、生姜、葱、蒜、洋芋、南瓜、红薯、魔芋，光是魔芋每年就要挖一两吨。他有蜜蜂20箱，准备搞到50箱。每年割蜜有四五百斤。他在与我聊天时打开一个蜂蜜罐，用碗倒了半碗蜂蜜，非得要我喝下不可，说这可是好蜂蜜，真正的百花蜜。我说喝不了这么多，他自己倒去一点，再给我，我喝下了。是地道的野蜂蜜，蜂蜜我懂，毕竟在神农架待过多年。这珠江上游南盘江森林里的蜂蜜，渗透着浓郁的森林气味和独特甜味。

他告诉我，这些蜂子，都是他在森林里收的野蜂（就是掏树洞），而且是中蜂——中华小蜜蜂，产的蜜虽然没有意大利蜂高，但品质好，是地道的中国蜜蜂产的蜜。

我跟他一边说话一边吃他的李子，这种李子越吃越甜，清甜，像里面灌了蜂蜜，吃多少也不厌。他说他的枇杷、梨子都是自己嫁接的，他懂嫁接技术。他种的葡萄是玛瑙葡萄，透明像玉一样。他还种了黄精。他说，森林里的野果也多，有野核桃、野板栗、野杨梅，但野杨梅酸。

雨在不停地下，鹅在雨中望着吠叫的狗。他的老婆周粉香去放羊了，背着用蛇皮袋子缝制的斜肩包，拿着羊鞭，赶着30多只羊进了森林。她也是今年春节后才来到秃杉箐管护站陪伴孙应祥的，两个孩子都大了，外出打工了。两个孩子因为缺少父亲孙应祥的照顾关心，都只读了县里的技校。周粉香说，在县城她一个人拖着两个孩子，孙应祥不在家，过春节是旱季，是森林防火的重要时间，护林员不可能下山，所以老孙从来没回家过过春节。每年春节，周粉香为了一家团聚，吃个团圆饭，只好带着两个孩子到山里的秃杉箐与孙应祥团聚。但那时没有路，没有车，坐到丘北县的过路车，丢到半途上，母子三人再步行。中午12点要走到晚上八九点，必须带上电筒，怕森林里迷路，有时路不好走，孩子摔跤，拉起他们再走。还要带上水鞋，因为雨雪天烂泥路多，有泥水的地方要换上水鞋。

周粉香一看就是个厚道质朴的家庭妇女，她没有工作，一家就靠了孙应祥的一点工资。她说话不急不缓，生活让她能够承受太多，忍辱负重。她说，我不怪他，嫁给护林员都是这样，老孙单位的女人像她这样的太多，就像没有男人一样。他从来不回家，遇到有事会埋怨他，但更多时候是牵挂他，他一个人在森林里，怕他有个什么三长两短，他毕竟是我们母子三人的依靠。埋怨归埋怨，一到森林火险期，防火工作更加紧张，任务更加繁重，孙应祥出门巡山常常是“两头黑”，周粉香就会抽时间上山来管护站帮老孙，给他做饭，料理畜禽，让他巡山摸黑回来能有口热饭吃。

她去了森林放羊，雨雾中，浓密的林子里传来了头羊铃铛摇响的清脆声音，雨雾纯白，漫溢在山间，像童话一样美丽。但每个人的生活不易，护林员和他们的家庭生活更不易，没有谁关注他们的生存。生存不是童话。

他吃着烟，看着地下，反复说他喜欢这里。这儿山泉潺潺，鸟鸣啾啾，云雾缭绕。真喜欢这里的人，一定成了森林中的一分子，比如孙应祥。

他拿出他保存的用过的电筒，各种各样的电筒，这是他生活的必需品，从用干电池的，到充电的，有金属的，有塑料的，有大的，有小的，有长的，有短的，各种颜色，各种瓦数。用坏了多少，记不清了，有的就把它们保存了下来，是一种纪念。他说过去没有电瓶的时候，他充电要跑很远，到小羊街或者高良乡街上去。后来买了几个电瓶，可以有电照明了，再后来，单位补贴他买了一台重庆明翰机械制造有限公司产的发电机，还补贴给他油费，可以充电和生活用电了。

他扳着指头算他还有多少年退休，看他的神态，他对这里是依依不舍的，他说，我退休了还是想住这里，还是看着这些树。他眼里的留恋是真诚的，仿佛能看见泪光。

他如何能舍得这里？他现在养了30多只鸡，一天要捡30个鸡蛋。最多时养鸡100多只，养羊100多只，牛3头，狗7条，这些狗给他壮胆。有条狗爱偷鸡蛋，还偷吃鸡，狗到了森林里就变野了，跟狼一样，打了几顿，还是偷，没办法，只好把狗杀了。他还养猫，他说那猫整天爬你身上，扯你裤脚，裤子都扯破，太黏人，后来只好送人了。我问他，你养这么多狗给它们吃什么？他说它们吃苞谷面，我也买心肺给它们吃，但上街太少，主要吃素。可怜的吃素狗。但有腊肉吃时，狗有骨头啃。怪不得狗偷吃鸡，它要打牙祭，狗是不吃素的。

他当过兵，作过战。当兵是在个旧，原成都军区87109部队，雷达部队，是空军地勤人员。参加边境自卫还击作战时，给他们每人发一个公文包，一把刮胡刀、牙膏牙刷，就上了前线。

他父亲是宣威人，20世纪60年代，和3000多名青年一样，从祖国的四面八方来到南盘江林业局，当上了一名油锯手，扛着油锯，进入原始森林伐木。他当了六年半兵回来后，先是在林业局保卫科，因为一桩盗窃案，有一根8米的大料被人偷走了，有关领导认为他保卫不力，将他调离，来到了锯木厂。天保工程全面禁伐，森工企业转型，没有了木头锯，就将他调到了瑶人沟管护站当了护林员，他二话没说只身来到了深山老林。

不管是什么原因将他分到这里，让他成为护林员，他是个随遇而安的人，到哪儿都要把日子过好。

另外4个人说走就走了，有的是年轻人，找路子走了，有的是老了退休了。他记不起最后一个人卷起铺盖走的时候，他是一种什么心情。只觉得剩下一个人的秃杉箐多么寂静空落。他没有理由走，也没有本事走，他虽然动过心，特别是家里有事，加上老婆身体不好，胃病经常犯，只要听到家里的消息，他就有坚持不下去的念头，也想找个理由回到县城，不再在这里，孤魂野鬼一个，像他老婆讥笑他的一样，像个野人。

他说刚开始一个人在这里，有点恐慌，这是正常的。好在他已经习惯了在这里的生活，他因为爱喝酒，一个人就喝酒壮胆，喝了酒倒头就睡，一觉醒来，日头红了，百鸟唱了，天地又活了。哪儿都一样，他说，他安慰自己，说不定这儿更好呢。他轻描淡写地比喻说：国家就像一个小家，干什么活的人都要有。叫你去砍柴你不去，那就没柴烧了；叫你去挖田你不去，那田放荒了就没饭吃了。

孙应祥有强大的精神战胜森林的黑夜，战胜孤独和寂寞。六年半当兵的经历和强健的体魄，是他面对日复一日的枯燥生活的基础。他用当兵时的军用搪瓷杯喝酒，一次两杯，一斤六两左右。这个掉了瓷的杯子，他一直舍不得丢，这是他军旅生涯的纪念。他说过去每次出山要用50斤塑料桶运两桶苞谷酒回来，一年喝10桶。现在他戒酒了，医生要他戒酒，他听医生的话。

我观察他有极强的家庭责任心，虽然只身在森林，那个在县城的家和妻儿老小，是他的牵挂和动力。他笑着说，有一年他几年没回家，回去竟然找不到自己的家门，记忆力出现了问题，再就是时间太久。另外，他要让自己一个人在这里生活得有滋有味，有家的感觉。他开荒种蔬菜，自己动手。他搭建牛棚羊圈鸡舍鹅栏猪栏，这要蚂蚁搬家的劲头与恒心。因为这些原材料，在当时没有车，全靠他用摩托驮来，雇一辆车，要花钱。这些木工活泥工活，折磨人，但好打发时间。建好了这些，他就去买羊买猪买鸡娃来。为了让畜禽们有吃的，他不得不种苞谷。种苞谷要地，他就刨荒地，荒地不能只种苞谷，他就种树。他种了树，在树中间套种苞谷。牛羊猪鸡鹅蜂闹哄哄的，让这荒无人烟地有了人间烟火。就是这样，他站住了，在这里有了主人的感觉，有了品味自己劳动果实的权利。

他种了46000株树，全是篦子杉。苞谷引来了猴子，先让猴子吃，苞谷老了，猴子不理了，就收回给畜禽们吃。到了冬天，他还给猴子们投食。他种的瓜果吃不完，就分给小羊街的农民兄弟吃。他跟他们关系很好，去小羊街管护所时，会有村人请他喝酒，还给他蔬菜，他也有时候请那些农民来他这儿喝酒。菜不缺，有腊肉，有自己捡的野菌子，有鸡蛋，有鱼。

他养的猪每年都要杀一头，他自己杀猪，一个人杀一头几百斤的猪不要人帮忙。杀了猪给妻儿老母亲带一些去，地道的生态猪肉。还有羊，这是他劳动的果实，让妻儿们品尝，他有幸福感成就感。他说，他管护的这片森林里，有古茶树，他采来自己炒茶，到了秋天，野核桃，野板栗也会采许多，等孩子们春节进山来吃。有各种菌子，他自采自食，吃不完就晒干，拿回家，也稍给老母亲吃。

这深山老林宝贝不少，遍地都是，野生动物也不少，有猴子、野猪、白鹇、白腹锦鸡、竹鸡、眼镜王蛇。

一个人的山林和一个人的世界，使我们想到一个村庄形成的初创期，想到人类在森林中的存在。工作将他变为荒兽，他却使自己成了神仙。

三

守着这么大的森林，还有这么多自家养的鸡、猪、牛、羊，一个人是怎么养的？我对此非常好奇。可他说，很简单，我巡山时，就把牛羊带出去，放在山里，这些牲畜放在林子里你可以不管，就算你晚上不唤它们，它们也会自己走回来，牛羊是识路的，吃饱了就会回来。山也巡了，羊也放了，两不误。我问这森林里面有猛兽吗，不会吃掉你的牲畜？他说老虎豹子是没有，有野猪，但不攻击牛羊，他说他经常碰到野猪，再大的野猪，你不招惹它，你走你的路，它走它的路。他养牛最多时有12头，养羊最多时有100多只。他是这些汹涌的牲畜们的头，他指挥着这一支队伍，有一种在森林里为王气派，而且这些牛羊给他带来了收入。护林员工资都不高，特别是他们这种森工企业，过去父辈风光过，到了现在，都是吃天保工程的饭，不准砍树，就没有了经济来源，他才3000多元，所以他当时想养点畜禽养点蜜蜂种点菜，也是为补贴自己和家庭。他在这森林中这么勤快，也是森林有赐予他的资源，有养活他的天地，有让他发挥能力的地方。

森林不仅给我们提供了氧气和水源，还提供了让人成长和创造的环境，提供了勤劳致富的动力。

但他的工作就是巡山护林，每天的巡山是雷打不动的，特别是冬春的森林火险期，孙应祥一把芟刀、一只水壶、一个干粮袋，这是他巡山的所有装备。孙应祥说，每次巡山都要走二三十公里山路，这片林区对外人来说就是迷魂阵，但他天天在里面蹚，旮旮旯旯都走遍了，不是吹牛，闭着眼睛都能走出去。

他说，护林员的责任就是保护森林，保护国家的森林资源不被破坏。这是国家的生态林，不是人工造的，我们护好了，没有烧着，没有整着，看着也好，也是大家的享受。我们护林员凭自己的良心，公家为什么把我们分来看守这些，也就是为了国家的生态安全，这里是珠江源，不保护好，下游的水就不会好。

瑶人沟秃杉箐，自他管护以来，从未发生过一起盗伐偷砍现象，从未发生过一起森林火灾。满目青山，郁郁葱葱，都是像孙应祥这样孤独坚守的护林人换来的。他们守卫着绿色世界的大门，守卫着我们洁净的空气和蓝天，守卫着我们的生态系统，也守卫着我们的江河之源，让青山常在，绿水长流。

在深山老林中巡山护林，危险时常跟随，这里野兽出没，毒蛇游走，山高路陡，冷热骤变，命捏在阎王的手里。护林员其实就是同危险打交道的工作，要有丰富的森林和深山生活的经验，要认识各种动植物，要谙熟每一条小路、每一条兽道，每一条河沟，会辨方位，会自救脱险，会与野兽周旋，要胆大心细，精神强大，无所畏惧，行动敏捷，应对森林里随时出现的危险。

老孙九死一生、死里逃生的故事不是编出来的。2004年一天的上午，孙应祥去巡山。到了山上，不知是不是眼花了，他看到崖沟下白瘆瘆两个树桩子，以为有人砍了树，是新茬。他心想这是咋回事，他就顺溜下去看：不是砍的，是雷劈断的，茬口很新，但有雷劈的焦煳黑迹。他再爬上石崖，上来时，那崖有六七米高，正爬着，头上一块大石头被他抓松动了，倏地砸下来，砸到右脚，把他整个人砸下了崖沟。孙应祥一阵剧痛，知道脚出事了。

他疼得昏迷了过去，等他醒来，发现右脚翻转了180度，脚尖到后头去了。他用力将脚尖扳到前面，听到嘎嘎骨头锉动的声音，疼痛又一次刺入心脏，按他自己的说法，“疼得胡子都淌水，头发都湿完了，衣裳像从水里捞出来的一样。”他又一次昏了过去。醒来他想喊，但知道这儿怎么喊也没有用，就开始自救。他坐起来，往崖上爬。好在他臂力不错，完全用两只手使力，总算爬到崖顶，用芆刀拄着，基本是跳着走的。他汗如雨下，一跳一跳，不知跳了多长时间，竟然跳到了管护站的防火牌那儿，喊他的一个同事，同事听到后，跑来一看，被吓傻了，孙应祥的右脚晃荡着，已经断了。好在有一个牛车，同事赶快牵牛，把他放到牛车上，这样颠簸着一个多小时拉到小羊街，去找村长打电话。当时管护站和护林员都没有电话。

小羊街村长罗自林对这事记忆犹新，他说：“孙应祥拉到我家这个点，当时小羊街都没有手机，只有我有个小烂手机，我马上拿手机打到他们场里，喊他们派车过来，说孙应祥伤得不轻，在哇哇喊疼。他疼得嘴都皱完了，到处都是汗，当时他说要点酒喝，我说你太疼了，不能喝酒。他说我不喝酒我抵不住。我没办法就倒酒给他喝，他连着喝掉五碗酒，一碗差不多一斤。”

车终于来了，经过十多个小时的路上颠簸挣扎，晚上11点半才他被送回了家，竟然没去医院立即处理，他的解释是太晚了，老婆帮他用鞋带扎住伤脚脖子，第二天才去县人民医院住院治疗。一照片子，脚踝粉碎性骨折。医生给他说，必须动手术，先把碎骨头取出来，否则要截肢。孙应祥就是不同意动手术，他当时想的是，如果把碎骨头取出来，就不能站起来了，不能站起来，就走不了路。走不了路，就要离开管护站，离开他辛苦经营的秃杉箐，就只有退休成为残疾人。他死活不签字，让保守疗法。

他懂点中草药，他说他外公曾是宣威的兽医，他从小跟外公上山采药，看外公行医，虽然是给畜禽看病，但中草药的药理治人治兽是一样的。

医生拗不过孙应祥，也就不管他了，保守治疗了一段，孙应祥就执意出院回家自己治疗。其实他想的是，医院又不自由，又不让喝酒，很难受。回家后他拄着拐杖去寻草药，用椰树皮当夹板，椰树皮本身就是一味中药。到野外扯接骨丹，找白龙兮，找五爪金龙，找开红花的佛掌草，佛掌草用酒炒后包扎在断腿处，只能一小时，一小时后皮肉就会起泡。这都是接骨愈合的草药。

他自己治了一些时间，竟然骨头愈合了，而且没有任何后遗症，走路没有任何影响，让认识他的人啧啧称奇。他在我面前单腿站立，又蹦又跳，真看不出曾经脚尖反转、粉碎性骨折过，我摸他的断裂处，也没有任何异样。中草药这么神奇，令人不能置信。

他脚痊愈后又回到了秃杉箐，回到了他的岗位上，他多么高兴。又能看到那些树，那些山，那些泉，那些鸟，那些猴，那些他养的狗、鸡、羊、牛。他有重生的感觉。现在他依然每天巡山护林30公里，早出晚归。我问他天阴下雨会不会疼痛，他说没有，跟摔断前一样。我信他说的。

他说这森林里有不少眼镜王蛇，毒性大，咬了之后你若不懂医，必死无疑，因为要按西医的，必须到县医院去打抗毒血清，吃蛇药，但这里离县城山路迢迢，只有自己找药。他说他自己泡有药酒解蛇毒，他的手指头被青竹标蛇咬过，也是剧毒蛇，但没有事，他有药，药酒喝上个把星期就好了。

他说，蛇咬伤还有许多土方，比如烟油，就是抽烟筒里面的油，刮下来敷到伤口上，可解蛇毒。火硝也解毒。有火药，蛇咬后立即用火药泡水喝，三天就解了蛇毒，用火药烧伤口，把皮烧烂掉，蛇毒就流出来了。还有一种金竹笋草药，也是解蛇毒的好药。

他打开他的老式手机，找了半天，找出他在巡山时拍到的各种蛇，花花绿绿，看着可怕。他找出咬他的青竹标蛇图片，说被这种蛇咬过后，眼睛看见绿色就是红色，必须赶快处理。他还说，他也被眼镜王蛇咬过，都不怕，先要把咬伤处划开，让血流出来，扎紧咬伤上面的地方，不让蛇毒往上行，再找药嚼碎包扎。他说大森林里，有各种各样的好药，问题是你要认识。在森林里，什么都有，吃的喝的治病的，应有尽有，森林养活我们没有问题，只要不能过度地采挖。

孙应祥在森林中找到了他生活的乐趣和保障，找到了自由，他不用与外界打交道，不相信现代科技，比如不相信西医，在他身上，可以看到一个在森林中生活的人会发生各种奇迹，森林像神一样护佑他，断腿可治，蛇咬可治。

我跟他在厨房说话时，他的身边就有泡的药酒。他倒出一杯来要我喝，他说，泡的是何首乌、大麻根、桃根。我说这森林里有那么多养生的好草药，你为什么不多泡几味药呢？他摇头说，药酒不要泡多，我就这三味药，足够了。另两味我知道，但桃根有什么作用？他说是消炎解毒的。这药酒治胃病，养生，还防过敏。你两大口喝下去，再吃蜂蛹吃蝉，就不会蛋白质过敏了。这酒喝了不掉头发，还生发。他说你喝点试试，胃病喝下去就不疼了。我抿了一口，我不会喝酒。这酒味道不错，有点苦，也带点甜。他给我说，泡药酒千万不要泡多味药，两三样就行了。药分君臣使佐，多了就互相抵消了。

我问不喝酒的人治胃病用什么药，他说大龙胆草，他自己栽的有。他回忆说有一年他回家，见媳妇胃疼，说天天在医院打吊针，花了八九百元，还是疼，饭也吃不下。他就说，你莫怕，我找药。他就去了野外，找到了大龙胆草，切了煎水给她喝，加点他带回去的野蜂蜜，一个小时胃就不疼了。再继续喝，胃病就好了，至今没有犯过。

四

冬天，这个管护站因海拔高，雪下得很大，有时候达七八十厘米深，凌有老长。在下雪之前，天气会奇冷，他就开始囤积粮食、蔬菜、酒。柴火早就备下了。到了下雪，这里就与世隔绝了，就是他一个人的世界，还有一群畜禽、一群猴子。

除了巡山，就无事可干了，他就做蜂箱，劈柴，在火塘上用豆子煮煮粥，喂畜禽，还给猴子投食。这森林里下雪的景色不知有多美，真正是林海雪原，玉树琼枝。有一个火塘，屋子里暖融融的。人在这里，一年四季真的很幸福开心，也没有与别人争执的事，不去求什么，喝上一杯酒，什么都忘记了，什么都满足了。世界不欠你的，你也不欠世界的。老孙的话很朴实，是森林让他悟透了生活，悟透了世界。在森林中的人，活得很宽阔很敞亮很惬意。

"你说一个人孤不孤独？肯定孤独难受，但孤独的时候我就去山上转转，看看那些树长得好啊，还有到处的鸟叫，心里也就没什么难过的了。"他说，他的管护站前后都是他栽的树，一到天亮，树林里就响起急雨般的鸟叫声唤醒他，各种各样的鸟，不同的叫法，长的短的，高亢的婉转的……就是他的伴。他对这里的一草一木、一山一水都熟悉了，有了很深的感情，日子久了，也没什么孤独不孤独的，感觉人可以这样，人本来就应该这样，森林里是最好的生活方式。

孙应祥还是个疯狂的栽树人，可以想见，46000棵树栽下去要耗费多少时间。在森林中，他栽树也是一种打发漫长寂寞的方式，但他无意中给森林又增加了一大片绿色。他说在山上有许多古茶树，有上千年的历史了，排列整齐，不像是自然生长的，一定是前人在这山里有意栽种的。这些茶树有一两米粗，说不定有2000年了。那么孙应祥就是另一个前人，在若干年以后，人们会说起这片原始森林中谁人栽种的篦子杉，人们会记得这是一个叫孙应祥的护林员在这儿栽下的。

孙应祥实话实说，他说刚开始，局里鼓励大家栽树，免费发给树苗，有一部分树苗孙应祥自己购买，当时没有产权一说，天保工程才开始，也没有全面禁伐，反正在荒地上种，长大后自己的树可以自己伐。于是他不仅自己种树，还动员老婆儿女来上山帮忙，有树苗抚育费，包括化肥，一年一亩补助160元，树下种苞谷，林下经济也有了。但两三年后，树高了，就不种苞谷了。他是实实在在地栽的，有的护林员没有栽树，报假的，把这160元的化肥钱和抚育费给吃掉了，连树皮都没有见着。

十多年，这些树都成材了。但天保工程，珠江上游不再砍伐树木，这些树就等于是归了公。我问他这可是一大笔收入啊，他算了算这树林至少值几百万元。应该公家给他补偿，但，这事现在没影，归公就归公吧，只当为咱们云南的绿色生态做了贡献。

讲到他这些年来的感受，他说不出，只是说，刚来的时候，周围的树才胳膊那么粗，现在近一米粗了，这几万亩森林，看着它长大，就像自己的孩子一样，真的有了感情。他说，这儿雨水好，树肯长，不要栽那么多，只要管得好，森林都会长得旺盛。

我们离开孙应祥的秃杉箐时，天色向晚，而雨还在不停地下，路上传来有泥石流垮塌的声音。

这里是珠江源头，珠江有这么好的水，孕育了珠三角经济和文化的发达，这片美丽的10万亩原始森林必须死守，因为是珠江水源地。这句话是我说的，老孙说不上来。但他一个人，在这片人迹罕至的老林里守了15年。如果不是我们来说他的名字，他就在这片森林中默默消失了。往大处说他是中国最伟大的护林员，往小处说他是一个卑微知足的人，只想把自己平凡的生活过好。他把日子过好了，他就变成了传奇。

我们离开时羊们又沿原路回来了，挡住了我们的车，孙应祥的老婆挥动羊鞭吆喝着羊，羊们受到了惊吓，纷纷让路。挤挤攘攘地往羊圈里奔去。这里是羊的家，也是孙应祥的家。一个人与一座山、一片森林融为一体了。我们是匆匆的过客，来了，走了，而孙应祥还将在这儿待着，待很久。森林是人类最初也是最古老的乡愁，可谁愿意重返森林，被这种远古的乡愁折磨，成为孤兽？孙应祥，让我们遥遥祝福他，让这片森林保佑他，让他越活越开心。

第十一章

天上的湿地：元阳梯田

一

哈尼梯田，这无数世纪哈尼族用血汗垒出的农耕文明的极致风景，在天上云水间耕作的奇迹，矗立云端的立体湿地。

如果从土锅寨的箐口村往上看去，哈尼梯田一直通向天边，也一直通向天上。如果从坝达梯田往下看去，哈尼梯田一直通向大山腹地，也一直淌下红河河谷。

我没有去老虎嘴梯田，因为下雨，道路中断。但在图片上可以看到，从老虎嘴梯田往上看，哈尼梯田漫延至远方蓝色的观音山高峰，直接云彩，往四面看，像一条扭曲狂放的大河奔腾着向下跌去。而你似乎站在大河呼啸的深处，在巨大的漩流中飞升或下坠。

这狂潮般的梯田，这风起云涌的梯田，这挣扎在云水之间的梯田，这用土和水垒成的人类壮观的天梯，聚集着农耕时代的最壮丽造型。这些田，这些水田，这些人们小心围筑起来的一块块小水域，可以看到哈尼族的祖先们，他们要在此生根繁衍的巨大决心。这是一个伟大的决定，也是一个伟大的工程，他们一定得到了上苍的神示，哈尼人的天资和聪慧让他们在漫长凶险的迁徙中找到了一方梦寐以求的乐土。这里的高山全是肥沃的土质而不是刮不出一寸泥土来的满坡乱石。这里流水奔泻，森林阴郁，鸟语花香，鸟们叼着野生稻在枝头狂啖欢唱。

红河穿过滇南的群山，这条河流古时被视为文明与野蛮的分界线。红河北岸习惯称为江内，是文明教化风俗醇厚之地。而南岸俗称江外，是一个人烟绝无、狼奔虎蹿、瘴疠弥漫、蛮夷居住之地。有唱“江外”的民谣：“江外河底，干柴白米，小谷饭，芋头汤，有命快来吃，无命归西天。”

如今的“江外”，比如红河州的元阳县哈尼梯田，却是震惊了世界的秘境，壮美的梯田告诉世人，在这块外人很少踏足的地方，这里生活着一群哈尼人，竟然用十几个世代的不懈奋斗，创造出了让世界惊叹的大地奇观。

生存之难，可以想见。生存之美，让人仰止。

19万亩，这只是一个县域的数字，但在红河哈尼族彝族自治州境内，梯田规模宏大，气势磅礴，全州有100万亩梯田，绵荡在红河（元江）南岸的红河、元阳、绿春以及金平等县，只是，元阳县的哈尼梯田最为壮观。其19万亩的梯田是红河哈尼梯田的核心区。

元阳除了有哈尼族种植梯田外，还有彝族、瑶族、壮族、傣族等多民族种植梯田，实际上，元阳哈尼梯田是由哈尼族为代表的，其余六个民族（彝族、苗族、瑶族、壮族、傣族、汉族）共同耕种的结果，而其中傣族种植水稻的历史和耕作水平尤为久远。

2007年11月15日，红河哈尼梯田被国家林业总局正式批准为国家湿地公园，系云南省第一个国家级湿地公园。

2010年6月14日，哈尼稻作梯田系统被联合国粮农组织正式列入全球重要农业文化遗产保护试点。

2013年5月3日，红河哈尼梯田被国务院公布为第七批全国文物重点保护单位。

2013年5月21日，红河哈尼稻作梯田系统，入选首批中国重要农业文化遗产，成为19个传统农业系统中的一员。

2013年6月22日，在柬埔寨金边举行的第37届世界遗产大会上，红河元阳哈尼梯田被成功列入世界遗产名录，成为我国第45处世界遗产，同时也是云南省第五处世界遗产，中国首个以民族名称命名的世界遗产。

发现哈尼梯田的桥段有多种版本。有一个版本是说，在1995年10月，在哀牢山的深处的元阳县攀枝花乡一个叫作老虎嘴的山崖边。汽车到达这儿时，突然一个急转，有一块巨石突兀横亘在眼前，一般开车时司机会小心翼翼，往悬崖边往下看，万丈深渊，狂风呼啸从山谷底冲天而起，可在这山谷之中，竟然奇景显现，这儿有一大片广阔的梯田，层层叠叠，起伏连绵，错落有致，铺向四周的群山，爬上山顶，布满天际云端。

据说刚好车上有个法国人让·欧也纳，博士，人类学家，浪漫的法国人也许是浪漫惯了，也许是见多识广，也许是少见多怪，看到脚下的梯田时，竟然雷打痴了一般，嘴唇嗫嚅，久不能语，身体颤抖，突然跪倒在岩石上。过了一会儿，终于双手举起，惊叹道：“哦，上帝！这怎么可能！我的上帝呀！”

以上说法的后续是，让·欧也纳博士将元阳哈尼梯田介绍到西方，轰动一时。此后，法国有个著名影视自由摄制人杨·拉马，两度来到元阳拍摄哈尼梯田。杨·拉马制作的专题片在法国巴黎上映后，元阳哈尼梯田一时间风靡法国，被法国媒体称之为“人类第七大奇迹”。

从此哈尼梯田名扬天下。

那天上的湿地，云雾中的镜子，破碎的田畈，艰难在山上开凿的赖以生存的稻田，太小，对我这个平原上长大的人来说，那一望无际的平原，大到可以忘记地平线，而哈尼人在这山上开辟的水田，可以说像是小孩子“办家家”一样的游戏，一块最小的田只能插几蔸秧，一个平方米。没有规则，陡峭，随意。可是，年深月久的垒砌，一代又一代人，将一座座山岭全部拢成田埂，挖成水田，关上水，种上谷子。这固然是一种奇观，但这样的奇观是一个民族艰难困苦生存的记录。想起“学大寨”年月垒梯田的镜头，每一块小田，都是汗水与血泪合成的。

天上的湿地，天上的梯田，天上的稻谷，天上的劳作者，天上的歌声和天上的生存。这个民族是我国最独特的民族，是最让人敬重的民族。把群山弄成良田，勤扒苦做，愚公移山。水田的活是最苦的，何况是在大山之上。又没有大路，听说下一次田有的要在梯田间的田埂上走十好几里地，要是赶着牛，要是挑上100斤稻谷，要是背上100斤稻草，上山，下山，这耕种和收获多么艰苦，这日子多么没有趣味。壮观的梯田中是在泥水里挣扎的生活，而且这水田里的收成很低，一亩才三四百斤，简直比平原上的稻子少了1000多斤。这样的劳作是不是得不偿失？

奔流直下的水如何被这个高山上的民族拦截？他们在山顶的栽种是如何获得成功的？他们怎样利用这恶劣的生存环境让自己真正像住在天堂？

在我们发现哈尼梯田之前，这个民族的劳作被忽略在我们的视线之外，他们神秘的存在就像是森林中的传说，若隐若现：有一个高山上种稻的民族，有一群人，总是把那片挖得看似千疮百孔的山体弄得稻花飘香，稻谷金黄。这个民族从遥远的西北旷野，历经了七次大的迁徙颠沛流离，历经九起九落的数万里艰难跋涉，即使在灭族灭种的危难关头，还保存了他们的稻种。哀牢大山和红河湍流，挽留了他们，并让他们聆听到祖先和神灵的暗示，学会在云雾深处开辟高山，蓄藏流水，耕云播雨，金谷满仓。

哈尼人认为，这天地间有三个世界，这三个世界繁华而圣洁：高穹的天空是神灵居住的地方，广袤的大地是人和动物生存的地方，深邃的水底是龙蛇水族游弋的地方。哀牢山山脉高齐云天，气贯长虹，云雾蒸腾时，几与大地相连，而他们开垦的梯田中，云水相映，蜃气涌动，分不清天上人间。山上禽飞兽走，水中鱼跃波欢。哈尼人正生活在这天、地、水三个世界之间。

谷穗在秋天爆响的时节，整个大山向外界传诵着这种沙沙的声音，这是生命在大山间的美妙绝响，是一个民族延续的方式，讲述的方式，宣示的方式，是他们心中的歌声。

二

箐口村属土锅寨村委会的一个自然村。村头的一块关于“箐口民俗村”的牌子上介绍，因为这儿位于老箐边而得名。“箐”在云南到处都是，也许这是一个云南专用的字，箐是一种小竹，意指树木丛生的山谷，但云南人说的是山箐，就是山沟旁的意思。这牌子上还有文字说：“该村落是哈尼族长期生产生活与大自然和谐发展的典范，集中展示了‘森林—村落—梯田—河流—云海’融为一体的人文与自然景观，堪称‘世界一绝’……”

在箐口村的村口，土锅寨村支部书记李学在等着我们。有人介绍他是这个村的书记，管5个自然村，我以为是一个司机或是一个村民。李学朴实、憨厚，黑胖，平头，穿着短裤、拖鞋，没有多的言语，只是陪我们走，也不像有些主人拼命向客人介绍情况。从公路往下走，石级，在石级边一个老人背着背篓在歇息，可以看到下面的村庄，有政府帮着修建的蘑菇房，小广场，卖旅游产品的商铺，比如有手工艺品，纺织品，有银器店。老人80多岁，戴着哈尼人特有的草帽，穿橡胶水鞋，背着一些从山上打来的猪草，他没有放下背篓，而是将背篓靠在高高的石坎边。这是一个哈尼老人的活雕像，我们想象他在梯田的泥水中滚了一辈子，现在他从泥水里爬起来，做一点力所能及的农活，他的生命已经渡过了难关，到达平静的晚年，虽然眉宇间有一点对风霜雨雪的忧郁。

一个小孩在村里的一眼古井边爬，不知要干什么，那古井是引的山上的泉水，有三个用石头雕的出水口，年头久远，那小孩就踩在一个伸出的出水口上，李学书记见状赶忙跑过去将小孩抱下来，以免他栽进水井中。

我在想，这样的高山上会有泉水？我对哈尼梯田的无知马上将要结束。我还想，一个梯田中的村庄，能有多大呢？可是，我在箐口村穿进穿出，在村巷里忽上忽下，这么多石板小路，这么多流水沟渠，这么多参天大树。古老，用在箐口村太准确了。那么大的水不知从哪儿流来的，奔流直下。一个桥，发亮的石板桥，桥下水花四溅，水声嗡嗡，一个哈尼妇女在淘沙，旁边的道路正在修补。我们上了很多石级，是多少代哈尼祖先为后代铺就的？这里的人也说不清了。但一个古村落所要求的，这儿全有。

李学书记带我们去的地方，是不会让游客走的路。是村后，是哈尼人真实生活的地方，也是梯田的中心部位。我不敢提出要求让他带我看看箐口村的寨神林，但我看到了箐口的神泉——白龙潭。这个白龙潭用石砌的，潭中一处翻着水花，有两棵树歪长在水中。水底清澈，不深，水底有绿色的藻蔓，有游鱼。李学书记说这处白龙泉外，还有一眼长寿泉。二泉有名是因为泉水很灵，不会生孩子的人饮了白龙泉的水后就会生儿育女，喝了长寿泉的水后会长命百岁，我相信这里的水好，这二神泉是梯田稻子的水源之一。

而在旁边，我们一路走过了几条从山上奔流而下的溪河，李书记告诉我，他们土锅寨有三条溪河：一条是土锅寨河，一条是箐口河，一条是大鱼塘河。这些溪河是从观音山流下的，四季不断，这几条河，就是箐口这片梯田的水源保障。我在村里经过了三条小溪，都可以称作是河。站在箐口河边，水势更大。这么多的水，日夜不停地流淌，多少田地不可以蓄满呢？所谓山有多高，水有多高，在这里应验了。涵养水源，就像种植粮食一样，种下树，保护树，水就有了。同行的朋友说，这里哈尼人爱种的树，是水冬瓜树，就是桤木，这种树，根系发达，是涵养水源的主要树种，在哈尼族的村寨上面，都种有大量的这种树，不消耗水，却制造水。哈尼人是属于大自然的，他们尊崇自然的规律，在自然循环的系统里生活，不逾越自然，不欺骗自然，不亵渎和榨干自然，而是养育自然，弄懂自然，让自然乖乖为他们服务。

在龙潭旁，几个年轻人坐在精制砌好的石坎上，将脚放进奔腾的泉水中濯洗和消暑解热，十分悠闲。下面是一个水塘，都不大，可是围养着一些鸭子。这是一个叫卢同沙的村民的，他正在这儿看管他的鸭子。我问他养了多少只鸭子，他说有60只。我们讲话时，正站在几棵大树底下，旁边也有水塘，但秧田就在眼前，梯田就铺展开了。从我们所处的脚下看，这水田，跟江南的水田无二，也是泥埂，也是水沟，也是一样绿得似翡翠的秧苗。但这水沟的流向却比平原上的复杂，高高低低，四面散去，田呈扇形展开，给人感觉好像这些梯田没有图片中展示的梯田那么陡峭，是在一个丘陵地带，身在梯田中心，你会产生这种错觉吧。还有那些鸭子，那些浮萍，那些小池塘倒映着哀牢山蓝得像画片一样的天空，上面点缀的白云，鱼的游动也会使人产生错觉，这是在海拔1700多米的高山之上吗？这些鱼虾是如何翻山越岭从红河里爬上来的？还有水中大量的生物，不会是高山上的“原住民”，山上只有森林和陆地生物生长。想想世界真的太神奇，这天上的梯田，涵养着多少世界的隐秘。在田埂上，有一大一小两头水牛，这里只有水牛，耕水田的，它们安详地在田埂上吃草，它们的影子也倒映在水中，煞是好看。

我们再继续行走，路边有大量的绿蒿、解放草、鱼腥草、水芋和一些开花的不知名野草。无论山有多高，有水的地方就会有水生植物，水生生物。不只是有房舍，不只是有梯田，村里还有许多大树，田畈间也有许多树木。那些大树都是几百年的，树上长满青苔，有的叫油油树，有的叫毛毛树，有的叫盐树果（就是盐肤木）。在蘑菇房的前面或后面，每家都有一块水塘养鱼，也围着些鸭子嘎嘎大叫。我看到了稻草盖顶的水碾房，听到了沉重的水碾被水推动的声音，看到了水碓，水磨，水磨轰轰的磨面声、水碓咚咚的舂米声，像来自远古。水流中截取它们的冲击力，建立起一劳永逸的水能作坊，这跟截取水量让它们进入梯田的智慧一样。水太珍贵，不能白白流淌浪费，每一滴上天赐予的水，对哈尼人都是有用的。在水碾水磨的转动声中，这农耕时代的桃花源向我们扑来，这箐口村的美妙生活，这鸡欢鸭唱，这清泉石上流的风景，这秧苗漫山遍野摇曳起伏的碧绿与壮丽，不能不说让人为之倾倒。

村子里的房屋与街道弯弯曲曲，但都是石头石板精心铺成的，村子整洁，污水进了管道，有垃圾箱。有的屋檐的木梁上，搭晾着干枯的扁豆，有的堆着稻草垛。有鸡成群在踱步，也有牛卧着反刍。从山上流来的水经过每一家屋旁，水是洁净的。水在山上的村庄里绕来绕去，绕进稻田，再在3000层的稻田里绕来绕去，让稻子吃饱喝足，再流下红河。水的绕弯艺术，令人眼花缭乱。

李学书记说，他们土锅寨的梯田有1371亩，占耕地面积的一半，主要种红米，养殖业是稻鱼鸡、鸭、猪、牛。村子海拔1700米。高山上种稻，产量都不高，现在他们主要种红阳三号，亩产有400多公斤，当然是红米。

我们一路看到的秧田漠漠，鸟飞鱼跃，溪水潺潺，牛哞鸭叫，恍如来到江南水乡，这里有江南的情调。但过了一处湾田，到达敞开处，是一个村里的制高点，观景台，突然山风呼呼，树摇竹撼，寒意袭人，高山之气回荡于村寨田野，我才回到现实——这里是海拔近2000米的高山，这里是天上的梯田。

的确是生存的奇迹，哈尼人把一座山挖成水田，用了十几个世纪，说白了，这是一种艰难的讨生活，如果他们能够占有平原，也不至如此吧。

哈尼祖先来源于2300多年前春秋战国时期的古代羌族，从青藏高原往四川盆地，在今四川省大渡河（哈尼语“诺玛阿美”）一带游牧，哈尼族迁徙史诗《哈尼阿培聪坡坡》，说到他们曾经住在平坝：

从前，哈尼爱找平坝
平坝给哈尼带来悲伤
哈尼再不找平坝子了
要找厚厚的山林
和高高的山场
山高林密的凹塘
是哈尼亲亲的爹娘

平坝战乱太多，与其他民族的征战一定让他们损失惨重，备尝欺侮。哈尼先民带着庞大的族人，为了生存，只得翻山越岭，在翻越哀牢山时，他们渴望的山高林密、河流澎湃的山坡，可以让他们养精蓄锐、安居乐业、与世无争。传说中，是吉祥的白鹇鸟带他们找到了这个地方，这就是哈尼人的亲亲爹娘。

我继续到坝达梯田采访。在坝达观景点能看到的梯田，哈尼语称“欧补奇冲乡等”，即箐口、全福庄梯田。这部分梯田坡度较平缓，一般在25～35度之间，故田块水面稍宽。据说冬末初春观看此田最佳，每天早晨、中午和下午都可以向游客展示不同的景观。当地人说，箐口梯田看的是云海，坝达梯田看的是落日。在箐口，云海没有看到，但清晰的视野让我对哈尼梯田有更直观的感受。看落日的坝达梯田，我不仅看到了落日，还在梯田旁吃了一顿梯田红米饭。在坝达几个观景台，可以看到包括箐口、全福庄、麻栗寨等连成一片的14000多亩梯田，这里境界更加阔大，气势更加壮烈，仿佛哈尼人排兵布阵的雄风凛冽。在6月风吹稻浪绿潮奔涌的时节，虽然梯田的立体感不是太强，但梯田巨大浩荡的面积、弯曲柔美的线条、陡峻峭拔的风姿，大起大落的气魄，叹为观止。往往一坡就有成千上万亩，它从海拔800米的麻栗寨河沿山而上，山岭连绵，四通八达，互相勾连，一直爬伸蔓延到海拔2000多米的山头。这儿的梯田有3500多级，简直是万架天梯，盘旋直上，飞入天际，矗立云霄。在梯田上面，浓云奔驰，如湍如潮，大气淋漓，浓云笼罩下的一万多亩坝达梯田，呈现出壮怀激烈的诗情，耕耘大地的豪迈。把天地间的所有山冈变为良田，这种凌云壮志，只有哈尼族的先人们才能具有。

傍晚，西天云彩燃烧，通红一片，背着“长枪短炮”的摄影发烧友们成群结队地进入坝达梯田，开始捕捉夕阳下梯田的光影。我们在略有些寒冷的坝达观景点旁的哈尼农家乐用餐。全福庄村委会钱正康书记和李文家副书记的到来，为我们讲了许多关于梯田的故事。

我们吃着红米饭，吃着哈尼腊肉、稻田鲤鱼，喝着古树茶，吹着从梯田里漫上来的风。50多岁的钱书记无比怀念小时候的梯田生活，他给我说，他们村有梯田1080亩，稻田里养鱼，养鸭。小时候有趣的生活记忆就是捉泥鳅，捉鱼，捉黄鳝，捡田螺，放鸭。他说小时候的水比现在大，螃蟹在树下到处爬。稻田里养的本地鲤鱼，8年才长3寸，不像现在的鱼，不过割大稻时抓的鱼很好吃。最好吃的是稻田的螺蛳，打汤，煮45分钟。他说他什么汤都不喝，就喝螺蛳汤，实在太美了。他讲述的50年前的情景，现在只能凭想象，螃蟹到处爬的过去肯定是回不去了。但他说水比现在大，这是让人忧虑的，水少是气候的变化，还是因为乱砍滥伐？他的解释是说现在杂树种多了，所以水就少了。也许，这只是原因之一。

我问他稻田鲤鱼一亩能收获多少？他说看养什么鱼，本地的传统鲤鱼一亩只能收获60公斤，要5公斤鱼苗，而外地的鱼苗，一亩收获100公斤鱼，但没有本地的鲤鱼好吃。

养鸭，稻子扬花时是不能放的，扬花后放入稻田。这里的梯田是稻、鱼、鸭共生的，历来如此。

他说哈尼人种的梯田水稻有香糯，紫糯，冷水谷，小红谷，都是红米。他们小时候吃的一种米叫月亮谷，亩产只有300多斤，那个口感，现在没了，很少见到有人种。我说既然那么好吃，为什么不种呢？他说主要是产量低，能找到有人家种一两亩就不错了，都是自己吃。

关于梯田水稻的收入，钱书记说现在一亩地有2800元左右，不是很高。村里的年轻人还是以打工为主，在这里种稻太辛苦，全是人工，没有任何机械。如果打了谷从田里背回来，一天只能两趟，最多三趟。打工两三年，就可以回家建房，而种梯田，建不起房。过去哈尼族种田的主要是女人，因为这里有老话：男人造田，女人种田。梯田是男人造的，种田自然是女人，但现在男人也下地干活，毕竟时代变了。过去哈尼族女人在家地位不高，禁忌很多，女人受了许多苦。哈尼族女人大多偏瘦，服饰复杂，因在高海拔地方种稻谷，紫外线强烈，皮肤都有些黝黑。在梯田中插秧割谷，包括从数里外的山上山下挑稻草回来，都是她们的身影。当然，没有这些禁忌，包括这些梯田的种植，是不可能保持下来的。

在我们吃饭时，落日下的梯田，风吹稻浪，绿波起伏，仿佛山妖奔跃。一些人拍夕阳梯田拥挤着找镜头，一些人在夕阳下的稻田里牵牛背草回来，他们现出劳动者的沧桑和疲惫。因成了世界文化遗产、国家湿地公园、全国重点文物保护单位，这些田也就只有停留在原始的农耕文明中，不能动一草一木，成为被人观赏的对象。美则美矣，但这样的牧歌与诗意，让哈尼人不能承受命运之轻，显得有几分残忍……

三

刻木分水是哈尼族天才性智慧的表现。3000级梯田的水能利用，精心算计，不让一滴水浪费，不让它们直接进入红河。

哈尼梯田的灌溉，是一种复杂的依山势埂堤迂回曲折的土建工程，纵横交错的沟渠引的是森林、箐谷间的山泉、溪流来灌溉，水源属于大家，纷争在所难免。

元阳县有两个哈尼族早期开垦梯田的遗址，有一个在全福庄村，这里有一块巨大的“分水石”，据村里哈尼人的家谱记载，这块分水石是他们的第47代祖先安放的。一代如果按照20年计算，这块分水石至少也有1000年的历史了。这是哈尼梯田的古老见证。

哈尼族是个守规矩的民族，有史书上称他们“其性柔畏怯”，在开垦出来的梯田上耕种，首先解决的是分水的纠纷，是为了族群的安宁、公平和公正，为此，聪明的哈尼祖先想出了一个绝妙的办法，在水沟处放置一根横木，横木上刻着宽窄不一的凹槽，根据各家梯田的多少和开挖水沟时投入的多少来分配水量，这样就不至于发生任何扯皮争斗，听闻农村各族各村各地界，为争水历史上的争斗异常惨烈，死伤无数，至今还在上演，无休无止，哈尼人在1300年前就解决了这一问题。木刻分水的科学性，让任何人无话可说，没有挑剔之处。分水木刻，哈尼语称“欧斗斗”。选用的刻木一般用不易腐烂、结实、耐浸泡和磨损的板栗树、黑果树木做分水器，木刻分水器上的开口以沟长的右手掌四指根部宽度为一个用水单位。在沟长的监督下，由寨子里最好的木匠，依据约定分给的几个用水单位数量，在横木上凿刻出来。对于用不了一个用水单位宽度的水量，可以进一步使用一指、二指、三指宽度细分，但不得使用小拇指宽度计量。因为木材长期在水中还是会腐烂，久而久之，分水木就改为石头的了。

全福庄村这块分水石是村与村之间的分水，全福庄与箐口村相邻，两村有几千亩梯田，为了合理地分配来自山林的泉水，两寨人就协商着在全福庄立下了这块分水石。村中还专门设立了一个官职——专职管理水沟的沟长，这沟长在全国是独一无二的，也许就是“河长”的雏形，是最早的河长。

以刻度缺口给你灌水，如果你急需水或用水量增大时，必须经沟长批准，才能增加用水量或堵塞水口，否则，整条沟的用水户就会惩罚私自加大水口的农户。平日里，沟长负责巡察和维修水沟，保证沟水畅通能流进各家的田块，管理维护分水木刻器，严查挪动、破坏分水木刻行为，监制生产分水木刻器。如果分水木刻被人擅自挪动和毁坏，进行偷水，一经发现，必然受到惩罚。哈尼人的惩罚比较人性化，通常的惩罚是罚款加罚物，情节较轻的罚“三块三、六块六、鸡一只、酒一壶”。情节特别严重的要拖猪杀牛，这种情况很少发生。

水沟的管理关系到全村的利益和一年的收成，因此沟长要全村投票选举，沟长要没有私心、正直公正、责任心强。沟长的责任就是巡查和维修水沟，保证沟水畅通，所以他们身份的标志就是肩膀上永远扛着一把锄头。看见扛锄头的，你喊“沟长”就对了。

刻木分水在哈尼古歌《四季生产调》和《哈尼哈吧》中有记载，也是指导后代分水的圭臬。“沟长制度”一般由村里德高望重的老者牵头协商，根据各家各户需灌溉梯田面积的大小，约定每条水沟应该分得的用水量。如今，为传承保护哈尼梯田，元阳县已投资修建引水沟渠约590多条，灌溉面积约为22.2万亩，更有力地保障了梯田的用水。

刻木分水是第一步，是总的的分水规范，相当于总干渠，还应有支渠之类，为此哈尼人还有“卫重”“嘎斗”“欧黑玛博”等分配水源的方法。“卫重”意为轮流引水或分段引水。在用水紧张的农忙期，为使每家每户都能顺利耕种，协商沟渠分段引水顺序，一般由下到上轮流放水，或以抽签方式决定分水顺序，没有轮到的区域要关闭分水口。“嘎斗”含意为切断水尾。每条水沟开挖时就有一定的灌溉区域面积，沟尾以某个山梁或山坡为界限标志，这个界限以外的田不经同意不得引用该沟渠的水。“欧黑玛博”含义是没有进水沟，指的是有些田离分水沟渠比较远，不能直接从沟渠分水，而是通过其上方的田引水，上方田主将田水口扒开，流到下家梯田中。

另外，哈尼族的流水冲肥法，是世界稻作农耕史上仅有的施肥法。哈尼族村寨里都有公用肥塘，每家有私人的肥塘。平常把牲畜的粪便积存在肥塘里，至了初春，哈尼梯田翻犁泡水时，每家引水进自家肥塘，把肥料搅拌成肥水，顺水沟流淌进自家梯田。在这种流水冲肥的过程中，因耗时短，至多一天，需要冲肥的农户，只要跟沟长打个招呼，堵上各户水口就成。

鱼鸭稻共作，是哈尼梯田的特色，更是哈尼人的创造发明。稻田养鱼在我国已有1700多年的历史，有人以为，稻田养鱼仅仅是为了给农民增加点收入，如今的“虾稻连作”在南方稻谷产区十分流行。但，这一传统耕作技术隐含着大智慧，即可以解决稻田除草也可以解决杀虫问题。

稻田养鱼可减少水稻种植投入，少施化肥、农药。通过养鱼对害虫、杂草都有控制作用，鱼的粪便也是天然肥料，灭稻螟的效果也明显。梯田的鱼鸭稻共作，这三种东西都成了有机食品，提高了价值。

哈尼梯田中养殖的鱼类主要以谷花鱼、鲤鱼、鲫鱼、江鳅、墨鱼为主，梯田中养鱼不喂食，依靠森林中淌来的长流水中浮游小生物和稻花粉为鱼饲料。这种鱼因为是泉水与云雾养大的，清甜细腻，少鳞少刺。

水稻田作为湿地之一种，是最富生物多样性的系统，一亩水稻田可能栖息了几十甚至几百种的动植物和微生物。稻田养鱼正是利用了生态系统生物链的道理，保证了稻田生长的生态平衡。如今，农业部门推广的“稻鸭共作”就是借鉴了哈尼梯田的经验。

在箐口和坝达，在梯田中不时传来鸭子们欢快的嘎嘎声，这不仅是一种生产耕作方式，也给梯田带来了欢乐和热闹。禾苗还没有抽穗灌浆扬花，它们在稻田里尽可以玩耍；稻田里有螺蛳、有小虫、有鱼、有杂草、有害虫，它们像环卫工一样，将稻田打扫清除得干干净净。它们不爱安静地啄食划水，每天用嘴巴啄动水稻根部和泥水达数千次，促进了水田养分物质的流动，刺激了水稻的生长发育；虫没了，杂草没了，农药化肥也就没用了。农业的面源污染在梯田从来没有，流下红河的水是洁净的。

哈尼梯田作为世界自然文化遗产，不是死去的文明，始终是一个永远鲜活的生命大系统，生命大循环，世界农耕文化的典范。一个活态的、正在进行时的文化遗产，我们在哈尼梯田中会得到更多的生态观念与启示，哈尼梯田的古老智慧是一个宝库。

湿地难得，这块将整个山脉垒成为人工湿地又兼有自然属性的梯田，更是世界湿地的独特标本。在耕种的全球梯田中，秘鲁1600万亩，只有200万亩在生长庄稼。梯田种水稻的寥寥无几。中国的哈尼梯田是顽强存在的范例，而且生机勃勃，年年丰收。

哈尼梯田，成就了梯田红米。

中国的南方和西南地区，都是以吃米为主，稻谷的种植在我国至少有7000多年历史。我国也是水稻品种最早有文字记录的国家。《管子·地员》中就记录了10个水稻品种，现在我国保存的水稻品种约有3万多种，它们是几千年来变异选择的结果。1300年的哈尼梯田，一定有1300年的稻种。在滇南哀牢山上哈尼族培育栽种的传统稻谷品种达数百种，仅元阳县从红河谷到海拔2000米的观音山脚使用的品种就有42个。

哈尼梯田种植的传统稻谷品种45个。如海拔145米至800米炎热河谷地带耐温品种有：大谷、芒糯、扁米谷、麻糯、小谷、大白谷、小白谷等。海拔800米至1400米，下半山区耐热地带稻谷品种有：花谷，曼车谷，车然，高山谷，车卓，丫多谷，箐口谷，黄草岭谷，大瓦遮谷，狗爪谷，大老粳，红脚老粳，老粳白谷，阿党寨谷，滇阳二号，楚粳17、18、19、20、21号，芒糯，等等。1500米至2000米高山区耐寒品种有：黑壳谷、冷水谷、冷水糯、抛竹谷、月亮谷、雾露谷、皮条香、真红天杂、阿楚车、锣锅谷、早谷等。

哈尼梯田分布区，地质、地形、气候会有完全不同，所以大多数稻谷品种适合栽种的梯田面积往往不超过几千亩，有很多品种只能在几百亩或几十亩梯田中适宜栽种。这种情形在我国许多地方也有表现，有的一块田中稻米的口感、色泽、软硬会与众不同。稻谷在种植中的神秘奇异，千姿百态，是土地赐予的丰富性。而梯田稻作农业的复杂性，哈尼族世世代代在哀牢山脉与大自然的相处中，摸得清清楚楚，并得到大地的神示。

哈尼梯田中红米的栽培与流传，是哈尼梯田的伟大贡献。写这篇文章时，我在网上购买了一袋哈尼梯田红米，5公斤为120元，听说最贵的红米在上海的超市中标价120元一斤，大约是留胚红糙米。这些生长在海拔1600米甚至2000米水田中的冷水稻，是中国稻米中的精华，是野性未泯的粮食，是哀牢山上的奇珍。它在森林、山泉、云雾的熏蒸和滋养下，在高高的山冈上成长。它也许被驯化过，但它的野生品质历经数千年，没有退化。

元阳这地界，明明崇山峻岭，没有一块平地，却是稻米生产大县，就在于梯田基本是水田。在梯田上种植红米，这也是哈尼人自己的口味和饮食习惯千百年选择的结果。根据哈尼族口传史诗，元阳梯田红米发源地在元阳县马街乡乌湾禄蓬村，自有梯田就有了红米。

我在坝达梯田吃的晚餐正是红米，这红米饭黏糯成团，饱胀红润，香气袭人，有森林和山泉水的自然气息。我食欲大增，吃了足足两大碗。加上在梯田中生长的鱼，满口哈尼梯田的神秘气味。

对红稻米的选择，造就了无数品种，在关于哈尼梯田的研究中，我少见对哈尼红米的研究，可是，我得知的，红米的品种就有许多个。据研究，红米的基因多样性指数是现代改良品种的三倍，具有适应性强、需肥少及抗虫害的优良特性。但因为它保存了远古的稻谷基因，产量较低，在当今亩产双千斤的稻谷产量面前，一亩三四百公斤的产量，才是我国稻谷栽培史上的宋代水平。但好的东西因品质的超群，还有它的独特性，哈尼梯田红米，正在成为珍稀的养生食品，价格是一般稻米的数倍甚至几十倍。元阳梯田红米营养丰富，富含人体所需的18种氨基酸，人体所不能合成的8种氨基酸中，哈尼梯田红米就含有7种。

红米不是现代农业技术的产物，它固守古老的品质，使用古老的稻田耕作方式，在1300年前的泥垄里，在同样的山泉和木质犁耙中，在牛哞声中，在高山之巅，经历着繁缛、漫长、细心的梯田稻作过程：挖头道田、修水沟、犁、耙、施肥、铲埂、修埂、造种、泡种、放水、撒种、薅草、拔秧、铲山埂、割谷、挑谷、扳谷、晒谷等20多道工序。还加上“积肥塘”冲肥，加上夏季雨水从森林中冲刷出的腐殖质引入梯田，营养秧苗，而水是各种矿物质极高的森林涵养泉水，种出的米有泉水的品质，是真正的山珍。

我住在元阳老县城新街镇的云梯大酒店，看到房间里有当地的宣传册，宣传当地的红米产品有留胚红糙米、精制红米、精制水碾米，还有红米糊、红米茶、红米黄酒、红米酱油、醋、红米糖等。

哈尼梯田，是一片被哈尼人血汗浇灌出来的神田，1000多年来它默默无闻，但它养育了一个民族，成为穿越时间的农耕时代的不朽经典。

第十二章

野生菌王国楚雄

一 在野生菌王国

鸡坳菌、松茸菌、松露菌、羊肚菌、黑牛肝菌、白牛肝菌、干巴菌、青头菌、铜绿茵、鸡油菌、虎掌菌、红葱菌、白葱菌、荷包豆菌、皮条菌、离窝菌、谷树菌、煤炭菌、刷把菌、奶浆菌、见手青、大红菌、香喷头、珊瑚菌……

菌太多。在云南，蘑菇叫菌子，不叫蘑菇。我在云南的许多时间里，在吃菌子的季节，只听到一种菇，叫茶树菇；其他全是叫菌子，我也不知道这是什么原因。但叫菌子，我揣摩，会亲切些吧，山野的气息浓些吧。在大棚不经风雨人工培育的菌才叫菇，说“野生菌”三个字，就有一种森林中的腐殖质散发的气味，还有雨雾的味道，有山泉的味道，有菌子神秘拱出大地的诡谲氛围。这些带着土腥味，又满含森林清香的、吸收了天地灵气的精灵，这些不要撒种，年年会冒出地面的尤物，这些肥胖的、丰腴的、裹着些微泥土和腐叶的、色彩各异的菌子，放在鼻子下闻闻，真是沁人心脾，就像在吸吮地底深处的森林和大地的体香，而且是深藏的，被它们不小心带出来的。

云南到处是菌子，楚雄尤盛。楚雄被称为“野生菌王国”。

楚雄有大型真菌540多种，其中可食用和药用的300多种，一年野生菌产量达2万多吨，产值15亿，每个农民仅野生菌收入近千元。经常食用的有10多种，跟青菜萝卜一样普通平常。有福的云南人，有福的楚雄人。

有一句话是：世界野生菌，精品在楚雄。楚雄野生菌，极品在南华。世界四大名菌松茸、块菌、羊肚菌、鸡油菌，中国十大名菌大红菌、干巴菌、鸡纵菌、鸡油菌、块菌、牛肝菌、松茸、松乳菇、羊肚菌、榛蘑，都是楚雄的常见菌。

到楚雄的第一顿，文联的李主席就带我们去吃菌锅。“菌锅”这个名字也是第一次听说，更是有生以来第一次见到火锅里煮的全是菌子。身穿鲜艳彝族服装的服务员将鸡油菌、红葱菌、青头菌、荷包豆菌、皮条菌等倒入有鸡肉的汤锅，就这么一锅，必须煮半个小时才能食用，否则中毒不管。但李主席说这些菌无毒，闹不死人。

楚雄之“楚”与楚国有关，楚将庄蹻，在此开滇，并带来了汉地的文化与习俗。“庄蹻开滇略地，至此曰楚。明以楚雄名之，殆取楚雄威远播之欤。”我在楚雄还多次听说当地考证的古云梦大泽在楚雄，作为云梦泽所在地的湖北人，我不想发表意见，多出一个云梦未尝不是好事。这云梦在混沌之中，似与野生菌有某种神秘的联系。在如云似梦的原始森林中，一朵朵菌子像精灵一样钻出地面，它们披着云梦似的轻纱，带给森林魅惑的景色。

这家“山菌美食苑”一定是楚雄最好的菌锅，服务员手拿着手表，坚称要煮30分钟后才能开锅。但我们已经等不及了，菌子在鸡汤中煮沸的味道勾引我们的味蕾。我现在明白菌锅就是不点别的菜，菜在一锅中，每人先来一碗菌子加上鸡。吃了，再来一碗菌子。喝汤，菌汤，天下第一汤。吃完再煮谷树菌、香根、铜绿菌、沙老包等。吃三碗菌子，饱了。

我满口菌香，看了这个店的菌子，还有白参、九月菇、羊肚菌、牛肝菌、干巴菌等菌子。热炒的菌子菜有红烧羊肚菌、火腿烧菌块、蛋黄虎掌菌、羊肚菌焗鲍鱼、干椒炒红葱、鸡枞汤……这家的是大众菜，听说菌子可做出高档的全菌宴。不过，我还是觉得菌锅最鲜美。

晚上在双柏县吃饭，又是一大锅菌子，还炒了干巴菌、牛肚菌，凉拌有野生木耳。干巴菌的确好吃，800元一斤，昆明卖到1000多元。人工培育的羊肚菌也有180元一斤，野生的500元一斤。又是一碗一碗吃菌子，太过奢侈，主人不让吃饭，说，现在是菌子上市的季节，这些菌子都是大众菜，大家尽管吃。我认为最好吃的还是青头菌，可他们说这里也就10多块钱一斤。在云南以外，这一定是不可能的吃法，至少在城里，这种吃法一定是败家子吃法。

楚雄彝族的菌锅，简单，丰富，好吃。也因了他们的锅底老汤，据说有至少7种以上野生菌干片，加上猪骨熬制7小时以上，加入当地的乌鸡为野菌提鲜，异香扑鼻。再加上煮的各种野生菌，这汤就是汤王了。吃过几碗野菌子之后，再喝上一碗汤，这汤中的营养已是满当当，浓酽味醇，这世上到哪儿找这么好的汤去？

噢，满街是吃菌子的人，满街的菌子，满街的餐馆人满为患，老百姓也能点上一个菌锅，三五好友，喝上一壶苞谷酒。这生活，赛神仙。

菌子属林下经济，只有森林保护好，空气湿润，才能生长菌子。在当地的画册上看到一个小孩抱着一个直径有一米五以上的巨型灵芝，还知道了他们每年都要评菌王。当地人告诉我，在双柏，松茸很多，虎掌菌不少。平常人家不会吃很贵的，像青头菌、鸡油菌、九月黄、谷熟菌都是大众菜。吃菌时节为6～7月份，一直可吃到10月份。事实上，3月份春雷响，春雨下，菌就钻出来了。

在云南特别是楚雄，我听到的采蘑菇，叫赶菌子。最繁忙的菌子季，就是雨季，雨季的雨一来，赶菌子的人就全往山上跑，趋之若鹜。到了周末，城里人都会携家带口到乡下或郊外的山上去赶菌子，等于郊游，又饱了口福。为什么叫赶？因为菌子会跑，菌子是有脚的。它来无影，去无踪。必须迅速赶到它，将它逮住，收进我们的篮子或袋子中，否则三四天就会腐烂生虫。

五月端午，鸡坳拱土。五月十三，鸡坳喷汤。菌子在雨水和温度的呼唤中，在清风中，在草丛中，在腐叶里调皮地探出头来，伞状、喇叭状、火把状的菌子漫山遍野。“要吃鸡坳找旧窝，要赶菌子满山跑。”比如松茸、干巴菌，就常躲在松毛下面，发现有松毛凸起的地方，扒开松毛，必有收获。鸡坳菌常常在惊雷中破土而出，顶开泥土，你只要小心翼翼地剥开泥，鸡坳的骨朵就露出来。松露就是块菌，黑坨一样的像是煤块，据说母猪拱后的地方才能找到，因此俗称猪拱菌。珊瑚菌橘黄色的肥大菌块，粉嘟嘟的，在雨水过后，显出玉感，就像水中摇曳的珊瑚。

采菌子不用走很远的路，李主席说，他住在楚雄市中心，但离他家不出3里路就是原始森林，信不信由你，事实如此。这个原始森林叫紫溪山。紫溪山，是云南省面积最大的森林公园，距昆明最近的一片原始森林，滇中最大的天然植物园、滇中植物基因库、滇中林海花山、茶花之乡，历史上曾以“六十六座寺，七十七座庵，八十八座林”闻名云南。但紫溪山已经是楚雄市的城中山。楚雄市民只要走十几分钟，就可以进入原始森林。名副其实的森林城市，森林覆盖率达84%，有半城山半城水之说。整个楚雄市是全国森林城市、国家级生态示范区、全国200个最适合人居的中小城市、云南省首批文明城市、省级园林城市、核桃油之乡，700万亩核桃树。有“滇中绿海”“滇中翡翠”“西南氧吧”等各种美称。2018年，楚雄市被国家林业局命名为国家森林城市。

要搞清楚菌子的生长环境，像香菌、黄菌、白参、木耳、灵芝只会生长在枯朽的树干上，岩木耳是长在悬崖上的。虎掌菌、喇叭菌、扫把菌是根据菌子的形状来叫的，铜绿菌、谷黄菌、青头菌是根据颜色，香喷头、干巴菌、鸡坳菌是根据味道、口感来说的。金黄色的松毛菌，大的有几公斤重，北风菌小而成簇，运气很好才能采到。2018年菌子上市，在楚雄瑞祥农贸市场就出现了五大朵连在一起的野生菌，像5个亲兄弟搂抱一起。这朵“兄弟菌”重达2.5公斤，是菌子界的“扛把子”。楚雄有张姓兄弟在山上采到马屁泡菌，菌重3.08公斤，白生生的，是菌子中的霸王菌。每年楚雄南华县五街镇的开山节上，都有“菌王争霸赛”，2018年的松茸王，800多克，一朵就被商家以11000元买走。还有干巴菌王、牛肝菌王、块菌王、虎掌菌王、杉老苞菌王、云芝菌菌王、灵芝菌菌王、鸡坳菌菌王。其中云芝菌菌王达9030克。有的炫耀者将菌子当伞打在头顶，大得出奇，只能说，这山里野菌长疯了。

在茫茫哀牢山、乌蒙山、百草岭三大山脉的原始森林里，在金沙江、元江（红河）流淌的水域，野生菌前仆后继，蓬勃出土，像是地底下有源源不断的山中精灵被唤醒一样，要破土而出。

在野菌上市的日子里，楚雄各家餐馆也推出千奇百怪、琳琅满目的野生菌菜肴。什么爆炒牛肝菌、蒸青头、油炸鸡坳、土司干巴菌、松茸炖乳鸽、掌上明珠、五彩山珍、雪中送炭、凉拌松茸、块菌、脆制沙老包、腌制刷把菌。在野生菌全席中，有什么松茸戏龙虾、雪花羊肚菌、金盏干巴菌、干煸红见手、牛肝菌炒牛柳……“山珍过桥”是用食用野生菌烹制过桥米线的汤，配料也改成松茸、鸡坳菌、竹荪等。还有什么都督山珍烧馔、牛仔骨铁板野生菌、块菌鹿筋鲍汁捞饭、野菌煲、香酥野菌排、牛肝菌爆牛柳、将军神功羊肚菌汤、青辣椒炒牛肝菌。虎掌菌炒青椒、北风菌炖鸡蛋、鸡坳蒸火腿。

菌子还能加工成各种产品，松茸酒、块菌酒，油炸菌子、风干菌片、冻干松茸、盐渍松茸、菌子酱。看这些个性张扬的山野精灵，走进人们的餐桌，让山珍成为寻常菜，这得益于大自然的慷慨馈赠。

在楚雄这个野生菌王国中，讲到经常食用的菌子，可记下供美食家饕餮客们参考：

松茸，又叫松口蘑、松蕈，长在松栎等树木下，有独特的浓香，是世界上珍稀名贵的天然药用菌，还是我国二级濒危保护物种。烹饪后口感有如鲍鱼，润滑爽口达极致。松茸在日本被奉为“神菌”，日本人信奉“以形补形”，这点与中国人一样。松茸也被奉为抗癌奇菌，据说广岛、长崎遭原子弹轰炸后，多年寸草不生，但却神奇地长出了松茸。他们就认为这是松茸抗辐射、抗癌的铁证。楚雄松茸闻名日本，到了采挖季，日本人购买后空运回国。松茸是日本人接待贵客时必定配备的一道佳肴，是身份的象征。而欧洲人也爱松茸，还爱块菌，据科学研究，块菌（松露）能抑制癌细胞的扩散。

牛肝菌是云南特有的一种野生菌，有白、黄、黑三种。喜欢生长在青冈树、宽叶麻栎树下，菌体大而肥，菌柄粗壮，营养丰富，是治疗不孕症的良药。

虎掌菌，俗名虎巴掌菌，为菌中之王，国宝珍品，是云南向历代朝廷进献的贡品之一，被誉为“香茸”。异状、奇香是虎掌菌的两大特点。虎掌菌无盖无柄，菌体上长满一层纤细的茸毛，呈黄褐色，并有明显的黑色花纹，形如虎爪而得名。新鲜的虎掌菌都有浓郁的香味，制成干品后香味更加浓厚持久，但此物稀少。

大红菌散布着妖魔的红色，一看就是毒菌，外地人不太敢品尝。但当地人说，在云南和楚雄这里，你只管放心大胆享用。红菌是珍稀菌，全国年产红菌只有4万多公斤，而且是无法进行人工栽培的。红菌口感特别好，尤其富含抗癌物质硒，有明显的养血抗癌功能，提高免疫力，对产妇乳汁减少、贫血、儿童佝偻都有奇效。每年雨季一到，来收购菌子的外地商人，首选这些个头饱满、口感鲜美的大红菌。

干巴菌，又名绣球菌、松毛菌、对花菌、马牙菌。但长相奇丑，蔫蔫巴巴，无菌盖，无菌裙，更没有其他菌子的肥美丰腴，采时有清香，烹调后更是鲜香无比，是云南独有的菌种，价格昂贵，为至味绝品，干巴菌宜炒不宜煮，与青椒、火腿同炒，为人间难得美味，吃后终生难忘。

奶浆菌，我在云南一圈转悠下来，农民到处摆放着这种菌子出售，掰一点则有白色浆汁流出。因浆液中含有异性蛋白质，蛋奶过敏和海鲜过敏者须谨慎食用。

青头菌在菜市场中虽然比较便宜，但味道柔和，入口细嫩松软，味道醇长。采青头菌，要在阔叶橡树林或松杉混合林中，它们大多群聚，你采了一朵，旁边不远一定有第二朵。

鸡坳菌是菌中之冠，长在松林、白栎、杜鹃、滇椎栗等混交林里。因纤维结构、色泽近似鸡肉，食用时又有鸡肉的香味，故得名鸡坳。采鸡坳的特点与青头菌同，只要你采到一丛，附近还有两丛，据说它的生长与白蚁窝有关。楚雄的做法是煮汤和油炸，鸡坳油的做法是将撕成小条的鸡坳加入花椒、干辣椒，放到油里炸，将鸡坳里面的水分榨干，最后加盐调味。这种炸鸡坳，可以长时间保存，做下饭佐菜，还可以用它煮面。如果用此油烹饪炒菜，更是异香扑鼻。我在楚雄菜市场看到那么多菌子，鸡坳菌那么粗那么长，楚雄山林的肥力非同小可。

见手青被称为难以抗拒的美味。因为有毒（含乌头碱），会产生腹泻、幻觉、昏睡不醒的症状。“生拌见手青，天上小飞人”。据吃过的人说，会看见闪烁的物体、飘浮在空中的小人、四周水波荡漾、密布的面孔。不及时送医院救治，有生命危险。但吃见手青的人多，要处理得当。一般来说，烹饪菌子时必须加入大蒜，如果蒜瓣保持白色就相安无事，若蒜瓣变黑，这一盘菌子有毒无疑。另外任何一种菌子都要彻底烹熟，多煮些时间，让毒素分解。如果菌子中毒，危及生命则不可取。有个作家给我说，他家来客，有小孩吃了见手青，就老说许多人在她面前跳来跳去，后到医院输液才好。开车的师傅说他吃过一种叫“滑肚子”的菌子，也是出现幻觉，眼前有人又跳又蹦，用手去拍打又没有。这种菌要多煮几遍再炒。

香喷头，被称为野生菌中的贵妃，金黄美丽，肉质细嫩，硕大丰美，雍容华贵。可以长到草帽那么大，每朵有一两公斤重。香喷头破土后，周围会有浓郁的香味，逃不掉采菌人的眼睛。

没有森林，就没有山珍，在哀牢山和乌蒙山中生活的彝族人，十分懂得保护他们的家园，对山林是满满的敬重与感激。在每年的开山节上，彝族人盛装华服，举行祭祀大典。先祭天，因为天上住着各路神仙。再祭地，大地孕育和养育所有生灵。更要祭祀古树神灵，是古树让他们每年有赶不完的菌子。参与祭祀的人肃穆虔诚，菌农纷纷杀鸡宰羊献给山神树神，祈求年年风调雨顺，多出菌子，多找松茸。祭祀过后，才能进山找菌采菌，是神灵给他们打开了山门。

“借此山水鲜，饱我烟霞腹。过时无人采，含香萎空谷。”云南清代诗人师范的这几句诗把吃菌子的俗境提升了，以山水之鲜，饱烟霞之腹。其实，对菌子这类森林与大山的精灵之物，真是吃过之后可以有烟霞缥缈，云水空灵的境界。

二　白竹山中李方村

我被响亮的锣声惊起。我的耳膜，我的身体。我刚刚在村里巨大的古树下行走，再顺着古石阶爬往祭天山的祭天平台。这响亮、震撼、短促、沉重的锣声，在这个古老彝族村寨震荡，打破了它的寂静。这个古村的底色是寂静的。

李方村，在原始森林密布的白竹山下，它是“三笙”之一大锣笙的发源地。三笙指彝族的老虎笙、大锣笙、小豹子笙。笙是舞蹈的意思，这是一种古老的傩舞，一种图腾之舞，是彝族在自己的生活历程中创造的独特的艺术语言，独特的生命舞蹈，它与火有关。

彝族是一个崇拜火的民族，村里的男人们穿着草衣，草衣是用稻草编织的，像编女人的辫子。裤腿上绣有火焰，锣上也画有火的图案。李方村的彝族人，因久居森林，他们的大锣笙有着森林的庄严、肃穆和神秘。大锣笙叫“跳锣”，又叫“捂锣”，击锣后又急捂。敲，敲得山摇地动；捂，捂得寂寂无声。当他们把锣敲起又迅速捂起的时候，这里面肯定有着深藏的东西，虽然他们说这里面的故事是祖先与一个落难的皇帝有关，但我认为没有这么简单，这里有一个民族的内心隐秘。他们顿着脚，跳着脚，仿佛地上有火。这固然是在他们火把节上的跳动，但他们的节奏就是在这一顿一敲一捂中表现出彝族先民的图腾崇拜和禁忌。他们为了娱神娱鬼娱祖先，要尽量将这些后人打扮得怪异、凶猛、狂野、强悍，与鬼神近，与人族远，与天地神祇一起欢呼生命的冲动和激情，一起向生活中的磨难困苦宣战，蔑视命运、疾病、灾难，让族人和村庄退去阴暗秽气的东西，让火光冲腾、照耀每一个角落，包括人的内心的角落。草衣、草裙，裸臂、赤足，领舞的一男一女——师公师母戴着青面獠牙、鲜艳夺目的吞口面具，头插两簇长长的箐鸡尾毛，癫疯、夸张，但又庄严、神圣。李方村的这一对现存吞口木质面具，为明时制作，有香港人想以百万买走，村里人不为所动，这可是村里祖传的宝物。

农历六月二十四日是彝族祖先的难日，不可进行娱乐活动，故跳锣要到二十五日才开始。二十五日，跳锣的众人将一条壮牛抬举向祭天山，祭祀天神、地神、山神和他们的彝族罗婺人祖先，由村里的毕摩念诵祭祖经文，然后跳锣的男人出场，各组由8面大铜锣开道，师公师母领舞逐户笙歌。户主则敞门相迎，家中的堂屋供桌上摆置米、酒、肉、水果及香烛。跳锣者先在院子里跳，再进入堂屋舞着火把驱邪除祸，祝五谷丰登、六畜兴旺。跳锣者们吟唱着彝族的古歌，主人端出饭菜于锣面上，与跳锣者一起喝酒吃菜。在跳锣时毕摩还要念经，念经要念十二段——大锣笙舞全套也是十二段，每念完一段，便要给火把敬酒。经文没有书，都是背下来的，毕摩张成兴说，只有他和张成有可以念完全套经文，念全套的时间是三个半小时。张成兴说，念经是个体力活，从火把节的六月二十六日到二十七日两天，要不分昼夜把全村54户人家都念遍，如果哪一家不给他们念，他们就会觉得一年都不好，所以每家都要去念。毕摩不是那么好当的。

二十七日，所有跳锣的男人们绕寨而行，跳锣起舞，最后在祭天广场上围火而舞，祈求诸神保佑，驱害除疫，全村风调雨顺。

二十八日要送火神归山。由毕摩手执熊熊火把领路，跳锣者鸣锣舞蹈随后，向山中进发。来到山上平坦的一块荒地中央，燃起熊熊篝火，众人围火起舞，叠罗汉、跳火堆、踩火犁、舔火犁，还要喝哑巴酒、吃哑巴肉，昼夜狂欢，直至旭日东升。

在这个古树成荫的村庄里，我看到了彝族人在他们的森林中，宁静生活的图景。进村就撞见了两棵千年的大树，这样的树大得太令人震撼了。猪栗树，它们的每一个枝条都长成了大树，每一个枝丫都庞大无比，长着茂盛的寄生植物，而且这些寄生植物也枝繁叶茂，也如一个小树林。这两棵古树不是简单的造型，仿佛是四面八方都被他们巨大的枝叶占满了，还爬满了藤蔓。仿佛一棵树就是一座山，就是一片森林，就是一个村庄。没有见过如此庞杂的大树，我往祭天山爬去的古台阶路上，两边又是一棵棵古树，爬上祭天山广场，山上还有更多的古树，广场被古树围绕着，这里像是过去和前世的感觉。进到村里，每家每户、屋前屋后还是古树，一口古井旁边，一个大树蔸上长着两棵完全不同树皮、不同树叶的古树。一棵叫云南山楂，一棵叫厚叶梅，又名酸梅子。它们身上的苍苔也是百年前的苍苔，厚，旧，沉。寄生植物是它们的浓密体毛，是它们的胡子。

关于大锣笙，双柏的县委书记李开平写有一篇《大锣笙赋》，刻在这个村的景观长廊里，赋不错，意境开阔浩荡，古文功底深厚，李书记不愧是一个诗人，他在赋中写道：

……彝民山居，自然之子。日月星辰，举头聊叙。飞禽走兽，串亲认戚。天地父母，山水兄弟。花草姐妹，石木夫妻。山中鬼魅，毕摩调协。山中生机，天地人谐。……落难王子，潜回城池。受教罗婺，以德化义。施舍济众，追随人密。振臂一呼，扫纣除桀。夺回王位，改旗易帜。天佑此王，丰衣足食。王威远荡，声望远弥。堂上王子，常思恩遇。委派重臣，入山访亲。山高水长，哀牢腹地。白竹山下，祥云翱集。李方村民，日作月息。不愿侍王，不做附丽。大王喟叹，真乃神彝。苦荞蘸蜜，心忆髓记。药到病除，妙手仙医。和善怡乐，宽胸大志。特赠大锣，灾消祸离。话音未落，天乐齐起。晴空丽日，鲜花随雨。天外大锣，缓降寨子。百鸟齐鸣，虹贯天际。山欢水笑，长幼盈悦……

大锣笙的来历就是这样的。自然之子的彝族，与日月星辰来聊叙，以飞禽走兽为亲戚，天地是父母，山水是兄弟，花草为姐妹，石木为夫妻，山中鬼魅由毕摩去打理，于是山中有生机，天、地、人和谐一片。

在村里的一个村史展览中，我看到了这个民族对大自然的崇拜，看到了祭山神的供品有猪蹄，有腊肉。毕摩的手杖掌是一根古藤上缠绕的蟒蛇皮，神秘诡谲。她们漂亮的院墙取自当地的黏土成干打垒，这种房子冬暖夏凉，坚固美观。整个村庄都在古树荫庇之下，就像有祖先的手为他们遮挡着风雨骄阳。

李方村因为先天的禀赋，深厚的根底，天生丽质，国家投入了1000多万元，让李方村更加美丽，成为人们乡愁的触点，灵魂的寓所。休闲广场依然在古木环抱的山上，路灯在浓密的古树阴影里摇晃，景观亭、景观长廊、大火塘、青石板路面，依然古风犹存，彝族风格的红墙青瓦，整洁的街巷道路，鲜花古树，山水相依。

在村里我拜访了这里的毕摩张成兴，我们到他家里去的时候他正在门口卸自己农用车上的饲料，他把我们迎进他的院子，他的院子和楼房在村里都是一流的，干净漂亮。他的屋檐下的笼子里有一对少见的山斑鸠，家里有密密匝匝的灯笼花，三角梅占满了整整的一面墙，鲜艳夺目。水管前有一口巨大的古凿水池，他说这都是他的祖父传下来的。这么大的长方形水池，用一整块石头是如何凿出又如何毫无破损地运回村子？因为他是毕摩，所以我认为他法力无边，这口石缸也许是毕摩神力的象征。

他的法笠上是一只鹰，鹰眼镶上了玻璃珠，但鹰的翅膀覆盖着整个法笠，鹰下是一个葫芦。他说葫芦因救过彝族人的祖先，所以是吉祥的象征。有两条红色的流苏，还有两只吊在耳朵边的鹰爪，在胸前两边晃荡。我拿起鹰爪在胳膊上轻轻地挠了挠，疼痛，鹰爪似铁，寒光闪闪，它生前抓过无数的猎物，有噬肉啃皮的雄风，虽然爪子被人掐断了，但有着神秘的、凝固的、雕塑般的力量感。毕摩戴在头上这只的鹰，透出整个山林的野性、神性和秘密。鹰爪是毕摩的护法物，也是毕摩的象征物，相传彝族祖先由雪变人时，是老鹰飞来用翅膀盖在雪人身上，还传说彝族远古英雄支格阿龙是鹰的儿子，所以，毕摩以鹰为保护神。

张成兴看不出有68岁，他双手粗大，眼珠发绿，似从神灵世界归来。毕摩本来就是通鬼神的，一半是人，一半是神，在人神之间来回穿梭，知人识鬼。他说，他干的事就是生死事，婚丧嫁娶，人畜生病，都要去消灾祛病祈福。

他是毕摩的第四代了，一个毕摩必须经过数十年刻苦钻研学习，掌握大量的彝文经典，能主持重大祭祀活动，才能成为职业毕摩。毕摩无所不能，精彝文，背经书，懂鬼神，识谱牒，会占卜，识百草。更要有爱心，行道义，轻钱财，不杀生。

毕摩的法器主要有法帽、鹰爪、铜铃、“切克”（法扇）、“拉图”（马缨花木雕刻的黑虎头）、神签等。

张成兴说，如果你生了什么病，他能算到你碰见了什么鬼，然后针对性地来驱鬼。他说他平时一样跟大家一起种地，到了火把节，在农历二十三日就要到祭天山上带着男人们去接火种。两户出一个男人。山也叫杀牛山，到了山上，杀牛，用牛祭火神，再煮牛。过去使用钻木取火，也有用竹片、火镰取火。这种向大自然取火的方式，也是对大自然的一种还愿和感激。取火后煮牛肉，家家会拿来盐巴、酒、油。村人们在山上吃牛肉，祭天。烧几块大石头，洒酒，洒净水，祈求五谷丰登、无灾无病、六畜兴旺。再就是把火从山上取下后往每家每户送火种。火种放进火塘后是永不熄灭的，当天烧完将火炭埋在火堆下，第二天又继续用。

我问他见到神了吗？他说没有见到过，但锣声一响，神灵就到。大锣笙就是召唤神灵与祖先来一起过节，一起跳舞的。

我好奇的是，这个村为什么留下了这么多古树？与跳大锣笙的几位村民交谈中，他们语焉不详，有说是因为留下了这些古树，来当诱饵的，等豺狼虎豹走到这儿的时候，休息躲荫，然后村里的猎人就来打。在与毕摩的交谈中我才弄明白。张成兴说，他们彝族人有许多禁忌，比如大树不仅不能砍，就是树上掉下来的胡子（寄生植物）也不能动。如果树上有喜鹊窝也是不能动的，它象征着吉祥。树上胡蜂窝就算对人有危害，也不能烧，烧了是不吉利的。松子不能捡，同样捡了不吉利。为什么这么多大树？因为这座山是杀牛祭天的山，大树下有一个土主庙，土主庙管这边的土地和森林，所以在这山上不能动刀斧，否则家破人亡。土主庙是他们的天神，哪家下了小猪，添了牛犊，生了小孩，要去烧香拿酒给土主报喜、还愿。

这就是彝族人敬畏自然得到的大收获，想一想吧，没有这些古树，这个村也不能成为古村，没有这些古树，这个村子也就散了。树把一个村子的族人聚集在一起。

我们从村子旁边上了白竹山，才更加感知到彝族兄弟对山林的一草一木都不能动，是千百年形成的规矩。

白竹山原始森林的特点是它离大路和村庄太近，跨一步就进入了。

白竹山自然保护区，海拔2554米，是我国除西藏墨脱外，纬度最北的热带季雨林分布区。这里有许多罕见的树种如国家一级保护野生植物长蕊木兰，国家一级保护野生动物豹子、黑颈长尾雉、林麝、蟒等。走进去，立马古木参天，密林如网，在一条通往李方村的牧羊小道的两边，没有任何树枝折断的痕迹，苔藓如古生，倒伏的大树无人动它，据说这是大雪压断的。更多的大胸径的树一棵连一棵，树上的苔藓和寄生植物竞相生长，郁闭度如此之高，森林之神没人敢惹，也就躲过了一代又一代的兵燹、灾害、政治狂热，就连1958年大炼钢铁都没有动它秋毫。这真是一片被上苍保护的森林与土地。

一路上有许多野菌，长在腐草间的，长在朽树蔸上的，长在倒伏树上的，有红色的，有绿色的，有白色的，有的在一棵死树上长着一簇一簇，竟然没有人摘它们。我们爬上高处，看到了森林中有一大片马缨花古树，马缨花是双柏县的县花。

一只鹞鹰在森林的上空悄然飞翔，天蓝得毫无道理。天蓝则高，云白则净。在这片彝族人居住的森林里，大自然始终保存着童贞之状，这是宗教、习俗和禁忌守护的大地，人们的心中供奉着一座神山，山中的草木鸟兽都有着绝世权威。

在回来的路上，我们经过了白竹山的万亩茶园，太养眼了！每座山头、每条沟壑都是整齐美观的茶垄，它们的垄头，种上许多雪松。这里的云雾茶，除了有云雾的气味，还有雪松松脂的香味。我站在垄头，有牛在哞叫，还听见茶垄里有青蛙的叫声，神秘诡异。云彩在这里悠长懒散，鸟鸣声像是在嘀咕。有了茶园，白竹山就变得端庄丰腴，仿佛新妇出浴。黑羊、黄牛，在山道上大摇大摆，唯我独尊，它们才是这里的主人。

我们在茶场小憩，喝了他们最好的白竹山云雾茶，果然有松脂的香味萦绕在杯沿。汤色清碧明亮，香味馥郁绵长。在云南能喝到这么好的绿茶，太感意外。我以为云南人只喝普洱，只生产普洱，但在楚雄，却只喝绿茶。茶场的人说，这么好的茶叶我们不会制成普洱。这哀牢山脉生产的绿茶，几千元一斤，比普洱价值高，也是真正的有机生态茶，不上化肥，不打农药，比如茶园用粘虫板来除害虫。

我们品着茶，看着风景。这儿视野开阔，云淡风轻，听林场的人说着这儿仙人桌和精怪塘的奇诡故事，这高山上满坡满畈的茶园，有一种森林童话般的魅力。

森林和村庄，在千年的童话里鲜亮地活着。

2018年6月至10月，写于昆明—武汉

后 记

一部长篇报告文学，所花工夫比一部长篇小说更耗时耗力。历经半年的采访写作，这本关于云南生态文明建设的书算是完稿了，每天6点即起，晚12点上床，为的是完成云南交给的紧急任务。但我抱定不赶急就章的心态，有入定之功，紧走慢走，精心琢磨，细细道来。回头看，没有匆忙为文的痕迹，是用心用劲之作，自我感觉尚好。

云南太大，云南的山水太广，美景太多，生态太好。云南为什么是我国生态文明建设排头兵，一路下来，我对此有深切的感受。作为一个生态作家，我感谢云南这次交给我的任务，使我走遍了几乎整个云南，学到了大量的动植物知识，认识了云南的奇山秀水、珍禽异兽。本来就喜欢云南，越走越喜欢，越认识越喜欢。想起在梅里雪山、在玉龙雪山、在白马雪山、在哀牢山、在高黎贡山、在虎跳峡、在抚仙湖、在哈尼梯田、在苍山洱海、在滇池湿地、在怒江、在澜沧江、在西双版纳热带雨林美妙的日子里采访，想起与野象、与犀牛、与马鹿、与小熊猫、与蜂猴、与长臂猿们的亲密接触，对各种花朵、各种古树和村庄的叩访，想起与那些大山森林的护林员、专家、农民的交流，想起那些少数民族的美艳服饰、美好风情、美丽村寨，虽然累，太累，虽然总是奔波在艰辛的路上，但云南山水给予我的洗濯和净化、滋养与浇灌，是云端境界，是无法言说的。我获得的太多，付出的太少。

不说了，书里的文字说明一切，包括我的感情，我的感激，我的爱。

在这里，我还要感谢在云南各地安排、协助和陪同我采访的朋友们，包括开车的师傅们，他们热情无私的支持是这本书完成的根本保证。

另外，因为时间和篇幅的原因，我无法前往的许多地方，同样是云南生态建设甚好的典型，也只能忍痛割爱了。但愿以后有弥补的机会。也但愿有更多的人来书写美丽的云南山水。

陈应松

2018年10月16日